KB052551

ITALY

스위스 · 오스트리아 · 헝가리
밀라노 · 베로나 · 베네치아 · 슬로베니아 · 크로아티아
토리노
볼로냐 · 보스니아 헤르체고비나
친꿰떼레
피사 · 피렌체 · 산마리노
토스카나 산 지미냐뇨
시에나 · 아씨시
바티칸시티 · 로마
나폴리 · 바리
사르데냐섬 · 아말피
시칠리아섬

○Roma 로마

콜로세움과 로마제국 시대에 만들어진 원형 경기장 판테온(Pantheon), 로마 신들에게 바치는 신전이자 로마에 현존하는 가장 큰 분수인 트레비 분수 등 고대의 유물 · 유적이 많다.

○Vatican 바티칸

가톨릭 교회를 대표하는 상징적인 나라로 성 베드로 대성당, 시스티나 성당에는 보티첼리 · 미켈란젤로 · 레오나르도 다빈치의 작품이 소장되어 있고 바티칸 박물관 역시 수많은 예술품과 전시품들이 있다.

°Assisi 아씨시

성 프란치스코와 성녀 키아라(영어명 클라라)가 태어난 곳이며 가톨릭 성지로 유명하다. 성 프란치스코 성당에는 조토(Giotto di Bondone)의 프레스코화와 성 프란치스코 유해가 안치되어 있다.

°Siena 시에나

중세시대의 예술과 건축이 잘 보존되어 있는 캄포 광장에서는 7~8월에 팔리오(Palio) 축제가 열린다.

°Firenze 피렌체

르네상스 미술의 요람인 우피치 미술관은 레오나르도 다빈치 · 미켈란젤로 · 보티첼리 등의 작품이 소장되어 있다. 세계에서 네 번째로 큰 성당인 피렌체 대성당도 있다.

°Pisa 피사

높이 55미터, 297계단, 약 5.5도 기울어져 있는 피사의 사탑은 세계 7대 불가사의 중 하나이다.

°Venezia 베네치아

리알토 다리(Ponte di Rialto)는 베네치아 도심을 가르는 대운하에 위치한 다리 중 가장 오래된 다리이다.
이탈리아 북동부 베네치아 본섬 북동쪽 마라니 운하를 따라 위치한 무라노 섬은 유리공예로 유명하다.
산마르코 광장은 베네치아에서 가장 유명한 광장이며 베네치아의 정치적 · 종교적 중심 역할을 하였다.

°Milano 밀라노

밀라노 대성당은 밀라노 대교구의 대성당으로 고딕양식으로 지어졌다.

°Cinque terre 친퀘떼레

리비에라에 있는 절벽과 바위로 이루어진 해안으로 유네스코 세계문화 유산으로 지정되어 있다.

°Verona 베로나

로미오와 줄리엣의 도시로 매년 여름 원형극장 아레나(Arena)에서 오페라 축제가 열린다.

°Amalfi 아말피

포지타노(Positano)는 아말피 중부의 항구 도시로 소렌토와 살레르노까지 이어지는 도로는 세계에서 가장 아름다운 해안선 중 하나이다.

°Bari 바리

'트룰리' 라 불리는 알베로벨로(Alberbello)는 석회암 지붕을 얹은 거주 공간이 있는 독특한 마을로 유네스코에 등재되어 있다.

°Napoli 나폴리

로마의 고대도시인 폼페이는 베수비오 화산 폭발로 파괴되었다.

°Toscana 토스카나

산 지미냐뇨는 유네스코에 등재된 중세시대 건축물이 잘 보존된 도시이다.

초보자를 위한 **컴팩트**

이탈리아어 단어

초보자를 위한 컴팩트
이탈리아어 단어

황정은 지음 Vincenzo Fraterrigo 감수

Vitamin Book
비타민북 Book

 유럽의 중남부에 위치한 이탈리아는 장화 모양의 반도와 섬으로 이루어져 있으며, 수백 년 동안 서양 문명을 이끌어온 나라입니다. 이탈리아 반도에서 시작된 고대 로마제국은 여러 민족의 정치, 예술, 건축 등 다양한 분야에 많은 영향을 미쳤을 뿐만 아니라 14~15세기에 르네상스가 가장 먼저 시작된 나라답게 현재까지 음악, 미술 등 다양한 예술 분야에서 매우 중요한 역할을 하고 있습니다.

 그러나 이탈리아어는 과거의 장구한 역사와 문화에 비해 이탈리아를 제외하고 주변국인 몰타, 스위스 남부, 크로아티아, 슬로베니아 일부 지역과 미국과 오스트레일리아 등의 이탈리아 이민자 공동체에서만 사용되고 있는 것이 현실입니다. 그럼에도 불구하고 이탈리아의 문화적 영향으로 미술, 패션, 디자인, 음악, 요리 등을 공부하고자 하는 이들에게는 반드시 필요한 언어입니다.

 로망스 언어군에 속한 이탈리아어는 명사에 성별이 존재하며 복수·단수에 따라 모양이 변화할 뿐만 아니라 인칭에 따라 동사가 변화하기 때문에 처음 배우는 학습자들에겐 다소 어렵게 느껴질 수 있습니다. 그러나 영어나 다른 외국어와 달리 대부분 알파벳 발음 음가 그대로 읽으면 되고 언어의 리듬감 역시 뛰어나기 때문에 꾸준히 익힌다면 보다 쉽고 빠르게 학습 효과가 극대화될 수 있습니다.

이 책은 원하는 단어를 사전처럼 찾아볼 수 있도록 이탈리아어-한국어, 한국어-이탈리아어로 구성되어 있으며 발음에 익숙하지 않은 학습자를 위해 이탈리아어 단어 옆에 한글 발음을 함께 써놓아 참고하도록 하였습니다.

외국어를 공부하는 데 있어서 어휘력은 독해, 청해, 회화에 도움을 주기 때문에 반드시 갖춰야 합니다.

가장 기초적이고 필요한 단어부터 활용도 높은 단어와 간단한 문법 사항까지 정리된 이 책을 통해 이탈리아어 실력을 차근차근 늘려나갈 수 있길 바랍니다.

황정은

목차

이탈리아어 + 한국어 단어

한국어 + 이탈리아어 단어

부록 | 기본 용어

알파벳 Alfabeto

이탈리아어 알파벳은 영어 알파벳에서 j, k, w, x, y가 빠진 21자이다. 알파벳을 읽을 경우 2음절 이상일 때 두 번째 음절에 강세를 넣어 발음한다. j, k, w, x, y는 외래어 및 고유명사를 표기할 때만 사용된다.

A [a] 아	**ape** [아뻬] 꿀벌		
B [bi] 비	**bandiera** [반디에라] 깃발		
C [ci] 취	**cavallo** [까발로] 말		
D [di] 디	**dado** [다도] 주사위		
E [e] 에	**erba** [에르바] 풀		
F [effe] 에뻬	**faro** [파로] 등대		
G [gi] 쥐	**gatto** [가또] 고양이		
H [acca] 아까	**hotel** [오뗄] 호텔		
I [i] 이	**isola** [이졸라] 섬		
J [ilunga] 이룽가	**judo** [주도] 유도		
K [cappa] 깝빠			
L [elle] 엘레	**libro** [리브로] 책		
M [emme] 엠메	**mano** [마노] 손		
N [enne] 엔네	**nave** [나베] 배		

O [o] 오	**ombrello** [옴브렐로] 우산
P [pi] 삐	**pane** [빠네] 빵
Q [qu] 꾸	**quadro** [구아드로] 그림
R [erre] 에레	**rana** [라나] 개구리
S [esse] 에쎄	**sole** [솔레] 태양
T [ti] 띠	**taxi** [딱시] 택시
U [u] 우	**uva** [우바] 포도
V [vu (vi)] 부	**vaso** [바조] 항아리
W [uv dpppia] 돕삐오 부	
X [ics] 익스	
Y [ipsilon (i greca)] 입실론 / 이그렉까	
Z [zeta] 제따	

모음

이탈리아어 모음은 a, e, i, o, u 모두 5자로 개음(suono aperto)과 폐음(suono chiuso)으로 나뉜다. a는 항상 개음이고 i, u는 항상 폐음인 반면 e, o는 개음과 폐음 두 가지 음을 가지고 있다.

자음

c + e, i	[ʧ]	**cena**[체나] **cinema**[치네마]
c + a, o, u	[k]	**mercato**[메르까또] **come**[꼬메] **cuore**[꾸오레]

c + h + e, i	[k]	**anche**[안께] **chiaro**[끼아로] **clima**[끌리마]
g + e, i	[ʤ]	**gelato**[젤라토] **origine**[오리지네]
g + a, o, u	[g]	**impiegato**[임삐에가토] **prego**[프레고] **lingua**[린구아]
g + h + e, i	[g]	**spaghetti**[스파게티] **dialoghi**[디알로기] **grazie**[그라지에]
gl + i	[ʎ]	**famiglia**[파밀리아]
	[gl]	**inglese**[인글레제]
gn	[ɲ]	**bagno**[바뇨]
qu	[kw]	**acqua**[아쿠아]
sc + e, i	[ʃ]	**pesce**[뻬쉐] **sciare**[쉬아레]
sc + a, o, u	[sk]	**scambio**[스깜비오] **tedesco**[떼데스코] **scusi**[스쿠지]
sc + h + e, i	[sk]	**schema**[스케마] **tedeschi**[떼데스끼]

이탈리아어에서 h는 묵음이다. 그러나 자음 c, g, 모음 i, e와 함께 쓰일 경우, 즉 che[ke], chi[ki], ghe[ge], ghi[gi]로 발음된다.

관사는 명사 앞에서 명사의 의미를 한정하는 역할을 한다. 관사의 기능으로는 명사의 성과 수를 구분하며 특정한 대상이면 정관사, 불특정한 대상이면 부정관사로, 부정확한 양과 불특정한 개수를 나타낸다.

정관사

정관사	남성		여성
단수	il	lo / l'	la / l'
복수	i	gli	le

- lo/gli 는 모음, s+자음, gn, ps, x, z로 시작하는 남성 단수 · 복수 명사 앞에 붙인다.
- l'는 모음으로 시작되는 남성 · 여성명사 앞에 모음자를 생략하고 붙인다.

  il nipote [일 니뽀떼] 남자 조카 / i nipoti [이 니뽀띠] 남자 조카들

  la nipote [라 니뽀떼] 여자 조카 / le nipoti [레 니뽀띠] 여자 조카들

  lo sbaglio [로 즈발리오] 실수 / gli sbagli [리 즈발리] 실수들

  l'albero [랄베로] 나무 / gli alberi [리 알베리] 나무들

부정관사

부정관사	남성	여성
단수	un, uno	una, un'

- uno는 s+자음, pn, ps, gn, z로 시작되는 남성 단수 명사 앞에 붙인다.
- un'는 모음으로 시작되는 여성 명사 앞에 붙인다.

　　un bambino [운 밤비노] 남자아이

　　una bambina [우나 밤비나] 여자아이

　　uno zio [우노 지오] 삼촌

　　uno studente [우노 스투덴떼] 남학생

　　una zia [우나 지아] 숙모

　　un'amica [우나미까] 여자 친구

부분관사

	il	lo	l'	la	i	gli	le
di	del	dello	dell'	della	dei	degli	delle

- 전치사 di + 정관사의 형태로 이루어져 있다.
- del, dello, dell', della는 셀 수 없는 물질명사 앞에 사용하고 dei, degli, delle는 셀 수 있는 보통명사 앞에 사용한다.

　　Lui ha comprato del pane. 그는 약간의 빵을 샀다.
　　루이 아 꼼쁘라또 델 빠네

　　Vuoi dello zucchero? 설탕 좀 줄까?
　　부오니 델로 주께로

이탈리아어는 다른 로망스어군의 언어처럼 명사에 성별이 존재하며 단수 · 복수에 따라 모양이 변화한다.

남성명사

❶ -o로 끝나는 명사는 대부분 남성 명사이다.

il libro 책   l'orario 시간표

예외) la moto(cicletta) 오토바이   l'auto(mobile) 자동차

la foto(grafia) 사진   la mano 손   la dinamo 발전기

❷ -e로 끝나는 명사

il fiore 꽃   il cane 개   il giornale 신문

il dottore 의사   il portiere 문지기

❸ 자음으로 끝나는 명사 외래어인 경우가 많다.

il film 영화   lo sport 스포츠   l'autobus 버스

il gas 가스

❹ 방위, 달, 요일을 나타내는 명사

l'Est 동쪽   l'Ovest 서쪽   il Sud 남쪽   il Nord 북쪽

il lunedì 월요일   il martedì 화요일

예외) la domenica 일요일

❺ 산, 강, 호수의 이름

il Piemonte 피에몬떼   il Tevere 테베레강

여성명사

❶ -a로 끝나는 명사는 대부분 여성 명사이다.

la stanza 방 　　　　　 la figlia 딸

예외) -ema, -mma로 끝나는 명사

il sistema 시스템 　　　　 il problema 문제

il programma 프로그램

-ista, -esta로 끝나는 명사

il pianista 피아니스트 　　 il dentista 치과의사 　　 il poeta 시인

❷ -e로 끝나는 명사 중 여성 명사도 있고 -ione, -ice, -ie의 어미를 가진 명사는 주로 여성명사이다.

la carne 고기 　　 la lezione 수업 　　 la chiave 열쇠

la stazione 역 　　 l'attrice 여배우 　　 la superficie 표면

❸ -à, ù 로 끝나는 명사

la città 도시 　　　 la gioventù 청년

❹ -i로 끝나는 명사

la crisi 위기 　　　 la tesi 논문 　　　 la bici 자전거

❺ 과일 이름, 섬, 대륙 이름, 도시명, 지역, 국가명, 학문명은 여성 명사이다.

la pera 배 　　　 la mela 사과

예외) il limone 레몬 　　 il fico 무화과 열매

la Sicilia 시칠리아 　　 l'Asia 아시아

예외) il Venezuela 베네수엘라 　　 gli Stati Uniti 미국

l'Italia 이탈리아 　　 la Corea 한국 　　 la matematica 수학

명사의 여성형 만들기

❶ -o로 끝나는 남성명사는 -a로 바꾼다

l'amico 남자 친구 → l'amica 여자 친구

il figlio 아들 → la figlia 딸

❷ -a로 끝나는 남성명사는 -essa를 붙인다.

il poeta 남자 시인 → la poetessa 여류시인

il pirata 남자 해적 → la piratessa 여자 해적

❸ -e로 끝나는 남성명사

il signore 신사 → la signora 부인

il cameriere 남자 종업원 → la cameriera 여자 종업원

lo studente 남학생 → la studentessa 여학생

il principe 왕자 → la principessa 공주

❹ tore → trice/ tora/ toressa

l'attore 남자 배우 → l'attrice 여자 배우

il tintore 남자 염색공 → la tintora 여자 염색공

il dottore 남자 의사 → la dottoressa 여자 의사

❺ 불규칙

il dio 신 → la dea 여신

il re 왕 → la regina 왕비

il gallo 수탉 → la gallina 암탉

l'eroe 영웅 → l'eroina 여자 영웅

명사의 단수형과 복수형

❶ -a로 끝나는 명사 ➜ e로 변화

il diploma	➜ i diplomi	학위
la casa	➜ le case	집
il pianista	➜ i pianisti	피아니스트
l'artista	➜ le artiste	예술가
il collega	➜ i colleghi	남자 동료
la collega	➜ le collegha	여자 동료
il guancia	➜ i guance	뺨
la camicia	➜ le camiche	셔츠

❷ -o로 끝나는 명사 ➜ i로 변화

il ragazzo	➜ i ragazzi	소년
la foto	➜ le foto	사진

(약어 형태인 여성형일 경우 변화 없음)

il libro	➜ i libri	책	la mano	➜ le mani	손
il bosco	➜ i boschi	숲	il fungo	➜ i funghi	버섯
il medico	➜ i medici	의사	il lago	➜ i laghi	호수

❸ -io로 끝나는 남성 명사 ➜ i로 변화

lo zio	➜ gli zii	삼촌
il foglio	➜ i fogli	종이
il bacio	➜ i baci	키스

❹ -e로 끝나는 명사 ➜ i로 변화

il fiore	➜ i fiori	꽃
la lezione	➜ le lezioni	수업

형용사는 명사 앞 혹은 뒤에 붙어 명사를 수식하거나 한정하는 역할을 한다. 따라서 수식하는 명사의 성과 수에 따라 어미를 일치시켜야 한다.

형용사의 형태

정관사	남성	여성	남성/여성
단수	-o	-a	-e
복수	-i	-e	-i

il problema importante 중요한 문제

L'acqua calda 뜨거운 물

lo studente bravo 착한 학생

특수한 복수 형태를 갖는 형용사

-co/ca로 끝나는 형용사 → -chi/-ghe로 변화

formaggio fresco	→ formaggi freschi 신선한 치즈
fragola fresca	→ fragola fresche 신선한 딸기

-co/ -ga로 끝나는 형용사 ➜ -ghi/-ghe 혹은 ci/-gi로 변화

caffè lungo	→ caffè lunghi 아메리카노
passeggiata lunga	→ passeggiata lunghe 긴 산책
apertivo analcolico	→ apertivi analcolici 무알콜 식전주
bevanda analcolica	→ bevande analcoliche 무알콜 음료
예외) un ragazzo greco	→ tre ragazzi greci

비교급

우등비교 : 〜이 〜보다 더 낫다

명사, 대명사를 비교할 경우 più〜di를 사용하고 그 외의 경우에는 più〜che를 사용한다.

> **Paolo è più giovane di Luigi.** 파올로는 루이지보다 더 젊다.
>
> **Luigi è più intelligente che studioso.**
> 루이지는 총명하기보다는 공부를 열심히 한다.

동등비교 : 〜만큼 〜하다

(cosi) 〜come, (tanto) 〜quanto

> **Luigi è (cosi) studioso come te.**
> 루이지도 너만큼 공부를 열심히 한다.

열등비교 : 〜이 〜보다 못하다

명사, 대명사 비교할 경우 meno 〜 di 그 외의 경우에는 meno 〜 che를 사용한다.

> **Paola è meno magra di Luigi.** 파올라는 루이지보다 덜 말랐다.

최상급

❶ 상대적 최상급

> 정관사 + più (meno) + 형용사 + di
> 정관사 + 명사 + più (meno) + 형용사 + di
> 정관사 + più (meno) + 형용사 + 명사 + di
> **Paolo è il più ricco di noi.** 파올로는 우리 중에서 가장 부자이다.
> **Paolo è il meno ricco di noi.** 파올로는 우리 중 제일 덜 부자이다.

❷ 절대적 최상급

형용사의 마지막 모음을 제거하고 -issimo를 붙이거나 molto + 형용사의 형태로 만든다

　　buono - buonissimo/molto buono 좋은 - 아주 좋은

　　bello - bellissimo/molto bello 멋진 - 아주 멋진

소유형용사

소유되는 사람, 사물, 동물 명사의 성, 수에 일치시킨다.

	단수		복수	
	남성	여성	남성	여성
io	il mio	la mia	i miei	le mie
tu	il tuo	la tua	i tuoi	le tue
lui/lei	il suo	la sua	i suoi	le sue
Lei	il Suo	la Sua	i Suoi	le Sue
noi	il nostro	la nostra	i nostri	le nostre
voi	il vostro	la vostra	i vostri	le vostre
loro	il loro	la loro	i loro	le loro

인칭 대명사

~는/ 가	단수			복수	
1인칭	io			noi	
2인칭	tu			voi	
3인칭 남성	lui	egli	esso	loro	essi
3인칭 여성	lei	ella	essa		esse
존칭	Lei			Loro	

목적격 인칭 대명사

		직접목적대명사		간접목적대명사		재귀대명사	
		약형	강조형	약형	강조형	약형	강조형
io		mi	me	mi	a me	mi	me stesso/a
tu		ti	te	ti	a te	ti	te stesso/a
lui/ esso		lo	lui	gli	a lui	si	se stesso
lei/ essa		la	lei	le	a lei	si	se stessa
Lei		La	Lei	Le	a Lei	Si	Se stesso/a
noi		ci	noi	ci	a noi	ci	noi stessi/e
voi		vi	voi	vi	a voi	vi	voi stessi/e
loro	essi	li	loro	gli ➜ loro	a loro	si	se stessi
	esse	le					se stesse

- 약형과 강조형의 차이점: 약형은 동사 앞에 위치하며 동사를 강조하는 반면 강조형은 동사 뒤에 위치하며 대명사가 강조된다.

이탈리아어
+
한국어 단어

A

abbaiare	아바이아레	(개가) 짖다, 짖어 대다
abbandonare	아반도나레	버리다, 포기하다, 단념하다
abbandonato	아반도나토	버림받은, 방치된
abbassare	아바싸레	(물건) 내리다, (가격) 내리다

Dobbiamo abbassare la febbre.
도비아모 아바싸레 라 페브레
열부터 낮춰야 합니다.

abbassarsi	아바싸르시	내려가다, 낮추다
abbasso	아바쏘	밑으로, 아래로
abbastanza	아바스탄자	충분히, 풍부히
abbattere	아바떼레	타도하다, 학살하다, 낙담하다
abbellire	아베리레	장식하다, 미화하다
abbigliamento	아비리아멘토	m 복장, 의복
abbinare	아비나레	연결시키다, 결합시키다
abbonamento	아보나멘토	m 정기권
abbonarsi	아보나르시	구독하다, 예약하다
abbondante	아본단떼	풍부한, 다량의

È la cosa più abbondante sul pianeta.
에 라 꼬자 삐우 아본단떼 술 삐아네따
지구에서 가장 풍부한 것입니다.

abbondanza	아본단자	f 풍성, 풍부

abbracciare	아브라치아레	포옹하다
abbraccio	아브라치오	🄼 포옹
abbreviare	아브레비아레	생략하다, 단축하다
abbreviazione	아브레비아지오네	🄕 생략, 단축
abbronzare	아브론자레	피부를 태우다
abbronzarsi	아브론자르시	피부가 타다
abbronzato	아브론자토	햇빛으로 탄, 일광욕한

Com'è che sei così abbronzato?
꼬메 께 세이 꼬지 아브론자토
왜 이렇게 햇빛에 탔니?

abile	아빌레	유능한, 능력 있는, 적격의
abilità	아빌리따	🄕 능력
abilitazione	아빌리따지오네	🄕 자격, 권능
abitante	아비딴떼	🄕 주민, 거주자
abitare	아비따레	거주하다
abito	아비토	🄼 의복
abituale	아비뚜알레	습관적인, 상습의
abitualmente	아비뚜알멘테	습관적으로
abituare	아비뚜아레	습관화하다

Non sono abituato a cose del genere.
논 소노 아비뚜아토 아 꼬제 델 제네레
나는 그런 일에 익숙하지 않아요.

abituarsi	아비뚜아르시	습관화되다
abitudine	아비뚜디네	🄕 습관

abolire	아볼리레	폐지하다
abortire	아보르띠레	유산하다, 낙태하다
aborto	아보르토	ⓜ 유산, 낙태
abusare	아부사레	악용하다, 남용하다
abusivo	아부시보	불법의, 위법의
abuso	아부조	ⓜ 활용, 악용
accademia	아까데미아	ⓕ 학회, 학원
accademico	아끼데미코	학회의
accadere	아까데레	발생하다, 돌발하다

Oggi mi è accaduta una cosa stranissima.
오지 미 에 아까두따 우나 꼬자 스트라니씨마
오늘 나에게 매우 이상한 일이 일어났다.

accappatoio	아까파도이오	ⓜ 목욕 가운
accarezzare	아까레자레	애무하다, 귀여워하다
accelerare	아체레라레	속도를 내다, 가속하다
acceleratore	아체레라토레	ⓜ 가속 장치
accelerazione	아체레라지오네	ⓕ 가속, 촉진
accendere	아첸데레	불을 켜다

Accendi la luce, per favore.
아첸디 라 루체, 뻬르 파보레
불을 켜 주세요.

accendino	아첸디노	ⓜ 라이터
accennare	아첸나레	나타내다, 암시하다
accenno	아첸노	ⓕ 표정, 징후, 암시
accensione	아첸지오네	ⓕ 점화

accento	아첸토	ⓜ 강세, 억양
accentrare	아첸트라레	집중시키다, 주의를 끌다
acceso	아체소	점화된
accessibile	아체씨비레	접근하기 쉬운, 친해지기 쉬운
accesso	아체쏘	ⓜ 접근, 통로
accesorio	아체소리오	ⓜ 액세서리, 부품
accetta	아체따	ⓕ 도끼
accettare	아체따레	받아들이다, 승낙하다

Ti consiglio di accettare la nostra offerta.
띠 꼰실리오 디 아체따레 라 노스트라 오페르따
당신이 우리들의 제안을 받아들이길 권고한다.

accettazione	아체따지오네	ⓕ 수락, 접수
acchiappare	아끼아파레	포착하다, 붙잡다
acchiappino	아끼아피노	ⓜ 술래잡기
acciaio	아치아이오	ⓜ 강철
accidente	아치덴떼	ⓜ 사고, 재난
accidenti!	아치덴띠	제기랄, 저런
accoglienza	아콜리엔자	ⓕ 환대, 환영, 리셉션
accogliere	아콜리에레	환대하다
accollare	아콜라레	(목에) 감다, 부과하다
accomodare	아코모다레	정리하다, 정정하다, 조정하다
accomodarsi	아코모다르시	편히 하다

Accomodatevi.
아꼬모다떼비
(편히) 앉으세요.

accompagnare	아콤파냐레	동반하다, 수행하다
accompagnatore	아콤파냐토레	ⓜ 동반자, 반주자
acconsentire	아콘센티레	동의하다, 승낙하다
accontentare	아콘덴타레	만족시키다, 기쁘게 하다
accontentarsi	아콘덴타르시	만족하다, 기뻐하다
acconto	아콘토	ⓜ 할부금, 분할금
accorciare	아코르치아레	단축하다, 요약하다
accordare	아코르다레	화해시키다, 조화시키다
accordarsi	아코르다르시	일치하다, 동의하다, 조호(助護)하다
accordo	아코르도	ⓜ 일치, 합의, 협정
accorgersi	아코르제르시	(상황) 알다, 자각하다, 알아차리다

Mi accorsi di avere parlato troppo presto.
미 아꼬르시 디 아베레 빠를라토 뜨로뽀 프레스토
나는 내가 너무 빨리 말했다는 것을 알았다.

accorto	아코르토	현명한, 신중한
accostare	아코스타레	접근시키다, 가까이 가져가다
accreditare	아크레디타레	신용을 얻다, 확증하다
accredito	아크레디토	신용을 얻은, 신임을 얻은
accudire	아쿠디레	전념하다
accumulare	아쿠무라레	축척하다, 쌓다
accumulatore	아쿠무라토레	ⓜ 축압기
accusa	아쿠자	⒡ 비난, 기소
accusare	아쿠자레	비난하다, 기소하다

A

B

C

D

E

F

G

I

J

L

M

N

Non puoi accusare me.
논 뿌오이 아쿠자레 메
너는 나를 비난할 자격이 없다.

accusato	아쿠자토	ⓜ 고발자, 고소인
acerbo	아체르보	쓴, 신맛의
aceto	아체토	ⓜ 식초
acido	아치도	신맛나는, 자극적인, 신랄한
acqua	아쿠아	ⓕ 물
acquaio	아쿠아이오	ⓜ 싱크대
acquario	아쿠아리오	ⓜ 어항, 수족관
acquazzone	아쿠아조네	ⓜ 집중호우, 소나기
acquerello	아쿠에렐로	ⓜ 수채화
acquistare	아퀴스타레	사다, 구입하다, 취득하다
acquisto	아퀴스토	ⓜ 구입, 매입
acuto	아꾸토	날카로운, 예리한, 예민한
adagio	아다지오	천천히, 주의 깊게
adattare	아다타레	적합하게 하다, 적응시키다
adattarsi	아다타르시	적응하다, 적합하다, 어울리다
adatto	아다또	적합한, 합치되는

Questo è piu adatto per me.
꾸에스토 에 삐우 아다또 뻬르 메
이것이 내게 더 적합합니다.

addestrare	아데스트라레	훈련하다, 양성하다
addetto	아데또	계열의, 속하는, 사용된

addio	아디오	*m* 헤어짐, 고별
addirittura	아디리뚜라	똑바로, 직접적으로, 솔직히 Ti dico addirittura di sì. 띠 디꼬 아디리뚜라 디 씨 솔직히 그래.
addizione	아디지오네	*f* 부가, 추가, 덧셈
addome	아도메	*m* 복부
addormentare	아도르멘타레	잠재우다, 완화시키다
addormentarsi	아도르멘타르시	잠들다, 마비되다
addossare	아도싸레	짐을 싣다, (책임을) 가하다
addosso	아도쏘	(사람) 위에, 어깨 위에, 지니고, 입고서
addurre	아두레	제시하다, 내놓다, 주장하다
adeguare	아데구아레	적합하게 하다, 조정하다
adeguarsi	아데구아르시	순응하다, 적응하다
adesivo	아데시보	*m* 접착제, 풀
adesso	아데쏘	지금, 현재, 이제 막, 지금 곧 Che ore sono adesso? 께 오레 소노 아데쏘? 지금 몇 시인가요?
adolescente	아도레쉔떼	청년기의, 젊은이의
adolescenza	아도레쉔자	*f* 청년기, 사춘기
adoperare	아도페라레	사용하다, 활용하다, 쓰다
adorare	아도라레	존경하다, 숭배하다

adottare	아도따레	양육하다, 맡아 기르다, 채용하다, 채택하다
adozione	아도지오네	⨍ 양자결연, 사육, 채용
Adriatico	아드리아티코	⨜ 아드리아해(海)
adulto	아둘토	성인이 된, 완숙한 / ⨜ 성인
aereo	아에레오	⨜ 비행기
aeroporto	아에로포르토	⨜ 공항
afa	아파	⨍ 무더위, 더운 공기, 지루함
affacciare	아파치아레	(얼굴을) 내밀다, 보이다, 제출하다
affamato	아파마토	굶은, 배고픈 / ⨜ 굶주린 사람
affare	아파레	⨜ 일, 용무, 문제

Facciamo qualche affare in questa stagione.
파치아모 꽐케 아파레 인 꾸에스따 스따시오네
이번 시즌에 몇 가지 일을 합시다.

affascinante	아파쉬난떼	매력 있는, 매혹적인
affascinare	아파쉬나레	유혹하다, 마음을 사로 잡다
affaticare	아파띠까레	피로하게 하다, 쇠약하게 하다, 혹사시키다
affaticarsi	아파띠까르시	피곤하다, 노력하다
affatto	아파또	전적으로, 완전히

Non ho dormito affatto.
논 오 도르미토 아파또
나는 잠을 전혀 못 잤다.

affermare	아페르마레	단언하다, 입증하다

affermarsi	아페르마르시	인정시키다, 성공하다
affermazione	아페르마지오네	☑ 긍정, 단정, 성공
afferrare	아페라레	움켜쥐다, 잡다, 파악하다
affettare	아페따레	얇게 썰다
affetto	아페토	m 애정
affettuoso	아페투오조	상냥한
affezionato	아페지오나토	애정이 있는, 헌신적인
affidare	아피다레	위임하다, 맡기다
affilare	아피라레	(칼, 가위) 갈다, 뾰족하게 하다
affilato	아피라토	예리한, 날카로운
affinché	아핀께	~하기 위하여, 하게끔
affittare	아피따레	빌려주다, 임대하다
affitto	아피또	m 임대차, 임대료

Decidemmo di prendere in affitto un appartamento.
데치뎀모 디 프렌데레 인 아피또 운 아빠르따멘토
우리는 이 아파트를 빌리기로 결정했다.

affogare	아포가레	익사시키다, 진절머리 나게 하다, 근심을 풀다
affogarsi	아포가르시	익사하다, 숨이 막히다
affogato	아포가토	익사한 / m 익사자
affollare	아폴라레	붐비게 하다

Questo posto è già affollato.
꾸에스토 뽀스토 에 자 아폴라토
이곳은 이미 만원이다.

affollarsi	아폴라르시	몰려들다, 군집하다

affollato	아폴라토	혼잡한, 군집한
affondare	아폰다레	끼워넣다, 침몰시키다
affresco	아프레스코	m 프레스크화, 프레스크 화법
affrettare	아프레따레	서두르게 하다, 급히 하게 하다
affrettarsi	아프레따르시	서두르다
affrontare	아프론따레	직면하게 하다, 처리하다, 비교하다
affumicato	아푸미가토	훈제한, 연기로 찬
afoso	아포소	무더운
Africa	아프리카	f 아프리카
africano	아프리카노	아프리카의 / m 아프리카인
agenda	아젠다	f 수첩, 의사 예정표, 비망록
agente	아젠떼	m 대리인, 대리업자
agenzia	아젠지아	f 대리업, 대리점, 회사

Faccio un telefonata all'agenzia di viaggi.
파쵸 운 텔레포나따 알라젠지아 디 비아지
여행사에 전화할게요.

agevolare	아제보라레	용이하게 하다, 쉽게 하다
agevolazione	아제보라지오네	f 용이, 도움
agganciare	아간치아레	연결시키다, 결부시키다, (의복) 버클로 고정시키다
aggettivo	아제띠보	m 형용사
agghiacciare	아끼아치아레	냉동시키다
aggiornamento	아조르나멘토	m 개정, 혁신, 업데이트

aggiungere	아준제레	첨가하다, 늘리다, 덧붙이다
aggiunta	아준타	⨍ 부가, 추가
aggiustare	아주스타레	수리하다, 조정하다
aggredire	아그레디레	습격하다, 공격하다
aggressivo	아그레씨보	공격적, 침략적
agile	아질레	민첩한, 기민한
agio	아조	ⓜ 안심, 편한, 안락
agire	아지레	행동하다, 실행하다, 작용하다

So che non hai agito da solo.
소 께 논 아이 아지토 다 솔로
너 혼자 행동하지 않았다는 걸 알아.

agitare	아지따레	진동시키다, 흔들리게 하다, 불안하게 하다
agitato	아지따토	동요하는, 불안한
agitazione	아지따지오네	⨍ 요동, 불안, 흥분
aglio	알리오	ⓜ 마늘
agnello	아넬로	ⓜ 새끼 양
ago	아고	ⓜ 바늘
agopuntura	아고푼투라	⨍ 침술
agosto	아고스토	ⓜ 8월
agricoltore	아그리꼴토레	ⓜ 농민, 농부
agricoltura	아그리꼴투라	⨍ 농업
agro	아그로	신, 새콤한
agrodolce	아그로돌체	달고 신맛이 나는

aiutare	아이우따레		돕다
aiuto	아이우토	m	도움, 원조
	Aiuto! 아이우토 도와주세요!		
ala	알라	f	날개
alba	알바	f	여명, 새벽
albergo	알베르고	m	호텔
albero	알베로	m	나무
albicocca	알비꼬카	f	살구 열매
album	알붐	m	앨범
alcolico	알콜리코		알코올의 / m 알코올 음료
alcuno	알꾸노		약간의, 몇몇의, 어떤 것도, 무엇도
aldilà	알딜라	m	내세(來世)
alfabeto	알파베토	m	알파벳
alga	알가	f	해초
alibi	알리비	m	알리바이
	Il suo alibi era perfetto. 일 수오 알리비 에라 뻬르페토 그의 알리바이는 완벽했다.		
alimentare	알리멘따레		먹이다, 양육하다 / 영양의, 식료품의
alimentari	알리멘따리	mpl	식료품
alimentazione	알리멘따지오네	f	급식, 영양물, 식물
alimento	알리멘토	m	영양물, 음식물, 양식
alito	알리토	m	숨, 호흡, 구취

hotel 오텔 albergo 알베르고　호텔

edificio principale 에디피초 프린치빨레 *m* **본관**

dependence 데펜덴스 *f* **별관**

ingresso 인그레쏘 *m* **로비**

accoglienza 아꼴리엔자 *f* **프론트 데스크**

ricevimento 리체비멘토 *m* **프론트 데스크**

camera singola 까메라 신골라 *f* **1인실**

camera doppia 까메라 도삐아 *f* **2인실**

mancia 만챠 *f* **팁**

cameriere 까메리에레 *m* **남종업원**

cameriera 까메리에라 *f* **여종업원**

servizio in camera 세르비지오 인 까메라 *m* **룸서비스**

sveglia 즈벨리아 *f* **모닝콜 서비스**

alloggi 아로지 *mpl* **숙박시설**

servizio 세르지오 *m* **봉사, 봉사료**

cliente 끌리엔떼, **ospite** 오스피떼 *m* **투숙객, 손님**

direttore dell'hotel 디레또레 델오텔 *m* **호텔지배인**

guardaroba 구아르다로바 *f* **물품보관소**

cassa 까싸 *f* **계산대**

prenotare 프레노따레 **방을 예약하다**

mettere in ordine la camera
　　　메떼레 인 오르디네 라 까메라 **방 청소중**

allacciare	알라치아레	끈으로 묶다, 조이다, 단추를 채우다

Ho detto di allacciare la cintura.
오 데또 디 알라치아레 라 친뚜라
벨트를 매라고 말했어.

allagamento	알라가멘토	ⓜ 홍수, 범람, 침입
allargare	알라르가레	넓히다, 벌리다
allargarsi	알라르가르시	넓어지다, 커지다
allarme	알라르메	ⓜ 경보, 알람
allattare	알라따레	젖을 먹이다
alleanza	알레안자	ⓕ 동맹
alleato	알레아토	동맹의 / ⓜ 동맹국
allegare	알레가레	첨부하다, 제시하다
allegato	알레가토	첨부한, 동봉한 / ⓜ 동봉물, 첨부 서류
allegria	알레그리아	ⓕ 유쾌, 명랑함
allegro	알레그로	유쾌한, 명랑한
allenamento	알레나멘토	ⓜ 훈련
allenare	알레나레	단련하다, 훈련 시키다
allenarsi	알레나르시	훈련하다, 단련하다
allenatore	알레나토레	ⓜ 트레이너, 코치
allentare	알렌따레	풀다, 느슨하게 하다
allergia	알레르지아	ⓕ 알레르기

All'inizio pensavo fosse un'allergia.
알리니조 펜사보 포쎄 운날레르쟈
처음에는 알레르기라 생각했었다.

allergico	알레르지코	알레르기의 / m 알레르기 체질인 사람
allevamento	알레바멘토	m 사육, 양육
allevare	알레바레	기르다, 양육하다

Lei alleva due bambini.
레이 알레바 두에 밤비니
그녀는 두 아이를 양육하고 있다.

allievo	알리에보	m 제자
allineare	알리네아레	정돈하다, 정렬하다
alloggio	알로조	m 숙소
allontanare	알론따나레	멀어져 가다
allontanarsi	알론따나르시	멀어지다
allora	알로라	그때, 그러면
alluce	알루체	m 엄지발가락
allucinante	알루치난떼	눈부신
alludere	알루데레	암시하다
alluminio	알루미니오	m 알루미늄
allungare	알룬가레	길게 하다, (시간적으로) 연기시키다, (신체) 뻗치다, 펴다
allugarsi	알룬가르시	길어지다
allusione	알루지오네	f 암시
alluvione	알루비오네	f 홍수
almeno	알메노	적어도, 하다 못해

Ci saranno state almeno tre persone.
치 사란노 스따떼 알메노 뜨레 뻬르소네
적어도 세 명은 있었던 것 같다.

A

altalena	알타레나	ⓕ 그네, 시소
alterare	알떼라레	변질시키다, 품질을 떨어트리다
alternanza	알떼르난자	ⓕ 교차, 교대, 순환
alternare	알떼르나레	교차시키다, 윤작하다
alternativa	알떼르나띠바	ⓕ 교대, 순환, 양자택일

Non c'è altra alternativa.
논 체 알뜨라 알떼르나띠바
다른 방법이 없다.

altezza	알떼자	ⓕ 높이, 고도, 신장
altitudine	알티투디네	ⓕ 해발
alto	알토	높은, 큰
altoparlante	알토파를란떼	ⓜ 스피커, 확성기
altrettanto	알트레딴토	그 만큼
altrimenti	알트리멘티	다른 식으로, 그렇지 않으면

Fai presto, altrimenti siamo in ritardo.
파이 프레스토, 알트리멘티 시아모 인 리따르도
서두르지 않으면 늦을 거야.

altro	알트로	다른 사람, 다른 물건, 다른
altrove	알트로베	다른 곳에
altruismo	알트루이즈모	ⓜ 애타주의
alunno	알루노	ⓜ 생도, 기숙생, 견습
alzare	알자레	올리다, 치켜올리다, 쳐들다
alzarsi	알자르시	일어나다, 오르다

Mi alzo alle sei.
미 알조 알레 세이
나는 6시에 일어난다.

amabile	아마빌레	**사랑스러운**
amante	아만떼	**좋아하는**
amare	아마레	**사랑하다**
amaro	아마로	**맛이 쓴, 괴로운**
ambasciata	암바샤따	*f.* **대사관**

Andiamo all'ambasciata d'Italia.
안디아모 알람바샤따 디딸리아
이탈리아 대사관으로 가자.

ambasciatore	암바샤토레	*m.* **대사**
ambedue	암베두에	**양쪽의, 2개 모두**
ambiente	암비엔떼	*m.* **환경**
ambiguo	암비구오	**애매모호한**

Questo libro è difficile da capire
ed ambiguo.
꾸에스토 리브로 에 디피칠레 다 까삐레 에담비구오
이 책은 이해하기 어렵고 애매모호하다.

ambizione	암비지오네	*f.* **야심, 대망, 열망**
ambulanza	암불란자	*f.* **구급차**
ambulatorio	암불라토리오	*m.* **응급병원**
America	아메리카	*f.* **미국**
americano	아메리카노	**미국의 / *m.* 미국인**
amichevole	아미께볼레	**우호적인**
amicizia	아미치지아	*f.* **우정**
amico	아미꼬	**친한, 호의적인 / *m.* 친구**
ammalarsi	아말라르시	**병들다**
ammalato	아말라토	**병든**

ammazzare	아마짜레	**죽이다**
ammettere	아메떼레	**인정하다, 허용하다**
	Non voleva ammettere di aver sbagliato. 논 볼레바 아메떼레 디 아베르 즈발리아토 그녀는 자신의 잘못을 인정하지 않았다.	
amministrare	암미니스트라레	**관리하다**
amministrazione	암미니스트라지오네	**관리, 운영, 행정, 통치**
ammirare	암미라레	**감탄하다, 찬미하다**
ammiratore	암미라토레	m **찬미자**
ammissione	암미씨오네	f **허가, 승인**
ammobiliato	아모빌라토	**가구가 딸린**
ammonire	암모니레	**경고하다, 질책하다, 충고하다**
ammontare	암몬따레	**(숫자가) 달하다, 이르다, 총액에 이르다**
ammorbidire	암모르비디레	**부드럽게 하다, 유연하게 하다**
ammortizzatore	암모르띠짜토레	m **완충기**
amo	아모	m **낚시 바늘**
amore	아모레	m **사랑**
ampiezza	암피에짜	f **넓이, 폭, 풍부함**
ampio	암삐오	**넓은, 광범위한**
	Di sopra c'è un letto molto ampio. 디 소프라 체 운 레또 몰토 암삐오 위에 매우 큰 침대가 있다.	
amplificatore	암프리피까토레	m **앰프, 증폭기**
anabbaglianti	아나발리안띠	m **하양등, 전조등**

anagrafe	아나그라페	f 호적부, 호적과
analcolico	아날콜리코	알코올이 없는 / m 무알콜 음료
analfabeta	아날파베따	문맹의, 무지한 / m 문맹
analgesico	아날제시코	무통각의 / m 진통제
analisi	아날리지	f 분석, 검사

Ho fatto delle analisi del sangue in ospedale.
오 파토 델레 아날리지 델 산궤 인 오스페달레
나는 병원에서 몇 가지 혈액 검사를 했다.

analizzare	아날리짜레	분석하다, 상세히 검사하다
ananas	아나나스	m 파인애플
anatomia	아나토미아	f 해부학, 해부
anatra	아나트라	f 오리
anche	안께	~도, 역시, ~조차
àncora	안코라	f 닻
ancora	안코라	또다시, 아직, 더
andamento	안다멘토	m 진행, 경과, 상황, 태도
andare	안다레	가다
andata	안다따	f 보행, 출발

Vorrei un biglietto andata e ritorno da Boston a New York.
보레이 운 빌리에또 안다따 에 리또르노 다 보스톤 아 뉴욕
보스톤에서 뉴욕까지 왕복 티켓을 원합니다.

anello	아넬로	m 반지, 고리, 원
anestesia	아네스떼시아	f 마취

anestetico	아네스떼띠코	**무감각의, 마취약의**
anfiteatro	안피떼아트로	🇲 **원형극장**
angelo	안젤로	🇲 **천사**
angolare	안고라레	**각의, (비유적) 각도의**
angolo	안고로	🇲 **각(도), 모퉁이, 좁은 곳**
angoscia	안고샤	🇫 **고민, 호흡곤란**
anguilla	안귈라	🇫 **뱀장어**
anguria	안구리아	🇫 **수박**
anima	아니마	🇫 **영혼, 마음**
animale	아니말레	🇲 **동물**
animo	아니모	🇲 **마음, 정신, 의지**

La pittura deve riflettere l'animo
dell'artista.
라 삐뚜라 데베 리플레떼레 라니모 델라르티스따
그림에는 작가의 정신이 반영되어야 한다.

annaffiare	안나피아레	**물을 주다**
annaffiata	안나피아따	**물을 뿌림, 비가 떨어짐**

Ho dato un'annaffiata all'orto.
오 다토 우난나피아따 알로르토
채소밭에 물을 주었다.

annegare	안네가레	**물에 빠뜨리다**
anniversario	안니베르사리오	**기념일의 / 🇲 기념일**
anno	안노	🇲 **년, 나이**
annodare	안노다레	**매다, 묶다**
annoiare	안노이아레	**싫증나게 하다**
annotare	안노따레	**필기, 주석을 달다**

annotazione	안노따지오네	f	필기, 메모, 주석
annuale	안누아레		매년의
annullamento	안눌라멘토		취소, 폐기, 무효화
annullare	안눌라레		취소하다, 무효로 하다
annunciare	안눈치아레	m	알리다
	Ti annuncio che sono stato promosso. 띠 아눈초 께 소노 스따토 프로모쏘 내가 진급한 것을 너에게 알린다.		
annuncio	안눈치오	m	알림, 보고, 예보
annusare	안누사레		냄새를 맡다
annuvolare	안누볼라레		흐리게 하다, 어둡게 하다
ano	아노	m	항문
anonimo	아노니모		익명의 / m 익명자
anormale	아노르말레		이상한
ansia	안시아	f	걱정
	A volte sono in ansia per il futuro. 아 볼떼 소노 인 안시아 뻬르 일 푸뚜로 때때로 나는 미래에 대한 불안으로 가득 차 있다.		
ansioso	안시오조		근심스런, 불안한, 갈망하는
antenato	안테나토	m	선조
antenna	안떼나	f	안테나
anteprima	안테프리마	f	시사회
anteriore	안테리오레		앞의, 이전의
antibiotico	안티비오티코	m	항생제
anticamera	안티카메라	f	현관, 대합실

antichità	안티끼따	ⓕ 고대, 고전
anticipare	안티치파레	예상하다, 예고하다, 선불하다
anticipo	안티치포	ⓜ 이미, 미리, 선금
antico	안티코	옛날의
anticoncezionale	안티콘체지오날레	피임의 / ⓜ 피임
anticorpo	안티코르포	ⓜ 항체
antidoto	안티도토	ⓜ 해독제
antifurto	안티푸르토	ⓜ 도난방지장치

La macchina di tua madre ha un dispositivo antifurto.
라 마끼나 디 뚜아 마드레 아 운 디스포지띠보 안티프르토
내 어머니의 차에 도난방지장치가 있다.

antigelo	안티젤로	ⓜ 부동액
antinebbia	안티네비아	ⓜ 안개등
antipasto	안티파스토	ⓜ 전채요리
antipatico	안티파띠코	불쾌한, 혐오스러운 / ⓜ 불쾌한 것 (사람, 경험)
antiquato	안티구아토	유행에 뒤쳐진
anulare	아누라레	ⓜ 넷째 손가락
anzi	안지	오히려, 조금도, 전혀

Non sono in ritardo, anzi arrivo in anticipo.
논 소노 인 리따르도 안지 아리보 인 안띠치포
나는 지각하지 않았다, 오히려 일찍 도착했다.

anziano	안지아노	연장자의 / ⓜ 연장자
anziché	안지께	대신에, ~보다는 차라리
anzittuto	안지뚜토	먼저

aorta	아오르따	⨍ 대동맥
ape	아페	⨍ 벌 (곤충)
aperitivo	아페리띠보	식욕을 돋우는 / ⓜ 애피타이저
aperto	아페르토	열린
apertura	아페르투라	⨍ 개방, 개시
apice	아피체	ⓜ 정점, 절벽
apostrofo	아포스트로포	ⓜ 생략부호
apparecchiare	아파레끼아레	준비하다, 식탁을 차리다

Non ha ancora apparecchiato la tavola.
논 아 안꼬라 아파렌끼아토 라 따볼라
아직 식탁을 차리지 않았다.

apparecchio	아파레끼오	ⓜ 기구
apparentemente	아파렌떼멘떼	표면적으로, 외관상으로
apparenza	아파렌자	⨍ 외관, 겉모양
apparire	아파리레	보이다, 나타나다
appariscente	아파르쉔떼	돋보이는, 사람 눈을 끄는, 사치한
appartamento	아파르타멘토	ⓜ 아파트
appartenere	아파르떼네레	~의 것이다
appassionare	아파씨오나레	마음을 움직이다, 감동시키다
appassionato	아파씨오나토	열렬한, 애호가, 팬
appassire	아파씨레	시들다, 마르다
appassito	아파씨토	시들은, 말라죽은, 쇠퇴한
appellare	아펠라레	이름 짓다, 공소하다

appello	아펠로	ⓜ 간청, 호소, 점호
appena	아펜나	겨우, 가까스로
	Ci si vede appena. 치 시 베데 아뻰나 겨우 보인다.	
appendere	아펜데레	걸다, 매달다
appendice	아펜디체	ⓕ 부록, 맹장
appendicite	아펜디치테	ⓕ 맹장염
appetito	아페띠토	ⓜ 식욕, 본능적 욕구, 욕구
	Buon appetito! 본 아페띠토 맛있게 드세요!	
appiccicoso	아피치오조	끈적끈적한
applaudire	아플라우디레	박수 치다
applauso	아플라우조	ⓜ 박수
applicare	아플리까레	첨부하다, 붙이다, 기울다, 돌리다, 부과하다
applicato	아플리까토	응용된, 적용의 / ⓜ 견습생
appoggiare	아포지아레	기대다, 놓다, 의지하다
appoggiarsi	아포지아르시	기대다, 놓여 있다
appoggio	아포조	ⓜ 지지, 지원
apportare	아포르따레	초래하다, 가져오다, 내세우다
apposito	아포지토	전용의
apposta	아포스따	일부러, 특별히
apprendere	아프렌데레	깨닫다, 습득하다, 알다

	Lui apprende tutto rapidamente. 루이 아프렌데 뚜또 라비다멘떼 그는 무엇이든 빨리 배운다.	
apprendista	아프렌디스따	𝑚 견습생
apprezzare	아프레짜레	존중하다, 존경하다, 평가하다, 가격을 견적하다
approfittare	아프로피따레	이용하다, 활용하다
approfondire	아프로폰디레	깊게 하다, 깊이 연구하다
approssimativo	아프로씨마띠보	대략적인
approvare	아프로바레	동의하다, 찬성하다
	Approvo la sua scelta. 아프로보 라 수아 쉘따 그의 선택에 찬성한다.	
appuntamento	아푼타멘토	𝑚 약속
appuntito	아푼띠토	예리한
appunto	아푼토	정확히, 꼭 / 𝑚 메모, 비난, 충고
apribottiglia	아프리보틸리아	𝑚 병따개
aprile	아프릴레	𝑚 4월
aprire	아프리레	열다, 시작하다, 벌리다, (스위치) 켜다
apriscatole	아프리스카톨레	𝑚 깡통따개
aquila	아퀼라	𝑓 독수리
Arabia	아라비아	𝑓 아라비아
arabo	아라보	아라비아(인)의 / 𝑚 아라비아인, 아라비아어
arachide	아라끼데	𝑓 땅콩

aragosta	아라고스타	⨍ 가재
arancia	아란챠	⨍ 오렌지
	Mi piace il succo d'arancia. 미 삐아쩨 일 수꼬 다란챠 나는 오렌지 주스를 좋아한다.	
aranciata	아란치아따	⨍ 오렌지즙
arancione	아란치오네	오렌지색의
arare	아라레	경작하다, (비유적) 항해하다
arbitro	아라비트로	ⓜ 결정자, 심판관
arbusto	아르부스토	ⓜ 관목
archeologia	아르케올로지아	⨍ 고고학
architetto	아르끼떼토	ⓜ 건축가
archietttura	아르끼에투라	⨍ 건축학(술)
archivio	아르끼비오	ⓜ 문서보관소, 기록, 자료, 학보
arco	아르코	ⓜ 활, 아치형
arcobaleno	아르코바레노	ⓜ 무지개
ardente	아르덴떼	불 같은, 정열적인
ardere	아르데레	태우다, 연소시키다, (혹한으로) 해를 입히다
	Ardo d'amore per te. 아르도 다모레 뻬르 떼 너를 향한 사랑으로 불타고 있어.	
area	아레아	⨍ 지역, 구역, 면적
argento	아르젠토	ⓜ 은(銀)
argine	아르지네	ⓜ 제방, 뚝

A
B
C
D
E
F
G
I
J
L
M
N

aria	아리아	⨍ 공기, 대기, 야외, 공중
arido	아리도	ⓜ 건조한
ariete	아리에테	ⓜ 숫양
argomento	아르고멘토	⨍ 논의, 주제, 화제
arma	아르마	⨍ 무기
armadio	아르마디오	ⓜ 옷장
armare	아르마레	무장시키다, 전쟁 준비를 시키다
armonia	아르모니아	⨍ 조화, 일치, 화성학, 평화

La perfetta armonia dei sapori è
come una grande opera.
라 페르페따 아르모니아 데이 사뽀리 에 꼬메 우나 그란데 오페라
맛의 완벽한 조화는 위대한 작품과 같다.

arnese	아르네제	ⓜ 용구
aroma	아로마	ⓜ 향료
arrabbiarsi	아라비아르시	화내다
arrabbiato	아라비아토	화난, 미친 듯한
arrampicarsi	아람피까르시	기어오르다, 올라가다
arrangiarsi	아란쟈르시	조정하다, 일치하다, 준비하다
arredamento	아레다멘토	ⓜ 실내장식
arredare	아레다레	가구를 설비하다
arrendersi	아렌데르시	항복하다, 자수하다
arrestare	아레스타레	체포하다, 억제하다, 멈추게 하다

L'assassino non è ancora stato arrestato.
라싸씨노 논 에 안꼬라 스따토 아레스따토
암살범은 아직 안 잡혔다.

arresto	아레스토	Ⓜ 체포
arretrare	아레트라레	후퇴시키다, 물러나다
arretrato	아레트라토	뒤에 남은 / Ⓜ 연체료, 미납금
arricchire	아리끼레	부유하게 하다, 풍부하게 하다, (맛, 향) 진하게 하다
arrivare	아리바레	도착하다, 도래하다, 이르다
arrivederci	아리베데르치	안녕히 가세요
arrivo	아리보	Ⓜ 도착, 도달
arrogante	아로간떼	거만한, 오만한
arrossare	아로싸레	붉게 하다, 얼굴을 붉게 하다
arrossire	아로씨레	낯을 붉히다, 빨개지다
arrosto	아로스토	Ⓜ 구운 고기
arrotolare	아로토라레	말아 올리다
arrugginito	아루지니토	녹쓴, 무디어진
	Il mio inglese è arrugginito. 일 미오 인글레제 에 아루지니토 내 영어 실력이 녹슬었다.	
arte	아르테	Ⓕ 예술, 미술
arteria	아르테리아	Ⓕ 동맥
articolazione	아르띠콜라지오네	Ⓕ 관절
articolo	아르띠꼴로	Ⓜ 관사, 조항, 기사
artificiale	아르띠피치아레	인공의
artigianato	아르띠지아나토	Ⓜ 수공예, 수공예품

artigiano	아르띠지아노	수공업의 / ⓜ 기술자
artista	아르띠스따	ⓜ 예술가
artistico	아르띠스티코	예술적인
ascella	아쉘라	ⓕ 겨드랑이
ascendere	아쉔데레	오르다, 달하다
ascensore	아쉔소레	ⓜ 승강기, 엘리베이터

Sono nell'ascensore col mio cane.
소노 넬라쉔소레 꼴 미오 까네
내 개와 함께 엘리베이터에 있어.

asciugacapelli	아슈가까뻴리	ⓂⓅⓁ 헤어드라이어
asciugamano	아슈가마노	ⓜ 수건
asciugare	아슈가레	닦다, 말리다
asciutto	아슈또	마른
ascoltare	아스꼴따레	듣다, 귀를 귀울이다, 조심하다
asfalto	아스팔토	ⓜ 아스팔트
Asia	아시아	아시아
asiatico	아시아띠코	아시아의 / ⓜ 아시아인
asilo	아질로	ⓜ 피난, 피난소, 안전지대

Voglio chiedere asilo politico in Iraq.
볼리오 끼에데레 아질로 뽈리띠코 인 이라크
나는 이라크에서 정치적 망명을 요구합니다.

asino	아지노	ⓕ 당나귀
asma	아즈마	ⓜ 천식
asparago	아스파라고	ⓜ 아스파라거스
aspettare	아스페따레	기다리다

aspetto	아스뻬또	m 외관, 관점, 시점
aspirapolvere	아스피라뽈베레	m 진공청소기
aspirare	아스피라레	빨아들이다, 열망하다
	Io aspiro al successo. 이오 아스피로 알 수체쏘 나는 성공을 열망한다.	
aspirina	아스피리나	f 아스피린
aspro	아스프로	신, 시큼한, 가혹한, 거친
assaggiare	아싸지아레	맛보다
assai	아싸이	대단히
assalire	아싸리레	공격하다, 습격하다, 돌발하다
assaporare	아싸뽀라레	음미하다, 맛보다
	Assaporava un buon bicchiere di vino. 아싸뽀라바 운 부온 비끼에레 디 비노 좋은 와인 한잔을 음미하고 있었다.	
assassinare	아싸씨나레	살해하다, 암살하다
assassinio	아싸씨니오	m 살인, 암살, 상해치사
assassino	아싸씨노	m 살인자
asse	아쎄	f 축, 중심선
assedio	아쎄디오	m 포위, 공격
assegnare	아쎄냐레	할당하다, 배당하다, 승인하다, 양도하다
assegno	아쎄뇨	m 수표, 수당금, 허용
assemblea	아쎔브레아	f 회의, 총회
assente	아쎈떼	부재의, 빠진 / m 결석자

assentire	아쎈띠레	동의하다, 허락하다, 승인하다
asserire	아쎄리레	단언하다, 확언하다, 주장하다
assicurare	아씨꾸라레	안전하게 하다, 보증하다
assicurato	아씨꾸라토	보증된, 보험에 가입한 / _m_ 보험 계약자
assicurazione	아씨꾸라지오네	_f_ 보증, 보험
assieme	아씨에메	함께, 같이

Sono andato in viaggio assieme la mia famiglia.
소노 안다토 인 비아조 아씨에메 라 미아 파미리아
나는 가족과 함께 여행을 떠났다.

assistente	아씨스뗀떼	_m_ 조수, 조교
assistenza	아씨스뗀자	_f_ 보호
assistere	아씨스떼레	출석하다, 참석하다, 보좌하다, 수행하다
asso	아쏘	_m_ (카드) 에이스, 1인자
associare	아쏘치아레	참가시키다, 참가하다
associazione	아쏘치아지오네	_f_ 참가, 연합, 협회
assodare	아쏘다레	견고히 하다, 견고해지다
assoluto	아쏠루토	절대적인, 확실한, 순수한
assolvere	아쏠베레	무죄 언도하다, 용서하다
assomigliare	아쏘밀리아레	닮다, 비슷하다, 비교하다

Assomiglia a sua padre.
아쏘미리아 아 수아 빠드레
그는 그의 아버지를 닮았다.

assorbente	아쏘르벤떼	흡수하는 / ⑩ 흡수제
assorbire	아쏘르비레	⑩ 흡수하다, 빨아올리다, 완화하다
assortimento	아쏘르띠멘토	⑩ 골고루 구비된 상품, 재고품
assumere	아쑤메레	채용하다, 맡다
assunzione	아쑨지오네	⑦ 청부, 승진, 고용
assurdo	아쑤르도	터무니없는
asta	아스따	⑦ 봉, 대, 경매(Asta)
astenersi	아스떼네르시	삼가하다
astrarre	아스트라레	추상하다, 관심을 딴 데로 돌리다
astratto	아스트라토	추상적인
astrologia	아스트롤로지아	⑦ 점성술
astronauta	아스트로나우타	⑩ 우주 비행사

Ho sempre desiderato fare l'astronauta.
오 셈쁘레 데지데라토 파레 라스트로나우타
나는 항상 우주 비행사가 되고 싶었어.

astronomia	아스트로노미아	⑦ 천문학
astuccio	아스뚜초	⑩ 케이스, 용기
atlante	아틀란떼	⑩ 지도책
Atlantico	아틀란티코	⑦ 대서양
atmosfera	아트모스페라	⑦ 대기, 분위기

C'era un'atmosfera familiare e tutti erano così liberi.
체라 우나트모스페라 파밀리아레 에 뚜띠 에라노 꼬지 리베리
친숙한 분위기였고 모두가 자유로웠다.

atomico	아토미코	원자의

atomo	아토모	m 원자
atroce	아트로체	잔인한, 냉혹한, 무서운
attaccapanni	아따까파니	m 옷걸이
attaccare	아따까레	공격하다, 걸다, 동여매다
attacco	아따꼬	m 공격, 접합, 결합
atteggiamento	아테지아멘토	태도, 자세, 표정
attendere	아뗀데레	기다리다, 기대하다
attendibile	아뗀디빌레	신빙성 있는
attentamente	아뗀타멘토	주의 깊게
attentato	아뗀따토	m 침범
attento	아뗀토	주의하는, 세심한
attenuante	아테누안떼	경감의, 정상참작의 / m 정상참작
attenzione	아뗀지오네	m 주의, 배려
atterraggio	아떼라조	m 착륙
atterrare	아떼라레	착륙하다, (나무) 베어 쓰러뜨리다, 넘어뜨리다

Atterra a Milano tra poco.
아테라 아 밀라노 트라 뽀꼬
곧 밀라노에 도착합니다.

attesa	아뗴자	f 기다림, 기대, 예상
attestato	아뗴스따토	m 증명서, 증거, 증명
attiguo	이따구오	인접하고 있는, 근접한
attimo	아띠모	m 순간, 찰나
attirare	아띠라레	끌어당기다, 매료하다, 유혹하다

attitudine	아띠뚜디네	f 적성, 소질
attivare	아띠바레	움직이다, 활발히 하다
attivita	아띠비따	f 활동력, 업무

Ti troverai bene in quest'attività.
띠 트로베라이 베네 인 꾸에스따띠비따
이 업무를 잘할 수 있을 겁니다.

attivo	아띠보	활동적인, 정력적인, 활발한
atto	아또	m 행위, 동작
attore	아또레	m 배우
attorno	아또르노	주위에, 주변에, 둘레에
attraente	아뜨라엔떼	마음을 끄는, 매력적인
attrarre	아뜨라레	끌다, 끌어당기다, 유혹하다
attraversare	아뜨라베르사레	가로지르다
attraverso	아뜨라베르소	통과해서, 가로질러서

Ha sentito tutto attraverso il muro.
아 센띠토 뚜또 아뜨라베르소 일 무로
그는 벽을 통해서 모든 것을 들었다.

attrazione	아뜨라지오네	f 매력, 끄는 힘
attrezzatura	아뜨레짜뚜라	f 설비, 시설, 장치
attrezzo	아뜨레쪼	m 도구
attribuire	아뜨리부이레	할당하다, ~탓으로 돌리다

Il giornalista attribuiva la guerra a dei politici avari.
일 조르날리스따 아뜨리부이바 라 구에라 아 데이 폴리띠치 아바리
기자는 전쟁을 탐욕스러운 정치인 탓으로 돌렸다.

attuale	아뚜알레	현재의, 지금의, 오늘날의

attualità	아뚜알리따	⨍ 현실성, 실제성, 시사성
attualmente	아뚜알멘떼	현재로
audace	아우다체	대담한
auditorium	아우디토리움	ⓜ 강당
audizione	아우디지오네	⨍ 오디션
augurare	아우구라레	빌다, 바라다

Ti auguro tanta felicità.
띠 아우구로 딴따 펠리치따
많은 행복을 기원합니다.

augurio	아우구리오	ⓜ 축하, 기원
aula	아울라	⨍ 교실, 강의실
aumentare	아우멘따레	증가하다
aumento	아우멘토	ⓜ 증가, 상승
auricolare	아우리꼴라레	귀의, 청각의 / ⓜ 이어폰
aurora	아우로라	⨍ 여명
ausiliare	아우실리아레	보조의
Australia	아우스트라리아	오스트레일리아, 호주
australiano	아우스트라이아노	오스트레일리아의 / ⓜ 오스트레일리아인
Austria	아우스트리아	⨍ 오스트리아
austriaco	아우스트리아코	오스트리아의 / ⓜ 오스트리아인
autista	아우띠스따	ⓜ 운전 기사
autobiografia	아우토비오그라피아	⨍ 자서전
autobus	아우토부스	ⓜ 버스

	Prendo l'autobus per andare al lavoro.
	프렌도 라우토부스 뻬르 안다레 알 라보로
	나는 버스를 타고 출근한다.
autocarro	아우토까로 · ⓜ 트럭
autocisterna	아우토치스떼르나 · ⓕ 탱크차, 탱크로리
autocontrollo	아우토콘트롤로 · ⓜ 자제(심)
autogol	아우토골 · ⓜ 자살골
autografo	아우토그라포 · 자필의, 친필의 / ⓜ 자필 서명
autogrill	아우토그릴 · ⓜ 휴게소
automatico	아우토마띠코 · 자동의, 무의식적인, 반사적인
automobile	아우토모빌레 · ⓕ 자동차, 승용차
autonoleggio	아우토노레조 · ⓜ 렌터카 회사
autonomia	아우토노미아 · ⓕ 자치, 자치권, 자주, 독립
autonomo	아우토노모 · 자치의, 독립한, 자립한
autoradio	아우토라디오 · ⓕ 카스테레오
autore	아우토레 · ⓜ 저자, 제작자
autorimessa	아우토리메싸 · ⓕ 차고, 주차장
autorità	아우토리따 · ⓕ 권한, 권력조직, 권위, 위엄
autoritratto	아우토리뜨라또 · ⓜ 자화상
	L'autoritratto di Gogh è nel Museo d'Orsay.
	라우토리트라또 디 고흐 에 넬 무세오 도르세
	고흐의 '자화상'은 오르세 미술관에 있다.
autorizzare	아우토리자레 · 허가하다, 권한을 부과 하다, 정당화하다

autorizzazione	아우토리짜지오네	⨍ 허가(증), 인가, 공인
autostrada	아우토스트라다	⨍ 고속도로
autosufficienza	아우토수피첸자	⨍ 자급자족
autunno	아우뚜노	ⓜ 가을
avanguardia	아반구아르디아	⨍ 전위, 첨단, 아방가르드
avanti	아반띠	앞(쪽)에, 앞으로
avanzare	아반자레	나아가다, (나이) 먹다, 향상시키다, 제출하다

Il mio lavoro avanza assai.
일 미오 라보로 아반자 아싸이
내 일이 상당히 진척되고 있다.

avanzato	아반자토	진보된, 앞에 있는
avanzo	아반조	ⓜ 나머지
avaro	아바로	인색한 / ⓜ 수전노
avena	아베나	⨍ 귀리
avere	아베레	가지고 있다
aviazione	아비아지오네	⨍ 비행(술), 항공(학)
avido	아비도	탐욕스러운
avorio	아보리오	ⓜ 상아
avvelenare	아베레나레	독살하다
avvelenato	아베레나토	독이 든, 독을 번지게 한

I rifiuti di quella fabbrica hanno avvelenato l'acqua.
이 리푸디 디 꿸라 파브리까 안노 아베레나토 라꾸아
공장 폐기물이 물을 오염시켰다.

avvenimento	아베니멘토	ⓜ 사건, 행사, 가능한 것

avvenire	아베니레	일어나다, 발생하다
avventare	아벤따레	대수롭지 않게 말하다, 던지다
avvento	아벤토	ⓜ 도래, 출현
avventura	아벤뚜라	ⓕ 모험, 우연

Domattina ti racconto la mia avventura.
도마띠나 띠 라꼰토 라 미아 아벤뚜라
내일 너에게 내 모험을 이야기해 줄게.

avverbio	아베르비오	ⓜ 부사
avversario	아베르사리오	반대의, 적의 / ⓜ 적
avvertenza	아베르뗀자	ⓕ 경고, 주의 깊음, 통지
avvertenze	아베르뗀제	ⓟⓛ 효능서, 주의서

Leggi attentamente le avvertenze
prima di prendere medicine.
레지 아뗀따멘떼 레 아베르뗀제 프리마 디 프렌데레 메디치네
약을 복용하기 전에 주의서를 잘 읽어봐라.

avvertire	아베르띠레	알려주다, 경고하다, 깨닫다, 인정하다
avviamento	아비아멘토	ⓜ 개시, (차) 시동
avviare	아비아레	시작하다, 이끌다, 보내다
avvicinare	아비치나레	가깝게 하다, 접근하다
avvicinarsi	아비치나르시	가까이 가다
avvincere	아빈체레	휘감다, 사로잡다
avvisare	아비사레	알려주다, 통지하다

Avvisami quando viene.
아비자미 꽌도 비에네
그가 올 때 내게 알려줘.

avviso	아비조	ⓜ 경고, 알림, 광고

avvocato	아보까토	m 변호사
avvolgere	아볼제레	감다, 싸다

Le nebbia avvogleva la città.
레 네비아 아볼제바 라 치따
도시는 안개에 쌓여 있었다.

azienda	아지엔다	f 회사, 기업
azionare	아지오나레	움직이다, 작동하다
azione	아지오네	f 행동, 작동, 주식
azzardare	아자르다레	모험하다, 위태롭게 하다
azzardo	아자르도	m 위험, 모험
azzeccare	아제까레	치다, 쳐부시다, 알아맞히다
azzurro	아주로	하늘색의, 파란 / m 하늘색, 청색

Voglio vedere il cielo azzurro.
볼리오 베데레 일 치엘로 아주로
푸른 하늘을 보고 싶다.

B

babbo	바뽀	ⓜ 아빠
baccare	바까레	좀먹다, 부패하다, 상하게 하다
baccarsi	바까르시	상하다, 벌레먹다
bacca	바까	ⓕ 열매, 장과(漿果)
baccano	바까노	ⓜ 소음, 떠들썩한 소리
bacchetta	바께따	ⓕ 막대기, 봉
baciare	바치아레	입맞추다, 키스하다

Ti ho visto baciare qualcuno.
띠 오 비스토 바치아레 꽐꾸노
네가 누군가랑 키스하는 걸 봤어.

baciarsi	바치아르시	서로 입맞추다
bacinella	바치넬라	ⓕ 대야, 세면기
bacino	바치노	ⓜ 세면기, 수원지, 골반
bacio	바초	ⓜ 키스, 뽀뽀
badare	바다레	돌보다, 주의하다

Bada di non scivolare.
바다 디 논 쉬볼라레
미끄러지지 않게 주의해.

badile	바디레	ⓜ 삽, (농업) 가래
baffo	바포	ⓜ 콧수염
bagagliaio	바갈리아이오	ⓜ 화물칸, (자동차) 트렁크
bagaglio	바갈리오	ⓜ 수화물, 여행용 화물

bagnare	바냐레	적시다, 씻기다

Le lacrime bagnavano il suo viso.
레 라크리메 바냐바노 일 수오 비조
눈물이 그의 얼굴을 적셨다.

bagnarsi	바냐르시	젖다, 목욕하다
bagnato	바냐토	젖은
bagno	바뇨	m 목욕
baia	바이아	f 만(灣)
balbettare	발베따레	말을 더듬다
balbuziente	발부지엔떼	말 더듬는, 말 더듬이의 / m 말더듬이
balcone	발코네	m 발코니
balena	발레나	f 고래
balla	발라	f 더미, 거짓말
ballare	발라레	춤추다
balleriana	발레리아나	f 무용가, 발레리나
balletto	발레또	m 무용극
ballo	발로	m 춤
balzare	발자레	뛰어오르다, 도약하다, 갑자기 나타나다

Il gatto balzò sul tavolo.
일 가또 발조 술 따볼로
고양이가 탁자 위로 뛰어올랐다.

balzó	발조	m 뜀, 도약, (비유) 기회
bambina	밤비나	f 여자아이
bambino	밤비노	m 남자아이
bambola	밤볼라	f 인형

banale	바날레	평범한
banana	바나나	⨍ 바나나
banca	반까	⨍ 은행

Devo andare in banca per mandare dei soldi.
데보 안다레 인 반까 뻬르 만다레 데이 솔디
은행에 송금하러 가야 한다.

bancario	반까리오	은행의, 금융의 / ⓜ 은행원
bancarotta	반까로따	⨍ 파산
banchetto	반께또	ⓜ 연회
banco	반코	ⓜ 책상

Per favore, pulisca il banco e vattene.
뻬르 파보레, 뿔리스까 일 반코 에 바떼네
책상을 정리하고 퇴근하세요.

bancone	반꼬네	ⓜ 판매대, 계산대
banconota	반꼬노따	⨍ 은행권, 은행 지폐
bandiera	반디에라	⨍ 기, 깃발
bara	바라	⨍ 관(棺)
baracca	바라까	⨍ 오막살이
barare	바라레	속이다, 협잡하다
barattolo	바라똘로	ⓜ 유리통, 단지
barba	바르바	⨍ 턱수염
barbabietola	바르바비에톨라	⨍ 사탕무
barbaro	바르바로	미개의, 잔인한 / ⓜ 야만인
barbiere	바르비에레	ⓜ 이발사

Vi faremo ascoltare adesso "il Barbiere di Siviglia" di Rossini.
비 파렘모 아스꼴따레 아데쏘 "일 바르비에레 디 시빌리아" 디 로씨니
여러분께 로시니의 '세빌리아의 이발사'를 들려드리겠습니다.

barboso	바르보조	귀찮은, 성가신
barca	바르까	⨍ 나룻배, 보트
barella	바렐라	⨍ (환자) 들것, (돌, 모래, 흙 운반용) 손수레
barista	바리스타	ⓜ 바리스타
baritono	바리토노	ⓜ 바리톤
barcco	바르꼬	바로크 양식의, 기묘한 / ⓜ 바로크 양식
barometro	바로메트로	ⓜ 기압계
barra	바라	⨍ 피고석, 막대기, 바

C'è una barra di sicurezza all'interno.
체 우나 바라 디 시꾸레짜 알인떼르노
내부에 안전 바가 있습니다.

barricata	바리까따	⨍ 바리케이트, 장벽
barriera	바리에라	⨍ 철책
barzelletta	바르젤레따	⨍ 우스운 이야기, 농담
basare	바자레	기초를 두다, 기초로 하다
base	바제	⨍ 기초, 근본

Iniziamo con alcune domande di base.
이니지아모 꼰 알꾸네 도만데 디 바제
몇 가지 기본적인 질문을 시작하겠습니다.

basilica	바실리까	⨍ 대사원
basilico	바실리코	ⓜ 바실리코

basso	바쏘	**낮은, 아래의**

Ora i tempi del petrolio a basso prezzo sono finiti.
오라 이 뗌삐 델 페트롤리오 아 바쏘 프레쪼 소노 피니띠
이제 값싼 석유의 시대는 끝났다.

bassopiano	바쏘피아노	m 분지
basta	바스따	**그만해**
bastardo	바스따르도	**서자의, 잡종의**
bastare	바스따레	**충분하다**
bastoncini	바스톤치니	mpl 젓가락
bastone	바스토네	m 막대기, 지팡이
battaglia	바딸리아	f 전쟁, 싸움
battello	바뗄로	m 기선, 범선, 배
battere	바떼레	**때리다, 치다, 두드리다**

Battere il ferro finché è caldo.
바떼레 일 페로 핀께 에 깔도
쇠가 달궈졌을 때 두들겨라.

batteria	바떼리아	f 건전지
battesimo	바떼즈모	m 세례
battezzare	바떼자레	**세례를 주다**
battistero	바띠스떼로	m 영세소
battito	바띠토	m 때림, (심장, 맥박) 고동, 지휘봉

Il battito del cuore è troppo veloce.
일 바띠토 델 꾸오레 에 뜨로뽀 벨로체
심장 박동이 너무 빨리 뛴다.

battuta	바뚜따	f 타격, 박자, 말, 연설
baule	바울레	m 트렁크

B

bavaglino	바발리노	*m* 어린이용 턱받이
beato	베아토	행복한, 즐겁게, 지복의
beccare	베까레	(노력 없이 돈을) 벌다, 쪼다, 얻다, 걸리다
becco	베꼬	*m* 부리
befana	베파나	*f* 주현절 (1월 6일)
belga	벨가	벨기에의 / *m* 벨기에인
bella	벨라	*f* 미인, 미녀
bellezza	벨레짜	*f* 미, 아름다움
bello	벨로	*m* 아름다운, 멋있는
belva	벨바	*f* 야수, 야생동물
belvedere	벨베데레	*m* 전망대
benché	벤께	~일지라도, 비록 ~라 하더라도, ~했지만

Benché ascoltassi con attenzione, non riuscì a capire.
벤께 아스꼴따씨 꼰 아뗀지오네, 논 리우쉬 아 까삐레
주의해서 들었지만 전혀 알아들을 수 없었다.

benda	벤다	*f* 붕대, 안대
bene	베네	잘, 좋게 / *m* 선(善), 이익, 복지
benedire	베네디레	축복하다
benedizione	베네디지오네	*f* 축복
beneficare	베네피까레	은혜를 주다, 도움을 주다
benficenza	베네피첸자	*f* 자선
beneficio	베네피초	*m* 이익, 이득

benefico	베네피코	은혜의, 유익한, 이익의

La storia ha dimostrato il benefico effetto della nostra cultura.
라 스토리아 아 디모스트라토 일 베네피코 에페토 델라 노스트라 꿀뚜라
역사는 우리 문화의 유익한 효과를 보여준다.

benessere	베네쎄레	m 복지, 안녕, 번영
benestante	베네스딴떼	유복한, 풍부한
benestare	베네스따레	m 동의, 승낙, 승인, 안녕
bensi	벤시	오히려, ~아니라
benvenuto	벤베누토	환영하는 / m 환영
benzina	벤지나	f 휘발유, 기름
bere	베레	마시다

Dopo aver esercitato, bevo un bicchiere di latte.
도뽀 아베르 에세르치따토, 베보 운 비끼에레 디 라떼
운동 후에 우유 한 잔을 마신다.

berretto	베레또	m 모자, 베레모
bersaglio	베르사리오	m 표적, 목표, 사격장
bestia	베스띠아	f 짐승
bestiame	베스띠아메	m 가축
bevanda	베반다	f 음료수

Qualcuno mi ha versato una bevanda.
꽐꾸노 미 아 베르사토 우나 베반다
누군가가 나에게 음료수를 쏟았다.

biancheria	비안께리아	f 리넨 제품
bianco	비안꼬	하얀, 흰 / m 하얀색, 여백
Bibbia	비비아	f 성경

biberon	비베론	*m* **젖병**
bibita	비비따	*f* **음료**
biblioteca	비블리오떼까	*f* **도서관**

Andiamo in biblioteca.
안디아모 인 비블리오떼까
도서관에 가자.

bibliotecario	비블리오떼까리오	*m* **사서**
bicchiere	비끼에레	*m* **잔, 컵**
bicicletta	비치클레따	*f* **자전거**
bidello	비델로	*m* **수위, 고용인**
bigiotteria	비조떼리아	*f* **장신구, 장신구점**
biglietteria	빌리에떼리아	*f* **매표소**
biglietto	빌리에또	*f* **표**

Vorrei un biglietto per Roma.
보레이 운 빌리에또 뻬르 로마
로마행 표 주세요.

bilancia	빌란챠	*m* **저울**
bilanciare	빌란치아레	**평행을 이루다, 균형을 이루다**
bilancio	빌란초	*m* **예산, 대차대조표, 균형**
bile	빌레	*f* **담즙, 분노**
biliardo	빌리아르도	*m* **당구**
bimbo	빔보	*m* **어린아이**
binario	비나리오	*m* **선로**

Il treno è arrivato sul binario 2.
일 뜨레노 에 아리바토 술 비나리오 두에
기차가 2번 선로에 도착했다.

binocolo	비노꼴로	Ⓜ 쌍안경
biografia	비오그라피아	Ⓕ 전기, 일대기
biologia	비올로지아	Ⓕ 생물학
biondo	비온도	금발의 / Ⓜ 금발

Lei ha i capelli biondi.
레이 아 이 까뻴리 비온디
그녀는 금발 머리이다.

birichino	비리끼노	장난스러운, 익살스런 / Ⓜ 장난꾸러기
biro	비로	Ⓕ 볼펜
birra	비라	Ⓕ 맥주
birreria	비레리아	Ⓕ 맥줏집
bis	비즈	앙코르, 또다시 / Ⓜ 재청
bisbigliare	비즈빌리아레	속삭이다
bisbiglio	비즈빌리오	Ⓜ 속삭임, 귓속말
biscotto	비스꼬또	Ⓜ 과자
bisnonna	비즈논나	Ⓕ 증조모
bisnonno	비즈논노	Ⓜ 증조부
bisognare	비조냐레	~할 필요가 있다, 해야 한다
bisogno	비조뇨	Ⓜ 필요, 필요성, 결핍, 요구, 욕망

Avete entrambi bisogno di riposare stasera.
아베떼 엔트람비 비조뇨 디 리뽀자레 스타세라
당신들 둘 다 오늘 밤 휴식이 필요해요.

bistecca	비스떼까	Ⓕ 스테이크
bisticciare	비스띠치아레	다투다, 말다툼하다

bistro	비스트로	m 암갈색, 고동색
bivio	비비오	m 분기점
bizzarro	비자로	별난, 기묘한, 이상한
bloccare	블로까레	차단하다, 폐쇄하다

Siamo rimasti bloccati dentro casa
per 4 giorni a causa della neve.
시아모 리마스띠 블로까띠 덴트로 까자 뻬르 꽈트로 조르니 아
까우자 델라 네베
우리는 4일 동안 눈으로 집에 고립되어 있었다.

blocco	블로꼬	m 차단, 정지, 방해
blu	블루	남색의 / m 청색, 남색
blue-jeans	블루–진	mpl 청바지
boa	보아	f 부표(浮標)
bocca	보까	f 입, 열린 부분, 하구

In bocca al lupo!
인 보까 알 루뽀
행운이 있기를! (시험 때)

boccetta	보체따	f 조그만 병
bocciare	보치아레	낙제시키다, 거절하다, 거부하다
bicciolo	비촐로	m 봉오리
boccone	보꼬네	m 한 입
bolla	볼라	f 거품
bollente	볼렌떼	뜨거운

Ho messo le mani nell'acqua bollente.
오 메쏘 레 마니 넬라꾸아 볼렌떼
나는 뜨거운 물에 손을 넣었다.

bolletta	볼레따	f 납입고지서, 영수증, 증명서

bollettino	볼레띠노	ⓜ 수취증서, 공보, 관보
bollire	볼리레	**끓다, 끓어오르다, 삶다**
bollito	볼리토	**끓는, 삶은**
bollo	볼로	ⓜ 인지(印紙)
bomba	봄바	ⓕ 폭탄
bombardare	봄바르다레	**폭격하다**

Loro hanno deciso di bombardare la Siria.
로로 안노 데치조 디 봄바르다레 라 시리아
그들은 시리아를 폭격하기로 결정했다.

bonifico	보니피코	ⓜ 송금, 할인, 교환
bontà	본따	ⓕ 선량, 선의, 친절

Credevo ciecamente nella bontà
dell'uomo.
크레데보 치까멘떼 넬라 본따 델우오모
나는 인간의 선함을 맹목적으로 믿었다.

borbottare	보르보따레	**투덜대다**
bordo	보르도	ⓜ 선내, 기내, 함내
borghese	보르게제	**중산층의** / ⓜ 중산층
borsa	보르사	ⓕ 가방, 장학금, 주식시장
borsaiolo	보르사이올로	ⓜ 소매치기
borsanera	보르사네라	ⓕ 암시장
borsetta	보르세따	ⓕ 핸드백
bosco	보스코	ⓜ 숲
botanica	보타니까	ⓕ 식물학
botta	보따	ⓕ 구타, 타격

Pare che abbia preso una botta alla testa.
빠레 께 아비아 쁘레소 우나 보따 알라 떼스따
머리에 타격을 당한 것으로 보인다.

botte	보떼	⒡ (나무로 만든) 통
bottega	보떼가	⒡ 상점, 가게
botteghino	보떼기노	⒨ 매표소
bottiglia	보띨리아	⒡ 병
bottone	보또네	⒨ 단추, 버튼

Prema il bottone dell'interfono quando ha finito.
프레마 일 보또네 델인떼르포노 꽌도 아 피니토
끝나면 인터컴 버튼을 누르세요.

bovino	보비노	⒨ 소
bowling	볼링	⒨ 볼링
boxe	복스	⒡ 권투
bozza	보짜	⒡ 스케치, 초고
braccare	브라까레	쫓다, 추적하다

La polizia comincia a braccare il criminale.
라 뽈리지아 꼬민차 아 브라까레 일 크리미닐레
경찰이 범인을 추적하기 시작했다.

bracciale	브라치아레	⒨ 팔찌
braccio	브라초	⒨ 팔, 육체 노동자, 완력
bracciolo	브라치올로	⒨ 팔걸이, 손잡이, 난간
branco	브란코	⒨ 떼, 무리
branda	브란다	⒡ 간이침대
brano	브라노	⒨ 조각, 일부

Come interpreti questo brano?
꼬메 인떼르프레띠 꾸에스토 브라노
이 구절을 어떻게 해석했니?

bravo	브라보	우수한, 잘하는
bretelle	브레뗄레	*fpl* 멜빵
breve	브레베	짧은, 간결한, 간단한
brevettare	브레베따레	특허를 내주다, 인가서를 주다
brevetto	브레베또	*m* 특허증

Oggi tutte le richieste di brevetto
vengono archiviate elettronicamente.
오지 뚜떼 레 리끼에스떼 디 브레베또 벤고노 아르끼비아떼 엘레
뜨로니까멘떼
오늘날 모든 특허 출원은 전자로 접수된다.

briciola	브리치올라	*f* 부스러기
briglia	브릴리아	*f* 말고삐
brillante	브릴란떼	빛나는, 번쩍이다 / *m* 금광석
brillare	브릴라레	빛나다
brina	브리나	*f* 서리
brindare	브린다레	축배를 들다
brindisi	브린디시	*m* 축배

Facciamo un brindisi per il ritorno
del fratello!
파치아모 운 브린디시 빼르 일 리또르노 델 프라텔로
돌아온 형을 위해 축배를 듭시다!

brio	브리오	*m* 활발, 쾌활, 참다움, 선명함
brivido	브리비도	*m* 전율, 떨기, 오한

	Mi mancherà il brivido della caccia. 미 만께라 일 브리비도 델라 까챠 나는 사냥의 전율을 그리워할 것이다.	
brocca	브로까	*f* 물 주전자
brodo	브로도	*m* 수프
bronco	브론꼬	*m* 기관지, 나무줄기
bronchite	브론끼떼 Se la bronchite peggiora, diventerà polmonite. 세 라 브론끼떼 뻬조라, 디벤떼라 뽈모니떼 기관지염이 악화되면, 폐렴이 될 것입니다.	*f* 기관지염
brontolare	브론똘라레	불평하다, 툴툴대다, (우레) 우르르 소리를 내다
bronzo	브론조	*m* 청동
bruciare	브루치아레 Se vedi che qualcosa brucia, dimmelo. 세 베디 께 꽐꼬자 브루챠 딤멜로 뭔가 타는 게 보이면, 나에게 말해.	태우다
bruciore	브루치오레	*m* 종기, 화농
bruno	브루노	갈색의 / *m* 갈색머리
bruscamente	브루스까멘떼	거칠게
brutale	브루탈레 La polizia parla di una brutale aggressione nella notte in centro. 라 뽈리찌아 빠를라 디 우나 브루탈레 아그레씨오네 넬라 노떼 인 첸뜨로 경찰은 지난 밤 도심에서의 잔인한 공격에 대해 말한다.	잔인한
brutto	부르또	추한, 나쁜
buca	부까	*f* 구덩이
bucare	부까레	뚫다

bucato	부까토	뚫린 / m 세탁물
buccia	부치아	f 껍질, 피부, 가죽 제품
	Metto anche qualche buccia d'arancia.	
	메또 안께 꽐께 부차 다란챠	
	오렌지 껍질도 좀 넣어.	
buco	부꼬	f 구멍
buddismo	부디즈모	m 불교
budello	부델로	m 내장
budino	부디노	m 푸딩
bue	부에	m 황소
bufera	부페라	f 폭풍우
buffo	부포	우스운
bugia	부지아	f 거짓말, 가는 촛대
	È solo una minuscola bugia bianca.	
	에 술로 우나 미누스꼴라 부지아 비안까	
	이것은 단지 악의 없는 작은 거짓말입니다.	
bugiardo	부지아르도	허위의 / m 거짓말쟁이
buio	부이오	어두운 / m 어둠
bulbo	불보	m 구근(球根)
bulgaro	불가로	불가리아의 / m 불가리아인
bullone	불로네	m 볼트
buonanotte	부오나노떼	안녕히 주무세요
buonasera	부오나세라	저녁 인사
buongiorno	부온조르노	아침 인사
buongustaio	부온구스타이오	m 미식가

buono	부오노	**착한, 맛있는**

Sei stato sempre buono con me.
세이 스따토 셈쁘레 부오노 꼰 메
당신은 나에게 항상 친절했습니다.

burattino	부라띠노	ⓜ **꼭두각시**
burla	부를라	ⓕ **놀림, 농담, 실없는 소리**
burlare	부를라레	**놀리다, 조롱하다**
burlarsi	부를라르시	**(사람, 사물에 대해) 놀리다, 비난하다**
burocrazia	부로크라지아	ⓕ **관료제도**
burro	부로	ⓕ **버터**
burrone	부로네	ⓜ **함몰지, 절벽, 벼랑**
bussare	부싸레	**두드리다**

Vado a vedere chi bussa alla porta.
바도 아 베데레 끼 부싸 알라 뽀르따
누가 문을 두드렸는지 보러 갈게.

bussola	부쏠라	ⓕ **나침반**
busta	부스타	ⓕ **봉투**
busto	부스토	ⓜ **상반신**
buttare	부따레	**던지다, 발하다, 나오다, 분출하다**

Non posso buttare via questa roba.
논 뽀쏘 부따레 비아 꾸에스따 로바
나는 이 물건을 던져 버릴 수 없다.

buttarsi	부따르시	**몸을 던지다**

C

cabina	까비나	☑ 선실
cacao	카카오	Ⓜ 코코아(나무)
cacca	까까	☑ 똥
caccia	까챠	☑ 사냥
cacciare	까치아레	**사냥하다, 쫓다, 추방하다**

Non dobbiamo cacciare la selvaggina per mangiare.
논 도비아모 까치아레 라 셀바지나 뻬르 만쟈레
우리는 먹기 위해 야생동물을 사냥할 필요가 없다.

cacciatore	까치아또레	Ⓜ 사냥꾼
cacciavite	까치아비떼	Ⓜ 드라이버
caco	까꼬	Ⓜ 감
cactus	깍투스	Ⓜ 선인장
cadavere	까다베레	Ⓜ 시체
cadente	까덴떼	**떨어지는, 타락의, 기울어지는**

Possiamo vedere una stella cadente.
뽀씨아모 베데레 우나 스텔라 까덴떼
어쩌면 떨어지는 별을 볼 수 있을 겁니다.

cadenza	까덴자	☑ 떨어짐, 기울어짐, 박자
cadere	까데레	**떨어지다, 넘어지다, 하락하다**

Questa borsa potrebbe cadere ai passeggeri.
꾸에스따 보르사 뽀뜨레뻬 까데레 아이 빠쎄제리
이 가방은 다른 승객에게 떨어질 수 있습니다.

caduta	까두따	*f* 낙하, 추락
caffè	까페	*m* 커피
caffeina	까페이나	*f* 카페인
caffelatte	까페라떼	*m* 커피 우유
calamaro	깔라마로	*m* 오징어
calamita	깔리미따	*f* 자석, 자철
calamità	깔라미따	*f* 재난, 재앙, 참화
calare	깔라레	내려가다, 낮추다, 약해지다

I prezzi debbono calare drasticamente.
이 프레찌 데보노 깔라레 드라스띠까멘떼
가격은 대폭 하락해야 합니다.

calata	깔라따	*f* 하강, 침략, 감소
calcare	깔까레	*m* 석회암 / 짓밟다, 억압하다
calce	깔체	*f* 석회
calcestruzzo	깔체스트루쪼	*m* 콘크리트
calciatore	깔차또레	*m* 축구 선수
calcio	깔쵸	*m* 축구, 차기, 칼슘
calcolare	깔꼴라레	계산하다, 추정하다, 예측하다
calcolatrice	깔꼴라트리체	*f* 계산기
calcolo	깔꼴로	*m* 계산, 결석

I calcoli devono essere sempre precisi.
이 깔꼴리 데보노 에쎄레 셈쁘레 프레치지
계산은 항상 정확해야 해.

caldaia	깔다이아	*f* 보일러

caldo	깔도	더운, 뜨거운 / ⓜ 더위
calendario	깔렌다리오	ⓜ 달력
calice	까리체	ⓜ 술잔
calligrafia	깔리그라피아	ⓕ 필기법
callo	깔로	ⓜ 티눈, 못
calma	깔마	ⓕ 평온, 고요

Dobbiamo mantenere la calma, entrambi.
도비아모 만떼네레 라 깔마, 엔뜨람비
우리 둘 다 진정해야 합니다.

calmante	깔만떼	ⓜ 진정제
calmare	깔마레	진정시키다, 가라앉히다, 덜어 주다
calmarsi	깔마르시	진정되다, 평온해지다

Calmati!
깔마띠
진정해!

calmo	깔모	조용한, 침착한
calo	깔로	ⓜⓟⓛ 낙하, 감소, 하락
calore	깔로레	ⓜ 열, 열기

Questo strato metallico reagirà al calore forte.
꾸에스토 스트라토 메탈리꼬 레아지라 알 깔로레 포르떼
이 금속판은 강한 열에 반응한다.

caloria	깔로리아	ⓕ 칼로리, 열량
calorifero	칼로리페로	ⓜ 스팀
calpestare	깔페스따레	밟다
calunnioso	깔루니오조	중상(中傷)의, 중상적인, 비방의

calvo 깔보 대머리의

calza 깔자 *f* 양말

Queste calze sono molto carini.
꾸에스떼 깔제 소노 몰토 까리니
이 양말은 너무 귀여워.

calzamaglia 깔자말리아 *f* 타이츠

calzare 깔자레 (구두, 양말) 신다

calzatura 깔자두라 *f* 구두

calzolaio 깔조라이오 *m* 구두공, 구두 수선공

calzoleria 깔조레리아 *f* 양화점, 구두 가게

calzoncini 깔존치니 *mpl* 반바지

calzoni 깔조니 *mpl* 바지

cambiale 깜비알레 *f* 수표

Dovete usare questa cambiale per comprare del nuovo equipaggiamento.
도베떼 우자레 꾸에스따 깜비알레 빼르 꼼쁘라레 델 누오보 에뀌바자멘토
새로운 장비의 구입을 위해 이 수표를 사용해야 합니다.

cambiamento 깜비아멘토 *m* 변화

cambiare 깜비아레 바꾸다, 변화하다, 이전하다, 이동하다

cambiarsi 깜비아르시 바뀌다

cambio 깜비오 *m* 변경, 변화, 교환

È l'unico cambio della popolazione.
에 루니꼬 깜비오 델라 뽀뿔라지오네
이것이 인구의 유일한 변화이다.

camera 까메라 *f* 방

cameriere 까메리에레 *mf* 웨이터

camice 까미체 *m* 백의, 가운, 제복

camicetta	까미체따	⨍ 블라우스
camicia	까미챠	⨍ 셔츠
camino	깜미노	Ⓜ 벽난로, 굴뚝

Il ladro sta cercando di salire dal camino.
일 라드로 스타 체르깐도 디 살리레 달 깜미노
도둑이 굴뚝을 기어오르려 하고 있다.

camion	까미온	Ⓜ 트럭
cammello	깜멜로	Ⓜ 낙타
camminare	깜미나레	걷다, 진행하다

Non voglio nemmeno camminare con te.
논 볼리오 네메노 깜비나레 끈 떼
난 너와 함께 걷는 것조차 싫어.

cammino	깜미노	Ⓜ 길, 통로
camomilla	까모밀라	⨍ 캐모마일
campagna	깜빠냐	⨍ 전원, 밭
campana	깜빠나	⨍ 종(鐘)
campanello	깜빠넬로	Ⓜ 초인종
campanile	깜파닐레	Ⓜ 종탑
campeggiare	깜뻬지아레	야영하다

C'è un buon posto per campeggiare li.
체 운 부온 뽀스토 뻬르 깜뻬자레 리
저기 야영하기 좋은 장소가 있다.

campeggio	깜뻬조	Ⓜ 야영(지)
campionario	깜피오나리오	견본의 / Ⓜ 견본, 샘플
campionato	깜피오나토	Ⓜ 선수권
campione	깜피오네	Ⓜ 챔피언, 견본, 표본

La vostra merce non è conforme al campione.
라 보스트라 메르체 논 에 꼰포르메 알 깜삐오네
귀 회사의 상품은 견본과 맞지 않습니다.

campo	깜포	*m* 들, 밭
Canada	까나다	캐나다
canadese	까나데제	캐나다의/ *m* 캐나다 사람
canale	까나레	*m* 수로, 운하
canapa	까나파	*f* 대마
cancellare	깐첼라레	지우다

Devi cancellare quella foto dal cellulare.
데비 깐첼라레 꿸라 포토 딜 첼룰라레
당신은 휴대전화의 사진을 삭제해야 합니다.

cacellazione	깐첼라지오네	*f* 삭제, 말소
cancelleria	깐첼레리아	*f* 서기국, 문방구
cancello	깐첼로	*m* 철책, 문
cancro	깐크로	*m* 암
candeggina	깐데지나	*f* 표백제
candela	깐델라	*f* 초

Accendi quella candela e portamela.
아첸디 꿸라 깐델라 에 뽀르따멜라
초에 불을 켜서 나에게 갖다줘.

candidato	깐디다토	*m* 입후보
cane	까네	*m* 개
canfora	깐포라	*f* 좀약
canino	까니노	*m* 송곳니

canna	깐나	☑ 갈대, 총신, 파이프
cannella	깐넬라	☑ 계피
cannibale	깐니발레	☑ 식인종
cannocchiale	깐노끼알레	Ⓜ 쌍안경, 망원경

Qual è il cannocchiale più grande al mondo?
꽬 에 일 깐노끼알레 삐우 그란데 알 몬도?
세상에서 가장 큰 망원경은 뭘까?

cannone	깐노네	Ⓜ 대포
canone	까노네	Ⓜ 규범
canottaggio	까노따조	Ⓜ 배 젓기, 노 젓기

Il nostro primo evento è la gara di canottaggio.
일 노스트로 프리모 에벤토 에 라 가라 디 까노따조
우리들의 첫 번째 이벤트는 조정 경기입니다.

canottiera	까노띠에라	☑ 러닝셔츠(속옷), 민소매 셔츠
cantante	깐딴떼	Ⓜ/ 가수
cantare	깐따레	노래하다

Cantami quella canzone a bassa voce.
깐따미 꿸라 깐조네 아 바싸 보체
내게 낮은 목소리로 노래를 불러줘.

canterellare	깐데레라레	흥얼거리다, 콧노래를 부르다
cantiere	깐띠에레	Ⓜ 조선소, 창고
cantina	깐띠나	☑ 지하 저장창고
canto	깐토	Ⓜ 노래, 성악, 시편
canzone	깐조네	☑ 노래
caos	카오스	Ⓜ 혼란

capace	까파체	능력 있는, 수용할 수 있는

È un uomo molto capace.
에 운 우오모 몰토 까빠체
그는 매우 능력 있는 사람이다.

capacità	까파치따	⨍ 능력
capanna	까빤나	⨍ 오두막
caparra	까빠라	⨍ 계약금
capeggiare	까뻬지아레	선도하다, 안내하다, 인솔하다
capello	까뻴로	ⓜ 머리카락
capire	까삐레	이해하다, 알다
capitalismo	까삐딸리즈모	ⓜ 자본주의, 자본가
capitalizzare	까삐딸리자레	자본을 모으다, 자본화 하다, 재산을 모으다
capitale	까삐딸레	머리의, 중요한, 수도의 / ⨍ 수도 / ⓜ 자본

Seoul è la capitale della Corea.
세울 에 라 까삐딸레 델라 꼬레아
서울은 한국의 수도다.

capitano	까삐단노	ⓜ 대장, 선장
capitare	까삐따레	우연히 일어나다, 우연히 생기다

Mi è capitato di incontrarla sulla strada.
미 에 까삐따토 디 인꼰뜨라르라 술라 스트라다
거리에서 그녀를 우연히 만났다.

capitolare	까삐똘라레	논문을 장으로 나누다, 항복하다, 투항하다
capitolo	까삐똘로	ⓜ 장, 조항
capo	까포	ⓜ 머리, 장, 꼭대기

capodanno		
	까포단노	m 설날

Buon capodanno !
부온 까포단노
새해 복 많이 받으세요 !

capogiro	까포지로	m 현기증
capolavoro	까포라보로	m 걸작
capolinea	까포리네아	m 종점
capostazione	까포스타지오네	m 역장
capotavola	까포따볼라	m 상석, 귀빈석
capovolgere	까포볼제레	전복시키다
capovolgersi	까포볼제르시	전복되다

L'autobus si capovolse.
라우토부스 시 까포볼제
버스가 전복되었다.

cappella	까뻴라	f 예배당
cappello	까뻴로	m 모자, 베레모
cappotto	까뽀또	m 외투, 코트
cappuccino	까푸치노	m 수도사, 카푸치노
cappuccio	까푸쵸	m 고깔모자
capra	까프라	f 염소
capriccio	까프리쵸	m 변덕
capriccioso	까프리초조	변덕스러운

Non sono né brutale, né capriccioso.
논 소노 네 브루딸레, 네 까프리초조
나는 잔인하지도, 변덕스럽지도 않다.

captare	까프따레	입수하다, 회수하다

carabiniere	까라비니에레	*m* 경찰, 헌병
caramella	까라멜라	*f* 사탕, 캐러멜
carato	까라토	*m* 캐럿
carattere	까라떼레	*m* 성격, 특징, 문자
caratteristica	까레떼리스티까	*f* 특색
caratteristico	까라떼리스티꼬	독특한, 특유한

Parla con un accento caratteristico.
빠를라 꾼 운 아첸토 까라떼리스띠꼬
특유의 악센트로 말한다.

caratterizzare	까라떼리자레	~특성을 묘사하다, 특성을 드러내다
caratterizzazione	까레떼리자지오네	*f* 특색, 특징
carbone	까르보네	*m* 석탄
carburante	까르부란떼	*m* 연료
carburatore	까르부라또레	*m* 기화기, 카브레이터
carere	까레레	*m* 감옥, 유치장, 투옥
cardiaco	까르디아코	심장의
cardinale	까르디날레	주요한, 기본적인, 진분홍색의 / *m* 추기경
carenza	까렌자	*f* 결핍

La carenza di ossigeno dà allucinazioni.
라 까렌자 디 오씨제노 다 알루치나지오니
산소 부족은 환각을 일으킨다.

carezza	까레짜	*f* 애무
carezzare	까레짜레	쓰다듬다
carica	까리까	*f* 직무, 임무, 짐, 충전

caricare	까리까레	**적재하다, 충전하다**

L'autobus ha caricato troppa gente.
라우토부스 아 까리까토 뜨로빠 젠떼
버스에 너무 많은 승객을 탑승시켰다.

caricatura	까리까뚜라	f 풍자화
carico	까리코	짐을 실어 놓은, (색) 강렬한, 선명한 / m 적재
carie	까리에	f 충치
carino	까리노	귀여운

Che carino !
께 까리노
귀여워라!

carità	까리따	f 자선, 박애
carnale	까르날레	육체의, 육감적인
carne	까르네	f 고기
carnevale	까르네바레	m 사육제
caro	까로	사랑하는, 친애하는 / m 고가
carota	까로따	f 당근
carpa	까르파	f 잉어
carrello	까렐로	m 손수레
carriera	까리에라	f 경력, 출세, 성공

Una donna è più difficile fare carriera in ambito tecnologico rispetto a un uomo.
우나 돈나 에 삐우 디피칠레 파레 까리에라 인 암비토 테크놀로지꼬 리스뻬또 아 운 우오모
여성은 남성보다 기술분야에서 경력 쌓기가 더 힘들다.

carro	까로	m 마차

carrozza	까로짜	⑦ (기차) 객차
carrozzeria	까로쩨리아	⑦ (자동차) 차체, (자동차) 수리 공장
carrozzina	까로찌나	⑦ 유모차
carta	까르따	⑦ 종이
cartella	까르뗄라	⑦ 서류철, 원고
cartello	까르뗄로	⑩ 포스터, 간판, 연맹
cartellone	까르뗄로네	⑩ 플래카드
cartilagine	까르띠라지네	⑦ 연골
cartoleria	까르똘레리아	⑦ 문방구
cartolina	까르똘리나	⑦ 엽서

Ti mando una cartolina dalla spiaggia.
띠 만도 우나 까르똘리나 달라 스피아쟈
나는 해변에서 당신에게 엽서를 보냅니다.

cartone	까르토네	⑩ 두꺼운 종이
cartuccia	까르뚜챠	⑦ 탄약포
casa	까사	⑦ 집, 주택
casalinga	까사린가	⑦ 주부
casalinghi	까사린기	⑩⑫ 가정용품
casare	까사레	떨어지다, 타락하다, 악화하다
cascata	까스까따	⑦ 폭포, 낙하, 추락
casco	까스코	⑩ 헬멧
caseggiato	까세지아토	⑩ 부락, 밀집주택
casella	까셀라	⑦ 작은 상자, 작은 집

casa 까사 **집, 주택**

ventilatore (elettrico) 벤틸라또레 (엘레뜨리코) 📰 선풍기

aspirapolvere 아스피라뽈베레 📰 진공청소기

tavolo 따볼로 📰 탁자, 테이블

divano 디바노 📰 소파

tappeto 타뻬토 📰 카펫, 양탄자

pavimento 빠비멘토 📰 마루

pattumiera 빠두미에라 🗇 쓰레기통

telecomando 텔레코만도 📰 리모컨

televisione (tivù) 텔레비지오네 (티부) 🗇 텔레비전

fotografia (foto) 포토그라피아 (포토) 🗇 사진

orologia da muro 오롤로쟈 다 무로 📰 벽시계

soffitto 소피또 📰 천장

lampadario 람빠다리오 📰 샹들리에

poltrona 뽈뜨로나 🗇 안락의자

scaffale 스카팔레 📰 책장

quadro 꽈드로 📰 그림

tappetino 타뻬띠노 📰 깔개, 매트

cassetto 카쎄또 📰 서랍

lampada 람빠다 🗇 스탠드

caserma	까세르마	☑ 막사, 병사(兵舍), 훈련소
casino	까지노	Ⓜ 카지노, 도박장
caso	까조	Ⓜ 우연, 상황, 기회

Stamattina ho incontrato un vecchio amico per caso sulla strada.
스따마띠나 오 인꼰뜨라또 운 베끼오 아미꼬 뻬르 까조 술라 스트라다
오늘 아침 우연히 길에서 오랜 친구를 만났다.

cassa	까싸	☑ 상자, 회계과
cassaforte	까싸포르테	☑ 금고
cassetta	까쎄따	☑ 작은 상자, 케이스, 테이프
cassetto	까쎄또	Ⓜ 서랍
cassiere	까씨에레	Ⓜ 출납원, 회계계
castagna	까스타냐	☑ 밤(견과)
castagno	까스타뇨	밤색의 / Ⓜ 밤나무
castello	까스텔로	Ⓜ 성(城)
castigare	까스띠가레	벌주다, 징계하다
castigato	까스띠가토	태도, 행위, 엄격한
castigo	까스띠고	Ⓜ 벌, 혼내 줌
castrare	까스트라레	거세하다
castrato	까스트라토	거세된, 제거된 / Ⓜ 거세한 양, 거세된 남자
casuale	까주알레	우연한, 임시의, 불의의
catalogo	까타로고	Ⓜ 목록
catarifrangente	까타리프란젠떼	Ⓜ 형광 표식
catastrofe	까타스트로페	☑ 대재해, 파탄

	La catastrofe naturale sta purtroppo diventando sempre più frequente. 라 까따스트로페 나뚜랄레 스따 뿌르뜨로뽀 디벤딴도 셈쁘레 삐우 프레꿴떼 자연재해는 불행히도 더 빈번해지고 있다.
catechismo	까테끼즈모　ⓜ 교리문답
categoria	까테고리아　ⓕ 급, 부류
catena	까떼나　ⓕ 쇠사슬, 체인
cateratta	까떼라따　ⓕ 수문, 홍수, 백내장
catrame	까트라메　ⓜ 타르
cattedra	까떼드라　ⓕ 교단
cattedrale	까떼드랄레　대성당의 / ⓕ 대성당
cattivo	까띠보　나쁜, 부정한, 불행한 / ⓜ 악인, 악한 부분
cattolico	까똘리꼬　천주교의 / ⓜ 천주교인
catturare	까뚜라레　체포하다, 붙잡다
causa	까우자　ⓕ 원인, 이유
causale	까우자레　원인의, 이유의 / ⓜ 동기, 원인
causare	까우자레　원인이 되다
cautela	까우뗄라　ⓕ 신중, 보증, 담보
cauto	까우토　신중한, 조심성 있는
cauzione	까우지오네　ⓕ 담보, 보석금
cava	까바　ⓕ 채석장, 광산, 대량
cavalcare	까발까레　말을 타다
cavalcavia	까발까비아　ⓜ 육교

cavaliere	까발리에레	ⓜ 기사
cavalletto	까발레또	ⓜ 작은 말, 교각, 이젤
cavallo	까발로	ⓜ 말
cavare	까바레	떼어내다, 빼내다, 뽑다
cavarsela	까바르세라	난관을 무사히 넘기다
cavatappi	까바따삐	ⓜ 병따개
caverna	까베르나	⨍ 동굴
caviglia	까빌리아	⨍ 발목, 복숭아뼈
cavità	까비따	⨍ 움푹 파인 곳, (신체의) 공동(空洞)
cavo	까보	움푹 파진, 공허한 / ⓜ 굵은 밧줄, 전선
cavolfiore	까볼피오레	ⓜ 꽃양배추
cavolo	까볼로	ⓜ 양배추
cedere	체데레	양도하다, 굴복하다

Aveva così tanta voglia di andare che alla fine ho ceduto.
아베바 꼬지 딴따 볼리아 디 안다레 께 알라 피네 오 체두토
그가 너무나 가고 싶어서 결국 허락했다.

cedibile	체디빌레	양도할 수 있는
celare	체라레	(진실) 숨기다, 감추다
celebrare	체레브라레	올리다, 거행하다
celebre	체레브레	저명한
celeste	첼레스떼	하늘의, 하늘색의
celibe	첼리베	미혼의 / ⓜ 미혼 남성

cella	첼라	⨍ 작은 방, (수도원, 감옥의) 독방
cellula	첼루라	⨍ 세포
cemento	체멘토	ⓜ 시멘트
cena	체나	⨍ 저녁 식사
cenare	체나레	저녁 식사하다

Mi piacerebbe molto cenare con te.
미 삐아체레뻬 몰토 체나레 꼰 떼
당신과 함께 저녁 식사를 하고 싶습니다.

cenere	체네레	⨍ 재
cenno	첸노	ⓜ 신호
censura	첸수라	⨍ 검열, 비판, 감사

In questo caso non si applica la
censura preventiva.
인 꾸에스토 까조 논 시 아쁠리까 라 첸수라 프레벤띠바
이 경우 사전검열이 적용되지 않습니다.

centesimo	첸떼즈모	백 번째의 / ⓜ 첸테시모(화폐 단위)
centimetro	첸띠메트로	ⓜ 센티미터
cento	첸토	백(100)의
centrale	첸트랄레	중앙의, 주요한 / ⨍ 중심부
centrifuga	첸트리푸가	⨍ 원심분리기
centro	첸트로	ⓜ 중심

Abbiamo perlustrato il centro della città.
아비아모 페르루스트라토 일 첸뜨로 델라 치따
우리는 도심을 정찰했다.

ceppo	체뽀	ⓜ 그루터기
cera	체라	⨍ 밀랍, 얼굴, 안색

ceramica	체라미까	⨍ 도자기
cerca	체르까	⨍ 탐구, 탐색
cercare	체르까레	**찾다, 애쓰다**

Non cercare di sminuirmi.
논 체르까레 디 즈미누이르미
나를 과소평가하지 마!

cerchio	체르끼오	ⓜ 원
cerchione	체르끼오네	ⓜ (바퀴의) 테두리
cereale	체레알레	**곡물의, 곡류의** / ⓜ 곡물
cerebrale	체레브라레	**대뇌의, 뇌의**
cerimonia	체리모니아	⨍ 의식
cerniera	체르니에라	⨍ 경첩, (핸드백) 걸쇠
cerotto	체로또	ⓜ 반창고
certamente	체르따멘떼	**확실히**

Deve essere certamente opera sua.
데베 에쎄레 체르따멘떼 오페라 수아
그의 소행임이 틀림없다.

certezza	체르떼짜	⨍ 확실함, 확실성
certificare	체르띠피까레	**증명하다**
certificato	체르띠피까토	ⓜ 증명서
certificazione	체르띠피까지오네	⨍ 증명, 인정
certo	체르토	ⓜ 확실함 / **확신하는, 확실한** / 약간의, 몇몇의, 어떤 사람들, 몇몇 사람들
cervello	체르벨로	ⓜ 뇌, 정기
cervo	체르보	ⓜ 사슴, 수사슴

cespuglio	체스푸릴오	m 관목(灌木)
cessare	체싸레	그치다, 멈추다
cestino	체스티노	m 바구니
ceto	체토	m 계층, 계급
cetriolo	체트리올로	m 오이
che	께	무엇
chi	끼	누구
chiacchierare	끼아끼에라레	잡담하다
chiacchierone	끼아끼에로네	m 수다쟁이
chiamare	끼아마레	부르다, 이름 짓다
chiamarsi	끼아마르시	~라 불리다

Come si chiama?
꼬메 시 끼아마?
당신의 이름은 (무엇입니까)?

chiamata	끼아마따	f 호출, 권유, 초대
chiarezza	끼아레짜	f 청량함, 밝기, 명석, 명쾌
chiarimento	끼아리멘토	m 해명
chiarire	끼아리레	명백히 하다
chiaro	끼아로	밝은, 명백한
chiasso	끼아쏘	m 소란, 소음
chiave	끼아베	f 열쇠
chiavistello	끼아비스텔로	m 걸쇠, 자물쇠
chic	쉬크	세련된, 멋진 / m 멋짐, 멋쟁이
chicco	끼꼬	m 낱알

chiedere	끼에데레	물어보다, 요구하다, 부탁하다

Ci hanno chiesto di aspettare.
치 안노 끼에스토 디 아스뻬따레
뭘에게 기다려 줄 것을 부탁했다.

chiesa	끼에자	⑦ 교회
chilo(grammo)	낄로(그람모)	⑩ 킬로(그램)
chilometro	낄로메트로	⑩ 킬로미터
chimica	끼미까	⑦ 화학
chimico	끼미코	화학적인
chiodo	끼오도	⑩ 못
chiosco	끼오스코	⑩ 가두판매점
chirurgia	끼룰루지아	⑦ 외과
chirurgo	끼룰루고	⑩ 외과 의사
chissà	끼싸	알지 못하는, 어처구니없는

Chissà che è successo, quando è andato da lei.
끼싸 께 에 수체쏘 판도 에 안다토 다 레이
그녀에게 갔을 때, 무슨 일이 일어나고 있는지 몰랐다.

chitarra	끼따라	⑦ 기타
chiudere	끼우데레	닫다, 죄다, 잠그다, 가로막다
chiudersi	끼우데르시	닫히다, 끝나다, 집중하다
chiunque	끼운꿰	누구든지, 누구라도
chiuso	끼우조	닫힌, 완료한, 폐쇄적인
chiusura	끼우주라	⑦ 끝맺음

ci	치	우리를
ciabatta	챠바따	*f* 슬리퍼
ciao	챠오	안녕
ciascuno	치아스꾸노	각자, 각각
cibo	치보	*m* 음식

Ogni giorno distribuisce cibo ai poveri.
온니 조르노 디스트리부이쉐 치보 아이 뽀베리
매일 가난한 이들에게 음식을 나누어 준다.

cicala	치깔라	*f* 매미
cicatrice	치까뜨리체	*f* 흉터
ciccia	치까	*f* (사람의) 살
cicerone	치체로네	*m* 관광 가이드
ciclico	치끌리코	주기적인
ciclismo	치끌리즈모	*m* 자전거 경기
ciclo	치끌로	*m* 주기, 순환, 사이클
cicogna	치꼬냐	*f* 황새
cieco	치에코	볼 수 없는, 맹목적인 / *m* 맹인
cielo	치엘로	*m* 하늘

Ci sono molte nuvole nel cielo.
치 소노 몰떼 누볼레 넬 치엘로
하늘에 구름이 많다.

cifra	치프라	*f* 숫자, 총액
ciglio	치릴오	*m* 속눈썹
cigno	치뇨	*m* 백조
ciliegia	칠리에자	*f* 체리

cilindrata	칠린드라따	*f* 배기량
cilindro	치린드로	*m* 원통
cima	치마	*f* 정점, 정상
cimitero	치미떼로	*m* 묘지
Cina	치나	중국
cincin	친친	건배
cinema	치네마	*m* 영화

Noi stavamo andando al cinema.
노이 스타바모 안단도 알 치네마
우리는 영화관에 가고 있다.

cinereo	치네레오	회색의, 창백한
cinese	치네제	중국의 / *m* 중국인
cinghia	친기아	*f* 혁대, 끈, 벨트
cinghiale	친기알레	*m* 멧돼지
cinguettare	친구에따레	지저귀다
cinico	치니코	비꼬는
cinquanta	친꽌따	*m* 50
cinque	친꿰	*m* 5
cintura	친뚜라	*f* 허리띠

Metta la cintura di sicurezza.
메따 라 친뚜라 디 시꾸레짜
안전벨트를 매세요.

ciò	쵸	그것, 이것
cioccolato	쵸콜라토	*m* 초콜릿
cioè	쵸에	다시 말해서

ciotola	쵸톨라	⨍ 사발, 큰 (술)잔
cipolla	치뽈라	⨍ 양파
cipria	치프리아	⨍ 가루, 분말
circa	치르까	대략

Ha lavorato qui per circa sei settimane.
아 라보라또 뀌 뻬르 치르까 세이 세띠마네
나는 대략 6주 동안 여기서 일했다.

circo	치르코	ⓜ 서커스
circolare	치르꼴라레	순환하다, 퍼지다, 배포되다
circolazione	치르꼴라지오네	⨍ 순환
circolo	치르꼴로	ⓜ 원, 단체
circondare	치르꼰다레	둘러싸다, 포위하다, 유인하다

Li abbiamo circondati e li abbiamo attaccati.
리 아비아모 치르꼰다띠 에 리 아비아모 아따까띠
우리는 그들을 둘러싸고 공격을 퍼부었다.

circonvallazione	치르꼰발라지오네	⨍ 순환도로
circostanza	치르꼬스딴자	⨍ 상황, 사정, 사건
circuito	치르꾸이토	ⓜ 주위
cistite	치스띠떼	⨍ 방광염
citare	치따레	소환하다, 인용하다
citazione	치따지오네	⨍ 소환, 인용
citofono	치토포노	ⓜ 내선 전화
città	치따	⨍ 도시

Andiamo in giro per la città.
안디아모 인 지로 뻬르 라 치따
도시를 산책하자.

cittadinanza	치따지난자	⨍ 시민권
cittadino	치따디노	시민의 / ⓜ 시민
ciuffo	추포	ⓜ 앞머리
civetta	치베따	⨍ 올빼미
civile	치빌레	시민의, 문화적인
civiltà	치빌따	⨍ 문명, 문화, 공손
clacson	클락숀	ⓜ 경적
clamoroso	클라모로조	소란한, 시끄러운, 선풍적인 인기의
clandestino	클란데스띠노	비밀의, 불법의 / ⓜ 지하운동가
classe	클라쎄	⨍ 계급, 학년, 계층, 교실

Che classe fai?
체 클라쎄 파이
넌 몇 학년이니?

classico	클라시코	고전의, 전형적인 / ⓜ 고전 작가
classifica	클라씨피까	⨍ 순위, 성적, 결과
classificazione	클라씨피가지오네	⨍ 분류, 성별, 성적
clausola	클라우솔라	⨍ 조항, 조목
clero	클레로	ⓜ 성직자
cliente	클리엔떼	ⓜ 손님
clima	클리마	ⓜ 기후, 풍토

Sono cresciuta in un clima subtropicale.
소노 크레슈따 인 운 끌리마 수브트로피깔레
나는 아열대 기후에서 자랐습니다.

clinica	클리니까	⨍ 병원, 클리닉

clistere	클리스테레	m 관장제
cocaina	코카이나	f 코카인
cocciuto	코츄토	고집 센
cocco	코꼬	m 야자수
coccodrillo	코꼬드릴로	m 악어
coccolare	코꼴라레	어루만지다
cocomero	코코메로	m 수박
coda	꼬다	f 꼬리
codardo	꼬다르도	겁많은 / m 겁쟁이
codice	꼬디체	m 법전, 사회 도덕 기준, 암호, 코드
coerente	꼬에렌떼	일관성이 있는

Abbiamo sempre tenuto un atteggiamento coerente.
아비아모 셈쁘레 떼누토 운 아떼쟈멘토 꼬에렌떼
우리는 항상 일관된 입장을 유지했다.

coerenza	꼬에렌자	f 언행일치, 각 부분의 조화
coetaneo	고에따네오	같은 해의, 동시대의, 동갑의 / m 동갑, 동시대
cofano	꼬파노	m 금고, 자동차 후드
cogliere	꼴리에레	따다, 잡다
cognac	꼬냑	m 코냑
cognato	꼬나토	m 처남, 시동생, 형부
cognizione	꼬니지오네	f 인식, 인지
cognome	꼰뇨메	m 성(姓)

coincidenza	꼬인치덴자	*f* **일치, (기차) 연결선**
coincidere	꼬인치데레	**일치하다, 동일하다**
	Le nostre opinioni hanno coinciso. 레 노스트레 오피니오니 안노 꼬인치조 우리는 의견이 일치되었다.	
coinvolgere	꼬인볼제레	**말아 넣다, 얽혀들다**
colare	꼴라레	**거르다, 여과하다**
colazione	꼴라지오네	*f* **아침 식사**
colera	꼴레라	*m* **콜레라**
colla	꼴라	*f* **접착제, 풀**
collaborare	꼴라보라레	**함께 일하다**
collaborazione	꼴라보라지오네	*f* **합작, 기고, 공저**
collana	꼴라나	*f* **목걸이, (책) 전집**
collare	꼴라레	*m* **(개, 동물) 목걸이**
collasso	꼴라쏘	*m* **탈진**
collaudare	꼴라우다레	**검사하다, 시험하다**
collega	꼴레가	*m* **동료**
collegamento	꼴레가멘토	*m* **연결, 접속, 교우**
collegare	꼴레가레	**연결하다, 접속하다**
	Penso sia collegato a quest'altro caso. 뻰소 시아 꼴레가토 아 꾸에스딸트로 까조 다른 경우와 연결되어 있는 것 같아요.	
collegio	꼴레조	*m* **회, 단체**
collera	꼴레라	*f* **화, 격노**
collettivo	꼴레띠보	**집단의, 공유의**

colletto	꼴레또	🇲 칼라, 깃
collezione	꼴레지오네	🇫 수집
collina	꼴리나	🇫 언덕
collirio	꼬릴리오	🇲 안약

Utilizzare questo collirio.
우띨리짜레 꾸에스토 꼬릴리오
안약을 사용하세요.

collo	꼴로	🇲 목
collocamento	꼴로까멘토	🇲 배치, 설치, 취직
collocare	꼴로까레	배치하다, 해결하다, 취직하다
colloquio	꼴로뀌오	🇲 대담, 면접
colmo	꼴모	가득한 / 🇲 절정
colombo	꼴롬보	🇲 비둘기
colonia	꼴로니아	🇫 식민지
colonna	꼴로나	🇫 기둥, 행렬
colorato	꼴로라토	착색된
colore	꼴로레	🇲 색, 염료, 색조
colpa	꼴빠	🇫 죄
colpevole	꼴베볼레	죄를 범한, 유죄의 / 🇲 죄인

Se abbiamo successo, non dovrai dichiararti colpevole.
세 아비아모 수체쏘 논 도브라이 디끼아라띠 꼴베볼레
우리가 성공한다면, 당신이 유죄를 인정할 필요가 없습니다.

colpire	꼴피레	맞추다, 치다, 충격을 주다

colore 꼴로레 **색**

nero 네로 m 검은색

bianco 비안코 m 흰색

grigio 그리조 m 회색

giallo 잘로 m 노란색

rosso 로쏘 m 빨간색

blu 블루 m 파란색

viola 비올라 m 보라색

verde 베르데 m 녹색

arancio 아란초 m 주황색

rosa 로사 m 분홍색

marrone 마로네 m 갈색

blu marino 블루 마리노 m 짙은 청색

avorio 아보리오 m 상아색

argento 아르젠토 m 은색

beige 베이제 m 베이지색

azzurro 아주로 m 하늘색

colpo	꼴뽀	m 타격
coltello	꼴뗄로	m 칼
coltivare	꼴띠바레	재배하다, 몰두하다
coltivazione	꼴띠바지오네	f 재배, 경작, 경작법
colto	꼴토	교양 있는, 경작한, 교육받은
coma	코마	m 혼수상태
comandare	코만다레	명령하다, 통솔하다
comando	코만도	m 명령, 지휘권, 제어장치
combattere	꼼바떼레	싸우다
combattimento	꼼바띠멘토	m 투쟁, 대항, 전투
combattuto	꼼바뚜토	동요한, 곤란한
combinare	꼼비나레	조화시키다, (나쁜 일을) 꾸미다

Non combinare con altri medicinali
veterinari.
논 깜비나레 꼰 알트리 메디치날리 베떼리나리
동물용 의약품과 함께 사용하지 마십시오.

combinazione	꼼비나지오네	f 배합
combustibile	꼼부스띠빌레	가연성의 / m 연료
come	꼬메	~같은, 얼마나, 어떻게
comico	꼬미코	희극적인 / m 희극배우
cominciare	꼬민치아레	시작하다
comitato	꼬미따토	m 위원회
comitiva	꼬미띠바	f 단체, 일행
comizio	꼬미지오	m 정치 집회

comma	꼼마	m 항, 항목, 쉼표
commedia	꼼메디아	f 희극
commemorazione	꼼메모라지오네	f 추도
commentare	꼼멘따레	주석을 붙이다, 해설하다, 설명하다
commento	꼼멘토	m 주석, 논평
commerciale	꼼메르치알레	상업적인, 통상의, 무역의
commercialista	꼼메르치알리스타	m 회계사
commerciante	꼼메르치안떼	m 상인
commercio	꼼메르초	m 상업, 교역, 통상
commesso	꼼메쏘	m 점원
commestibile	꼼메스띠빌레	먹을 수 있는 / m 식료품
commettere	꼼메떼레	범하다, 주문하다, 맡다

Ho commesso qualche errore alla
Columbia.
오 꼼메쏘 꽐꿰 에로레 알라 콜롬비아
나는 콜롬비아에서 몇 가지 실수를 범했다.

commissario	꼼미싸리오	m 고문, 대표자, 경관
commisione	꼼미시오네	f 위임, 수수료
commozione	꼼모지오네	f 감동, 감격, 흥분
commuovere	꼼무오베레	감동시키다, 움직이다
commuoversi	꼼무오베르시	감동하다, 감격하다
comodino	꼬모디노	m 작은 서랍장
comodità	꼬모디따	f 편리

comodo	꼬모도		**편리한**
compagnia	꼼빠니아	ⓕ	**교제, 사귐, 회사, 상사**
compagno	꼼빠뇨	ⓜ	**동료, 짝**
comparare	꼼빠라레		**비교하다, 대조하다**
comparire	꼼빠리레		**나타나다, 출현하다**
compassione	꼼빠씨오네	ⓕ	**동정, 연민**
	Avevamo grande compassione per le vittime. 아베바모 그란데 곰빠씨오네 뻬르 레 비띠메 우리는 희생자들에게 깊은 연민을 느꼈다.		
compasso	꼼빠쏘	ⓜ	**컴퍼스**
compatto	꼼빠또		**꽉 채워진**
compensare	꼼뻰사레		**보상하다**
compenso	꼼뻰소	ⓜ	**보상, 보수, 보답**
competente	꼼뻬뗀떼		**자격을 갖춘**
competenza	꼼뻬뗀자	ⓕ	**능력, 자격**
competizione	꼼뻬띠지오네	ⓕ	**경쟁**
compilare	꼼삘라레		**작성하다, 완성하다, ~세에 달하다**
compito	꼼삐토	ⓜ	**숙제, 직무**
	Non ho ancora fatto i miei compiti. 논 오 안꼬라 파또 이 미에이 꼼삐띠 나는 아직도 숙제를 끝내지 못했습니다.		
compiuto	꼼삐우토		**완성된**
compleanno	꼼쁠레안노	ⓜ	**생일**
	Buon compleanno! 부온 꼼쁠레안노 생일 축하합니다!		

A B C D E F G I J L M N

complemento	꼼쁠레멘토	m 보충, 보어
complesso	꼼쁠레쏘	복합의, 합성의 / m 복합체, 화합물
completamente	꼼쁠레따멘떼	완전히
completare	꼼쁠레따레	완결하다
completo	꼼쁠레토	완전한, 전부의, 완성된 / m (남자옷) 한 벌
complicare	꼼쁠리까레	복잡하게 하다
complicazione	꼼쁠리까지오네	f 복잡
complice	꼼쁠리체	공범의, 공범자의 / m 공범, 공범자
complimento	꼼쁠리멘토	m 찬사, 축사
complotto	꼼플로또	m 음모, 계략
componente	꼼뽀넨떼	구성하고 있는 / m 일원, 성분, 조직
comporre	꼼뽀레	구성하다, 작곡하다, 합성하다
comportamento	꼼뽀르따멘토	m 행동, 태도

Il suo comportamento non mi piace.
일 수오 꼼뽀르따멘토 논 미 삐아체
나는 그의 태도를 좋아하지 않는다.

comportare	꼼뽀르따레	용인하다, 저항하다, 허가하다
comportarsi	꼼뽀르따르시	행동하다, 진행하다, 경과하다
composizione	꼼뽀지지오네	f 조립, 구성, 작문, 작곡
composto	꼼뽀스토	합성의 / m 화합물
comprare	꼼쁘라레	사다, 구입하다

	Ho comprato questo profumo davvero a buon mercato. 오 꼼쁘라또 꾸에스또 프로푸모 다베로 아 부온 메르까또 나는 이 향수를 정말 싸게 샀다.	
compratore	꼼쁘라또레	ⓜ **구매자**
comprendere	꼼쁘렌데레	**포함하다, 이해하다**
	Posso comprendere il nostro dolore. 뽀쏘 꼼프렌데레 일 노스트로 돌로레 나는 당신들의 고통을 이해한다.	
comprensione	꼼쁘렌시오네	ⓕ **이해, 납득, 사리분별**
compreso	꼼쁘레소	**포함된**
compressa	꼼쁘레싸	ⓕ **습포, 정제**
compromesso	꼼프로메쏘	ⓜ **타협, 화해, 양보, 정돈**
compromettere	꼼프로메떼레	**타협하다, 화해하다, 위태롭게 하다**
	Non posso continuare a compromettere la mia coscienza. 논 뽀쏘 꼰디누아레 아 꼼프로메떼레 라 미아 꼬쉬엔자 내 양심과 타협을 계속할 수 없다.	
computer	꼼푸떼르	ⓜ **컴퓨터**
comunale	꼬무날레	**시의, 시립의, 보통의**
comune	꼬무네	**공용의, 공통의, 보통의 / ⓜ 자치도시**
comunicare	꼬무니까레	**전하다, 통신하다, 연락하다**
comunicato	꼬무니까토	ⓜ **공식 성명, 공식 통지**
comunicazione	꼬무니까지오네	ⓕ **전달, 연락**
comunione	꼬무니오네	ⓕ **공유, 공동사회**
comunismo	꼬무니즈모	ⓜ **공산주의**

comunista	꼬무니스타	공산주의의 / ⒨ 공산주의자
comunità	꼬무니따	⒡ 공동체, 공통성, 공동사회
comunque	꼬문꿰	어쨌든, 아무리 ~해도, 그럴지만
con	꼰	~와 함께
concedere	꼰체데레	양도하다, 허락하다
concentramento	꼰첸뜨라멘토	⒨ 집중, 집결
concentrare	꼰첸뜨라레	집중시키다
concentrarsi	꼰첸뜨라르시	전념하다

Concentrati sullo studio.
꼰첸트라띠 술로 스투디오
공부에 집중해!

concepire	꼰체삐레	수태하다, 궁리하다, 이해하다
concerto	꼰체르토	⒨ 음악회
concessionario	꼰체씨오나리오	⒨ 대리점
concessione	꼰체씨오네	⒡ 양도, 허가
concetto	꼰체또	⒨ 개념, 생각, 의견
concezione	꼰체지오네	⒡ 개념, 생각, 구상, 착상
conchiglia	꼰낄리아	⒡ 조개
conciare	꼰치아레	무두질하다, 지저분해지다
conciliare	꼰칠리아레	화해시키다, 조정하다, 융화하다

Non so proprio come tu faccia a
conciliare le cose.
논 소 프로프리오 꼬메 뚜 파치아 아 꼰칠리아레 레 꼬제
나는 네가 이것을 어떻게 조정할지 모르겠다.

concime	꼰치메	ⓜ 비료
concludere	꼰끌루데레	끝내다, 완성하다, 추론하다, 결론을 내리다
conclusione	꼰끌루지오네	ⓕ 결론, 종결
concordare	꼰꼬르다레	일치시키다, 화해하다, 승인하다
concorrente	꼰꼬렌떼	ⓜ 경쟁자, 지원자 / 경쟁의
concorrenza	꼰꼬렌짜	ⓕ 경쟁, 경연, 시합
concorrere	꼰꼬레레	모이다, 일치하다, 동의하다
concorrersi	꼰꼬레르시	일치하다, 협조하다, 찬조하다
concorso	꼰꼬르소	ⓜ 경연, 경쟁, 경기, 폭주, 집합

I vincitori del concorso sono qui.
이 빈치또리 델 꼰꼬르소 소노 뀌
경기의 우승자들이 여기 있습니다.

concreto	콘크레토	구체적인
condanna	꼰단나	ⓕ 형벌, 처벌, 유죄, 판결
condannare	꼰단나레	처벌하다, 형을 언도하다, 비난하다, 나무라다
condannato	꼰단나토	유죄 언도를 받은, 비난받은 / ⓜ 수형자, 비난 받는 사람
condimento	꼰디멘토	ⓜ 양념, 조미료
condire	꼰디레	맛을 내다
condividere	꼰디비데레	나누다, 분배하다, 참가하다
condizionare	꼰디지오나레	조건을 마련하다, 필요 조건이 되다

condizione	꼰디지오네	⨍ 조건, 상태
condoglianza	꼰돌리안자	⨍ 애도
condotta	꼰도따	⨍ 품행, 행위
conducente	꼰두첸떼	ⓜ 운전 기사
condurre	꼰두레	인도하다, 운전하다
conferenza	꼰페렌자	⨍ 회의, 강연회
conferma	꼰페르마	⨍ 확인, 확정
confermare	꼰페르마레	확실하게 하다, 확증하다, 확인하다

L'ultima volta hanno confermato l'indrizzio.
룰띠마 볼따 안노 꼰페르마토 린드리쪼
마지막으로 그들은 주소를 확인했다.

confessare	꼰페싸레	자백하다, 실토하다
confessione	꼰페씨오네	⨍ 고백, 자백
confidare	꼰피다레	신용하다, 신뢰하다
confidenza	꼰피덴자	⨍ 신용, 신임, 비밀, 친밀성
confine	꼰피네	ⓜ 경계, 한계
conflitto	꼰플리또	ⓜ 싸움, 투쟁
confondere	꼰폰데레	혼란시키다, 난처하게 하다
conformare	꼰포르마레	형성하다, 따르게 하다
confronto	꼰프론토	ⓜ 비교, 대조
confusione	꼰푸지오네	⨍ 혼란, 무질서
confuso	꼰푸조	혼잡한, 혼란된, 막연한
congiungere	꼰준제레	연결한다, 결합하다

congratulazione	꼰그라뚜라지오네	*f* 축하, 경축
congresso	꼰그레쏘	*m* 회, 학회
coniglio	꼬닐리오	*m* 토끼
conoscere	꼬노쎄레	알다, 이해하다

Ti farò conoscere il risultato.
띠 파로 꼰노쉐레 일 리술따또
너에게 결과를 알려줄게.

conquistare	꼰뀌스따레	정복하다, 쟁취하다
consapevolezza	꼰사뻬볼레짜	*f* 자각, 의식
consegnare	꼰세냐레	인도하다, 배달하다, 송달하다
conseguenza	꼰세귀엔자	*f* 결과, 결말
consenso	꼰센소	*m* 동의, 찬성, 승낙
consentire	꼰센띠레	양보하다, 허락하다
conservare	꼰세르바레	보존하다, 간직하다
considerare	꼰시데라레	숙고하다, 고려하다, 생각하다
considerazione	꼰시데라지오네	*f* 고려, 고찰
consigliare	꼰실리아레	조언하다, 충고하다
consigliere	꼰실리에레	*m* 조언자, 충고자
consiglio	꼰실리오	*m* 충고, 조언
consistere	꼰시스떼레	되어 있다, 이루어지다
consumare	꼰수마레	소비하다, 소모시키다
contare	꼰따레	세다, 계산에 넣다, 의도하다

	I bambini hanno imparato a contare fino a dieci. 이 밤비니 안노 임빠라토 아 꼰따레 피노 아 디에치 아이들은 10까지 세는 것을 배웠다.	
contarsi	꼰따르시	신뢰하다, 믿다
contatto	꼰따또	m 접촉, 교제
contemporaneo	꼰뗌뽀라네오	동시대의, 현대의 / m 동시대인
contenere	꼰떼네레	담다, 함유하다
contentare	꼰뗀따레	만족시키다, 충족시키다
continuare	꼰띠누아레	잇다, 계속하다
conto	꼰토	m 계산, 셈
contraddizione	꼰뜨라디지오네	f 반대, 반박
contrario	꼰뜨라리오	반대의, 상반된
contratto	꼰뜨라또	m 계약, 계약서
contrazione	꼰뜨라지오네	f 수축, 단축
contribuire	꼰뜨리부이레	공헌하다, 기여하다
	Questo sistema contribuisce allo sviluppo della scienza. 꾸에스토 시스테마 꼰뜨리부이쉐 알로 즈빌루뽀 델라 쉬엔자 이 시스템은 과학 발전에 기여한다.	
contributo	꼰뜨리부토	f 공헌, 기여
contro	꼰뜨로	향하여, 반대의 / m 반대, 손실
controllo	꼰뜨롤로	m 검사, 감시
convenire	꼰베니레	적합하다, 동의하다, 승인하다
conversazione	꼰베르사지오네	f 회화, 담화, 화술

convincere	꼰빈체레	설득하다, 납득시키다
convinzione	꼰빈지오네	⨍ 확신, 신념
coperta	꼬페르따	⨍ 모포, 덮개
copertina	꼬페르띠나	⨍ 작은 뚜껑, (책) 표지
copia	꼬피아	⨍ 사본, 복사, 복제
copiare	꼬피아레	복사하다, 모사하다
coppia	꼬피아	⨍ 한 쌍, 커플
coprire	꼬프리레	덮다, 씌우다
coraggio	꼬라조	ⓜ 용기, 원기
	Coraggio ! 꼬라죠 용기를 내!	
corda	꼬르다	⨍ 그물, 망, 로프
Corea	꼬레아	⨍ 한국
coreano	꼬레아노	한국의 / ⓜ 한국인, 한국어
cornice	꼬르니체	⨍ 짜임, 구성, 기구
corona	꼬로나	⨍ 왕관
corpo	꼬르포	⨍ 몸, 육체
corporazione	꼬르포라지오네	⨍ 법인, 협동조합
correggere	꼬레제레	고치다, 교정하다
corrente	꼬렌떼	흐르는, 신속한 / ⓜ 경향 ⨍ 흐름, 기류
correre	꼬레레	달리다, 경주하다, 경과하다
corridoio	꼬리도이오	ⓜ 복도, 통로

corpo 꼬르포 신체

collo 꼴로 ⓜ 목

braccio 브라쵸 ⓜ 팔

petto 페또 ⓜ 가슴

spalla 스팔라 ⓕ 어깨

mano 마노 ⓕ 손

pancia 판챠 ⓕ 배

ombelico 옴벨리코 ⓜ 배꼽

gamba 감바 ⓕ 다리

ginocchio 지노끼오 ⓜ 무릎

piede 삐에데 ⓜ 발

palmo 빨모 ⓜ 손바닥

dorso 도르소 ⓜ 등

sedere 세데레 ⓜ 엉덩이

coscia 꼬샤 ⓕ 허벅지

polpaccio 뽈빠쵸 ⓜ 종아리

dito del piede 디또 델 삐에데 ⓜ 발가락

tallone 딸로네 ⓜ 뒤꿈치

unghia 운기아 ⓕ 손톱

pugno 푸뇨 ⓜ 주먹

gomito 고미토 ⓜ 팔꿈치

corrispondenza	꼬리스폰덴자	ⓕ 일치, 단합
corrispondere	꼬리스폰데레	일치하다, 상당(相當)하다
corsa	꼬르사	ⓕ 달리기, 경주
corso	꼬르소	ⓜ 흐르는 것, 흐름, 행렬
corte	꼬르떼	ⓕ 안뜰, 뜰
cortese	꼬르떼제	친절한, 상냥한
cortile	꼬르띨레	ⓜ 안뜰, 뜰
corto	꼬르토	짧은, 간결한 / ⓜ 부족, 결손
cosa	꼬자	ⓕ 사물, 일, 상황, 노동, 작품 / 어떤 것, 어떤 일

Che cosa vuoi?
께 꼬자 부오이
무엇을 원하니?

coscienza	꼬쉬엔자	ⓕ 인식, 자각, 양심
così	꼬지	이와 같이, 이렇게
costa	코스타	ⓕ 갈비뼈, 해안
costare	코스타레	비용이 들다, 걸리다
costituire	코스띠뚜이레	설립하다, 창설하다, 구성하다
costituzione	코스띠뚜지오네	ⓕ 설립, 창설
costringere	코스트린제레	강제하다, 억지로 ~시키다

Il governo costringe il popolo a
lavorare anche senza stipendio.
일 고베르노 코스트린제 일 뽀뽈로 아 라보라레 안케 센자 스띠뻰디오
정부는 사람들에게 무급으로 일을 하도록 강요한다.

costruire	코스트루이레	건설하다, 건축하다

costruzione	코스트루지오네	⑰ 건설, 건축
costume	코스투메	⑩ 습관, 습성
cotone	코토네	⑩ 솜, 면
cotto	꼬또	요리 된, 익은
cravatta	크라바따	⑰ 넥타이
creare	크레아레	창출하다, 창조하다, 일으키다
creatura	크레아뚜라	⑰ 창조물
creazione	크레아지오네	⑰ 창조, 창작
credere	크레데레	믿다, 확신하다
credito	크레디토	⑩ 신용, 신뢰
crema	크레마	**크림색** / ⑰ 생크림, 크림

Mettiti la crema solare prima di uscire.
메띠띠 라 크레마 솔라레 프리마 디 우쉬레
외출 전에 자외선 차단 크림을 발라라.

crepare	크레빠레	금가다, 쪼개지다
crescenza	크레쉔자	⑰ 성장, 증가
crescere	크레쉐레	자라다, 성장하다
criminale	크리미날레	범죄의, 죄 있는 / ⑩ 범죄, 죄인
crimine	크리미네	⑩ 범죄
crisi	크리지	⑰ 위기, 난국, 부족

Attualmente la crisi finanziaria mondiale ha toccato tutti noi.
아뚜알멘떼 라 크리지 피난지아리아 몬디알레 아 꼰까토 뚜띠 노이
우리 모두는 현재 글로벌 금융 위기의 영향을 받고 있다.

cristallo	크리스탈로	⑩ 결정, 수정

cristiano	크리스띠아노	기독교의 / ⓜ 기독교도
croce	크로체	ⓕ 십자가
crollare	크롤라레	동요하다, 붕괴하다
crollo	크롤로	ⓜ 붕괴, 와해
cronaca	크로나까	ⓕ 뉴스 보도기사
crosta	크로스타	ⓕ 외피, 건조된 외피
crudele	크루델레	잔인한, 비참한, 아픈, 고통스러운

Posso essere crudele tanto quanto te.
뽀쏘 에쎄레 크루델레 딴토 꽌토 떼
나도 너만큼 잔인할 수 있어.

crudo	크루도	가공하지 않은, 노골적인
cubo	꾸보	ⓜ 입방체, 정육면체
cucchiaio	꾸끼아이오	ⓜ 숟가락
cucina	꾸치나	ⓕ 부엌, 요리
cucinare	꾸치나레	요리하다
cucire	꾸치레	꿰매다
cui	꾸이	~하는 사람
culla	꿀라	ⓕ 요람
cultura	꿀뚜라	ⓕ 문화
cuocere	꾸오체레	음식을 만들다, 익히다, (햇볕 등에) 태우다, 건조시키다
cuore	꾸오레	ⓜ 심장
cura	꾸라	ⓕ 주의, 배려

curare	꾸라레	**주의하다, 배려하다**
curiosità	꾸리오지따	*f* **호기심**
curioso	꾸리오조	**호기심을 지닌**
curva	꾸르바	*f* **곡선**
curvo	꾸르보	**구부러진, 곡선형의 /** *m* **만곡(彎曲)**
cuscino	꾸쉬노	*m* **베개, 쿠션**
custodire	꾸스토디레	**지키다, 보호하다**

D

dado	다도	*m* 주사위

Il dado è tratto !
일 다도 에 트라또
주사위는 이미 던져졌다!

dannare	단나레	벌주다, 고통을 주다
danneggiare	단네지아레	손해를 주다, 해를 입히다
danno	단노	*f* 손해, 손상
dappertutto	다뻬르뚜또	어디든지, 도처에
dare	다레	주다, 선물하다

Mi ha dato il libro.
미 아 다토 일 리브로
그가 나에게 책을 주었다.

data	다따	*f* 날짜
dato	다토	열중하는, 주어진, 일정한 / *m* 자료, 논거
davanti	다반띠	앞으로, 앞에, 전에
davvero	다베로	정말로, 진실로
debito	데비토	*m* 채무, 빚
debole	데볼레	약한, 허약한
decadere	데까데레	쇠퇴하다, 퇴화하다
decidere	데치데레	해결하다, 판단하다, 결정하다

Ho deciso di tornare a casa.
오 데치조 디 또르나레 아 까자
나는 집으로 돌아가기로 결정했습니다.

decisione	데치지오네	ⓕ 결정, 결심
deciso	데치조	결단력 있는
declinare	데클리나레	경사지다, 기울다
declinazione	데클리나지오네	ⓕ 경사, 쇠퇴
decollare	데꼴라레	이륙하다
dedicare	데디까레	바치다, 봉헌하다
deduzione	데두지오레	ⓕ 추론, 연역
deferire	데페리레	판단하다, 위임하다
definire	데피니레	명확히 하다, 결정하다
definito	데피니토	정의된, 해결된
definizione	데피니지오네	ⓕ 정의
delegare	데레가레	파견하다, 위임하다
delegazione	데레가지오네	ⓕ 위임, 위탁
delfino	델피노	ⓕ 돌고래
deliberare	데리베라레	토의하다, 협의하다
delicatezza	데리까떼짜	ⓕ 섬세, 미묘, 진미
delicato	데리까토	세세한, 미묘한, 허약한

Sappiamo che l'argomento è delicato.
사삐아모 께 라르고멘토 에 델리까토
우리는 논제가 민감하다는 것을 알고 있습니다.

delinquenza	데린뀌엔자	ⓕ 경범죄, 비행(非行)
delitto	데리또	ⓜ 범죄, 죄
delizioso	데리지오조	대단히 기쁜, 상쾌한
deludere	데루데레	실망케 하다, 배반하다

delusione	데루지오네	*f* 실망, 낙담
democratico	데모크라띠꼬	민주적, 민주주의
democrazia	데모크라지아	*f* 민주주의, 민주정치
demolire	데모리레	파괴하다, 붕괴하다
demone	데모네	*m* 악령
denaro	데나로	*m* 돈

Abbiamo bisogno di più denaro possibile.
아비아모 비조뇨 디 삐우 데나로 뽀씨빌레
우리는 가능한 더 많은 돈이 필요하다.

denominare	데노미나레	이름 붙이다
densità	덴시따	*f* 밀도, 농도
denso	덴소	밀접한, 조밀한
dente	덴떼	*m* 이, 치아
dentifricio	덴띠프리초	치약의 / *m* 치약
dentro	덴트로	안에, 속에
denunziare	데눈지아레	통고하다, 신고하다
denutrizione	데누트리지오네	*f* 영양실조
deporre	데뽀레	놓다, 두다
depositante	데뽀지딴떼	맡기는 / *m* 예치자, 공탁자, 등록인
depositare	데뽀지따레	맡기다, 예금하다

Vorremmo depositare questo assegno, per favore.
보렘모 데뽀지따레 꾸에스토 아쎄뇨 뻬르 파보레
이 수표를 예금하고 싶습니다.

| deposito | 데뽀지토 | *m* 기탁, 공탁 |

deputare	데푸따레	파견하다, 위임하다
deriva	데리바	*f* 표류
derivare	데리바레	유래하다, 파생하다, 생기다
descrittivo	데스크리띠보	기술적인, 묘사의
descrivere	데스크리베레	서술하다, 기술하다, 그리다
deserto	데세르토	*m* 사막
desiderare	데지데라레	바라다, 희망하다
desiderio	데지데리오	*m* 열망, 희망, 욕망

Sento un desiderio improvviso di stringerla.
센토 운 데지데리오 임쁘로비조 디 스트린제르라
갑자기 그녀를 붙잡고 싶은 욕망이 들었다.

desistere	데시스떼레	중지하다, 중단하다
desolante	데소란떼	비탄스런, 슬픈
desolato	데소라토	슬픔에 빠진, 비탄에 빠진
destinare	데스띠나레	운명 지우다, 미리 정하다
destinazione	데스띠나지오네	*f* 목적지, 도착지
destino	데스띠노	*m* 운명, 인과, 목적지, 미래, 장래
destra	데스트라	*f* 오른쪽
destro	데스트로	오른쪽의, 기민한 / *m* 호기, 행운
detenzione	데덴지오네	*f* 보유, 점유, 구류

Non esistono punizioni o detenzione per me.
논 에지스토노 푸니지오니 오 데덴지오네 뻬르 메
나에겐 어떠한 처벌도 구금도 없었다.

determinare	데떼르미나레	정하다, 제한하다
determinato	데떼르미나토	한정된, 일정한, 소정의
detestare	데떼스따레	증오하다, 싫어하다
dettaglio	데딸리오	m 상세, 세부
dettato	데따토	f 구술, 받아쓰기, 문체
devastare	데바스따레	황폐하게 하다, 약탈하다
deviare	데비아레	탈선하다, 일탈하다
diagnosticare	디아뇨스띠까레	진단하다, 진찰하다

Mi avevano diagnosticato un tumore alle ossa.
미 아베바노 디아뇨스티가토 운 뚜모레 알레 오싸
나는 골수암을 진단받았다.

dialetto	디아레또	m 방언, 사투리
dialogo	디아로고	m 대화, 문답
diamante	디아만떼	m 다이아몬드
diario	디아리오	m 일기, 일기장
diavolo	디아볼로	m 악마, 귀신
dichiarare	디끼아라레	표명하다, 명시하다, 밝히다
dichiararsi	디끼아라르시	의사를 표명하다
dichiarazione	디끼아라지오네	f 표명, 명시, 고백

Il ministro farà una dichiarazione il mese prossimo.
일 미니스트로 파라 우나 디끼아라지오네 일 메제 프로씨모
장관은 다음 달에 성명서를 발표할 것이다.

diciannove	디치아노베	m 19
dieci	디에치	m 10

dietro	디에트로	뒤에, 다음에
difendere	디펜데레	방어하다, 막다
difesa	디페자	⑦ 방위, 방어, 변호
difettare	디페따레	부족하다, 모자라다
difetto	디페또	⑩ 부족, 결여
differente	디페렌떼	다른, 각각의
differenza	디페란자	⑦ 상위, 차이
difficile	디피칠레	힘든, 난해한
difficoltà	디피꼴따	⑦ 어려움, 곤란

Ha aiutato delle persone in difficoltà.
아 아이우따토 델레 뻬르소네 인 디피꼴따
그는 어려움에 처한 사람을 도왔다.

diffidare	디피다레	믿지 않다, 경계하다
diffondere	디폰데레	발산하다, 뿌리다
diffusione	디푸지오네	⑦ 보급, 유포, 전파
dignità	디그니따	⑦ 존엄, 위엄, 품위
diligente	딜리젠떼	근면한, 열심인
diluire	디루이레	녹이다, 용해하다
diluvio	디루비오	⑩ 호우, 큰비
dimagrire	디마그리레	여위다, 수척해지다
dimensione	디멘시오네	⑦ 차원
dimenticare	디멘띠가레	잊어버리다, 망각하다

Ho dimenticato di comprare il pane.
오 디멘띠까토 디 꼼쁘라레 일 빠네
빵 사는 것을 잊어버렸다.

dimettere	디메떼레	퇴원하다, 출옥하다
dimunuire	디무누이레	감소시키다, 약화시키다, 적게 하다
dimissionare	디미씨오나레	사임하다, 사퇴하다
dimissione	디미씨오네	⨍ 사임, 사퇴
dimostrare	디모스트라레	명시하다, 나타내다, 표시하다
dimostrazione	디모스트라지오네	⨍ 표명, 표출
dinamico	디나미코	동적인, 다이내믹한
Dio	디오	ⓜ 신, 조물주
dipendente	디펜덴떼	의지하고 있는, 종속된 / ⓜ 직원
dipendenza	디펜덴자	⨍ 의존, 종속
dipingere	디핀제레	색을 칠하다, 그리다
dipinto	디핀토	그림을 그린, 색칠한 / ⓜ 그림, 회화
diploma	디플로마	ⓜ 졸업장, 학위
diplomatico	디플로마띠코	외교의, 외교상의 / ⓜ 외교관
diplomazia	디플로마지아	⨍ 외교, 외교단
dire	디레	말하다, 이야기하다 / ⓜ 말, 언어

Che vuoi dire?
께 부오이 디레
그게 무슨 소리야?

diretto	디레또	똑바른, 곧은
direttore	디레또레	ⓜ 지도자, 디렉터
direzione	디레지오네	⨍ 방향, 진로, 코스

dirigere	디리제레	향하다, 목표로 하다
diritto	디리또	일직선의, 똑바른 / ⒨ 법, 법규, 권리
dirugginire	디루지니레	녹을 없애다
disagio	디사조	⒨ 부자유, 불편, 불안, 근심
disastro	디자스트로	⒨ 재해, 재앙
discendere	디쉔데레	내려오다, 하강하다
discesa	디쉐자	⒡ 강하, 하강, 하락
disciplina	디쉬플리나	⒡ 지도, 훈련, 학교, 규범
disco	디스코	⒨ 원반, 레코드
discorso	디스코르소	⒨ 회화, 담화
discussione	디스꾸씨오네	⒡ 토의, 토론
discutere	디스쿠떼레	토의하다, 토론하다

Stavamo solo discutendo sul futuro
della città.
스타바모 솔로 디스꾸댄도 술 푸뚜로 델라 치따
우리는 도시의 미래에 대해 논의했다.

disegnare	디세냐레	그림을 그리다, 묘사하다, 구상하다
disegno	디세뇨	⒨ 모양, 소묘, 도안, 계획
disgrazia	디스그라지아	⒡ 불운, 불행
disgustare	디스구스타레	구역질나게 하다
disgusto	디스구스토	⒨ 불쾌, 증오
disoccupato	디조꾸빠토	실업의, 일 없는 / ⒨ 실업자
disoccupazione	디조꾸빠지오네	⒡ 실직, 실업자, 무직

disordinare	디소르디나레	난잡하게 하다, 혼란하게 하다
disordinato	디소르디나토	혼란한, 무질서한
disordine	디소르디네	m 무질서, 혼란
	Tutto è in disordine. 뚜또 에 인 디소르디네 모든 것이 혼란 상태이다.	
disperare	디스페라레	절망하다, 희망을 잃다
dispiacere	디스삐아체레	싫어하다, 지겨워하다, 유감스럽다
	Mi dispiace. 미 디스삐아체 유감입니다.	
disponibile	디스포니빌레	이용할 수 있는, 유용한
disponibiltà	디스포니빌리따	f 유효성, 자금, 당좌자금, 휴직
disporre	디스포레	배열하다, 정리하다
disposizione	디스포지지오네	f 배치, 배열
disprezzare	디스프레짜레	경멸하다, 멸시하다
disprezzo	디스프레쪼	m 경멸, 멸시
disputare	디스푸따레	논의하다, 논쟁하다
dissoluzione	디쏠루지오네	f 분리, 분해, 분열
dissolvere	디쏠베레	분해하다, 용해시키다
distante	디스딴떼	먼
distanza	디스딴자	f 거리, 간격
distendere	디스뗀데레	잡아 늘리다, 넓히다
distesa	디스테자	f 넓은 구역, 거리, 길이
distinguere	디스틴궤레	구별하다, 분류하다

		I bambini a quell'età non sanno distinguere fantasia e realtà. 이 밤비니 아 꿸레따 논 산노 디스틴궤레 판타지아 에 레알따 그 나이의 아이들은 환상과 현실을 구분할 수 없습니다.
distinto	디스틴토	확실한, 명료한
distinzione	디스틴지오네	⑦ 구별, 차별, 분류
distrarre	디스뜨라레	흩어지게 하다, 분리하다
distratto	디스뜨라또	괴로운, 마음이 산만한
distribuire	디스트리부이레	배부하다, 할당하다
distributore	디스트리부또레	배분되는 / ⑩ 분배자, 물건을 파는 사람
distribuzione	디스트리부지오네	⑦ 분배, 배급
distruggere	디스트루제레	파괴하다, 손해를 내다
distrutto	디스트루또	파괴되는, 소멸하는
disturbare	디스트루바레	산란시키다, 혼란시키다, 방해하다
		Non distrubarmi. 논 디스트루바르미 나를 방해하지 마시오.
disturbo	디스트루보	⑦ 미혹, 방해
disuguaglianza	디수구알리안자	⑦ 불평등
dito	디토	⑩ 손가락
ditta	디따	⑦ 상회, 회사
divano	디바노	⑦ 소파
divenire	디베니레	~되다, 성장하다
diventare	디벤따레	성장하다, 변하다
diverso	디베르소	별난, 다른, 여러가지의, 가지각색의

divertente	디베르뗀떼	재미있는
divertimento	디베르띠멘토	ⓜ 오락, 놀이
divertire	디베르띠레	재미나게 하다, 즐겁게 하다

Farò del mio meglio per farli divertire.
파로 델 미오 멜리오 뻬르 파를리 디베르띠레
나는 그들을 즐겁게 하기 위해 최선을 다할 거야.

divertirsi	디베르띠르시	즐기다, 흥겨워하다
dividere	디비데레	나누다, 분할하다
divieto	디비에토	ⓜ 금지, 금지령
divisione	디비지오네	ⓕ 분할, 배분
divorzio	디보르지오	ⓜ 이혼, 분리
divulgare	디불가레	공개하다, 유포시키다
dizionario	디지오나리오	ⓜ 사전
documentare	도꾸멘따레	증거 서류를 제출하다, 문서로 증명하다
documento	도꾸멘토	ⓜ 기록, 자료
dogana	도가나	ⓕ 세관
doganale	도가나레	세관의, 관세의
dolce	돌체	듣기 좋은, 달콤한
dolcezza	돌체짜	ⓕ 단맛, 유쾌, 부드러움
dolente	돌렌떼	괴로움을 당한, 애도하는
dolore	돌로레	ⓜ 고통, 근심
domanda	도만다	ⓜ 질문, 의문
domandare	도만다레	요구하다, 질문하다
domani	도마니	내일, 근간에 / ⓜ 내일, 다음날

	A domani ! 아 도마니 내일 만나!	
domenico	도메니코	⑨ 일요일
domestico	도메스티코	가정의, 친근한
dominare	도미나레	지배하다, 통치하다
dominio	도미니오	⑩ 주권, 대권
donare	도나레	기부하다, 기증하다
donna	돈나	⑨ 여자, 여성
dono	도노	⑨ 선물, 기증
dopo	도뽀	뒤에, 다음에
	Devo tornare qui subito dopo pranzo. 데보 또르나레 뀌 수비토 도뽀 프란조 점심 후에 곧바로 돌아와야 합니다.	
doppio	도삐오	두 배의, 이중의 / ⑩ 곱, 두 배
dormire	도르미레	자다, 잠자다
dorsale	도르사레	등 모양의
dorso	도르소	⑩ 등, 뒤, 후면
dosare	도사레	투여하다, 투약하다
dose	도제	⑨ 분량, 복용량
dotare	도따레	재산을 주다, 기부하다, 부여하다
dotazione	도따지오네	⑨ 기증, 기부
dottore	도또레	⑩ 학자, 박사
dove	도베	어디로, 어디에

	Dove andiamo? 도베 안디아모 우리는 어디로 갑니까?	
dovere	도베레	m 의무, 본분 / 해야 한다, 틀림없다, 반드시 ～하다
dramma	드라마	f 드라마, 희곡
drammatico	드라마띠코	희곡의, 각본의, 연극의
dritta	드리따	f 오른쪽
dritto	드리또	똑바른, 일직선의
drittura	드리뚜라	f 방향, 정확, 정의
droga	드로가	f 약, 약품
dubbio	두삐오	m 의심, 의혹
	Nessuno mette in dubbio il tuo coraggio. 네쑤노 메떼 인 두삐오 일 뚜오 꼬라조 아무도 당신의 용기에 의심을 가지지 않는다.	
dubbitare	두삐따레	의심하다, 이상히 여기다
due	두에	두 개의
dunque	둔께	그러므로, 그 때문에
duplice	두플리체	이중의, 복식의 / m 연승 복식, 모호한
durante	두란떼	～동안에
durata	두라따	f 지속 (기간), 길이
duro	두로	딱딱한, 완고한, 힘든
	Fa una vita dura. 파 우나 비따 두라 그는 힘든 생활을 하고 있다.	

A
B
C
D
E
F
G
I
J
L
M
N

이탈리아어 단어 | 133

ebbene	에베네	그러면, 자, 그런데
eccellente	에첼렌떼	뛰어난, 우수한
eccellentemente	에첼렌떼멘떼	우수하게
eccellenza	에첼렌자	*f* 우수, 탁월
eccessivo	에체씨보	과도의, 여분의
eccesso	에체쏘	*m* 여분, 과잉
eccetto	에체또	~을 제외하고

Non parla con nessuna eccetto me.
논 빠를라 꼰 네쑤나 에체또 메
나를 제외하고 다른 사람과 말하지 마세요.

eccezionale	에체지오날레	제외된, 각별의
eccezione	에체지오네	*f* 제외, 예외
eccitamento	에치따멘토	*m* 자극, 흥분
eccitare	에치따레	자극하다, 격려하다
ecco	에꼬	여기에 있다, 자

Eccomi qua.
에꼬미 꾸아
나 여기 있어요.

economia	에코노미아	*f* 경영, 관리, 처리
economico	에코노미코	경제의, 경제적인
edicola	에디꼴라	*f* 매점, 가판대
edificare	에디피까레	세우다, 건설하다

edificazione	에디피까지오네	⨍ 건축, 건설
edito	에디토	출판된, 간행된
editore	에디또레	ⓜ 출판사, 발행자 / 출판사의
edizione	에디지오네	⨍ 출판, 간행, 발행

Chi è il responsabile di quell'edizione?
끼 에 일 레스폰사빌레 디 꿸레디지오네
그 책의 발행 책임자는 누구입니까?

educare	에두까레	교육하다, 훈육하다
educato	에두까토	교육받은, 예의바른
educazione	에두까지오네	⨍ 교육, 훈육, 교육제도
effettivo	에페띠보	실제의, 유효한
effetto	에페또	ⓜ 결과, 효과, 효능
effettuare	에페뚜아레	실행하다, 이행하다
efficace	에피까체	효력 있는, 효과 있는

Il sistema si è rivelato efficace.
일 시스테마 시 에 리벨라토 에피까체
시스템은 효과가 입증되었다.

effondere	에폰데레	붓다, 퍼지다
effusione	에푸지오네	⨍ 유출
elastico	에라스띠코	탄력 있는, 탄성 있는 / ⓜ 고무
elefante	에레판떼	ⓜ 코끼리
elegante	에레간떼	우아한, 세련된
eleggere	에레제레	선출하다, 선택하다
elementare	에레멘따레	구성 요소의, 성분의
elementari	에레멘따리	ⓜ⫪ 초등학교

elemento	에레멘토	*m* 기본 요소, 성분, 요인

L'acqua è composta di due elementi.
라꾸아 에 꼼포스따 디 두에 엘레멘띠
산소는 두 가지 요소로 구성되어 있다.

elenco	에렌코	*m* 목록, 리스트
eletto	에레또	선발된 / *m* 뽑힌 사람
elettorale	에레또랄레	선거의, 선거에 관한
elettore	에레또레	*m* 선거인
elettrico	에레뜨리코	전기의 / *m* 전기 기사
elettronico	에레뜨로니코	전자의, 전자공학의
elevare	에레바레	올리다, 높이다, 이의를 제기하다
elevato	에레바토	높은, 고귀한
elezione	에레지오네	*f* 투표, 선출
eliminare	에리미나레	제외하다, 빼놓다, 폐지하다, 없애다

Ho già eliminato entrambe queste possibilità.
오 자 엘리미나토 엔트람베 꾸에스떼 뽀씨빌리따
나는 이미 모든 가능성을 배제했다.

emergenza	에메르젠자	*f* 비상, 긴급 사태
emergere	에메르제레	갑자기 나타나다, 유명해지다
emettere	에메떼레	(빛, 음) 발하다, (의견) 발표하다, (명령) 내리다
emigrante	에미그란떼	이주의 / *m* 이주민, 이민
emigrare	에미그라레	이주하다, 타국으로 옮기다
emissione	에미씨오네	*f* 발사, 방사, 방출

emittente	에미뗀떼	발행의, 송신하는 / ⓜ 방송국
emozionare	에모지오나레	영향을 미치다, 감동시키다

Le sue parole mi emozionarono.
레 수에 빠롤레 미 에모지오나로노
그의 말들이 나를 감동시켰다.

emozione	에모지오네	ⓕ 감동, 감격
enciclopedia	엔치클로페디아	ⓕ 백과사전
energia	에네르지아	ⓕ 힘, 활력
enigma	에니그마	ⓜ 은어, 수수께끼
enorme	에노르메	광대한, 거대한
enormità	에노르미따	ⓕ 광대, 거대
entrambi	엔트람비	ⓜⓟⓛ 둘 다, 모두
entrare	엔트라레	들어가다, 취직하다
entrata	엔트라따	ⓕ 입장, 등장, 입구
entro	엔뜨로	~ 이내에, ~ 중에

Ti dirò la risposta entro una settimana.
띠 디로 라 리스포스따 엔뜨로 우나 세띠마나
일주일 내로 너에게 답장해 줄게.

entusiasmo	엔뚜지아즈모	ⓜ 열광, 감격
entusiasta	엔뚜지아스따	열심인, 열광적인 / ⓜ 열광자, 찬미자
epidemia	에피데미아	ⓕ 유행병, 전염병
epidemico	에피데미코	유행성의, 전염성의
episodio	에피소디오	ⓜ 삽화, 일화, 에피소드
eppure	에뿌레	그러나, 아직까지는, 불구하고

equilibrare	에뀔리브라레	균형을 맞추다, 균형을 유지하다
equilibrio	에뀔리브리오	ⓜ 균형, 평형
equivalente	에뀌발렌떼	동등한, 같은 / ⓜ 같은 가치
equivalentemente	에뀌발렌떼멘데	동등하게
era	에라	ⓕ 기원, 시대, 시기
erba	에르바	ⓕ 풀, 초목
eredità	에레디따	ⓕ 유산, 상속재산, 상속

Preservare l'eredità culturale è molto importante.
프레세르바레 레레디따 꿀뚜랄레 에 몰토 임뽀르딴떼
문화 유산을 지키는 것은 매우 중요합니다.

ereditare	에레디따레	재산을 상속하다, 이어받다
eroe	에로에	ⓜ 영웅
errore	에로레	ⓜ 잘못, 틀림, 오류
esagerare	에사제라레	과장하다, 과대평가하다
esaltare	에살따레	높이다, 승진하다
esame	에자메	ⓕ 시험, 조사, 검사
esaminare	아자미나레	조사하다, 검토하다
esattamente	에자따멘떼	정확하게, 엄밀하게
esatto	에자또	바른, 정확한
esaurire	에자우리레	써버리다, 없애다
esaurito	에자우리토	다 써버린, 매진된, 만원인

I posti a sedere sono tutti esauriti.
이 뽀스띠 아 세데레 소노 뚜띠 에자우리띠
좌석이 다 매진되었다.

escludere	에스끌루데레	몰아내다, 배척하다, 방해하다
esclusiva	에스끌루시바	☑ 특허권, 독점권
esclusivo	에스끌루시보	배타적인, 다른
esclusivamente	에스끌루시바멘떼	독점적으로
escluso	에스끌루조	제외된, 제거된
eseguire	에세구이레	실행하다, 수행하다
esempio	에셈삐오	m 전형, 예증
esercitare	에세르치따레	훈련하다, 연습하다
esercito	에세르치토	m 군, 군대
esercizio	에세르치지오	m 연습, 훈련
esigenza	에지젠자	☑ 요구, 필요
esilio	에실리오	m 추방, 유배
esistere	에지스떼레	존재하다, 있다, 살아가다

Penso, dunque esisto.
뻰소 둔께 에지스토
나는 생각한다, 고로 존재한다.

esitare	에지따레	주저하다, 망설이다
esito	에지토	m 결과, 결말
espansione	에스판시오네	☑ 확산, 확장
esperienza	에스페리엔자	☑ 경험, 체험

L'esperienza è madre della scienza.
레스페리엔자 에 마드레 델라 쉔자
경험은 학문의 어머니이다.

esperto	에스페르토	숙련된, 정통한 / m 전문가, 숙련자

esplodere	에스플로데레	폭발하다, 터지다
esplorare	에스플로라레	탐사하다, 탐험하다
esploratore	에스플로라또레	ⓜ 탐험가, 탐색자
esplosione	에스플로지오네	ⓕ 폭발, 폭음
esponente	에스포넨떼	ⓜ 대표자, 대변자
esporre	에스포레	보이다, 보여주다
esportare	에스포르따레	수출하다
esportazione	에스포르따지오네	ⓕ 수출
esposizione	에스포지지오네	ⓕ 전시, 진열, 방향, 설명
espressione	에스프레씨오네	ⓕ 표현, 표명

È un'espressione priva di significato.
에 우네스프레씨오네 프리바 디 시니피까토
의미 없는 어구이다.

espresso	에스프레쏘	명백한, 분명한 / ⓜ 속달
esprimere	에스프리메레	표현하다, 나타내다
essenziale	에쎈지아레	본질적인, 필수의 / ⓜ 본질적 요소, 요점
essere	에쎄레	~이다, 있다
esso/a/i/e	에쏘/사/이/에	그것, 그
estate	에스따떼	ⓕ 여름
estendere	에스텐데레	확장하다, 늘리다
estendersi	에스텐데르시	퍼지다, 확대하다
estensione	에스텐시오네	ⓕ 확장, 확대, 넓이
esterno	에스테르노	밖의, 외부의 / ⓜ 외부, 외관

Qualcuno lo stava aspettando all' esterno.
꽐꾸노 로 스타바 아스페딴도 알레스테르노
누군가 밖에서 그를 기다리고 있었다.

estero	에스테로	외국의, 이질적인 / ⓜ 외국
estivo	에스티보	여름의
estraneo	에스트라네오	타인의, 모르는, 이질적인 / ⓜ 국외의 사람
estrarre	에스트라레	밖으로 끌어내다, 빼내다, 얻다
estratto	에스트라또	추출된 / ⓜ 엑기스, 요약
estremo	에스트레모	말단의, 최후의 /
età	에따	ⓕ 연령, 시대

Loro hanno stessa età.
로로 안노 스테싸 에따
그들은 동년배이다.

eterno	에떼르노	불후의, 영구의 / ⓜ 영원, 불멸
etichetta	에띠게따	ⓕ 예식, 예의범절, 상표
etto	에또	ⓜ 헥터그람(100그램)
europeo	에우로페오	유럽의 / ⓜ 유럽인
evento	에벤토	ⓜ 일, 사건, 결과
eventuale	에벤뚜알레	예외적인, 우연의
eventualmente	에벤뚜알멘떼	때로는, 예외적으로
evidente	에비덴떼	분명한, 명백한
evidenza	에비덴자	ⓕ 분명, 명백, 명료

evitare	에비따레	**피하다, 하지 않도록 하다**

Occorre in primo luogo evitare la
diffusione della malattia.
오꼬레 인 프리모 루오고 에비다레 라 디푸지오네 델라 말라띠아
우선 질병의 확산을 피해야 합니다.

evoluzione	에볼루지오네	*f* **발전, 발달**
evviva	에비바	**만세!**

F

fabbrica	파브리까	⑦ 공장, 제조
fabbricare	파브리까레	건설하다, 제조하다
faccenda	파첸다	⑦ 용무, 용건, 문제, 사건
facchino	파끼노	⑩ 화물 운반업자, 짐꾼
faccia	파챠	⑦ 얼굴, 안색

Lui ha colpito con un pugno in faccia.
루이 아 꼴피토 꼰 운 뿌뇨 인 파챠
그는 얼굴에 주먹을 날렸다.

facile	파칠레	쉬운, 간단한, 용이한, 이해하기 쉬운
facilitazione	파칠리따지오네	⑦ 편의, 용이함
facilmente	파칠멘떼	용이하게, 쉽게
facoltà	파꼴따	⑦ 능력, 재능, 권력, 학부
facoltativo	파꼴따띠보	임시의, 임시로
fagiolo	파졸로	⑩ 완두콩
fallire	팔리레	파산하다, 실패하다
falso	팔소	틀린, 근거 없는 / ⑩ 거짓, 모조품
fame	파메	⑦ 배고픔
famiglia	파밀리아	⑦ 가족, 일족
famigliare	파밀리아레	가족의, 편안한 / ⑩ 가족의 일원
famoso	파모조	유명한

famiglia 파밀리아 **가족**

nonno 논노 _m_ 할아버지

nonna 논나 _f_ 할머니

papà 빠빠 _m_ 아빠 / **padre** 빠드레 _m_ 아버지

mamma 맘마 _f_ 엄마 / **madre** 마드레 _f_ 어머니

zio 지오 _m_ 삼촌, 외삼촌, 고모부, 이모부

zia 지아 _f_ 숙모, 외숙모, 이모, 고모

fratello maggiore 프라텔로 마조레 _m_ 형, 오빠

sorella maggiore 소렐라 마조레 _f_ 누나, 언니

figlio 필리오 _m_ 아들

figlia 필리아 _f_ 딸

fratello minore 프라텔로 미노레 _m_ 남동생

sorella minore 소렐라 미노레 _f_ 여동생

genitori 제니토리 _mpl_ 부모

marito 마리토 _m_ 남편

moglie 모리에 _f_ 아내, 부인

fratello 프라텔로 _m_ 형제

sorella 소렐라 _f_ 자매

parente 빠렌떼 _m_ 친척

fanatico	파나띠코	열광적인, 공적인 / 𝓂 팬
fanciullo	판출로	𝓂 어린이
fango	판고	𝓂 진흙, 치욕
fantasia	판타지아	𝑓 공상, 상상
fare	파레	하다, 행하다, 수행하다

Come faccio a saperlo?
꼬메 파쵸 아 사뻬를로
그것을 알기 위해 어떻게 합니까?

farsi	파르시	종사하게 되다, 시키다, 자력으로 ~하다
farfalla	파르팔라	𝑓 나비
farina	파리나	𝑓 가루
farmacia	파르마치아	𝑓 약국
fasciare	파쉬아레	묶다, 싸다
fascino	파쉬노	𝓂 매력
fastidio	파스띠디오	𝓂 불쾌감, 귀찮음

Prometto di non dare nessun fastidio.
프로메또 디 논 다레 네순 파스띠디오
어떠한 폐도 끼치지 않을 것을 약속합니다.

fatica	파띠까	𝑓 피로, 작품, 일
faticoso	파띠꼬조	피곤한, 곤란한
fatto	파또	만들어진, 형성된 / 𝓂 행동, 행위, 일어난 일
fattore	파또레	𝓂 요소, 요인
favola	파볼라	𝑓 우화
favore	파보레	𝓂 호의, 은혜

Ti chiedo un favore.
띠 끼에도 운 파보레
너에게 부탁할게.

favorire	파보리레	**돕다, 지지하다, 용이하게 하다**
febbraio	페브라이오	*m* **2월**
febbre	페브레	*f* **열**
feda	페다	*f* **신용, 신뢰**
fadele	페델레	**충실한** / *m* **신자**
fedelità	페델리따	*f* **충실**
felice	펠리체	**행복한, 기쁜**

Sono felice di vederti.
소노 펠리체 디 베데르띠
너를 만나서 기쁘다.

felicità	펠리치따	*f* **행복, 다행**
femmine	페미네	*f* **암컷, 여성적인**
fenomeno	페노메노	*m* **현상, 사상**
feriale	페리아레	**평일의**
ferire	페리레	**상처 입히다, 부상 입히다**

È stato ferito in guerra.
에 스따토 페리토 인 구에라
전쟁에서 부상당했다.

ferita	페리따	*f* **상처, 부상**
fermare	페르마레	**정지하다, 멈추다**
fermarsi	페르마르시	**서다, 멈추다**

Fermati!
페르마띠
멈춰라!

fermata	페르마따	ⓜ 정지, 정류소, 역
fermo	페르모	부동의, 확고한 / ⓜ 지불정지, 압류
ferro	페로	ⓜ 철

Battere il ferro finché è caldo.
바떼레 일 페로 핀께 에 깔도
쇠가 달궈졌을 때 두들겨라(기회를 놓치지 마라).

festa	페스타	ⓕ 축제
festeggiare	페스타지아레	파티를 열다, 환영하다
festival	페스티발	ⓜ 페스티벌
fianco	피안코	ⓜ 옆구리, 측면
fiato	피아토	ⓜ 숨, 호흡
fidare	피다레	믿다, 신뢰하다
fidarsi	피다르시	믿다

Mi fido di te.
미 피도 디 떼
나는 너를 믿어.

fiducia	피두치아	ⓕ 신뢰, 신용, 확신
figlio / a	필리오 · 아	ⓜ 아들 / ⓕ 딸
figura	피구라	ⓕ 용모, 자태, 인물
figurare	피구라레	나타내다, 본뜨다
figurarsi	피구라르시	상상하다, 마음에 그리다
fila	필라	ⓕ 열, 선
filare	필라레	방적하다, 실을 만들다, 빠르게 나아가다
film	필름	ⓜ 영화
filo	필로	ⓕ 실, 선, 맥락

filosofia	필로소피아	*f* 철학
filtrare	필트라레	**여과하다, 스며들다**
	Il sole filtra dalle fessure. 일 솔레 필트라 달레 페수레 태양빛이 갈라진 틈으로 들어온다.	
finale	피날레	**종말의, 최종의 /** *m* **결승전**
finalmente	피날멘떼	**마침내, 결국**
finanza	피난자	*f* 재무, 재정, 세무기관
finanziamento	피난지아멘토	*m* 융자, 출자, 금융
finché	핀께	**~까지, 하는 한**
fine	피네	*f* 종말, 결과, 결말 / *m* 목적, 의도
fine-settimana	피네 세띠마나	*f* 주말
finestra	피네스트라	*f* 창, 창문
finire	피니레	**끝내다, 완료하다**
	Ho appena finito di leggere. 오 아뻰나 피니토 디 레제레 나는 막 읽는 것을 끝냈다.	
finito	피니토	**끝난, 완성된, 유한의**
fino	피노	**~까지, 할 만큼, 결국**
finora	피노라	**지금까지, 현재까지**
finto	핀토	**거짓의, ~하는 척하는**
fiore	피오레	*f* 꽃
firma	피르마	*f* 서명, 사인
firmare	피르마레	**서명하다, 기명하다, 조인하다**

fisica	피지까	⨍ 물리학
fisico	피지코	물리의, 육체의, 신체의 / ⓜ 물리학자, 육체, 신체
fissare	피싸레	고정시키다, 붙이다, 결정하다
		Ha fissato gli occhi su quel bel abito. 아 피싸토 리 오끼 수 꿸 벨 아비토 아름다운 옷에 눈길을 고정시켰다.
fisso	피쏘	고정시킨, 부동의, 안정된
fiume	피우메	ⓜ 강, 하천
flessibile	플레시빌레	유연한, 유순한
fluente	플루엔떼	흐르는, 유창한
fluentemente	플루엔떼멘떼	흐르는 듯하게, 유창하게
flusso	플루쏘	ⓜ (액체, 기체) 유출, 만조
foglia	폴리아	⨍ 잎, 꽃잎
foglio	폴리오	ⓜ 종이, 서류, 증서
folla	폴라	⨍ 군중, 다수
		C'è una folla di giornalisti e fotografi nella piazza. 체 우나 폴라 디 조르날리스띠 에 포토그라피 넬라 피아짜 많은 저널리스트와 사진작가들이 광장에 있다.
folto	폴토	빽빽한, 많은
fondamentale	폰다멘탈레	기본적인, 근본적인
fondamento	폰다멘토	ⓜ 기초, 토대
fondo	폰도	ⓜ 밑바닥, 하부
fonte	폰떼	⨍ 샘, 분수, 원인

Ritengo che la principale fonte di violenza sia la povertà.
리뗀고 께 라 프린치빨레 폰떼 디 비올렌자 시아 라 뽀베르따
폭력의 주요 원인이 빈곤이라 판단합니다.

forbici	포르비치	🔡 가위
forchetta	포르게따	🔡 포크
forma	포르마	🔡 형태, 형식, 외관
formaggio	포르마조	🔡 치즈
formale	포르마레	정식의, 공식의, 형식적인
formare	포르마레	형태를 만들다, 조형하다, 양성하다
formarsi	포르마르시	생기다, 형성되다
formato	포르마토	발달된, 형성된 / 🔡 형틀, 판
formazione	포르마지오네	🔡 형성, 육성, 양성
formica	포르미까	🔡 개미
formulare	포르물라레	표현하다, 나타내다
fornello	포르넬로	🔡 화덕, 스토브, 난로
fornire	포르니레	제공하다, 지급하다
forno	포르노	🔡 오븐
forse	포르세	아마도, 어쩌면 / 🔡 불확실, 의심

Forse non tornerò in tempo.
포르세 논 또르네로 인 뗌쁘
아마도 나는 제시간에 돌아오지 못할 것이다.

forte	포르떼	강한, 튼튼한, 강렬한, 강하게, 빠르게 / 🔡 강함, 장점
fortuna	포르투나	🔡 운, 운명, 행운

	Buona fortuna ! 부오나 포르뚜나 행운을 빌어 !	
fortunato	포르투나토	행복한, 행운이 있는
forza	포르자	⨍ 힘, 정신력, 강도
	Forza ! 포르자 힘내 !	
forzare	포르자레	강요하다
foto(grafia)	포토(그라피아)	⨍ 사진, 사진술
fotografare	포토그라파레	사진을 찍다
fra	프라	사이에, 다수 중에, ~후에
fragile	프라질레	깨지기 쉬운, 약한
fragola	프라골라	⨍ 딸기
francese	프란체제	프랑스의 / m 프랑스인, 프랑스어
francamente	프란까멘떼	솔직하게, 정직하게 말해서
francobollo	프란코볼로	m 우표
frase	프라제	⨍ 문장
fratello	프라뗄로	m 형제
fraterno	프라떼르노	형제의, 형제간의
frattempo	프라뗌뽀	m ~이럭저럭하는 동안에
freddo	프레도	차가운, 쌀쌀한, 냉담한
fregare	프레가레	마찰하다, 문지르다, 속이다

frenare	프레나레	제지하다, 억제하다, 속도를 늦추다
freno	프레노	m 브레이크, 절제

Ha tirato il freno a mano rapidamente.
아 띠라토 일 프레노 아 마노 라삐다멘떼
그는 황급히 핸드브레이크를 잡아당겼다.

frequentare	프레꿴따레	~에 다니다, 교제하다
frequenza	프레꿴자	f 빈번, 출석, 군중
fresco	프레스코	서늘한, 차가운, 신선한 / m 서늘함, 냉정함
fretta	프레따	f 서두름, 신속

Ho fretta di finire questo lavoro.
오 프레따 디 피니레 꾸에스토 라보로
나는 일을 끝내기 위해 서둘렀다.

friggere	프리제레	튀기다
fritto	프리또	기름에 튀겨낸 / m 튀김
fronte	프론떼	f 이마, 안면 / m 최전선
frullatore	프룰라또레	f 믹서
frutta	프루따	f 과일
frutto	프루또	m 열매, 수확물, 결과, 이자
fuga	푸가	f 도주, 도망
fugare	푸가레	도주시키다, 흩어지게 하다
fuggire	푸지레	도망가다, 도주하다
fumare	푸마레	연기 피우다, 그을다, (담배) 피우다
fumo	푸모	m 연기, 담배 연기

	Tra tutte le brutte abitudini, il fumo è stato il più difficile da smettere. 뜨라 뚜떼 레 브루떼 아비뚜디니, 일 푸모 에 스따토 일 삐우 디피 칠레 다 즈메떼레 모든 나쁜 습관 중 담배를 끊는 것이 가장 어렵다.
funerale	푸네랄레 ⓜ 장례식
funzionare	푼지오나레 작용하다, 수행하다, 대행하다
funzione	푼지오네 ⓕ 직무, 직능, 임무
fuoco	푸오코 ⓜ 불, 화염
fuori	푸오리 외부에, 밖에
furbo	푸르보 교활한, 교묘한 / ⓜ 교활한 사람
furia	푸리아 ⓕ 분노, 격노
furioso	푸리오조 노한, 격분한
furto	푸르토 ⓜ 도둑, 절도
	L'hanno arrestato per furto d'auto. 란노 아레스따토 뻬르 푸르토 다우토 그들은 자동차 절도로 체포되었다.
futuro	푸뚜로 미래의, 장래의 / ⓜ 미래

G

gabbia	가비아	🕦 새장, 우리
galleria	갈레리아	🕦 화랑, 아케이드
gallina	갈리나	🕦 암탉
gallo	갈로	Ⓜ 수탉
gamba	감바	🕦 다리
gara	가라	🕦 경쟁, 경기
garage	가라즈	Ⓜ 자동차 수리공장, 차고
garante	가란떼	Ⓜ 보증, 보증인 / 보증하는
garantire	가란띠레	보증하다, 확증하다

Ha garantito la qualità del cuociriso.
아 가란띠토 라 꽐리타 델 꾸오치리조
그는 그 밥솥의 품질을 보증했다.

garanzia	가란지아	🕦 보증, 보증기간, 보증서
garofano	가로파노	Ⓜ 카네이션
gas	가스	Ⓜ 가스, 기체
gastronomia	가스트로노미아	🕦 요리법, 이미 만들어진 식품
gasolio	가졸리오	Ⓜ 경유
gatto	가또	🕦 고양이
gelare	젤라레	얼다, 얼게 하다

I miei piedi cominciano a gelare.
이 미에이 피에디 꼬민치아노 아 젤라레
내 발은 얼기 시작했다.

gelato	젤라토	냉동된 / m 아이스크림
gelo	젤로	m 강추위, 혹한, 냉정함
gelosia	젤로지아	f 질투
gemello	제멜로	쌍둥이의 / m 쌍둥이
generale	제네날레	전부의, 일반의 / m 전반, 총체, 장군, 대장
generazione	제네라지오네	f 생식, 생산, 발생, 세대

Occorre creare posti di lavoro e nuove
attività per la futura generazione.
오꼬레 크레아레 뽀스띠 디 라보로 에 누오베 아띠비따 뻬르 라
푸뚜라 제네라지오네
미래 세대를 위한 일자리와 신규 사업을 만들어야 합니다.

genere	제네레	m 종류, 본질, 기질
generoso	제네로조	관대한, 용감한, 기질이 좋은
genio	제니오	m 천재, 천부적 재능
genitore	제니또레	m 부친, 모친
genitori	제니또리	mpl 부모
gennaio	제나이오	m 1월
gente	젠떼	f 사람
gentile	젠띨레	친절한, 예의바른
gentilezza	젠띨레짜	f 친절, 우아함, 호의, 친절한 행위, 고귀, 고결
geografico	제오그라피코	지리학의, 지리상의
geometria	제오메트리아	f 기하학
Germania	제르마니아	f 독일
germe	제르메	f 발아, 싹

gestire	제스띠레	몸이나 손으로 표시하다, 경영하다, 운영하다
gesto	제스토	Ⓜ 몸짓, 손짓, 행동
gettare	제따레	던지다, 발사하다, 주조하다
ghiacciare	끼아치아레	얼다, 결빙하다

Il lago è ghiacciato ieri notte.
일 라고 에 끼아치아토 이에리 노떼
어젯밤 호수가 얼었다.

ghiaccio	끼아쵸	Ⓜ 얼음
già	자	이미, 벌써
giacca	자까	Ⓕ 상의, 웃옷
giallo	쟐로	노란색의 / Ⓜ 노란색
Giappone	자뽀네	Ⓜ 일본
giapponese	자뽀네제	일본의 / Ⓜ 일본인, 일본어
giardino	자르디노	Ⓜ 정원, 화원
gigante	지간떼	거대한, 위대한, 대형의 / Ⓜ 거인
ginnastica	진나스띠까	Ⓕ 체조 운동, 훈련, 체육
ginochio	지노끼오	Ⓜ 무릎
giocare	조까레	놀다, 게임하다, 내기를 하다
giocatore	조까토레	Ⓜ 선수
gioco	조코	Ⓜ 오락, (도박) 승부, 농담

Il gioco d'azzardo sta aumentando
il rischio di dipendenza.
일 조코 다자르도 스타 아우멘딴도 일 리스끼오 디 디펜단자
도박 중독의 위험이 증가되고 있다.

gioia	조이아	f 기쁨, 쾌락
gioiello	조이엘로	m 보석, 장신구
giornale	조르날레	매일의 / m 신문, 일간지
giornalista	조르날리스타	m/f 신문기자
giornata	조르나따	f 하루, 날
giorno	조르노	m 날, 일, 낮

Veramente è il peggior giorno in assoluto.
베라멘떼 에 일 뻬조르 조르노 인 아쏠루토
정말 최악의 날이군.

giovane	조바네	어린, 젊은, 청년의 / m 청년의, 젊은이
givanile	조바닐레	청년의, 청춘의
giovedì	조베디	m 목요일
gioventù	조벤뚜	f 청년기, 청춘
giraffa	지라파	f 기린
girare	지라레	돌다, 회전시키다, 회전하다

La terra gira attorno al sole.
라 떼라 지라 아또르노 알 쏠레
지구는 태양 주변을 돈다.

girasole	지라솔레	m 해바라기
giro	지로	m 회전, 여행, 일주
gita	지따	f 산보, 짧은 여행
giù	주	아래에, 아래로, 낮게
giudicare	주디까레	판단하다, 평가하다, 재판하다

La gente ti giudica in base ai tuoi amici.
라 젠떼 띠 주디까 인 바세 아이 뚜오이 아미치
사람들은 친구들을 보고 당신을 판단한다.

giudice	주디체	ⓜ 재판관, 판사, 판단자
giudizio	주디지오	ⓜ 판단, 평가, 판정, 재판
giugno	준뇨	ⓜ 6월
giungere	준제레	도착하다, 도달하다, 성공하다
giurare	주라레	맹세하다, 선서하다
giurato	주라토	맹세한, 선언한 / ⓜ 배심원
giustificare	주스띠피가레	정당화하다, 정당함을 증명하다, 변호하다
giustizia	주스띠치아	ⓕ 옳음, 정의, 정당
giusto	주스토	옳은, 정당한, 올바르게 / ⓜ 정의, 올바른 사람 Sono arrivato giusto in tempo per non perdere il treno. 소노 아리바토 주스토 인 뗌뽀 뻬르 논 뻬르데레 일 뜨레노 기차를 타기 위해 제 시간에 도착했다.
gloria	글로리아	ⓕ 명예, 자랑, 긍지
glossario	글로싸리오	ⓜ 용어 해설, 어휘
goccia	고치아	ⓕ 물방울, 소량
godere	고데레	기뻐하다, 즐겁게 감상하다, 쾌락에 빠지다
godersi	고데르시	즐기다, 재밌게 감상하다
gola	골라	ⓕ 목구멍
golfo	골포	ⓜ 만(灣)
goloso	골로조	대식의 / ⓜ 대식가
gomito	고미토	ⓜ 팔꿈치
gomma	곰마	ⓕ 고무, 타이어

gonfiare	곤피아레	**부풀게 하다, 팽창시키다**

Questa è una piccola pompa che può servire a gonfiare un palloncino.
꾸에스따 에 우나 삐꼴라 뽐빠 께 뿌오 세르비레 아 곤피아레 운 빨론치노
이것은 풍선을 부풀게 하는 작은 펌프이다.

gonna	곤나	*f* 스커트
governo	고베르노	*m* 정부, 정부기관
grado	그라도	*m* 단계, 정도, 도(度), 등급
graduale	그라두알레	**점차의, 점진적인**
gradualmente	그라두알멘떼	**점진적으로**
graffiare	그라피아레	**긁다, 후비다**
graffio	그라피오	*m* 할퀸 상처
grammatica	그라마띠까	*f* 문법
grammaticale	그라마띠깔레	**문법의, 문법상의**
grana	그라나	*f* (곡식) 낟알
grande	그란데	대단히, 중대한, 장기간 / *m* 성인, 위인

Il divario fra le aspettative e la realtà è grande.
일 디바리오 프라 레 아스뻬따띠베 에 라 레알따 에 그란데
예상과 실제의 격차는 너무 크다.

grandezza	그란데짜	*f* 크기, 정도, 거대함
grandioso	그란디오조	**웅대한, 장대한**
grano	그라노	*m* 밀, 소맥
grasso	그라쏘	**비만한, 풍부한 / *m* 지방**
grattare	그라따레	**긁다, 할퀴다**
gratuito	그라뚜이토	**무료의, 무상의**

grave	그라베	**중대한, 심각한**

È stata esposta da un grave disastro ambientale.
에 스따따 에스포스따 다 운 그라베 디자스트로 암비엔딸레
우리는 심각한 환경 재해에 노출되어 있다.

gravità	그라비따	*f* **무거움, 중력**
gravitare	그라비따레	**(끄는 힘에 의해) 끌린다, 회전한다, 종속되다**
grazia	그라지아	*f* **우아함, 매력, 자비**
grazie	그라지에	**감사합니다**
Grecia	그레챠	*f* **그리스**
greco	그레코	**그리스의 / *m* 그리스어, 그리스인**
gridare	그리다레	**소리치다, 고함치다**

Mi sono svegliato quando ti ho sentito gridare.
미 소노 즈벨리아토 꽌도 띠 오 센띠토 그리다레
나는 당신이 소리치는 소리를 듣고 깼다.

grido	그리도	*m* **고함, 함성**
grigio	그리조	**회색의 / *m* 회색**
grosso	그로쏘	**큰, 거대한, 대형의, 위대한 / *m* 대부분, 대다수**
gru	그루	*f* **학, 기중기**
gruppo	그루뽀	*m* **그룹, 단체**
guadagnare	구아다냐레	**이익을 얻다, 수입을 얻다, 벌다**
guadagno	구아다뇨	*m* **소득, 임금**
guaio	구아이오	*m* **재난, 재해**
guanto	구안토	*m* **장갑**

guardare	구아르다레	보다, 바라보다, 주의하다
guardia	구아르디아	⨍ 보호, 보관, 수비대, 호위자
guarire	구아리레	치료하다, 회복하다

E' l' unico modo per guarire le ferite.
에 루니꼬 모도 뻬르 구아리레 레 페리떼
그것은 상처를 치유하기 위한 유일한 방법이다.

guastare	구아스따레	파괴하다, 부수다
guastarsi	구아스따르시	부패하다, 악화되다
guasto	구아스토	파괴된, 고장난 / ⓜ 손해, 피해, 파괴
guerra	구에라	⨍ 전쟁, 전투
guida	구이다	⨍ 안내, 지도, 여행 안내서
guidare	구이다레	안내하다
gustare	구스따레	맛보다, 시식하다
gusto	구스토	ⓜ 미각, 맛, 풍미
gustoso	구스토조	맛 좋은, 풍미 있는

I

idea	이데아	f 사고, 개념, 이념
		Si tratta di un'idea fattibile? 시 뜨라따 디 우니데아 파띠삘레 그것은 실현 가능한 아이디어입니까?
ideale	이데아레	관념의, 이상의 / m 이상
identificare	이덴띠피까레	동일시하다, 확인하다
identificarsi	이덴띠피까르시	일체화하다
identità	이덴띠따	f 동일성, 일치
idiota	이디오따	m 바보, 저능아
idrante	이드란떼	m 소화전
idraulico	이드라우리꼬	수력의 / m 배관공
ieri	이에리	어제
igienico	이제니꼬	위생의, 보건상
		Ho bisogno di carta igienica pulita. 오 비조뇨 디 까르따 이지에니까 뿔리따 나는 청결한 화장지가 필요합니다.
ignorante	이뇨란떼	무지한, 교양 없는 / m 교양 없는 사람
ignoranza	이뇨란자	f 무지, 무식
ignorare	이뇨라레	알지 못하다, 모르는 체하다
illegale	일레가레	불법의, 위법의

L'immigrazione illegale rappresenta un grosso problema per l'Unione europea e i suoi Stati membri.
리미그라지오네 일레갈레 라프레젠따 운 그로쏘 프로블레마 뻬르 루니오네 에우로뻬아 에 이 수오이 스따띠 멤브리
불법 이민은 유럽 연합 및 회원국의 주요한 문제이다.

illegittimo	일레지띠모	비합법의, 위법의
illuminare	일루미나레	밝히다, 계몽하다
illusione	일루지오네	⑦ 환각, 환영
illustrare	일루스트라레	삽화를 집어넣다, 설명하다
illustrato	일루스트라토	도해된, 예증된
imbarazzare	임바라짜레	당황케 하다, 방해하다
imbarazzato	임바라짜토	불편한, 당황하는
imbroglio	임브로리오	ⓜ 사기, 얽힘
imbucare	임부까레	함에 넣다, 우체통에 넣다
immaginare	임마지나레	상상하다, 생각하다, 공상하다
immaginario	임마지나리오	상상의, 공상적인
immagine	임마지네	⑦ 상징, 영상, 우상
immediatamente	임메디아따멘떼	직접으로
immenso	임멘소	무한의, 무수의

Mi ha impressionato con il suo immenso sapere in materia di ecologia.
미 아 임프레씨오나토 꼰 일 수오 임멘소 사뻬레 인 마떼리아 디 에꼴로쟈
그는 생태분야의 광대한 지식으로 감동을 주었다.

immergere	임메르제레	잠그다, 담그다
immersione	임메르지오네	⑦ 잠김, 침수

imparare	임빠라레	배우다, 습득하다
impazienza	임빠지엔자	⑦ 초조, 성급함
impazzire	임빠지레	이성을 잃다, 미치다
impedire	임뻬디레	막다, 저지하다
impegnare	임뻬냐레	담보로 하다, 약속하다
impegno	임뻬뇨	⑩ 약속, 의무
imperfetto	임뻬르페또	미완성의, 미완의
impermeabile	임뻬르메아빌레	불침투성의 / ⑩ 레인코트
impero	임뻬로	⑩ 제국, 황제령
impiantare	임삐안따레	설치하다, 설비하다, 이식하다, 심다

Ha impiantato una nuova linea di produzione in fabbrica.
아 임삐안따또 우나 누오바 리네아 디 프로두지오네 인 파브리까
그는 공장에 새로운 생산 라인을 설치했다.

impianto	임삐안토	⑦ 개설, 설치, 설비
impiegare	임삐에가레	이용하다, 사용하다, 쓰다
impiegato	임삐에가토	고용된, 사용된, 쓰인, (시간, 노력 등이) 걸린 / ⑩ 사원
impiego	임삐에고	⑩ 사용, 이용
imponente	임뽀넨떼	장대한, 위엄 있는, 장엄한
imporre	임뽀레	부과하다
importante	임뽀르딴떼	중요한, 중대한 / ⑩ 중요함, 요점

importare	임뽀르따레	수입하다, 이입하다, 중요하다, 달하다
importazione	임뽀르따지오네	⑦ 수입
impossibile	임뽀씨빌레	불가능한, 할 수 없는, 있을 수 없는

È impossibile che ci riesca da sola.
에 임뽀씨빌레 께 치 리에스까 다 솔라
그녀 혼자서는 불가능한 일이다.

impossibilità	임뽀씨빌리따	⑦ 불가능, 불가능한 일
impotente	임뽀뗀떼	⑦ 무기력한, 무능한
impresa	임프레자	⑦ 사업, 모험, 기업
impressionare	임프레씨오나레	감동시키다, 강한 영향을 주다
impressione	인프레씨오네	⑦ 강한 인상, 감동
imprebabile	임프로바빌레	있을 법하지 않은, 아마 ~않은
improbabilità	임프로바빌리따	⑦ 있음직하지 않은 일
improvvisamente	임프로비자멘떼	예기치 못하게, 불의에
improvviso	임프로비조	불의의, 돌연한
in	인	~에, ~의, 사이에, ~으로

Abito in città da 3 mesi.
아비토 인 치따 다 뜨레 메지
석달 전부터 도시에서 살고 있다.

inadatto	인아다또	부적당한
inatteso	인아떼조	불의의, 예기치 않은
inattivo	인아띠보	비활동적인, 태만한
inaugurare	인아우구라레	식을 거행하다
inaugurazione	인아우구라지오네	⑦ 개막식

incantevole	인깐떼볼레	**매혹적인**
incanto	인깐토	*m* **마법, 마술**
incapace	인까파체	**할 수 없는, 불가능한**
incarico	인까리꼬	*m* **임무, 역할, 책임**

Mi ha assegnato un incarico importante.
미 아 아쎄냐토 운 인까리꼬 임뽀르딴떼
그는 나에게 매우 중요한 임무를 맡겼다.

incenso	인첸소	*m* **향(香)**
incertezza	인체르떼짜	*f* **불확실, 망설임**
incerto	인체르토	**불확실한, 망설이는**
inchiesta	인끼에스타	*f* **조사, 수사, 앙케트**
incidente	인치덴떼	*m* **사고**

Ha perso entrambe le gambe a
seguito di un incidente.
아 프레조 엔트람베 레 감베 아 세귀토 디 운 인치덴떼
그는 사고로 두 다리를 잃었다.

incinta	인친따	**임신 중인**
incivile	인치빌레	*m* **야만인 / 미개의, 잔인한**
inclinato	인클리나토	**기울어진, 경사진**
includere	인클루데레	**포함하다, 동봉하다**
incluso	인클루조	**포함된, 동봉된**
incollare	인꼴라레	**풀칠하다**
incolore	인꼴로레	**무색의**
incolpare	인꼴빠레	**죄를 씌우다**
incontrare	인꼰뜨라레	**만나다, 직면하다**

incontrarsi	인꼰뜨라르시	서로 알게 되다, 회견하다, 일치하다
incontro	인꼰뜨로	~향하여 / *m* 만남, 조우
incosciente	인꼬쉬엔떼	의식이 없는, 무의식의
incoscienza	인꼬쉬엔자	*f* 무의식, 의식불명
incredibile	인크레디빌레	믿을 수 없는

Ho provato un'emozione incredibile quando ho capito di aver trovato la risposta.
오 프로바토 운에모지오네 인크레디빌레 꽌도 오 까삐토 디 아베르 트로바토 라 리스뽀스따

내가 답을 찾았다는 것을 깨달았을 때 믿을 수 없는 감정을 느꼈다.

incrociare	인크로치아레	교차시키다
incrocio	인크로쵸	*m* 교차, 교차점
incubo	인꾸보	*m* 악몽
indagare	인다가레	조사하다, 연구하다, 탐구하다
indagine	인다지네	*f* 조사, 연구, 탐구

L'indagine ha fatto emergere due nuovi testimoni.
린다지네 아 파또 에메르제레 두에 누오비 떼스띠모니

조사로 두 명의 새로운 목격자가 나타났다.

indebito	인데비토	부당한, 부정의 / *m* 불법소득
indeterminato	인데떼르미나토	불확정의, 부정의
India	인디아	*f* 인도
indiano	인디아노	인도의 / *m* 인도인, 인도어
indicare	인디까레	지도, 지시하다, 권고하다
indicato	인디까토	지시된, 명시된

indicazione	인디까지오네	*f.* **지시, 표시**
indice	인디체	*m.* **둘째 손가락, 색인, 목차**
indietro	인디에트로	**위에, 뒤에**
indifferente	인디페렌떼	**차이 없는, 무관한**
indimenticabile	인디멘띠까빌레	**망각할 수 없는, 잊혀지지 않는**

Ti prometto che sarà un momento indimenticabile.
띠 프로메토 께 사라 운 모멘토 인디멘띠까삘레
너에게 잊을 수 없는 순간이 될 것을 약속해.

indipendente	인디펜덴떼	**독립적인, 무관한, 의존적이 아닌**
indipendenza	인디펜덴자	*f.* **독립, 자주**
indirizzo	인디리쬬	*m.* **주소, 연설**
indiscreto	인디스크레토	**무분별의, 경솔한**
indispensabile	인디스펜사빌레	**불가피한**
individuo	인디비두오	*m.* **개체, 개인**
indomani	인도마니	**(관사와 함께) 다음날 / *m.* 다음날**
indossare	인도싸레	**옷을 입다, 걸치다**
indovinare	인도비나레	**알아맞추다, 예언하다**

Indovina chi ho visto ieri?
인도비나 끼 오 비스토 이에리
내가 어제 누굴 봤는지 알아맞춰 봐?

indovinello	인도비넬로	*m.* **수수께끼**
indurre	인두레	**유인하다, 설득하다**
industria	인두스트리아	*f.* **산업, 제조업**
industriale	인두스트리아레	**산업의, 공업의**

infanzia	인판지아	⨍ 유년시대, 소년기, 아동

Io ricordo dettagliatamente quasi tutto della mia infanzia.
이오 리꼬르도 데따리아따멘떼 꽈지 뚜또 델라 미아 인판지아
나는 어린 시절을 구체적으로 기억한다.

infastidire	인파스띠디레	귀찮게 굴다, 성가시게 하다
infatti	인파띠	사실상, 실제로
infelice	인펠리체	불행한, 불운한
inferiore	인페리오레	낮은, 하위의, 하등의
infermiere	인페르미에레	⋒ 간호사
inferno	인페르노	⋒ 지옥
infettamento	인페따멘토	⋒ 전염, 감염
infilare	인필라레	(실) 꿰다, (열쇠) 끼우다
infine	인피네	결국, 마지막으로
infinito	인피니토	무한의, 무수한 / ⋒ 무한, 부정법
influenza	인플루엔자	⨍ 영향, 세력, 유행성 감기
informare	인포르마레	~에게 알리다, 보고하다
informarsi	인포르마르시	정보를 얻다, 형성하다, 알게 되다
informazione	인포르마지오네	⨍ 정보, 통보
ingannare	인간나레	속이다

Non farti ingannare da quello che vedi.
논 파르띠 인간나레 다 꿸로 께 베디
보는 걸로 속지 마십시오.

inganno	인간노	⋒ 기만, 사기
ingegnere	인제네레	⋒ 기사, 엔지니어

ingegno	인제뇨	*m* 재능
inghiottire	인기오띠레	삼키다, 흡수하다
ingiustizia	인주스띠지아	*f* 부정, 불법
inglese	인글레제	영국의, 영어의 / *m* 영국인, 영어
ingorgo	인고르고	*m* 장애, 방해
ingrandire	인그란디레	증대하다, 확대하다

Abbiamo deciso di ingrandire la cucina.
아비아모 데치조 디 인그란디레 라 꾸치나
우리는 부엌을 확장하기로 결정했다.

ingrandirsi	인그란디르시	커지다, 확대되다
ingrassare	인그라싸레	살찌게 하다, 뚱뚱하게 하다, 풍부하게 하다
ingrassarsi	인그라싸르시	뚱뚱해지다, 풍부해지다
ingravidare	인그라비다레	임신하다, 임신시키다
ingresso	인그레쏘	*m* 입구, 현관, 입장
iniettare	이니에따레	주입하다, 주사하다
iniezione	이니에지오네	*f* 주사, 주입
iniziale	이니지아레	최초의, 시초의
iniziare	이니지아레	시작하다, 착수하다

Ha deciso di iniziare un nuovo lavoro.
아 데치조 디 이니지아레 운 누오보 라보로
그녀는 새로운 일을 시작하기로 결심했다.

inizio	이니지오	*m* 개시, 최초
innamorare	인나모라레	사랑에 빠지다
innamorato	인나모라토	사랑에 빠진 / *m* 애인, 연인

innocente	이노첸떼	**결백한** / _m_ **결백**

Se eri innocente, avresti potuto chiamare la polizia.
세 에리 이노첸떼, 아브레스띠 뽀뚜또 끼아마레 라 뽈리지아
당신이 결백했다면 경찰을 부를 수 있었습니다.

inoltre	인올뜨레	**그 이상으로, 보다 더**
inquietudine	인뀌에뚜디네	_f_ **근심, 불안**
inquinamento	인뀌나멘토	_m_ **오염**
inquinare	인뀌나레	**더럽히다, 오염시키다**
insalata	인살라따	_f_ **샐러드**
insegnante	인세냔떼	**가르치는** / _m_ **교사**

Vorrei che diventassi un insegnante in futuro.
보레이 께 디벤따씨 운 인세냔떼 인 푸뚜로
나는 미래에 교사가 되고 싶습니다.

insegnare	인세냐레	**가르치다**
inseguire	인세귀레	**추적하다, 뒤쫓다**
inserire	인세리레	**넣다, 삽입하다**
insieme	인시에메	**함께, 동시에** / _m_ **전체**
insistere	인시스떼레	**우기다, 고집하다**

Dobbiamo insistere affinché il progetto venga attuato al più presto possibile.
도비아모 인시스떼레 아핀께 일 프로제또 벤가 아뚜아토 알 삐우 프레스토 뽀씨빌레
이 프로젝트가 가능한 빨리 시행되어야 한다고 주장합니다.

insomma	인솜마	**결국, 즉**
installazione	인스탈라지오네	_f_ **설치, 설치 비품,** **설비 일체**
insufficienza	인수피치엔자	_f_ **부족, 불충분**

intanto	인딴토	**한편, 동안에**
intellettuale	인텔레뚜아레	**지성의, 지적인**
intelligente	인텔리젠떼	**지적인, 이해력 있는**
intelligenza	인텔리젠자	🅕 **지능, 지성**
intendere	인뗀데레	**듣다, 느끼다, 경청하다, 이해하다**
intenso	인뗀소	**강한, 격한**

Hanno fatto un addestramento
molto intenso.
안노 파토 운 아데스트라멘토 몰토 인뗀소
그들은 매우 격한 훈련을 했다.

intenzione	인뗀지오네	🅕 **의도, 의향**
interessante	인떼레싼떼	**흥미진진한, 흥미 깊은**
interessare	인떼레싸레	**관계하다, 관심을 갖게 하다**
interessarsi	인떼레싸르시	**관심을 지니다, 흥미를 갖다**
interessato	인떼레싸토	**흥미를 일으킨, 영향이 미친 / 🅜 관계자**
interesse	인떼레쎄	🅜 **이자, 이율, 이익, 흥미**
interezza	인떼레짜	🅕 **전체, 총체**
interiore	인떼리오레	**내부의, 내측의**
interno	인떼르노	**내부의, 안의, 내측의**
intero	인떼로	**전부의, 완전한**
interpretazione	인떼르프레따지오네	🅕 **해석, 해명, 이해**
interprete	엔떼르프레떼	🅜🅕 **통역, 통역관, 해석자**
interrogare	인떼로가레	**질문하다**

interrompere	인떼롬뻬레	**중단시키다, 중지시키다**

Non mi interrompere, fammi parlare.
논 미 인떼롬뻬레 팜미 빠를라레
방해하지 마, 내가 말하게 해줘!

intervallo	인떼르발로	*m* **거리, 구간**
intervenire	인떼르베니레	**간섭하다, 개입하다**
intervista	인떼르비스따	*f* **회견**
intimo	인띠모	**내부의, 친밀한 /** *m* **내부, 친구**
intitolare	인띠똘라레	**표제를 붙이다, 이름을 붙이다**
intorno	인또르노	**주위에, 주변에**
inutile	인우띨레	**무용의, 무익한**
invalido	인바리도	**쓸모없는, 무가치한, 병약한 /** *m* **환자, 부상병**
invasione	인바지오네	*f* **침입, 침략**
invecchiare	인베끼아레	**나이를 먹다**
invece	인베체	**이와 반대로**
inventare	인벤따레	**발명하다**

Chi ha inventato lo specchio?
끼 아 인벤따또 로 스뻬끼오
누가 거울을 발명했습니까?

inverno	인베르노	*m* **겨울**
investigare	인베스띠가레	**연구하다, 조사하다**
invetigatore	인베스띠가또레	*m* **형사, 조사자**
investimento	인베스띠멘토	*m* **투자, 격돌, 사고**
investire	인베스띠레	**부여하다, 공격하다**

inviare	인비아레	송부하다, 발송하다
invidiare	인비디아레	부러워하다
invitare	인비따레	초대하다

Mi ha invitato a cena giovedì.
미 아 인비따또 아 체나 조베디
그는 나를 목요일 저녁식사에 초대했다.

invito	인비토	m 초대
ipotesi	이뽀떼지	f 추측, 가설
ira	이라	f 분노, 노함
irregolare	이레고라레	불규칙적, 반칙의
irregolarità	이레고라리따	f 불규칙, 변칙
irritare	이리따레	화나게 하다, 흥분시키다, 자극시키다
iscritto	이스크리또	등록시킨, 입학시킨
iscrivere	이스크리베레	등록하다, 가입하다
iscriversi	이스크리베르시	기입하다, 등록하다

Mi sono iscritto all'esame.
미 소노 이스크리또 알레자메
나는 시험에 응시했다.

iscrizione	이스크리지오네	f 등록, 입학
isola	이솔라	f 섬
isolato	이솔라토	고립된, 격리된
ispirare	이스피라레	불어넣다, 고취하다
ispirazione	이스피라지오네	f 영감, 창조적 자극
istinto	이스띤토	m 본성, 본능
istituire	이스띠뚜이레	설립하다, 창립하다

istruzione	이스트루지오네	*f* **설립, 창립**
Italia	이탈리아	*f* **이탈리아**
Italiano	이탈리아노	**이탈리아의** / *m* **이탈리아어, 이탈리아인**

| 이탈리아어 필수 단어 |

J

jazz	재즈	⒨ 재즈
jeans	진스	⒨ 청바지
judo	주도	⒨ 유도

L

là	라	저곳에, 그곳에

Sento dei rumori di là.
센토 데이 루모리 디 라
저쪽에서 소리가 들린다.

labbro	라브로	m 입술
laboratorio	라보라또리오	m 실험실, 연구실
lacrime	라크리메	f 눈물, 울음
ladro	라드로	m 도둑
laggiù	라주	저 밑에, 아래에
lago	라고	m 호수

La sua auto è stato trovato vicino al lago.
라 수아 아우토 에 스따토 트로바토 비치노 알 라고
그의 차는 호수 근처에서 발견되었다.

lamentare	라멘따레	슬퍼하다
lampada	람빠다	f 전등, 조명장치
lampo	람뽀	m 전광, 섬광
lana	라나	f 양털, 모직물
lanciare	란치아레	던지다, 질주하다
largo	라르고	넓은, 광대한 / m 넓이, 광대함
lasciare	라쉬아레	포기하다, 떠나다, 허가하다

Ho lasciato il lavoro per girare il mondo.
오 라쉬아토 일 라보로 뻬르 지라레 일 몬도
세계 여행을 위해 일을 그만뒀다.

L

lasciarsi	라쉬아르시	버림받다, 버려지다
lassù	라주	저 위에, 위쪽에
latino	라띠노	라틴의 / ⓜ 라틴어
latte	라떼	ⓜ 우유
laurea	라우레아	ⓕ 학사 졸업, 월계관
laurearsi	라우레아르시	졸업하다
laureato	라우레아토	대학 졸업한, 학위를 받은 / ⓜ 졸업자
lavagna	라바냐	ⓕ 석판, 칠판
lavare	라바레	세탁하다, 씻다
lavarsi	라바르시	씻다

Vai subito a lavarti la faccia.
바이 수비토 아 라바르띠 라 파차
빨리 세수하러 가.

lavorare	라보라레	일하다, 작업하다
lavoratore	라보라또레	ⓜ 노동자
lavoro	라보로	ⓜ 일, 노동, 직업

Che lavoro fai?
께 라보로 파이
너는 무슨 일을 하니?

legale	레가레	법률의, 법률상의
legare	레가레	결속하다, 묶다, 연결하다
legato	레가토	좁혀진, 묶인 / ⓜ 이음부
legge	레제	ⓕ 법, 법률
leggere	레제레	읽다
leggero	레제로	가벼운, 약한

legittimo	레지띠모	**정당한, 정규적인, 합법적인**
legno	레뇨	ⓜ 나무
lentamente	렌따멘떼	**느리게, 천천히**
lento	렌토	**늦은, 느린, 시간이 걸리는**
leone	레오네	ⓜ 사자
lettera	레떼라	ⓕ 문서, 편지

Ho trovato una lettera nella bottiglia.
오 트로바토 우나 레떼라 넬라 보띨리아
나는 병 속에서 편지를 발견했다.

letterario	레떼라리오	**문학의**
letteratura	레떼라뚜라	ⓕ 문학, 문예
letto	레또	ⓜ 침대
lettura	레뚜라	ⓕ 독서, 읽기, 강독
levare	레바레	**오르다, 올라가다**
lezione	레지오네	ⓕ 수업, 교과, 학과
lì	리	**저곳에**
liberamente	리베라멘떼	**자유롭게, 솔직히**

Dovete creare l'atmosfera in cui entrambi potete parlare liberamente.
도베떼 크레아레 라트모스페라 인 꾸이 엔트람비 뽀떼떼 빠를라레 리베라멘떼
모두가 자유롭게 말할 수 있는 분위기를 조성해야 합니다.

libero	리베로	**자유로운, 텅 빈**
libertà	레베르따	ⓕ 자유, 자유권
libreria	리브레리아	ⓕ 서점
libro	리브로	ⓜ 책

licenziare	리첸지아레	해고하다, 퇴직하다, 해약하다
licenziato	리첸지아토	해고된 / *m* 퇴직자
lieto	리에토	기쁜

Sono lieto di essere qui oggi insieme.
소노 리에토 디 에쎄레 뀌 오지 인시에메
오늘 함께 이곳에 있게 돼서 기쁩니다.

limitato	리미따토	제한된, 한정된
limite	리미떼	*m* 경계선, 경계
limone	리모네	*m* 레몬
linea	리네아	*f* 선, 윤곽, 혈통
lingua	린구아	*f* 혀, 언어
linguistico	린귀스띠꼬	언어의, 언어학의
liquido	리뀌도	액상의, 액체의 / *m* 액체
liquore	리꾸오레	*m* 술, 증류수
lista	리스따	*f* 표, 일람표, 목록
litigare	리띠가레	말다툼하다, 논쟁하다

Non ho mai visto i miei genitori litigare.
논 오 마이 비스토 이 미에이 제니토리 리띠가레
나는 부모님이 싸우는 것을 결코 본 적이 없다.

litro	리트로	*m* 리터
livello	리벨로	*m* 수평면, 수준, 단계
locale	로깔레	장소의, 지방의 / *m* 방, 장소
località	로깔리따	*f* 소재, 위치, 장소
localizzare	로깔리짜레	(장소, 위치) 결정하다, 한정하다, 국한시키다

logico	로지코	논리적인, 조리 있는, 논리학의
logicamente	로지까멘떼	논리적으로
lontano	론따노	먼, 떨어진

Lontano dagli occhi, lontano dal cuore.
론따노 다리 오끼, 론따노 달 꾸오레
눈에서 멀어지면 마음마저 멀어진다.

loro	로로	그들을, 그녀들을, 그것들을
lottare	로따레	싸우다, 투쟁하다
luce	루체	f 빛, 광선
lucido	루치도	빛나는
luglio	룰리오	m 7월
lui	루이	그
lumaca	루마까	f 달팽이
luna	루나	f 달
lunedì	루네디	m 월요일

Il maltempo durerà fino a lunedì prossimo.
일 말뗌뽀 두레라 피노 아 루네디 프로씨모
나쁜 날씨는 다음주 월요일까지 지속될 것입니다.

lungo	룬고	긴, 키가 큰, 오랫동안
luogo	루오고	m 장소, 지점
lupo	루포	m 늑대
lusso	루쏘	m 사치, 호화
lussoso	루쏘조	사치스러운, 호화로운

A
B
C
D
E
F
G
I
J
L
M
N

M

ma	마	그러나, 그렇지만
macchia	마끼아	⨍ 얼룩, 오점, 반점
macchiato	마끼아토	더럽혀진, 얼룩진
macchina	마끼나	⨍ 기계, 자동차
macellaio	마첼라이오	ⓜ 도살자, 푸줏간
macinare	마치나레	빻다, 찧다
madre	마드레	⨍ 어머니

Ho ricevuto una lettera di mia madre qualche giorno fa.
오 리체부토 우나 레떼라 디 미아 마드레 꽐께 조르노 파
나는 며칠 전 어머니로부터 편지를 받았다.

maestro	마에스트로	ⓜ 스승
magari	마가리	적어도, 물론
magazzino	마가지노	ⓜ 창고
maggio	마조	ⓜ 5월
maggioranza	마조란자	⨍ 대다수, 대부분
maggiore	마조레	더 큰, 더 중요한 / ⓜ 연장자, 선배

La maggior parte delle persone se n'era andata dopo il teatro.
라 마조르 빠르떼 델레 뻬르소네 세 네라 안다따 도뽀 일 떼아트로
연극이 끝나고 대부분의 사람들은 가 버렸다.

magico	마지코	마법의, 마법사의
magnifico	마니피코	장엄한, 창대한

magro	마그로	마른, 빈약한, 불리한
mai	마이	결코 ~않다
maiale	마이알레	*m* 돼지
mais	마이스	*m* 옥수수
malato	말라토	병의, 병세의
malattia	말라띠아	*f* 병, 질환
male	말레	악하게, 불완전하게 / *m* 악, 죄 Perdona chi ti ha fatto del male. 베르도나 끼 띠 아 파토 델 말레 너에게 해를 끼친 사람을 용서해라.
maleducato	말에두까토	버릇없는
malgrado	말그라도	~에도 불구하고
malinconia	말린코니아	*f* 우울
malinteso	말린떼조	*m* 오해
maltempo	말뗌뽀	*m* 악천후
malumore	말루모레	*m* 불쾌감, 울화, 불안, 불화
mamma	맘마	*f* 엄마
mancanza	만깐짜	*f* 부족, 부재, 과실, 태만 La mancanza di vitamina C può manifestarsi con diversi sintomi 라 만깐짜 디 비타미나 치 뿌오 마니페스따르시 꼰 디베르시 신토미 비타민 C의 부족으로 다양한 증상이 나타날 수 있습니다.
mancare	만까레	부족하다, 모자라다, 결석하다
mancia	만치아	*f* 팁, 사례금
mancino	만치노	왼쪽의, 왼손잡이의 / *m* 왼손잡이

mandare	만다레	보내다, 파견하다
mangiare	만쟈레	먹다, 소비하다, 낭비하다
manica	마니까	⨍ 소매
manico	마니코	ⓜ 손잡이
maniera	마니에라	⨍ 방법
manifestare	마니페스따레	명백히 하다, 표시하다
manifestazione	마니페스따지오네	⨍ 명시, 표현, 발표
manifesto	마니페스토	명백한, 명료한 / ⓜ 포스터, 성명서
mano	마노	⨍ 손

Aspetta, ti do una mano.
아스페따, 디 도 우나 마노
기다려, 내가 도와줄게.

manodopera	마노도페라	⨍ 노동력, 노동자, 임금
manoscritto	마노스크리또	손으로 쓴 / ⓜ 원고, 사본
mantenere	만떼네레	지속하다, 유지하다

Dovete promettermi di mantenere il segreto.
도베떼 프로메떼르미 디 만떼네레 일 세그레토
비밀을 지킬 것을 약속해야 해.

mantenersi	만떼네르시	계속하다, 생계를 유지하다
marca	마르까	⨍ 상표, 브랜드, 인지
marcia	마르챠	⨍ 행진, 자동차 기어
mare	마레	ⓜ 바다
margine	마르지네	ⓜ 테두리, 여백
marito	마리토	ⓜ 남편
marmo	마르모	ⓜ 대리석

marrone	마로네	ⓜ 밤, 밤나무, 갈색
martedì	마르떼디	ⓜ 화요일
marzo	마르조	ⓜ 3월
maschera	마스께라	⒡ 마스크, 가면

Durante il carnevale, gli uomini indossano una maschera.
두란떼 일 까르네발레, 리 우오미니 인도싸노 우나 마스께라
카니발 동안 사람들은 가면을 착용합니다.

maschile	마스낄레	남성적인, 남자의
maschio	마스끼오	남자의, 남성의 / ⓜ 수컷, 남자
massa	마싸	⒡ 덩어리, 다수
massimo	마씨모	최고의, 최대한 / ⓜ 최고점, 꼭대기
masticare	마스띠까레	씹다
matematica	마떼마띠까	⒡ 수학
materia	마떼리아	⒡ 물질, 재료, 과목
matita	마띠따	⒡ 연필
matrimonio	마뜨리모니오	ⓜ 결혼
mattina	마띠나	⒡ 아침

Dovevo alzarmi alle 6 ogni mattina.
도베보 알자르미 알레 세이 온니 마띠나
매일 아침 6시에 일어나야만 했다.

mattino	마띠노	⒡ 아침, 동쪽
matto	마또	불합리한, 미친
maturità	마뚜리따	⒡ 성숙, 장년기
me	메	나에게, 나를

meccanico	메까니꼬	**기계의** / m **제조자, 발명가**
media	메디아	f **평균, 보통**
medicina	메디치나	f **의약, 약제**

Quando devo prendere la medicina?
판도 데보 프렌데레 라 메디치나
언제 약을 먹어야 하나요?

medico	메디코	**의사의** / m **의사**
medio	메디오	**중간의, 중앙의**
meditazione	메디따지오네	f **심사숙고, 묵상**
meglio	메리오	**더욱 좋은, 보다 우수한**
mela	멜라	f **사과**

Dividete queste mele tra voi tre.
디비데떼 꾸에스떼 멜레 뜨라 보이 뜨레
너희 셋이서 이 사과들을 나눠라.

membro	멤브로	m **회원, 일원**
memoria	메모리아	f **기억, 추억, 회상**
meno	메노	**보다 작게, 보다 얕게**
mensa	멘사	f **식탁, 카페테리아**
mensile	멘실레	**매달의** / m **월급**
menta	멘따	f **박하**
mentalità	멘딸리따	f **지성, 멘탈**
mente	멘떼	f **사고, 지능, 정신, 기억, 마음**
metire	메띠레	**속이다, 기만하다, 거짓말하다**
mento	멘토	m **턱**

mentre	멘뜨레	**~하는 동안**

Mentre mi parlava, continuava a navigare sul suo computer portatile.
멘뜨레 미 빠르라바 꼰띠누아바 아 나비가레 술 수오 꼼푸데르 뽀르따띨레
그는 나에게 말하는 동안 자신의 노트북으로 웹서핑을 계속했다.

menu	메뉴	m 메뉴
menzionare	멘지오나레	언급하다, 진술하다, 기재하다
menzione	멘지오네	f 언급, 진술
menzogno	멘조뇨	f 거짓
meravigliarsi	메라빌리아르시	놀라다
meraviglioso	메라빌리오조	경탄할 만한, 경이로운, 놀란
mercante	메르깐떼	m 상인

Era figlio di un ricco mercante.
에라 필리오 디 운 리꼬 메르깐떼
그는 부유한 상인의 아들이었다.

mercato	메르까토	m 시장
merce	메르체	f 물품, 상품
merceria	메르체리아	f 잡화점
mercoledì	메르꼴레디	m 수요일

Non abbiamo lezione mercoledì pomeriggio.
논 아비아모 레지오네 메르꼴레디 뽀메리조
수요일 오후에는 수업이 없습니다.

merenda	메렌다	f 간식
meridiano	메리디아노	m 경선, 자오선 / 정오의
meridionale	메리디오날레	남쪽의, 남부 지방의 / m 남부 지방 사람

meridione	메리디오네	m 남부, 남, 남쪽 방향
meritare	메리따레	가치가 있다, ~할 만하다

Ha capito che lei non merita rispetto.
아 까삐토 께 레이 논 메리따 리스뻬또
그녀는 존경받을 가치가 없다는 것을 깨달았다.

merito	메리토	m 공적, 장점
merluzzo	메를루쪼	m 대구
meschino	메스끼노	가난한, 불운한 / m 가난한 사람, 불쌍한 사람
mescolanza	메스꼴란자	f 혼합물, 잡종
mescolare	메스꼴라레	섞다
mese	메제	m 월, 달
mesa	메사	f 미사
messaggio	메싸조	m 메시지

Lui ha controllato il messaggio che
aveva inviato.
루이 아 꼰트롤라토 일 메싸조 께 아베바 인비아토
그는 그녀가 보낸 메시지를 확인했다.

mestiere	메스띠에레	m 직업, 노동, 수공업
mestruazione	메스트루아지오네	f 생리
meta	메따	f 목적지, 목적, 목표
metà	메따	f 반, 중앙, 중심

Il quattro è la metà di otto.
일 꽈뜨로 에 라 메따 디 오또
4는 8의 1/2이다.

metallo	메탈로	m 금속, 합금, 음색
metamorfosi	메타모르포시	f 변신, 변형
meteorologico	메테오로지코	기상의

metodo	메토도	ⓜ 방법, 교본
metro	메트로	ⓜ 미터
metropoli	메트로폴리	ⓕ 주요 도시
metro(politana)	메트로(폴리타나)	ⓕ 지하철

Dov'è la stazione della metropolitana più vicina?
도베 라 스따지오네 델라 메트로폴리따나 삐우 비치나
여기서 가까운 지하철역은 어디입니까?

mettere	메떼레	**놓다, 두다, 입다**
mezzanotte	메짜노떼	ⓕ 자정
mezzo	메쪼	**절반, 중앙, 수단, 방법**
mezzogiorno	메쪼조르노	ⓜ 정오
mi	미	**나에게**

Il mio amico mi ha dato una sciarpa di seta.
일 미오 아미꼬 미 아 다토 우나 샤르빠 디 세따
내 친구가 나에게 실크 스카프를 주었다.

microfono	미크로포노	ⓜ 마이크
microscopio	미크로스코피오	ⓜ 현미경
midollo	미돌로	ⓜ 골수
miele	미에레	ⓜ 꿀
miglio	미리오	ⓜ 마일, 상당한 거리
miglioramento	미리오라멘토	ⓜ 개정, 수정, 향상
migliorare	미리오라레	**나아지다, 좋아지다**

Sta migliorando giorno dopo giorno.
스타 미리오란도 조르노 도뽀 조르노
그는 하루하루 더 나아지고 있다.

migliore	미리오레	보다 좋은
mignolo	미뇰로	m 새끼손가락
miliardario	밀리아르다리오	m 억만장자
miliardo	밀리아르도	m 10억
milione	밀리오네	m 100만
militare	밀리따레	군대의 / m 군인
millennio	밀레니오	m 1000년
milza	밀자	f 비장
mimica	미미까	f 무언극
mina	미나	f 지뢰
minaccia	미나챠	f 협박, 위협
minacciare	미나치아레	위협하다, 닥쳐오다, ~할 기미가 있다

Mi stai minacciando?
미 스타이 미나치안도
날 협박하고 있는 거니?

minatore	미나또레	m 광부
minerale	미네랄레	광물의 / m 광물
minestra	미네스트라	f 수프
miniera	미니에라	f 광산
minigonna	미니곤나	f 미니스커트
minimo	미니모	최저의 / m 최소

È vero che stanno progettando di aumentare il salario minimo?
에 베로 께 스딴노 프로제딴도 디 아우멘따레 일 살라리오 미니모
최저 임금을 인상하려는 계획이 사실인가?

ministero	미니스테로	ⓜ 내각
ministro	미니스트로	ⓜ 각료
minoranza	미노란자	ⓕ 소수, 미성년
minore	미노레	보다 작은
minorenne	미노렌네	ⓜ 미성년자
minuscola	미누스꼴라	ⓕ 소문자
minuto	미누토	작은, 섬세한, 정확한
mio	미오	나의
miope	미오뻬	근시의
miracolo	미라꼴로	ⓜ 기적

È un miracolo che non sia morto
nell'incidente dell'aereo.
에 운 미라꼴로 께 논 시아 모르토 넬린치덴떼 델라에레오
비행기 사고로 죽지 않았다는 것은 기적입니다.

miraggio	미라조	ⓜ 신기루
mirare	미라레	응시하다, 투시하다, 겨누다
mirino	미리노	ⓜ (총) 조성(照星), (사진기) 파인더
miscela	미쉘라	ⓕ 혼합물, 연료
mischiare	미스끼아레	혼합하다, 섞다
miserabile	미제라빌레	불쌍한
miseria	미제리아	ⓕ 빈곤, 결핍, 부족, 빈곤
misericordia	미제리꼬르디아	ⓕ 자비
missile	미씰레	ⓜ 미사일
missionario	미씨오나리오	ⓜ 선교사

missione	미씨오네	*f* 파견, 선교, 사명, 임무

Non riusciva a capire qual'era la missione.
논 리우쉬바 아 까삐레 꿸' 에라 라 미씨오네
그는 임무가 무엇인지 이해하지 못했다.

misterioso	미스테리오조	신비로운
mistero	미스테로	*m* 신비, 불가사의
misto	미스토	섞인, 혼합의 / *m* 혼합물, 섞음
misura	미주라	*f* 척도, 측량, 측정, 한도, 중용
misurare	미주라레	재다, 측정하다
mite	미떼	온화한
mitico	미띠코	신화의, 신화적인, 가공의
mito	미토	*m* 신화
mitragliatrice	미뜨라리아트리체	*f* 기관총
mittente	미뗀떼	*m* 발신인
mobile	모빌레	움직일 수 있는 / *m* 가구

Sono inciampato nell'angolo di questo mobile.
소노 인참빠토 넬란골로 디 꾸에스토 모빌레
가구 모서리에 발이 걸렸다.

moda	모다	*f* 유행
modella	모델라	*f* 모델
modello	모델로	*m* 모형
moderare	모데라레	완화하다, 억제하다, 조절하다
moderato	모데라토	온건한, 온화한

moderno	모데르노	**현대의, 근대의**

modesto	모데스토	**겸손한, 검소한, 소박한, 내성적인**

Si è sempre dimostrato riflessivo e modesto.
시 에 셈쁘레 디모스트라토 리플레씨보 에 모데스토
그는 항상 사려 깊고 겸손했다.

modifica	모디피까	⨍ **수정**

modificare	모디피까레	**변경하다, 변화하다, 완화하다**

modo	모도	ⓜ **양식, 양상, 습관, 습성**

Vogliamo aiutare in ogni modo possibile.
볼리아모 아우따레 인 온니 모도 뽀씨빌레
우리는 가능한 모든 방법으로 돕고 싶습니다.

modulo	모둘로	ⓜ **서식**

moglie	모리에	⨍ **아내**

molestare	모레스따레	**괴롭히다, 귀찮게 하다**

molla	몰라	⨍ **용수철**

molle	몰레	**유연한**

molo	모로	ⓜ **부두, 선창**

moltiplicare	몰띠프리까레	**곱하다**

Quanto fa due più due moltiplicato per due?
꽌토 파 두에 삐우 두에 몰띠플리까토 뻬르 두에
2 곱하기 2는 무엇입니까?

molto	몰토	**많은, 매우**

momentaneamente	모멘따네아멘떼	**일시적으로**

momento	모멘토	ⓜ **순간, 시(時), 시간, 시기**

monaca	모나카	⑦ 수녀
monaco	모나코	⑩ 수도승
monarchia	모나르끼아	⑦ 군주제
monastero	모나스테로	⑩ 수도원, 수녀원
mondano	몬다노	세속의, 속세의, 상류 사회의
mondiale	몬디알레	세계적인, 보편적인
mondo	몬도	청결한, 순수한, 깨끗한, 정선된 / ⑩ 세계, 지구
moneta	모네타	⑦ 화폐
monologo	모놀로고	⑩ 독백
monopolio	모노폴리오	⑩ 전매
monotono	모노또노	단조로운
montagna	몬따냐	⑦ 산

Abbiamo trovato un'enorme valle e montagne.
아비아모 트로바토 우네노르메 발레 에 몬따녜
우리는 그곳에서 거대한 계곡과 산을 발견했습니다.

montare	몬따레	조립하다, 올라타다, 휘저어 거품을 내다
montatura	몬따뚜라	⑦ 안경테
monte	몬떼	⑩ 산
montone	몬또네	⑩ 숫양, 양고기
monumento	모누멘토	⑩ 유적, 기념비
mora	모라	⑦ 검은 딸기, 지불 연기
morale	모라레	⑩ 사기 / ⑦ 도덕 / 도덕의

morbido	모르비도	부드러운, 우아한, 정교한, 섬세한
morbillo	모르빌로	m 홍역
mordere	모르데레	물다

Il cane mi ha morso il braccio.
일 까네 미 아 모르소 일 브라쵸
개가 내 팔을 물었다.

morire	모리레	죽다
mormorare	모르모라레	속삭이다
morra	모라	f 가위바위보
morsicare	모르쉬까레	물다, 물어뜯다
morso	모르소	m 묾, (벌레) 쏨

Ho un morso di zanzara sul gomito.
오 운 모르소 디 잔자라 술 고미토
내 팔꿈치를 모기가 물었다.

mortale	모르딸레	치명적인
morte	모르떼	f 죽음
morto	모르토	죽은, 활기 없는 / m 시체, 죽은 사람
mosaico	모자이코	m 모자이크
mosca	모스까	f 파리
moscerino	모쉐리노	m 하루살이, 각다귀
mossa	모싸	f 움직임
mostarda	모스따르다	f 겨자 시럽에 절인 과일
mostra	모스트라	f 전람회
mostrare	모스트라레	내보이다, 가리키다

	Mi ha mostrato il suo album di matrimonio. 미 아 모스트라토 일 수오 알붐 디 마트리모니오 그는 나에게 결혼 앨범을 보여주었다.	
mostro	모스트로	ⓜ 괴물
motivare	모띠바레	원인이 되다, 일으키다, 야기하다, 초래하다
motivo	모띠보	ⓜ 동기, 이유, 주제
motocicletta	모토치끌레따	ⓕ 오토바이
motore	모토레	ⓜ 모터, 엔진
motoscafo	모토스카포	ⓜ 모터보트
motto	모또	ⓜ 격언
movimento	모비멘토	ⓜ 움직임, 상황, 리듬
	All'improvviso, vedemmo del movimento nell'oscurità. 알림프로비조, 베덤모 델 모비멘토 넬로스꾸리따 우리는 갑자기, 어둠 속에서 어떤 움직임을 보았다.	
mozzicone	모찌꼬네	ⓜ 담배꽁초
mucca	무까	ⓕ 젖소
mucchio	무끼오	ⓜ (산)더미
muco	무꼬	ⓜ 점액
muffa	무파	ⓕ 곰팡이
mulino	무리노	ⓜ 물레방아
mulo	무로	ⓜ 노새
multa	물따	ⓕ 벌금

Anch'io ho pagato qualche volta
multe per divieto di parcheggio.
안끼오 오 빠까토 꽐께 볼타 물떼 뻬르 디비에토 디 빠르께조
나 또한 때때로 주차 금지 벌금을 냈다.

mummia	뭄미아	⑦ 미라
mungere	문제레	**젖을 짜다**
municipale	무니치빨레	**시의, 도시의, 지방자치제의**
municipio	무니치삐오	⑩ 시청
munire/~rsi	무니레/ 무니르시	**대비하다, 무장하다**
muovere /~rsi	무오베레/무오베르시	**움직이다, 이동시키다, 나아가다**

Ha sentito qualcuno muoversi nella
stanza accanto.
아 센띠토 꽐꾸노 무오베르시 넬라 스딴자 아깐토
옆방에서 누군가가 움직이는 것을 느꼈다.

muratore	무라또레	⑩ 석수, 벽돌공
muro	무로	⑩ 벽, 담벼락, 성벽
muschio	무스끼오	⑩ 사향, 이끼
muscolo	무스꼴로	⑩ 근육
museo	무제오	⑩ 박물관
museruola	무제루올라	⑦ (동물) 입마개
musica	무지까	⑦ 음악

Ho ballato a suon di musica.
오 발라토 아 수온 디 무지까
나는 음악에 맞춰 몸을 흔들었다.

musicale	무지깔레	**음악의, 음악적인**
muso	무조	⑩ 주둥이

musulmano	무술마노	**회교의** / m **회교도**
mutande	무딴데	f **짧은 바지, 속옷, 속바지**
mutandine	무딴디네	pl **팬티**
	Ha comprato delle nuove mutandine con un pizzo. 아 꼼쁘라토 델레 누오베 무딴띠네 끈 운 삐쪼 그녀는 레이스가 달린 팬티를 샀다.	
mutare	무따레	**변하다, 바꾸다**
mutilato	무띠라토	**수족이 절단된** / m **장애인**
muto	무토	**말 못하는** / m **벙어리**
mutuo	무뚜오	**상호의** / m **대부**

N

nafta	나프타	⨍ 원유
naftalina	나프탈리나	⨍ **나프탈렌**
nano	나노	**키가 작은** / ⓜ **난쟁이**
narcisismo	나르치시즈모	ⓜ **자기도취**
narciso	나르치조	ⓜ **수선화**
narcotico	나르코띠코	**마취성의** / ⓜ **마취약**
narice	나리체	⨍ **콧구멍**
narrare	나라레	**이야기하다**
narrativa	나라띠바	⨍ **산문**
narrazione	나라지오네	⨍ **이야기, 서술**
nascere	나쉐레	**태어나다, 생기다**
nascita	나쉬따	⨍ **탄생, 출생**

Qual è la tua data di nascita?
꽐 에 라 뚜아 다따 디 나쉬따
당신은 출생일이 언제입니까?

nascondere	나스콘데레	**감추다, 보이지 않게 하다**
nascondersi	나스콘데르시	**숨다**
nascondiglio	나스콘디리오	ⓜ **은거지**
nascondino	나스꼰디노	ⓜ **숨바꼭질**
nascosto	나스코스토	**숨겨진**

naso	나조	ⓜ 코
nastro	나스트로	ⓜ 리본, 테이프
natale	나딸레	**출생일, 탄생일, 성탄절**
	Buon Natale ! 부온 나딸레 메리 크리스마스!	
nativo	나띠보	**출생지의**
nato	나토	**태어난**
natura	나뚜라	ⓕ **자연, 천성**
naturale	나뚜랄레	**자연의**
naturalmente	나뚜랄멘떼	**물론**
naufragio	나우프라조	ⓜ **조난, 난파**
naufrago	나우프라고	ⓜ **조난자**
nausea	나우세아	ⓕ **구역질**
nautica	나우띠까	ⓕ **항해술**
nautico	나우띠코	**항해의**
navale	나발레	**배의**
nave	나베	ⓕ **배**
navigare	나비가레	**조종하다, 항해하다, 비행하다**
navigazione	나비가지오네	ⓕ **항해, 비행**
	I primi esploratori usavano le stelle per la navigazione. 이 프리미 에스플라또리 우자바노 레 스텔레 뻬르 라 나비가지오네 초기 탐험가들은 항해를 위해 별을 이용했다.	
nazionale	나지오날레	**국민의, 민족의**

nazione	나지오네	⑦ 국민, 민족
ne	네	그의, 그녀의, 그들의, 이것의, 그것의, ~에 관하여
né	네	~도
neanche	네안께	조차

Non so neanche cucinare un'omelette.
논 소 네안께 꾸치나레 우노멜레떼
오믈렛조차 요리할 줄 모른다.

nebbia	네비아	⑦ 안개
necessario	네체싸리오	필요한
necessità	네체씨따	⑦ 필요
negare	네가레	부정하다, 부인하다, 거절하다, 거부하다

Non negare la propria responsabilità.
논 네가레 라 프로프리아 레스폰사빌리따
자신의 책임을 부정하지 마라.

negativo	네가띠보	부정의, 적어진, 마이너스의
negligenza	네글리젠자	⑦ 태만, 소홀함, 부주의
negoziante	네고지안떼	⑩ 상인
negoziato	네고지아토	⑩ 교섭
negozio	네고지오	⑩ 가게
negro	네그로	흑인의 / ⑩ 흑인
nemico	네미코	적의 / ⑩ 적
nemmeno	네메노	~조차 않다, ~도 또한
neo	네오	⑩ 점
neonato	네오나토	⑩ 신생아

A
B
C
D
E
F
G
J
L
M
N

nero	네로	검은 / m 검은색
nervo	네르보	신경
nervoso	네르보조	신경의, 신경질적인
nessuno	네쑤노	어떠한 ~도 없다, 전혀 ~ 아니다, 어떠한 ~도 없다

Non è venuto nessuno.
논 에 베누토 네쑤노
아무도 오지 않았다.

netto	네또	명확한
neurologo	네우롤로고	m 신경과 의사
neutrale	네우트라레	m 중립의
neutralizzare	네우트랄리짜레	중립화하다
neutro	네우트로	중성의 / m 중성형
neve	네베	f 눈

La neve comincia a cadere nel cielo.
라 네베 꼬민차 아 까데레 넬 치엘로
하늘에서 눈이 내리기 시작했다.

nevicare	네비까레	눈이 내리다
nevischio	네비스끼오	m 진눈깨비
nevralgia	네브랄지아	f 신경통
nevrotico	네브로띠코	노이로제의 / m 노이로제 환자
nicotina	니꼬띠나	f 니코틴
nido	니도	m 둥지
niente	니엔떼	아무것도 아닌, 어떤 ~도 없다
ninnananna	닌나난나	f 자장가

nipote	니뽀떼 *mf* 조카, 손주
	Mio nipote era abituato a stare alzato fino a tardi.
	미오 니뽀떼 에라 아비뚜아토 아 스타레 알자토 피노 아 따르디
	내 조카는 늦게까지 깨어 있는 게 익숙했다.
no	노 아니요
nobile	노빌레 귀족의 / *m* 귀족
nobiltà	노빌따 *f* 귀족계급
nocciola	노촐라 *f* 개암나무 열매
nocciolina	노촐리나 *f* 땅콩
nocciolo	노촐로 *m* 씨, 핵심
noce	노체 *f* 호두 / *m* 호두나무
nocivo	노치보 유해한, 유독성의
nodo	노도 *m* 매듭
noi	노이 우리
noia	노이아 *f* 지루함
noioso	노이오조 지루한
noleggiare	노레쟈레 빌리다, 빌려주다
	Non aveva abbastanza soldi per noleggiare una macchina.
	논 아베바 아바스딴자 솔디 뻬르 노레쟈레 우나 마끼나
	그는 차를 빌리기에 돈이 충분하지 않았다.
noleggio	노레조 *m* 임대, 임대계약, 임대료
nome	노메 *m* 이름, 명사
nominare	노미나레 부르다, 임명하다
non	논 않은

nonna	논나	⨍ 할머니
nonno	논노	ⓜ 할아버지
nonostante	논노스단떼	~에도 불구하고
nord	노르드	ⓜ 북, 북쪽
norma	노르마	⨍ 규범
normale	노르말레	정상의, 보통의

Ha avuto un'infanzia perfettamente normale.
아 아부토 우닌판지아 뻬르페따멘떼 노르말레
그는 완벽히 평범한 어린시절을 보냈다.

nostalgia	노스탈지아	⨍ 향수
nostro	노스트로	우리(들)의
nota	노따	⨍ 메모, 음표
notaio	노따이오	ⓜ 공증인
notare	노따레	메모하다
notevole	노떼볼레	두드러진, 주목할 만한, 현저한, 눈부신
notizia	노띠지아	⨍ 소식, 근황, 정보
notiziario	노띠지아리오	ⓜ 뉴스
noto	노토	유명한, 잘 알려진
notte	노떼	⨍ 밤(夜)
notturno	노뚜르노	밤의 / ⓜ 야상곡
novella	노벨라	⨍ 단편소설
novembre	노벰브레	ⓜ 11월

novità	노비따	*f* 새로움, 신제품, 새소식

Lei scoppiò in lacrime quando le dissi la novità.
레이 스코삐오 인 라크리메 꽌도 레 디씨 라 노비따
그녀에게 새 소식을 전했을 때 눈물을 터뜨렸다.

nozze	노쩨	*fpl* 결혼
nubifragio	노비프라조	*m* 호우
nubile	노빌레	미혼의 / *m* 미혼 여성
nuca	누까	*f* 목덜미
nucleare	누크레아레	핵의
nucleo	누크레오	*m* 핵, 핵심
nudo	누도	나체의
nulla	눌라	전혀 ~아니다

Non diremo loro nulla fino all'ultimo.
논 디레모 로로 눌라 피노 알룰띠모
우리는 마지막까지 그들에게 아무것도 말하지 않았다.

numerale	누메라레	수(數)의 / *m* 수사
numerato	누메라토	번호가 매겨진
numero	누메로	*m* 수, 숫자, 번호
numeroso	누메로조	수많은
nucere	누체레	해가 되다
nuora	누오라	*f* 며느리
nuotare	누오따레	수영하다

Questa è la prima volta che ho nuotato in un lago.
꾸에스따 에 라 프리마 볼따 께 오 누오따토 인 운 라고
호수에서 수영한 것이 처음이다.

nuoto	누오토	m **수영**
nuovo	누오보	**새로운**
nutriente	누트리엔떼	**영양이 풍부한**
nutrimento	누트리멘토	m **영양분**
nutrire	누트리레	**양육하다, 기르다**
nuvola	누볼라	f **구름**
nuvoloso	누보로조	**흐린**

Il cielo è molto nuvoloso, penso che pioverà.
일 치엘로 에 몰토 누볼로조 펜쏘 께 피오베라
하늘이 매우 흐려서 비가 올 것 같다.

nuziale	누지아레	**결혼의**

O

o	오	혹은, 그렇지 않으면
obbedire	오베디레	순종하다, 따르다
obbligare	오빌리가레	어쩔 수 없이 하게 하다, 의무를 지우다
obbligato	오빌리가토	강요된, 제정된, 규정된, 바뀔 수 없는
obbligatorio	오빌리가토리오	의무적인, 강제적인
obbligo	오빌리고	ⓜ 의무, 책무, 강제, 은혜
obelisco	오베리스코	ⓜ 방첨탑, 오벨리스크
obiettare	오비에따레	반대하다, 반론을 제기하다, 이의를 내세우다
	Loro hanno obiettato alla mia opinione. 로로 안노 오비에따토 알라 미아 오피니오네 그들은 나의 의견에 반대했다.	
obiettivo	오비에띠보	객관적인, 공평한 / ⓜ 목표, 렌즈
obiezione	오비에지오네	ⓕ 반론, 이의, 불평
obitorio	오비토리오	ⓜ 영안실
obliquo	오브리구오	경사진, 비스듬한, (표현) 간접적인
oca	오까	ⓕ 거위
occasione	오까지오네	ⓕ 기회, 원인, 이유
occhiale	오끼아레	눈의, 눈에 관한
occhiali	오끼아리	⓶ⓟⓛ 안경테

occhiata	오끼아따	⨍ 힐끗 봄, 일견
occhiello	오끼엘로	⑩ 단춧구멍, 작은 구멍
occhio	오끼오	⑩ 눈(目)

Era alto e con i capelli neri e aveva grandi occhi verdi.
에라 알토 에 꼰 이 까뻴리 네리 에 아베바 그란디 오끼 베르디
그는 큰 키에 검은색 머리, 초록색 눈을 가졌다.

occidentale	오치덴딸레	서양의, 서쪽의
occidente	오치덴떼	⑩ 서쪽
occorrere	오꼬레레	필요하다, 일어나다, 우연히 ~하다
occupare	오꾸빠레	차지하다, 점령하다
occuparsi	오꾸빠르시	~에 종사하다, 관계하다

Di che cosa ti occupi?
디 께 꼬자 띠 오꾸삐
넌 무슨 일을 하니?

occupato	오꾸빠토	차지한, 점령된, 바쁜, 통화 중인
occupazione	오꾸빠지오네	⨍ 점령, 직업, 일, 용건
oceano	오세아노	⑩ 대양
oculista	오쿨리스따	⑩ 안과 의사
odiare	오디아레	미워하다, 증오하다, 싫어하다
odio	오디오	⑩ 증오, 미움
odore	오도레	⑩ 냄새, 향기, 징후, 낌새
offendere	오펜데레	모욕하다, 화나게 하다, 감정을 상하게 하다
offendersi	오펜데르시	기분 나빠 하다, 화나다

occupazione 오꾸빠찌오네 **직업**

assistente di volo 아씨스뗀떼 디 볼로 _m_ 스튜어디스, 승무원

poliziotto 뽈리지오또 _f_ 경찰관

altleta 아뜰레타 _m_ 운동선수

cuoco 꾸오꼬 _m_ 요리사

medico 메디꼬, **dottore** 도또레 _m_ 의사

infermiere/a 인페르미에레/라 _m/f_ 간호사

professore 프로페쏘레 _m_ 남자교수

professoressa 프로페쏘레싸 _f_ 여자교수

avvocato 아보까토 _m_ 변호사

attore 아또레 _m_ 남자배우

attrice 아뜨리체 _f_ 여자배우

cantante 깐딴떼 _m_ 가수

intrattenitore 인뜨라떼니또레 _m_ 연예인

regista 레지스타 _m_ 영화감독

tassista 따시스따 _m_ 택시 기사

giardinere 쟈르디네레 _m_ 원예사

falegname 빨레냐메 _m_ 목수

fornaio 포르나이오 _m_ 제빵사

agricoltore 아그리꼴또레, **contadino** 꼰따디노 _m_ 농부

vigile del fuoco 비질레 델 푸오꼬 _m_ 소방관

commesso/a 꼼메쏘/싸 _m/f_ 점원

		Mi sono offeso per il tuo comportamento. 미 소노 오페조 뻬르 일 뚜오 꼼뽀르따멘토 너의 행동이 날 화나게 했어.
offerta	오페르따	☐ 공급, 신청, 제공
offesa	오페자	☐ 모욕, 손해, 침해
officina	오피치나	☐ 공장, 작업장
offrire	오프리레	제공하다, 제출하다, 보내다, 수여하다
offrirsi	오프리르시	신청하다, 나타나다
oggetto	오제또	m 물건, 대상, 목적어
oggi	오지	오늘
oggigiorno	오지조르노	요즘
ogni	온니	각각의, 전부의, 각자의, ~마다
ognuno	온뉴노	각자
		Si dice che ognuno ottenga ciò che merita. 시 디체 께 온뉴노 오뗀가 쵸 께 메리따 각자 가지고 있는 가치가 있다고 말한다.
Olanda	오란다	네덜란드
olandese	오란데제	네덜란드의 / m 네덜란드인, 네덜란드어
olfatto	올파또	m 후각
olimpiadi	올림피아디	fpl 올림픽 대회
olio	올리오	m 기름
oliva	올리바	☐ 올리브
oltraggio	올트라조	m 모욕, 무례, 황폐, 침해
oltre	올트레	넘어서

O
P
Q
R
S
T
U
V
W
X
Y
Z

omaggio	오마조	m 존경, 경의, 기증, 증여
ombelico	옴벨리코	m 배꼽
ombra	옴브라	f 그늘
ombrello	옴브렐로	m 우산

Lei mi ha offerta un passaggio con l'ombrello.
레이 미 아 오페르따 운 빠싸조 꼰 롬브렐로
그녀는 나에게 우산을 씌워 주었다.

ombrellone	옴브렐로네	m 비치파라솔
omettere	오메떼레	생략하다, 빠뜨리다, 잊다
omicidio	오미치디오	m 살인
omosessuale	오모세쑤알레	m 동성애자
onda	온다	f 파도
onestà	오네스따	f 정직, 성실, 예의 바름
onesto	오네스토	정직한, 성실한, 공정한, 적절한

È una persona onesta, per cui mi piace.
에 우나 페르소나 오네스따, 뻬르 꾸이 미 삐아체
그는 정직한 사람이라서 나는 그를 좋아한다.

onomastico	오노마스띠코	m 성명축일
onorare	오노라레	존경하다, 명예를 주다, 광명을 주다
onorario	오노라리오	명예로운
onore	오노레	m 명예, 명성, 신의, 자존심
onorevole	오노레보레	존경할 만한 / m 국회의원
opaco	오파코	불투명한
opera	오페라	f 일, 오페라

operaio	오페라이오	ⓜ 직공, 일꾼
operare	오페라레	일하다, 작용하다, 계산하다
operazione	오페라지오네	ⓕ 작용, 수술, 계산

Dopo l'operazione al ginocchio, riusciva a camminare senza dolore.
도뽀 로뻬라지오네 알 지노끼오, 리우쉬바 아 깜미나레 쎈자 돌로레
무릎 수술 후에 고통 없이 걸을 수 있었다.

operetta	오페레따	ⓕ 뮤지컬
opinione	오피니오네	ⓕ 의견, 견해, 사고, 소신, 평가
opporre	오뽀레	반대하다, 저항하다
opporsi	오뽀르시	반대하다, 이의를 제기하다
opportunismo	오뽀르뚜니즈모	ⓜ 기회주의
opportunità	오뽀르뚜니따	ⓕ 좋은 기회
opposizione	오뽀지지오네	ⓕ 반대, 야당
opposto	오뽀스토	반대의, 마주하고 있는 / ⓜ 반대

Sto sul lato opposto della strada.
스토 술 라토 오뽀스토 델라 스트라다
나는 길 반대편에 있다.

opprimere	오쁘리메레	압박하다
oppure	오뿌레	또는, 그렇지 않으면
opuscolo	오뿌스꼴로	ⓜ 소책자
ora	오라	금, 현재, 곧 / ⓕ 시(간)
orale	오라레	입의, 구두의
orario	오라리오	시간의, 시각의 / ⓜ 시간표, 근무 시간

oratore	오라또레	ⓜ 웅변가
orchestra	오르께스트라	ⓕ 관현악단
orchidea	오르끼데아	ⓕ 난초
ordinare	오르디나레	정리하다, 명령하다, 주문하다

Posso ordinare dal menù della colazione?
뽀쏘 오르디나레 달 메뉴 델라 꼴라지오네
아침 메뉴를 주문할 수 있습니까?

ordine	오르디네	ⓜ 순서, 순번, 정리, 정돈, 부류, 등급
orecchini	오레끼니	ⓜ⒫ 귀걸이
orecchio	오레끼오	ⓜ 귀
orefice	오레피체	ⓜ 귀금속상, 보석상
orfano	오르파노	ⓜ 고아
organismo	오르가니즈모	ⓜ 유기체
organizzare	오르가니짜레	조직하다, 구성하다, 계획하다

Grazie a internet, è facilissimo organizzare un viaggio nell'ovest degli Stati Uniti.
그라지에 아 인떼르넷, 에 파칠리씨모 오르가니짜레 운 비아죠 넬로베스뜨 델리 스따디 우니띠
인터넷 덕분에 미국 서부 여행을 계획하기 쉽다.

organizzazione	오르가니자지오네	ⓕ 조직화
organo	오르가노	ⓜ (동식물의) 기관, 오르간
orgoglio	오르골리오	ⓜ 자존심, 긍지
orgoglioso	오르골리오조	자랑스러운, 거만한, 과장해서 생각하는
orientale	오리엔딸레	동양의 / ⓜ 동양인
orientamento	오리엔따멘토	ⓜ 방향 잡기, 방향감각

orientare	오리엔따레	방향을 정하다, (일정한 방향으로) 향하게 하다, 지도하다
orientarsi	오리엔따르시	방향을 알다
oriente	오리엔떼	ⓜ 동쪽
originale	오리지나레	최초의, 독창적인
origine	오리지네	ⓕ 기원, 발단
orizzontale	오리존따레	가로의, 수평의
orizzonte	오리존떼	ⓜ 지평선
orlo	오르로	ⓜ 가장자리, 단(端)
orma	오르마	ⓕ 발자국
ormai	오르마이	지금, 벌써

Ormai è tardi per intervenire sul nuovo progetto.
오르마이 에 따르디 뻬르 인떼르베니레 술 누오보 프로제또
새로운 프로젝트에 개입하기엔 이미 늦었다.

ormone	오르모네	ⓜ 호르몬
ornamento	오르나멘토	ⓜ 꾸밈, 장식, 명예, 자랑거리
oro	오로	ⓜ 금
orologio	오로로지오	ⓜ 시계
oroscopo	오로스코포	ⓜ 점성술
orribile	오리비레	무서운, 두려운, 참혹한

Ti piacciono i film dell'orrore?
띠 삐아초노 이 필름 델오로레
공포 영화 좋아하니?

orrore	오로레	ⓜ 공포
orso	오르소	ⓜ 곰

O

ortaggio	오르타조	Ⓜ 야채
ortica	오르띠까	Ⓕ 쐐기풀
orto	오르토	Ⓜ 채소밭
ortodosso	오르토도쏘	그리스 정교의, 정통파의
ortografia	오르토그라피아	Ⓕ 철자법
ortopedico	오르토페디코	정형의 / Ⓜ 정형외과 의사
orzo	오르조	Ⓜ 보리
osare	오사레	외설적인, 음란한, 추악한

Non oso entrare in quella stanza
senza bussare.
논 오소 엔트라레 인 꿸라 스딴자 센자 부싸레
나는 감히 노크 없이 그 방에 들어갈 수 없다.

osceno	오쉐노	외설적인
oscillare	오실라레	진동하다, 요동치다, 동요하다
oscillazione	오실라지오네	Ⓕ 진동, 동요, 변화
oscurare	오스쿠라레	어둡게 하다, 희미하게 하다
oscurità	오스쿠리따	어둠, 암흑

Gli occhi si abituano all'oscurità.
리 오끼 시 아비뚜아노 알로스쿠리따
눈이 어둠에 익숙해진다.

oscuro	오스쿠로	Ⓜ 어두운
ospedale	오스페달레	병원
ospitalità	오스피딸리따	Ⓕ 대접
ospitare	오스피따레	머물게 하다, 받아들이다
ospite	오스피떼	ⓂⒻ 손님, 주변

ospedale 오스페달레 **병원**

medicina interna 메디치나 인떼르나 [f] 내과

chirurgia 끼롤르자 [m] 외과

dermatologia 데르마토로자 [f] 피부과

odontoiatria 오돈토리아트라 [f] 치과

otorinolaringoiatria 오토리노라린고이아트라 [f] 이비인후과

pediatria 페디아트리아 [f] 소아과

ginecologia 지네꼴로자 [f] 산부인과

psichiatria 피지끼아트리아 [f] 정신과

urologia 우롤로자 [f] 비뇨기과

ortopedia 오르토페디아 [f] 정형외과

chirurgia plastica 끼룰루자 플라스띠까 [f] 성형외과

oftalmologia 오르탈몰로자 [f] 안과

medico 메디꼬 [m] 의사

infermiere/a 인페르미에레 / 라 [m/f] 간호사

iniettare 이니에따레 **주사를 놓다**

termometro 떼르모메트로 [m] 체온계

ingessare 인제싸레 **깁스를 하다**

stampella 스탐펠라 [f] 목발

curare 꾸라레 **치료하다**

esaminare 에자미나레 **진찰하다**

ospizio	오스피지오	ⓜ 구호소
osservare	오쎄르바레	**지켜보다, 평하다, 따르다**

Ho osservato qualcosa di strano nel
suo atteggiamento.
오 오쎄르바토 꽐꼬자 디 스트라노 넬 수오 아떼자멘토
나는 그의 태도에서 무언가 의심스러운 점이 있다
는 것을 알아차렸다.

osservatorio	오쎄르바토리오	ⓜ 천문대
osservazione	오쎄르바지오네	ⓕ 관찰, 소견, 비평, 주목
ossigeno	오씨제뇨	ⓜ 산소
osso	오쏘	ⓜ 뼈
ostacolare	오스따꼴라레	**방해하다**

Mi ha ostacolato nel mio lavoro.
미 아 오스따꼴라토 넬 미오 라보로
그는 내 일을 방해했다.

ostacolo	오스따꼴로	ⓜ 장애
ostaggio	오스타조	ⓜ 인질
ostentare	오스뗀따레	**과시하다, 치장하다, 자랑해 보이다**
osteria	오스떼리아	ⓕ 음식점
ostia	오스띠아	ⓕ 성채, 산 제물
ostile	오스띨레	**적의가 있는**
ostinato	오스띠나토	**고집 센**
ostrica	오스뜨리까	ⓕ 굴
otite	오띠떼	ⓕ 귓병
otorinolaringoiatria	오또리노라린 고이아트리아	ⓜ 이비인후과
ottenere	오떼네레	**얻다, 달성하다**

	Ho ottenuto di potermi fermare qui. 오 오떼누토 디 뽀떼르미 페르마레 뀌 나는 여기서 머물 수 있도록 허락을 받았다.	
ottico	오띠꼬	시각의
ottimista	오띠미스타	ⓜ 낙천주의자
ottimo	오띠모	최고의, 매우 좋은
otto	오또	8
ottobre	오또브레	ⓜ 10월
ottone	오또네	ⓜ 놋쇠
otturare	오뚜라레	막다, 폐쇄하다, 밀폐하다
otturazione	오뚜라지오네	ⓕ 봉
ovaia	오바이아	ⓕ 난소
ovale	오바레	타원형의
ovatta	오바따	ⓕ 충전물, 패드, 솜
ovest	오베스트	ⓜ 서쪽
ovunque	오분꿰	어느 곳이든지
	Posso trovarlo ovunque nel mondo. 뽀쏘 트로바를로 오분꿰 넬 몬도 나는 이 세상 어디에서든 그를 찾을 수 있다.	
ovvio	오비오	명백한
ozio	오지오	ⓜ 무위도식
	Sto in ozio tutto il giorno. 스토 인 오지오 뚜또 일 조르노 나는 하루 종일 무위도식하며 지낸다.	
ozono	오조노	ⓜ 오존
ozonosfera	오조노스페라	ⓕ 오존층

P

pacchetto	빠께또	*m* 작은 상자

pacco	빠꼬	*m* 소포

Vorrei spedire un pacco in Giappone.
보레이 스페디레 운 빠꼬 인 쟈뽀네
일본으로 소포를 보내고 싶습니다.

pace	빠체	*f* 평화

pacifico	빠치피코	평화로운

padella	빠델라	*f* 프라이팬

padiglione	빠딜리오네	*m* 천막, 별관, 정자

padre	빠드레	*m* 아버지

Tale il padre, tale il figlio.
딸레 일 빠드레, 딸레 일 필리오
그 아버지에 그 아들.

padrino	빠드리노	*m* 대부

padrone	빠드로네	*m* 주인

paesaggio	빠에사조	*m* 풍경, 경치, 경색

paese	빠에제	*m* 나라, 마을

paga	빠가	*f* 임금, 노임, 급료

Le paghe qui sono in proporzione
alla quantità di lavoro fatto.
레 빠게 귀 소노 인 프로포르지오네 알라 꽌띠따 디 라보로 파또
이곳의 임금은 작업량에 비례한다.

pagamento	빠가멘토	*m* 지불, 납부, 지출

pagano	빠가노	이교의 / *m* 이교도

pagare	빠가레		지불하다, 대접하다, 제공하다
pagella	빠제라	*f*	성적표
pagina	빠지나	*f*	페이지
paglia	빨리아	*f*	짚, 밀짚
pagliaccio	빨리아쵸	*m*	광대
paio	빠이오	*m*	한 켤레, 한 쌍 Ho regalato un paio di scarpe a mio amico. 오 레갈라토 운 빠이오 디 스까르페 아 미오 아미꼬 나는 친구에게 신발 한 켤레를 선물했다.
pala	빨라	*f*	삽, 가래, 험한 산, 낭떠러지
palato	빨라토	*m*	입 천장
palazzo	빨라쪼	*m*	궁전, 큰 저택
palco	빨코	*m*	마루, 마룻바닥, 천장
palcoscenico	빨코쉐니꼬	*m*	무대
palese	빨레제		명백한
palestra	빨레스트라	*f*	체육관 Gli studenti giocavano in palestra perché pioveva. 리 스투덴띠 조까바노 인 빨레스트라 뻬르께 삐오베바 비가 오기 때문에 학생들이 체육관에서 놉니다.
palla	빨라	*f*	공
pallacanestro	빨라까네스트로	*f*	농구
pallamano	빨라마노	*f*	핸드볼
pallanuoto	빨라누오토	*f*	수구
pallavolo	빨라볼로	*f*	배구

pallido	빨리도	**창백한, 파랗게 질린, (색이) 묽은, 엷은**
palloncino	빨론치노	m 풍선
pallone	빨로네	m 공
pallottola	빨로똘라	f 탄환
palma	빨마	f 야자수
palmo	빨모	m 손바닥

Mostrami il palmo dell'altra mano.
모스트라미 일 빨모 델라트라 마노
내게 다른쪽 손바닥을 보여줘.

palo	빨로	m 장대, 막대기, 기둥
palpebra	빨페브라	**눈꺼풀**
palpitazione	빨피따지오네	f 심장 소리
palude	빨루데	f 늪지
panca	빤까	f 긴 의자
pancetta	빤체따	f 삼겹살
panchina	빤끼나	f 벤치
pancia	빤챠	f 배, 복부, 모피

Avevo la pancia piena di zuppa.
아베보 라 빤치아 삐에나 디 주빠
수프로 배를 가득 채웠다.

panciera	빤치에라	f 복대
pane	빠네	m 빵
panetteria	빠네떼리아	m 빵집
pangrattato	빤그라따또	m 빵가루
panico	빠니코	**당황, 공황**

panino	빠니노	ⓜ 샌드위치
panna	빤나	ⓜ 생크림
panno	빤노	ⓕ 천
pannolino	빤놀리노	ⓜ 기저귀
panorama	빠노라마	ⓜ 전망, 경경

Voglio fare musica che ricordi
questo panorama.
볼리오 파레 무지까 께 리꼬르디 꾸에스토 파노라마
이 전망을 기억해서 음악을 만들고 싶다.

panoramico	빠노라미고	전망이 좋은
pantaloncini	빤딸론치니	ⓜⓟⓛ 반바지
pantaloni	빤딸로니	ⓜⓟⓛ 바지
pantera	빤떼라	ⓕ 표범
pantofola	빤토폴라	ⓕ 실내화
Papa	빠빠	ⓜ 교황
papa	빠빠	ⓜ 아빠
papavero	빠빠베로	ⓜ 양귀비
pappagallo	빠빠갈로	ⓜ 앵무새
parabrezza	빠라브레짜	ⓜ 바람막이 유리
paracadute	빠라까두떼	ⓜ 낙하산
paradiso	빠라디조	ⓜ 천국
paradossale	빠라도쌀레	역설의, 역설적인
parafango	빠라판고	ⓜ 자동차 흙받이
parafrasi	빠라프라지	ⓕ 의역, 주해

parafulmine	빠라풀미네	m 피뢰침
paragonare	빠라고나레	비교하다, 대조하다, 비유하다

Non la posso paragonare a nient'altro.
논 라 뽀쏘 빠라고나레 아 니엔딸뜨로
다른 그 무엇과 비교할 수 없다.

paragone	빠라고네	m 비교, 대조, 비유
paragrafo	빠라그라포	m (문서의) 절, 단락
paralisi	빠랄리지	f 마비
paralitico	빠랄리띠코	마비의 / m 마비 환자
parallelo	빠라렐로	평행의 / m 위선
paralume	빠라루메	m 전등의 갓
parasole	빠라솔레	m 양산
parassita	빠라씨따	m 기생 동(식)물
parata	빠라따	f 열병, 시위, 행진, 방어
paraurti	빠라우르띠	m 완충기
parcheggiare	빠르께지아레	주차시키다
parcheggio	빠르께조	m 주차장

Dove si torva il parcheggio?
도베 시 토르바 일 빠르께조
주차장은 어디에 있습니까?

parco	빠르코	m 공원
parecchio	빠레끼오	많은, 약간, 다수
pareggiare	빠레지아레	비기다, 같게 하다
pareggo	빠레조	m 동점
parente	빠렌떼	m/f 친척

È la sua unica parente.
에 라 수아 우니까 빠렌떼
그녀는 그의 유일한 친척이다.

parentela	빠렌뗄라	⨍ 인척 관계, 혈족 관계, 공통성
parentesi	빠렌떼지	⨍ 괄호
parare	빠라레	꾸미다, 지키다, ~라고 생각하다
parere	빠레레	~라고 생각하다, ~인 듯하다 / ⓜ 의견, 견해
parete	빠레떼	⨍ 벽
pari	빠리	같은, 비슷한, 짝수의
parlamentare	빠를라멘따레	국회의 / ⓜ 의원
parlamento	빠를라멘토	ⓜ 국회
parlare	빠를라레	말하다

Non dobbiamo parlare di lui.
논 도비아모 빠를라레 디 루이
그에 대해 말해선 안 됩니다.

parola	빠롤라	⨍ 말, 언어, 이야기, 단어
parolaccia	빠롤라챠	⨍ 욕, 악담
parrocchia	빠로끼아	⨍ [가톨릭] 교구
parroco	빠로코	ⓜ 본당 신부
parrucca	빠루까	⨍ 가발
parrucchiere	빠루끼에레	ⓜ 미용사
parte	빠르떼	⨍ 부분, 방면, 측, 몫
partecipante	빠르떼치빤떼	참가하는 / ⓜ 참가자
partecipare	빠르떼치빠레	참가하다, 참가시키다, 통지하다

O
P
Q
R
S
T
U
V
W
X
Y
Z

partecipazione	빠르떼치빠지오네	⨍ 참가
partenza	빠르뗀자	⨍ 출발, 출발지, 개시
participio	빠르띠치피오	ⓜ 분사(分詞)
particolare	빠르띠꼴라레	특수의, 특별한, 다른, 개인의

Oggi per me è una giornata particolare.
오지 뻬르 메 에 우나 조르나따 빠르띠꼴라레
오늘은 나에게 매우 특별한 날입니다.

particolarmente	빠르띠꼴라르멘떼	특히
partigiano	빠르띠지아노	ⓜ 선동자, 게릴라 부대원
partire	빠르띠레	출발하다, 떠나다

Telefonarmi prima di partire.
텔레포나르미 프리마 디 빠르띠레
떠나기 전에 내게 전화해.

partita	빠르띠따	⨍ 시합
partito	빠르띠토	분리된, 출발한 / ⓜ 계약, 당(파), 수단
parto	빠르토	ⓜ 출산
partorire	빠르또리레	아이를 낳다, 분만하다
parziale	빠르지알레	편파적인, 불공평한, 부분적인
pascolo	빠스꼴로	ⓜ 목초지
Pasqua	빠스꾸아	⨍ 부활절
passaggio	빠싸조	ⓜ 통로, 이행, 추이

Il passaggio è molto stretto e permette il passaggio di una sola persona per volta.
일 빠싸조 에 몰토 스트레또 에 뻬르메떼 일 빠싸조 디 우나 솔라 뻬르소나 뻬르 볼따
통로는 매우 좁아서 한 번에 한 사람만 지나갈 수 있다.

| **passante** | 빠산떼 | ⓜ 통행인 |

passaporto	빠싸뽀르토	⑩ 여권
passare	빠싸레	통행하다, 지나가다, 횡단하다
passatempo	빠싸뎀뽀	⑩ 취미
passato	빠싸토	지나간, 통과한, 선행의 / ⑩ 과거
passeggero	빠쎄제로	일시적인 / ⑩ 승객
passeggiare	빠세쟈레	산책하다
passeggiata	빠쎄쟈따	⑦ 산책
passeggino	빠쎄지노	⑩ 유모차
passerotto	빠쎄로또	⑩ 참새
passione	빠씨오네	⑩ 정열, 열정

Ha deciso di seguire la sua passione per la politica.
아 데치조 디 세귀레 라 수아 파씨오네 뻬르 라 뽈리띠까
그는 자신의 정치에 대한 열정을 따르기로 결심했다.

passivo	빠씨보	수동의 / ⑩ 적자
passo	빠쏘	⑩ 걸음
pasta	빠스타	⑦ 밀가루 반죽
pasticceria	빠스띠체리아	⑦ 제과점
pasticcino	빠스띠치노	⑩ 작은 케이크
pasticcio	빠스띠쵸	⑩ 파이
pastiglia	빠스띨리아	⑦ 알약

Non riesco ad ingoiare le pastiglie.
논 리에스꼬 아드 인고이아레 레 빠스띠리에
나는 알약을 잘 삼킬 수 없습니다.

pasto	빠스토	⑩ 식사

pastore	빠스또레	ⓜ 양치기
pastorizzato	빠스또리짜토	저온 살균된
patata	빠따따	ⓕ 감자
patente	빠뗀떼	ⓕ 면허증
patire	빠띠레	괴로워하다, 체험하다, 손해를 입다
patria	빠뜨리아	ⓕ 조국
patrimonio	빠뜨리모니오	ⓜ 재산, 유산

Dovremmo concentrarci maggiormente sulla salvaguardia del patrimonio culturale.
도브렘모 꼰첸뜨라르치 마조르멘떼 술라 살바구아르디아 델 파트리모니오 꿀뚜랄레
우리는 문화 유산의 보존에 좀 더 신경을 써야 한다.

patriota	빠뜨리오따	ⓜⓕ 애국자
patrocinio	빠뜨로치니오	ⓜ 보호, 후원, 지지
pattinaggio	빠띠나조	ⓜ 스케이트
pattinare	빠띠나레	스케이트를 타다
pattini	빠띠니	ⓜⓟⓛ 스케이트화
patto	빠또	ⓜ 타협, 협정, 조약, 계약
pattuglia	빠뚜리아	ⓕ 정찰대
pattumiera	빠뚜미에라	ⓕ 쓰레기통
paura	빠우라	무서움, 공포

Non ho paura di stare a casa da solo.
논 오 빠우라 디 스따레 아 까자 다 솔로
나는 집에 혼자 있는 게 두렵지 않아!

pauroso	빠우로조	겁내는

pausa	빠우자	⨍ 중지, 쉼표
pavimento	빠비멘토	m 바닥
pavone	빠보네	m 공작
paziente	빠지엔떼	참을성 있는, 끈기 있는 / m 환자
pazienza	빠지엔자	⨍ 인내, 참을성
pazzia	빠찌아	⨍ 광란
pazzo	빠쪼	미친 / m 미친 사람
peccato	뻬까토	m 죄
pecora	뻬꼴라	⨍ 양 [동물]
pedaggio	뻬다조	m 통행료

Bisogna pagare un pedaggio per
passare di qui.
뻬조나 빠가레 운 뻬다조 뻬르 빠싸레 디 뀌
이곳을 통과하기 위해서는 통행료를 지불해야 합니다.

pedagogia	뻬다고지아	⨍ 교육학
pedale	뻬달레	m 페달
pedana	뻬다나	⨍ 발판
pediatra	뻬디아트라	m/f 소아과 의사
pedonale	뻬도날레	보행자 전용의
pedone	뻬도네	m 보행자
peggio	뻬조	더 나쁜, 더 나쁘게
peggiorare	뻬조라레	악화시키다, 악화되다
peggiore	뻬조레	더 나쁜, 최악
pegno	뻬뇨	m 담보, 저당

pelare	뻴라레	털을 뽑다
pelle	뻴레	⨍ 피부
pellegrinaggio	뻴레그리나조	ⓜ 순례
pellegrino	뻴레그리노	ⓜ 순례자
pelletteria	뻴레떼리아	⨍ 가죽 제품
pellicceria	뻴리체리아	⨍ 모피 상점
pelliccia	뻴리치아	⨍ 털 코트, 모피 코트
pellicola	뻴리꼴라	⨍ 얇은 막, 필름
pelo	뻴로	ⓜ 털
pena	뻬나	⨍ 고생, 형벌

Insegnare è un lavoro che vale la pena.
인세냐레 에 운 라보로 께 발레 라 뻬나
가르치는 것은 가치 있는 일이다.

pendenza	뻰덴자	⨍ 경사, 기울기
pendere	뻰데레	매달리다, 기울다
pendio	뻰디오	ⓜ 경사
pendolare	뻰돌라레	ⓜ 근교 통근자
penetrare	뻬네트라레	침투하다, 침입하다, 스며들다
penicillina	뻬니실리나	⨍ 페니실린
penisola	뻬니솔라	⨍ 반도 [지명]
penitenza	뻬니뗀자	⨍ 회개, 속죄, 고해성사
penna	뻰나	⨍ 깃털
pennello	뻰넬로	ⓜ 붓
penombra	뻬놈브라	⨍ 미광, 희미함

pensare	뻰사레	**생각하다, 사색하다, ~에 대해 생각하다**

Penso che dovremmo prendere quella strada.
뻰소 께 도브렘모 프렌데레 꿸라 스트라다
우리는 이 길로 가야 한다고 생각한다.

pensiero	뻰시에로	m 생각, 사고, 의견, 사상
pensionato	뻰시오나토	m 연금 수령자
pensione	뻰시오네	f 연금, 하숙비, 숙박료
pentirsi	뻰띠르시	**후회하다, 뉘우치다**

Non è troppo tardi per pentirsi.
논 에 뜨로뽀 따르디 뻬르 뻰띠르시
후회하기에 너무 늦지 않았다.

pentola	뻰똘라	f 냄비, 솥
penultimo	뻰울띠모	**끝에서 두 번째의**
pepe	뻬뻬	m 후추
peperoncino	뻬뻬론치노	m 고추
peperone	뻬뻬로네	m 피망
per	뻬르	**~때문에, 통해서, 지나서, 쪽으로**
pera	뻬라	f 배
percento	뻬르첸토	m 비율, 퍼센트
percentuale	뻬르첸뚜알레	**퍼센트의**
percepire	뻬르체삐레	**감지하다, 지각하다, 수령하다**

Ho subito percepito il suo grande desiderio.
오 수비토 뻬르체피토 일 수오 그란데 데지데리오
나는 그의 강한 욕망을 곧바로 알아차렸다.

perché	뻬르께	왜, 왜냐하면
perciò	뻬르초	그래서
percorrere	뻬르꼬레레	통과하다
percorso	뻬르꼬르소	ⓜ 진로, 통과, 주행
perdere	뻬르데레	잃다, 낭비하다, 분리되다

Ha perso il portafoglio con la patente.
아 뻬르소 일 뽀르따폴리오 꼰 라 빠뗀떼
그는 지갑과 면허증을 잃어버렸다.

perdita	뻬르디따	ⓕ 상실
perdonare	뻬르도나레	용서하다, 허락하다
perdono	뻬르도노	ⓜ 용서, 사과
perfetto	뻬르페또	완전한, 결점이 없는
perfezionare	뻬르페지오나레	완성하다, 개량하다, 완전해지다
perfezione	뻬르페지오네	ⓕ 완전, 완벽
perfino	뻬르피노	~까지도
perforare	뻬르포라레	구멍을 내다
pericolo	뻬리꼴로	ⓜ 위험, 위기, 위급
pericoloso	뻬리꼴로조	위험한, 위험에 찬, 위험을 초래할 것 같은
periferia	뻬리페리아	ⓕ 교외, 주변부

Abita in periferia da due anni.
아삐따 인 뻬리페리아 다 두에 안니
나는 2년 전부터 외각에서 살고 있다.

| periodicamente | 뻬리오디까멘떼 | 주기적으로 |
| periodo | 뻬리오도 | ⓜ 기간, 시기 |

O P Q R S T U V W X Y Z

perito	뻬리토	ⓜ 전문가
perla	뻬르라	ⓕ 진주
permanente	뻬르마넨떼	영구의 / ⓕ 파마
permanenza	뻬르마넨자	ⓕ 영속, 지속
permesso	뻬르메쏘	허락한 / ⓜ 허가
permuta	뻬르무따	ⓕ 교환
perno	뻬르노	ⓜ 축, 기둥
pernottamento	뻬르노따멘토	밤을 지새다, 외박하다
pernottare	뻬르노따레	밤을 지내다

Abbiamo pernottato in un campeggio non lontano da Venezia.
아비아모 뻬르노따토 인 운 깜뻬조 논 론따노 다 베네지아
우리는 베니스에서 멀지 않은 캠프에서 밤을 보냈다.

però	뻬로	그러나
perpendicolare	뻬르뻰디꼴라레	수직의 / ⓜ 수직선
perplesso	뻬르쁠레쏘	난처한, 어찌할 바 모르는
perquisire	뻬르뀌지레	수사하다
persecuzione	뻬르세꾸지오네	ⓕ 박해
persiana	뻬르시아나	ⓕ 덧창문, 블라인드
persona	뻬르소나	ⓕ 사람
personaggio	뻬르소나조	ⓜ 중요 인물, 요인, 등장인물, 저명인
personale	뻬르소날레	개인의 / ⓜ 직원
personalità	뻬르소날리따	ⓕ 개성, 성격, 인격
personalmente	뻬르소날멘떼	개인적으로

persuadere	뻬르수아데레	**설득하다, 납득시키다, 만족케 하다**

Ho cercato di persuaderlo.
오 체르가토 디 뻬르수아데를로
그를 설득하기 위해 노력했다.

pesante	뻬산떼	**무거운, 지루한**
pesare	뻬사레	**무게를 재다, 무게가 나가다**
pesca	뻬스까	⨍ **복숭아, 낚시**
pescare	뻬스까레	**낚시하다**
pescatore	뻬스까또레	ⓜ **어부, 낚시꾼**
pesce	뻬쉐	ⓜ **생선**
peso	뻬조	ⓜ **무게**
pessimista	뻬씨미스따	ⓜ⨍ **염세주의자**
pessimo	뻬씨모	**최악의**

Si mangia bene, ma il servizio è pessimo.
시 만자 베네, 마 일 세르비조 에 뻬씨모
음식은 맛있지만 서비스는 최악이다.

peste	뻬스떼	⨍ **흑사병**
petalo	페딸로	ⓜ **꽃잎**
petroliera	페뜨롤리에라	⨍ **유조선**
petrolio	페트롤리오	ⓜ **석유**
pettegolare	뻬떼골라레	**쓸데없는 말을 하다, 험담하다**
pettegolezzo	뻬떼골레쪼	ⓜ **험담**
pettinare	뻬띠나레	**빗질을 하다**
pettinarsi	뻬띠나르시	**머리를 빗다**

O
P
Q
R
S
T
U
V
W
X
Y
Z

pesce 뻬쉐 **생선**

sgombro 즈곰브로 　ⓜ고등어

trota 트로타 　ⓕ송어

salmone 살모네 　ⓜ연어

platessa 쁠라떼싸 　ⓕ광어

carpa 카르파 　ⓕ잉어

sardina 사르디나 　ⓕ정어리

tonno 톤노 　ⓜ참치

squalo 스꽐로 　ⓜ상어

balena 바레나 　ⓕ고래

anguilla 안귈라 　ⓕ장어

. . . .

calamaro 깔라마로 　ⓜ오징어

ostrica 오스트리까 　ⓕ굴

polpo 뽈뽀 　ⓜ문어

gamberetto 감베레또 　ⓜ새우

granchio 그란끼오 　ⓜ게

tartaruga 타르타루가 　ⓕ거북

conchiglia 꼰낄리아 　ⓕ전복

stella di mare 스텔라 디 마레 　ⓜ불가사리

laminaria 라미나리아 　ⓕ다시마

scaglia 스칼리아 　ⓕ(물고기) 비늘

	Domani mattina ti pettino io prima di uscire di casa.	
	도마니 마띠나 띠 뻬띠노 이오 프리마 디 우쉬레 디 까자	
	내일 내가 집에서 나가기 전에 머리를 빗겨줄게.	
pettine	뻬띠네	ⓜ 빗
petto	뻬또	ⓜ 가슴
pezzo	뻬쪼	ⓜ 조각, 부품
piacere	삐아체레	좋아하다, 마음에 들다
	Ti è piaciuto il film?	
	띠 에 삐아추토 일 필름	
	영화가 마음에 들었니?	
piacevole	삐아체볼레	즐거운
pialla	삐알라	⨍ 대패
pianeta	삐아네따	ⓜ 혹성
piangere	삐안제레	울다, 탄식하다, 비통해 하다
pianificare	삐아니피까레	계획하다
pianista	삐아니스타	ⓜⱝ 피아니스트
piano	삐아노	평평한, 조용히, 천천히 / ⓜ 층, 계획
pianoforte	삐아노포르떼	ⓜ 피아노
pianta	삐안따	⨍ 식물, 지도, 설계도
piantare	삐안따레	나무를 심다
	Pianteremo un albero in giardino.	
	삐안떼렘모 운 알베로 인 자르디노	
	정원에 나무를 심자.	
pianterreno	삐안떼레노	ⓜ (건물의) 1층
pianto	삐안토	ⓜ 울음

pianura	삐아누라	⨍ 평야
piastra	삐아스트라	⨍ (금속의) 판
piastrella	삐아스트렐라	⨍ 타일
piatto	삐아또	납작한, 지루한 / ⓜ 접시, 요리 접시

Ogni paese ha i piatti tipici.
온니 빠에제 아 이 삐아띠 띠피치
각 나라에는 전통 음식이 있다.

piazza	삐아짜	⨍ 광장
piazzare	삐아짜레	배치하다, 팔다
piccante	삐깐떼	매운
picchiare	삐끼아레	때리다
picchio	삐끼오	ⓜ 딱다구리
piccione	삐초네	ⓜ 비둘기
picco	삐꼬	ⓜ 산꼭대기
piccolo	삐꼴로	작은

Sto realizzando un mio piccolo sogno.
스토 레알리짠도 운 미오 삐꼴로 소뇨
나는 나의 작은 꿈을 실현시키고 있다.

pidocchio	삐도끼오	ⓜ 이, 기생충
piede	삐에데	ⓜ 발
piedistallo	삐에디스탈로	ⓜ 주춧돌
piega	삐에가	⨍ 주름
piegare	삐에가레	접다, 구부리다, 숙이다
pieghevole	삐에게볼레	접을 수 있는
pieno	삐에노	가득 찬

	Quando c'erano questi eventi l'osteria era piena di gente. 꽌도 체라노 꾸에스띠 에벤띠 로스떼리아 에라 삐에나 디 젠떼 사건이 발생했을 때 여관에는 사람으로 가득 찼다.
pietà	삐에따 *f* **자비, 동정**
pietanza	삐에딴자 *f* **메인 요리**
pietra	삐에트라 *f* **돌**
pigiama	삐자마 *m* **잠옷**
pigliare	삘리아레 **잡다, 취하다**
pignolo	삐뇰로 **떠들기 좋아하는**
pigrizia	삐그리지아 *f* **게으름, 태만**
pigro	삐그로 **게으른, 태만한**
	È il ragazzo più pigro che abbia mai conosciuto. 에 일 라가쪼 삐우 삐그로 깨 아삐아 마이 꼬노쑤토 그는 내가 아는 가장 게으른 소년이다.
pila	삘라 *f* **건전지**
pilastro	삘라스트로 *m* **기둥**
pillola	삘롤라 *f* **알약**
pilota	삘로따 *m* **조종사**
pinacoteca	삐나꼬떼까 *f* **화랑**
pineta	삐네따 *f* **솔밭**
ping-pong	핑그퐁그 *m* **탁구**
pinguino	삔귀노 *m* **펭귄**
pinna	삔나 *f* **지느러미**
pino	삐노 *m* **소나무**

pinze	삔제	*(pl)* 집게, 핀셋
piove	삐오베	*(f)* 비
piovere	삐오베레	비가 내리다, 빗물이 떨어지다

Mi sa che sta per piovere.
미 사 께스따 뻬르 삐오베레
비가 올 것 같다.

piombo	삐옴보	*(m)* 납
pioppo	삐오뽀	*(m)* 포플러
piovere	삐오베레	비가 내리다
piovra	삐오브라	*(f)* 문어
pipa	삐빠	*(f)* 파이프 담배
pipi	삐삐	*(f)* 소변
pipistrello	삐삐스트렐로	*(m)* 박쥐
piramide	삐라미데	*(f)* 피라미드
pirata	삐라따	*(m)* 해적
piscina	삐쉬나	*(f)* 수영장

C'è una piscina dietro l'edificio.
체 우나 피쉬나 디에트로 레디피초
건물 뒤쪽에 수영장이 있다.

pisello	삐젤로	*(m)* 완두콩
pisolino	삐졸리노	*(m)* 낮잠
pista	삐스따	*(f)* 종적, 자취
pistola	비스톨라	*(f)* 권총, 자취
pistone	삐스토네	*(m)* 피스톤
pittore	삐또레	*(m)* 화가

pittoresco	삐또레스코	그림 같은
pittura	삐뚜라	⨍ 그림
più	삐우	보다 더, 보다 많이

Non posso aspettare di più.
논 뽀쏘 아스뻬따레 디 삐우
더 이상 기다릴 수 없다.

piuma	삐우마	⨍ 깃털
piumino	삐우미노	ⓜ 오리털 이불
piuttosto	삐또스토	차라리, 다소, 약간
pizza	삐짜	⨍ 피자
pizzicare	삐찌까레	꼬집다, 뜯다, 찌르다, 자극시키다
pizzico	삐찌코	ⓜ 꼬집기, 소량, 조금

Perchè in una torta dolce si mette sempre un pizzico di sale?
뻬르께 인 우나 토르따 돌체 시 메떼 셈쁘레 운 삐치코 디 살레
왜 항상 케이크에 소금 한 꼬집을 넣는 건가요?

pizzo	삐쪼	ⓜ 레이스
placcare	쁠라까레	도금하다
plagio	쁠라조	ⓜ 표절
plastica	쁠라스띠까	⨍ 플라스틱
platea	쁠라떼아	⨍ 관람석 일층
platino	쁠라띠노	ⓜ 백금
pleurite	쁠레우리떼	⨍ 늑막염
plurale	쁠루랄레	복수의 / ⓜ 복수
pneumatico	쁘네우마띠코	공기의 / ⓜ 타이어

poco	뽀꼬	얼마 안 되는, 조금
poesia	뽀에지아	⨍ 시(詩)
poeta	뽀에따	ⓜ 시인
poi	뽀이	그리고

Ha fatto sosta a Roma, poi è ripartito.
아 파또 소스따 아 로마, 뽀이 에 리빠르띠토
그는 로마에서 잠시 머문 뒤 다시 떠났다.

poiché	뽀이께	이후에, ~이래, ~한 때
polare	뽈라레	전극의
polemica	뽈레미까	⨍ 논쟁
polifonia	뽈리포니아	⨍ 다성음악(多聲音樂)
polipo	뽈리뽀	ⓜ 산호충, 강장동물
politecnico	뽈리떼크니꼬	ⓜ 이공과 대학
politica	뽈리띠까	⨍ 정치
politico	뽈리띠꼬	정치적인 / 정치가
polizia	뽈리지아	⨍ 경찰

Il mio sogno è diventare l'agente di polizia.
일 미오 소뇨 에 디벤따레 라젠떼 디 뽈리지아
경찰관이 되는 것이 내 꿈이다.

poliziotto	뽈리지오또	ⓜ 경찰관
polizza	뽈리짜	ⓜ 증서, 증권, 어음
pollice	뽈리체	ⓜ 엄지손가락

Mio figlio di 8 anni che ancora succhia il pollice.
미오 필리오 디 오또 안니 께 안꼬라 수끼아 일 폴리체
8살인 내 아들은 아직도 엄지손가락을 빤다.

pollo	뽈로	ⓜ 닭
polmone	뽈모네	ⓜ 폐, 허파
polmonite	뽈모니떼	ⓕ 폐렴
polo	뽈로	ⓜ 극, 극점
polpa	뽈빠	ⓕ 살
polpetta	뽈뻬따	ⓕ 고기 완자
polpo	뽈뽀	ⓜ 낙지
polso	뽈소	ⓜ 손목
poltrona	뽈뜨로나	ⓕ 안락의자
polvere	뽈베레	ⓕ 먼지, 가루, 분말
pomata	뽈마따	ⓕ 연고
pomeridiano	뽀메리디아노	오후의
pomeriggio	뽀메리조	ⓜ 오후

Ti passo a prendere alle 4 del pomeriggio.
띠 빠쏘 아 프렌데레 알레 꽈트로 델 뽀메리조
오후 4시에 널 데리러 갈게.

pomodoro	뽀모도로	ⓜ 토마토
pompa	뽐빠	ⓕ 펌프
pompiere	뽐삐에레	ⓜ 소방관
ponente	뽀넨떼	ⓜ 서, 서방, 서양 제국
ponte	뽄떼	ⓜ 다리(橋)
pontefice	뽄떼피체	ⓜ 교황
popolare	뽀뽈라레	대중의, 인기 있는, 국민의

È la ragazza più popolare della scuola.
에 라 라가짜 뿌우 뽀뿔라레 델라 스쿠올라
그녀는 학교에서 가장 인기 있는 소녀입니다.

popolazione	뽀뽈라지오네	ⓕ 인구
popolo	뽀뽈로	ⓜ 민족
poppa	뽀빠	ⓕ 고물, 선미(船尾)
porcellana	뽀르첼라나	ⓕ 자기, 도자기
porcellino	뽀르첼리노	ⓜ 새끼 돼지
porcheria	뽀르께리아	ⓕ 추잡스러운
porcino	뽀르치노	ⓜ 산새버섯
porco	뽀르코	ⓜ 돼지
porgere	뽀르제레	내밀다, 제공하다, 주다
porre	뽀레	두다, 놓다
porro	뽀로	ⓜ 파(대파)
porta	뽀르따	ⓕ 문(門)

Ha aperto la porta ed è entrato nella stanza.
아 아뻬르토 라 뽀르따 에드 에 엔트라토 넬라 스딴자
그는 문을 열고 방으로 들어왔다.

portabagagli	뽀르따바갈리	ⓜ 짐꾼, 수화물대
portacenere	뽀르따체네레	ⓜ 재떨이
portachiavi	뽀르따끼아비	ⓜ 열쇠고리
portafoglio	뽀르따폴리오	ⓜ 지갑

Tirò fuori il portafoglio dalla tasca posteriore dei pantaloni.
티로 푸오리 일 뽀르따폴리오 달라 따스까 뽀스테리오레 데이 빤딸로니
그는 바지 뒷주머니에서 지갑을 꺼냈다.

| portare | 뽀르따레 | 운반하다, 가지고 오다 |

portasapone	뽀르따사뽀네	m 비눗갑
portata	뽀르따따	f ~인분, 적재량
portatile	뽀르따띨레	**휴대용의**
portico	뽀르띠코	m 회랑, 현관
portiera	뽀르띠에라	f 자동차 문
portiere	뽀르띠에레	m 수위, 골키퍼
porto	뽀르토	m 항, 항만, 목적지, 운반, 운임
portoghese	뽀르토게제	**포르투갈의** / m 포르투갈인, 포르투갈어
portone	뽀르토네	m 대문
porzione	뽀르지오네	f 일부, 부분, 일인분
posare	뽀사레	**놓다, 두다**

La madre ha posato il bambino sulla culla.
라 마드레 아 뽀사토 일 밤비노 술라 꿀라
어머니는 아이를 요람에 두었다.

posata	뽀사따	f (스푼, 나이프 등) 식기
positivo	뽀지띠보	**긍정적인, 양성의**
posizione	뽀지지오네	f 위치, 입장
possedere	뽀쎄데레	**소유하다, 가지다**
possesso	뽀쎄쏘	m 소유, 소지, 점유
possibile	뽀씨빌레	**가능한, 일어날 수 있는**

Non ne sono sicuro, ma è una
possibile soluzione.
논 네 소노 시쿠로, 마 에 우나 뽀씨빌레 술루지오네
그것은 확실하진 않지만 가능한 해결책입니다.

possibilità	뽀씨빌리따	f 가능성, 기회

possibilmente	뽀씨빌멘떼	**가능한 한**
posta	뽀스따	f 우편
posteriore	뽀스떼리오레	**뒤에**
postino	뽀스띠노	m 우편배달부
posto	뽀스토	m 장소
potabile	뽀따빌레	**마실 수 있는**
potente	뽀뗀떼	**강력한, 유력한, 효능 있는**

Avremo bisogno qualcosa di più potente.
아브렘모 비조뇨 괄꼬자 디 삐우 뽀뗀떼
우리는 뭔가 더 강력한 것이 필요합니다.

potenza	뽀뗀자	f 힘
potere	뽀떼레	m 권한, 힘, 능력 / 할 수 있다
povero	뽀베로	m 불쌍한 사람 / 가난한, 불쌍한, 부족한
povertà	뽀레르따	f 가난
pozzo	뽀쪼	m 우물
pranzo	프란조	m 점심

Domani a pranzo discuteremo di
questo lavoro.
도마니 아 쁘란조 디스쿠떼렘모 디 꾸에스토 라보로
내일 점심에 이 일에 대해 논의합시다.

pratica	프라띠까	f 실행, 실천, 경험, 체험
pratico	프라띠코	**실제적인, 실용적인**
prato	프라토	m 잔디밭
preavviso	프레아비조	m 예고
precedente	프레체덴떼	**앞선, 전의, 전례, 선례**

precedenza	프레체덴자	⨍ 우선권
precipitare	프레치피따레	떨어지다, 추락하다, 파멸하다
precipizio	프레치피조	ⓜ 낭떠러지, 파멸, 파국
precisare	프레치사레	명확히 하다
preciso	프레치조	정확한

Devi dirmi il prezzo preciso.
데비 디르미 일 쁘레쪼 프레치조
정확한 가격을 알려주세요.

precoce	프레꼬체	조숙한, 빠른, 이른
precursore	프레쿠르소레	선구적인, 앞서는 / ⓜ 선구자
preda	프레다	⨍ 전리품
predica	프레디까	⨍ 설교, 설법
prefabbricato	프레파브리까토	조립식의
prefazione	프레파지오네	⨍ 서문, 머리말, 서언
preferenza	프레페렌자	⨍ 우선권, 선호
preferire	프레페리레	~을 더 좋아하다

Quale di questi libri preferisci di più?
꽐레 디 꾸에스띠 리브리 프레페리쉬 디 삐우
이 책들 중 어떤 게 더 좋습니까?

prefetto	프레페또	ⓜ 지사(知事), 장, 책임자
prefisso	프레피쏘	ⓜ 접두사
pregare	프레가레	기도하다, 청하다
preghiera	프레기에라	⨍ 기도
pregiato	프레자토	귀한, 가치 있는, 중요한
pregio	프레조	ⓜ 장점

pregiudizio	프레주디지오	_m_ 선입관
preistorico	프레이스토리코	선사 시대의
prelevare	프레레바레	인출하다, 공제하다, 빼앗다, 갖다
prelievo	프레리에보	_m_ 인출
premere	프레메레	누르다

Basta premere questo pulsante e cambio il mondo.
바스따 프레메레 꾸에스토 뿔산떼 에 깜비오 일 몬도
이 버튼을 누르기만 하면 세상이 바뀔 것이다.

premiare	프레미아레	상을 주다
premio	프레미오	_m_ 상
premura	프레무라	_f_ 긴급, 배려
prendere	프렌데레	잡다, 쥐다, (차에) 타다, 몸에 지니다
prenotare	프레노따레	예약하다

Abbiamo prenotato una camera.
아삐아모 프레노따토 우나 까메라
우리는 방 하나를 예약했습니다.

prenotazione	프레노따지오네	_f_ 예약
preoccupare	프레오꾸빠레	불안하게 하다

Non ti preoccupare.
논 띠 쁘레오꾸빠레
걱정하지 마.

preoccuparsi	프레오꾸빠르시	걱정하다
preoccupato	프레오꾸빠토	걱정하는, 염려하는
preparare	프레빠라레	준비하다
preparato	프레빠라토	_m_ 조제물, 조합제, 표본 / 준비된

preposizione	프레포지지오네	⑦ 전치사
prepotente	프레포뗀떼	횡포한, 지배적인, 고압적인
presa	프레자	⑦ 붙잡기, 포획, 손잡이
prescrizione	프레스크리지오네	⑦ 처방, 시효
presentare	프레젠따레	소개하다, 내놓다, 제시하다, 제출하다

Vi vorrei presentare un nuovo studente.
비 보레이 프레젠따레 운 누오보 스투덴떼
여러분께 새로운 학생을 소개하겠습니다.

presentarsi	프레젠따르시	자신을 소개하다
presentazione	프레젠따지오네	⑦ 제시, 전시, 제안
presente	프레젠떼	있는 / ⑩ 현재
presenza	프레젠자	⑦ 참석
preservativo	프레제르바띠보	⑩ 콘돔
preside	프레시데	⑩⑦ 교장, 학장, 의장, 총무
presidente	프레지덴떼	⑩ 대통령
pressione	프레씨오네	⑦ 압력, 혈압

La pressione del sangue è stabile, ma mi preoccupa il suo stato mentale alterato.
라 프레씨오네 델 산궤 에 스타빌레, 마 미 쁘레오꾸빠 일 수 스따토 멘딸레 알떼라토
혈압은 안정되었지만 그의 정신 상태가 염려된다.

presso	프레쏘	가까이에
prestare	프레스따레	빌려주다, 대여하다, 보조하다, 제공하다
prestigio	프레스띠조	⑩ 신망
prestito	프레스띠토	⑩ 대여, 대부금, 채권

presto	프레스토	빨리, 일찍
presumere	프레수메레	~라고 생각하다
presuntuoso	프레순뚜오조	오만한, 자부심 강한 / ⓜ 오만한 사람
prete	프레떼	ⓜ 신부
pretendere	프레뗀데레	주장하다, 강요하다, 절망하다, 자부하다
pretesa	프레떼자	ⓕ 요구
pretesto	프레떼스토	ⓜ 구실, 변명, 핑계
prevedere	프레베데레	예상하다, 예측하다, 규정하다
prevenire	프레베니레	예방하다
preventivo	프레벤띠보	예방의, 우선의 / ⓜ 견적, 예산
previdenza	프레비덴자	ⓕ 예측, 선견, 보장, 용의주도
previsione	프레비지오네	ⓕ 예상, 예측, 예견, 예지
prezioso	프레지오조	귀중한, 값비싼, 값진

Tu non avrai nulla e io avrò perso
tempo prezioso.
뚜 논 아브라이 눌라 에 이오 아브로 뻬르소 뗌뽀 프레지오조
아무것도 하지 않는다면 소중한 너의 시간을 잃어버릴 것이다.

prezzemolo	프레쩨몰로	ⓜ 파슬리
prezzo	프레쪼	ⓜ 가격, 값
prigione	프리조네	ⓕ 감옥
prima	프리마	전에, 이전에, 앞서

Prima di tutto vorrei ringraziare tutti
voi per essere venuti qui.
프리마 디 뚜또 보레이 린그라지아레 뚜띠 보이 뻬르 에쎄레 베누띠 뀌
우선, 이곳에 와주신 모든 분께 감사드립니다.

O

P

Q

R

S

T

U

V

W

X

Y

Z

primario	프리마리오	최초의 / ⓜ 원장
primávera	프리마베라	ⓕ 봄
primaverile	프리마베릴레	봄의
primitivo	프리미띠보	원시의
primo	프리모	처음의
principale	프린치빨레	주요한, 중요한, 제일의 / ⓜ 고용주
principato	프린치빠토	ⓜ 군주
principe	프린치뻬	ⓜ 왕자
principessa	프린치뻬싸	ⓕ 공주
principiante	프린치뻬안떼	ⓜⓕ 초심자
principio	프린치삐오	ⓜ 시작, 개시, 발단, 원인, 원칙

Questi due dispositivi funzionano in base allo stesso principio.
꾸에스띠 두에 디스포지띠비 푼지오나노 인 바제 알로 스테쏘 프린치삐오
이 두 장치는 동일한 원리로 작동합니다.

privare	프리바레	빼앗다, 강탈하다, 버리다
privato	프리바토	사적인 / ⓜ 개인
privilegio	프리빌레조	ⓜ 특권
privo	프리보	없는
probabile	프로바빌레	그럴듯한, 유망한
probabilità	프로바빌리따	ⓕ 가능성, 기회
probabilmente	프로바빌멘떼	아마도
problema	프로블레마	ⓜ 문제

In qualche modo ho risolto il problema.
인 꽐께 모도 오 리솔토 일 프로블레마
나는 어떻게든 문제를 해결한다.

proboscide	프로보쉬데	⨍ 코끼리의 코
procedere	프로체데레	나아가다, 전진하다, 착수하다
procedura	프로체두라	⨍ 소송
processione	프로체씨오네	⨍ 행렬
processo	프로체쏘	m 경과, 재판
procurare	프로꾸라레	마련하다, 준비하다, 노력하다
procuratore	프로꾸라토레	m 검찰관
prodigioso	프로디지오조	기적적인, 이상한, 비범한
prodotto	프로도또	m 제품 / 생산된
produrre	프로두레	생산하다, 야기시키다, 제출하다

L'accusa non ha prodotto prove
sufficienti.
라꾸자 논 아 프로도또 프로베 수피첸띠
검찰은 충분한 증거를 제시하지 않았다.

produttore	프로두또레	m 제작자
produzione	프로두지오네	⨍ 생산
profano	프로파노	세속적인, 불경의, 부정의
professione	프로페씨오네	⨍ 직업
professionista	프로페씨오니스따 mf 전문가

È un vero professionista e non
ingannerebbe mai un cliente.
에 운 베로 프로페씨오니스따 에 논 인가네레뻬 마이 운 클리엔데
그는 진정한 프로로 고객을 속이지 않을 것입니다.

professore	프로페쏘레	ⓜ 교사
profitto	프로피또	ⓜ 이익
profondità	프로폰디따	ⓕ 깊이
profondo	프로폰도	깊은, 강한, 격렬한, 예리한
profugo	프로푸고	ⓜ 난민, 망명자
profumato	프로푸마토	향기나는
profumeria	프로푸메리아	ⓕ 화장품점
profumo	프로푸모	ⓜ 향수
progettare	프로제따레	기획하다, 계획하다, 설계하다
progetto	프로제또	ⓜ 계획, 기획, 규정, 법규

Che progetti hai per il futuro?
께 프로제띠 아이 뻬르 일 푸뚜로
미래에 대한 계획이 무엇입니까?

programma	프로그람마	ⓜ **프로그램**
progressista	프로그레씨스따	ⓜⓕ **진보주의자**
progressivo	프로그레씨보	점진적인
progresso	프로그레쏘	ⓜ 향상, 진보, 개선
proibire	프로이비레	금하다, 금지하다, 방지하다
proibito	프로이비토	금지된

È proibito fumare in qualunque zona dell'edificio.
에 프로이비토 푸마레 인 꽐룬께 조나 델에디피초
이 건물의 모든 구역에서 흡연은 금지되었습니다.

proiettare	프로이에따레	영사하다, 던지다, 투사하다
proiettile	프로이에띨레	ⓜ 탄환

proiezione	프로이에지오네	☑ 상영
prologo	프롤로고	ⓜ 서막
prolungare	프로룬가레	연장하다, 연기하다, 늘리다
promessa	프로메싸	☑ 약속
promettente	프로메뗀떼	장래가 유망한
promettere	프로메떼레	약속하다, 계약하다, 가망이 있다

Ho promesso a mia madre che sarei andato in grande magazzino.
오 프로메쏘 아 미아 마드레 께 사레이 안다토 인 그란데 마가찌노
나는 엄마와 백화점에 가기로 약속했다.

promozione	프로모지오네	☑ 진급
promuovere	프로무오베레	진급시키다
pronome	프로노메	ⓜ 대명사
pronto	프론토	준비된
pronuncia	프로눈치아	☑ 발음
pronunciare	프로눈치아레	발음하다

Come si pronuncia in Italiano?
꼬메 시 프로눈차 인 이탈리아노
이것은 이탈리아어로 어떻게 발음합니까?

propaganda	프로파간다	☑ 선전
proporre	프로뽀레	제안하다
proporzione	프로뽀르지오네	☑ 비례
proposta	프로뽀스따	☑ 제안
proprietà	프로프리에따	☑ 소유
proprietario	프로프리에따리오	ⓜ 소유자

proprio	프로프리오	**자신의**
proroga	프로로가	🗇 **연기(延期)**
prosa	프로자	🗇 **산문**
prosciutto	프로쉬또	m **햄**
proseguire	프로세귀레	**계속하다**

Prosegui lungo questa strada e al
primo semaforo gira.
프로세귀 룬고 꾸에스따 스트라다 에 알 프리모 세마포로 지라
이 길을 계속 따라가다 첫 번째 신호등에서 도세요.

prospettiva	프로스페띠바	🗇 **원근법**
prospetto	프로스뻬또	m **도표**
prossimo	프로씨모	**다음의**
prostituta	프로스띠뚜따	🗇 **매춘부**
protagonista	프로타고니스따	m/f **주인공**
proteggere	프로떼제레	**보호하다**

Le guardie del corpo hanno protetto
il primo ministro.
레 구아르디에 델 꼬르뽀 안노 프로떼또 일 프리모 미니스트로
경호원들은 총리를 보호했다.

proteine	프로떼이네	pl **단백질**
protesta	프로떼스따레	🗇 **항의**
protestante	프로떼스딴떼	**신교의** / m **신교도**
protestare	프로떼스따레	**항의하다**

Il cliente ha protestato per la
maleducazione del cameriere.
일 클리엔떼 아 프로떼스따또 뻬르 라 말레두까지오네 델 까메리에레
고객들은 웨이터의 무례함에 대해 항의했다.

protezione	프로떼지오네	🗇 **보호**

protocollo	프로토콜로	*m* 공문서
prova	프로바	*f* 시험
provare	프로바레	시험해 보다
provenire	프로베니레	유래하다
proverbio	프로베르비오	*m* 속담
provincia	프로빈챠	*f* 지방, 주(州)
provocare	프로보까레	자극하다, 화나게 하다

Smettila di provocare la tua sorellina!
즈메띨라 디 프로보까레 라 뚜아 소렐리나
여동생을 화나게 하는 것을 멈춰!

provvedimento	프로베디멘토	*m* 준비, 공급, 정비
provvigione	프로비조네	*f* 수수료
provvisoriamente	프로비조리아멘떼	임시로
provvisorio	프로비조리오	일시적인, 임시적인, 잠정적인
provviste	프로비스떼	*fpl* 저장 식량
prua	프루아	*f* 뱃머리
prudente	프루덴떼	조심성 있는
prudenza	프루덴자	*f* 신중, 용의주도, 사려 깊음
prugna	푸루냐	*f* 자두
prurito	프루리토	*f* 가려움

È venuto il prurito dove lo ha punto una zanzara.
에 베누토 일 프루리토 도베 로 아 뿐토 우나 잔자라
모기가 문 곳이 가렵다.

psichiatra	피지끼아트라	*mf* 정신과 의사

psicologo	피지콜로고	ⱨ 심리학자
pubblicare	뿌불리까레	발표하다, 출판하다, 발행하다, 광고하다
pubblicazione	뿌불리까지오네	⨍ 간행물
pubblicità	뿌불리치따	⨍ 광고
pubblico	뿌불리코	공적인, 공중의 / ⱨ 공중, 청중, 대중
pudore	뿌도레	ⱨ 수치심, 수줍음, 정결
pugilato	뿌질라토	ⱨ 권투
puglie	뿌질레	ⱨ 권투 선수
pugno	뿌뇨	ⱨ 주먹, 한 주먹, 소수
pulce	뿔체	⨍ 벼룩
pulcino	뿔치노	ⱨ 병아리
puledro	뿔레드로	ⱨ 망아지
pulire	뿔리레	깨끗하게 하다, 씻어내다, 제거하다

Bisogna pulire il pesce prima di cucinarlo.
비죠냐 뿔리레 일 뻬쉐 프리마 디 꾸치나를로
생선은 요리하기 전에 깨끗이 씻어야 합니다.

pulito	뿔리토	깨끗한
pulizia	뿔리지아	⨍ 청소
pullman	뿔만	ⱨ 고속버스
pulsante	뿔산떼	ⱨ 부저, 버튼
pungente	뿐젠떼	찌르는 듯한
pungere	뿐제레	찌르다

punire	뿌니레	벌하다, 처벌하다, 징계하다

L'insegnante ha punito il suo studente per aver fatto tardi a lezione.
린세냔떼 아 푸니토 일 수오 스투덴떼 뻬르 아베르 파또 따르디 아 레지오네
선생님은 학생이 수업에 늦으면 벌을 준다.

punizione	뿌니지오네	⨍ 벌, 징벌, 체벌
punta	뿐따	⨍ 끝, 선단, 말단
puntare	뿐따레	겨누다, 걸다
punteggio	뿐떼조	m 점수
punto	뿐토	m 점, 위치, 구두점
puntuale	뿐뚜알레	시간을 지키는
puntura	뿐뚜라	⨍ 찔린 상처
pupazzo	뿌빠쪼	m 인형
pure	뿌레	~이지만, 그럼에도 불구하고

Dica pure !
디까 뿌레
어서 말하세요!

purezza	뿌레짜	⨍ 순도, 순수함
purgante	뿌르간떼	m 강장제
purgatorio	뿌르가또리오	m 연옥, 지옥
puro	뿌로	순수한, 단순한

Ho domandato per pura curiosità.
오 도만다토 뻬르 뿌라 꾸리오지따
나는 단순한 호기심에서 물었다.

purtroppo	뿌르뜨로뽀	유감스럽게도
pus	뿌스	m 고름

puttana	뿌따나	🔟 매춘부
puzza	뿌짜	🔟 악취
puzzare	뿌짜레	**악취를 풍기다**
puzzola	뿌쫄라	🔟 스컹크

O
P
Q
R
S
T
U
V
W
X
Y
Z

qua	꾸아	여기에
quaderno	꽈데르노	공책
quadrato	꽈드라토	정사각형의, 균형 잡힌 / m 정방형, 정사각인 것
quadro	꽈드로	m 그림
quadrupede	꽈드루페데데	m 네 발 짐승
quaggiù	꾸아주	이 아래로, 이리로
quaglia	꾸아리아	f 메추라기, 메추리
qualche	꽐께	어떤, 몇몇

Ho qualche domanda da farti.
오 꽐께 도만다 다 파르띠
너에게 질문할 것이 좀 있어.

qualcosa	꽐꼬자	어떤 것, 무언가, 어느 정도, 다소
qualcuno	꽐꾸노	누군가, 몇몇 사람, 몇 가지
quale	꽐레	어떤 것, 무슨, 누구든지
qualifica	꽐리피까	f 평가
qualificato	꽐리피까토	자격을 딴
qualità	꽐리따	f 특질, 양질, 종류, 특성

I prezzi variano secondo la qualità.
이 프레찌 바리아노 세꼰도 라 꽐리따
가격은 품질에 따라 달라진다.

qualsiasi	꽐시아시	무엇이든지

O

P

Q

R

S

T

U

V

W

X

Y

Z

qualunque	꽐룬꿰	무엇이든지
quando	꽌도	언제
quantità	꽌띠따	⨍ 양, 다량, 분량, 액수
quanto	꽌토	얼만큼
quarantena	꽈란떼나	⨍ 40일간 검역, 검역 기간
quaresima	꽈레지마	⨍ 사순절
quartiere	꽈르띠에레	m 구역, 지구, 가(街)
quarto	꽈르토	네 번째의
quarzo	꽈르조	석영, 수정
quasi	꽈지	거의
	Sono quasi le nove. 소노 꽈지 레 노베 거의 9시입니다.	
quattrini	꽈트리니	mpl 돈
quello	꿸로	그, 저
quercia	꿰르챠	⨍ 참나무
querela	꿰렐라	⨍ 고소, 불평
questionario	꿰스띠나리오	m 설문지
questione	꿰스띠오네	⨍ 문제, 질문
questo	꾸에스토	이(것)
questura	꿰스뚜라	⨍ 시 경찰국
qui	꾸이	여기에
	Ci sarà uno spettacolo alle otto qui. 치 사라 우노 스페따꼴로 알레 오또 뀌 여기에서 8시에 공연이 있을 겁니다.	

quiete	꾸에떼	_f_ 정적, 안심, 정지, 안정
quieto	꾸에토	고요한, 움직이지 않는, 얌전한
quindi	뀐디	그러므로, 그래서
quintale	뀐딸레	_m_ 100kg
quiz	뀌즈	_m_ 퀴즈
quota	꾸오따	_f_ 할당분
quotazione	꿔따지오네	_f_ 시세
quotidiano	꿔띠디아노	매일의, 일상적인

Gli incidenti stradali su questa strada sono un evento quotidiano.
리 인치덴띠 스트라달리 수 꾸에스따 스트라다 소노 운 에벤토 꿔띠디아노

이 길에서 교통사고는 매일 일어난다.

R

rabbia	라비아	⏞ 화
rabbrividire	라브리비디레	**한기를 느끼다**
racchetta	라께따	⏞ 라켓
raccogliere	라꼴리에레	**수확하다, 모으다**
raccogliersi	라꼴리에르시	**집중하다, 집합하다**
raccolta	라꼴따	⏞ 수확
raccolto	라꼴토	⏤ 수확고
raccomandare	라꼬만다레	**부탁하다, 추천하다**

Il professore ha raccomandato il ricercatore al suo collega dell'università straniera.
일 프로페쏘레 아 라꼬만따토 일 리체르까또레 알 수오 꼴레가 델루니베르시따 스트라니에라
교수는 그의 동료를 외국 대학의 연구원으로 추천했다.

raccomandata	라꼬만다따	⏞ 등기우편
raccomandazione	라꼬만다지오네	⏞ 추천, 의뢰
raccontare	라꼰따레	**이야기하다**
racconto	라꼰토	⏤ 이야기
raccordo	라꼬르도	⏤ 연결, 접속, 연결장치
radar	라다르	⏤ 레이더
raddoppiare	라도삐아레	**배가 되다**
radiatore	라디아또레	⏤ 라디에이터

radicale	라디깔레	뿌리의, 근본적인
radice	라디체	⨍ 뿌리, 근원, 기원

Bisogna avere radici forti per non andare dove tira il vento.
비조냐 아베레 라디치 포르띠 뻬르 논 안다레 도베 띠라 일 뺀토
바람에 흔들리지 않으려면 뿌리가 튼튼해야 한다.

radio	라디오	⨍ 라디오
radioattività	라디오아띠비따	방사능
radiografia	라디오그라피아	⨍ 엑스레이 사진
radunare	라두나레	모으다, 쌓아 올리다, 모이다
radura	라두라	⨍ 돌풍
raffigurare	라피구라레	분별하다, 상징하다
raffinare	라피나레	정제하다, 세련되다
raffinato	라피나토	정제한, 세련된
raffreddare	라프레다레	차게 하다

Dovresti raffreddare il vino bianco prima di servirlo.
도브레스띠 라프레다레 일 비노 비안코 프리마 디 세르비르로
화이트 와인은 내오기 전에 차게 해야 한다.

raffreddarsi	라프레다르시	식다
raffreddore	라프레도레	ⓜ 감기
ragazza	라가짜	⨍ 소녀
ragazzo	라가쪼	ⓜ 소년, 젊은이
raggio	라조	ⓜ 광선, 빛
raggiungere	라준제레	도달하다, 획득하다, 달성하다

| ragionare | 라조나레 | 생각하다, 성찰하다, 추리하다 |
| ragione | 라조네 | ⑦ 이성, 이지, 추리, 이유 |

Mi sa che hai ragione tu.
미 사 께 아이 라지오네 뚜
난 당신이 옳은 것 같아요.

ragioneria	라조네리아	⑦ 회계학
ragionevole	라조네보레	이성적인, 합리적인
ragioniere	라조니에레	⑩ 계리사, 회계사
ragnatela	라냐뗼라	⑦ 거미줄
ragno	라뇨	⑩ 거미
ragù	라구	⑩ 미트 소스
rallegrare	릴레그라레	기쁘게 하다, 밝게 비추다
rallentare	릴렌따레	감소하다, 늦어지다, (속도) 늦추다

Ha rallentato avvicinandosi all'incrocio.
아 랄렌따또 아비치난도시 알린크로초
그는 교차로에 가까워지자 속도를 늦췄다.

rame	라메	⑩ 동, 동판화
rammendare	라멘다레	수선하다
rammentare	라멘따레	기억나게 하다, 생각해내다
ramo	라모	⑩ 가지
rana	라나	⑦ 개구리
rancore	란꼬레	⑩ 한, 원한
rango	란고	⑩ 계급
rapa	라빠	⑦ 무 [식물]

O
P
Q
R
S
T
U
V
W
X
Y
Z

rapace	라빠체	약탈적인, 욕심이 강한 / _mpl_ 맹금류
rapidità	라삐디따	_f_ 빠름
rapido	라삐도	빠른, 특급
rapimento	라삐멘토	_m_ 유괴, 격정, 몰입 상태
rapina	라삐나	_f_ 강도
rapire	라삐레	강탈하다, 유괴하다

Qualcuno ha rapito una bimba ieri a scuola.
꽐꾸노 아 라피토 우나 빔바 이에리 아 스쿠올라
어제 누군가가 학교에서 여자아이를 유괴했다.

rapporto	라뽀르토	_m_ 보고서, 관계
rappresentante	라프레젠딴떼	_mf_ 대리인, 판촉사원
rappresentare	라프레젠따레	나타내다, 상연하다
raramente	라라멘떼	드물게
raro	라로	드문, 뛰어난, 진귀한
rasoio	라조이오	_m_ 면도기

Lui prese il rasoio e cominciò a radersi.
루이 프레제 일 라조이오 에 꼬민쵸 아 라데르시
그는 면도기를 집어들어 면도를 하기 시작했다.

rassegnare	라쎄냐레	건네다, 제출하다
rasserenarsi	라쎄레나르시	맑게 개다, 안심하다, 건강해지다
rassicurare	라씨꾸라레	안심 시키다
rastrello	라스트렐로	_m_ 갈퀴
rata	라따	_f_ 할부금
rattristare	라뜨리스따레	슬프게 하다

rauco	라우코		**목이 쉰**
ravioli	라비올리	*mpl*	**라비올리**(이탈리아 음식)
razionale	라지오날레		**합리적인, 이성이 있는, 목적에 맞는**
	Ci comportiamo in modo razionale. 치 꼼뽀르띠아모 인 모도 라지오날레 합리적인 방식으로 행동합시다.		
razione	라지오네	*f*	**일인분**
razza	라짜	*f*	**인종, 종자**
razzia	라찌아	*f*	**습격, 급습, 도둑질**
razzismo	라찌즈모	*m*	**인종 차별**
razzo	라쪼	*m*	**불꽃, 폭죽, 봉화, 로켓**
re	레	*m*	**왕, 국왕, 군주**
reagire	레아지레		**반응하다, 반동하다, 반항하다**
reale	레아레		**실제의, 왕의**
realizzare	레알리짜레		**실현하다**
realtà	레알따	*f*	**현실**
	Questa è una realtà che dobbiamo affrontare. 꾸에스따 에 우나 레알따 께 도비아모 아프론따레 이것이 우리가 직면해야 할 현실이다.		
reato	레아토	*m*	**범죄**
reazione	레아지오네	*f*	**반응, 반동, 반작용**
recapitare	레까삐따레		**배달하다**
recapito	레가삐토	*m*	**연락처**
recare	레까레		**가지고 가다, 운반하다, 지니고 있다**

recarsi	레까르시	가다, 향해 가다
recente	레첸떼	최근의, 요즘의
recentemente	레첸떼멘떼	근간에

È vero che l'abbiamo incontrato recentemente?
에 베로 께 라비아모 인꼰뜨라토 레첸떼멘떼
우리가 최근에 만난 게 사실인가요?

recinto	레친토	*m* 울타리
recipiente	레치피엔떼	*m* 용기
reciproco	레치프로코	상호의
recita	레치따	*f* 공연
recitare	레치따레	낭독하다, 연기하다
reclamare	레클라마레	불평하다, 요구하다
reclamo	레클라모	*m* 불평, 불만
record	레꼬르드	*m* 기록
recuperare	레꾸뻬라레	되찾다
redattore	레다또레	*m* 편집자
redazione	레다지오네	*f* 작성, 편집, (동일한 책의 다른) 판, 본
reddito	레디토	*m* 소득

Ha un reddito annuo molto alto.
아 운 레디토 안누오 몰토 알토
그는 연간 소득이 높다.

redini	레디니	*fpl* 고삐
referendum	레페렌둠	*m* 국민투표
regalare	레갈라레	선물하다

	Mi ha regalato una cravatta per il mio compleanno. 미 아 레갈라또 우나 크라바따 뻬르 일 미오 꼼쁠레안노 그는 나에게 생일 선물로 넥타이를 주었다.
regalo	레갈로 回 선물
reggere	레제레 떠받치다, 버티다
reggersi	레제르시 지탱하다
reggimento	레지멘토 回 연대, 군중, 다수
reggiseno	레지세노 回 브래지어
regia	레지아 囝 연출
regime	레지메 回 정치제도, 건강생활을 잘 돌봄, 요양 생활
	Deve seguire un rigido regime alimentare per via delle sue allergie. 데베 세귀레 운 리지도 레지메 알리멘따레 뻬르 비아 델레 수에 알레르지에 그는 알레르기 때문에 엄격한 식단을 따라야 한다.
regina	레지나 囝 여왕
regione	레지오네 囝 지방
regista	레지스따 回囝 연출가, 영화감독
registrare	레지스트라레 기록하다, 녹음하다, 등록하다
	Mi sono registrato alla mezza maratona. 미 소노 레지스트라토 알라 메자 마라토나 나는 하프 마라톤 대회에 등록했다.
registratore	레지스트라토레 回 녹음기
registro	레지스트로 回 장부
regnare	레냐레 통치하다, 지배하다
regno	레뇨 回 왕국
regola	레골라 囝 규칙, 법칙

regolamento	레골라멘토	⑪ 규칙, 규정
regolare	레골라레	규칙적인, 조절하다
relativo	레라띠보	상대적인
relazione	레라지오네	⑰ 관계, 관련, 보고, 보고서

C'è una relazione tra i fumi di scarico delle macchine e il riscaldamento globale?
체 우나 레라지오네 뜨라 이 푸미 디 스까리코 델레 마끼네 에 일 리스깔다멘토 글로발레
자동차 배기가스와 지구 온난화가 관계 있습니까?

religione	렐리지오네	⑰ 종교
religioso	렐리지오조	종교의
remare	레마레	노를 젓다
remo	레모	⑩ 노
remoto	레모토	먼, 떨어진
rendere	렌데레	돌려주다, 주다, 표현하다, 하게 하다
rendersi	렌데르시	~이 되다, 알다, 가다, 항해하다

Ti sei reso conto che il semestre inizia lunedì prossimo?
띠 세이 레조 꼰토 께 일 세메스뜨레 이니지아 루네디 프로씨모
다음 월요일에 학기가 시작되는 걸 알았니?

rendimento	렌디멘토	⑩ 능률, 이윤, 보답, 효율
rene	레네	⑩ 신장, 콩팥
reparto	레빠르토	⑩ 부분, 분할
reperibile	레뻬리빌레	발견할 수 있는
repertorio	레뻬르토리오	⑩ 레퍼토리

religione 레리지오네 **종교**

buddismo 부디즈모 m 불교

buddista 부디스타 m 불교신자

tempio buddista 뗌삐오 부디스타 m 절

cattolicesimo 까똘리체즈모 m 천주교

cattolico 카똘리코 m 천주교 신자

cristianesimo 크리스티아네즈모 m 기독교

cristiano 크리스티아노 m 기독교 신자

chiesa 끼에자 f 교회

chiesa cattolica 끼에자 카똘리까 f 성당

Dio 디오 m 신

Gesù 제수 m 예수

Santa Maria 산타 마리아 f 성모 마리아

Budda 부다 m 부처

Allah 알라 m 알라

fede 페데 f 신앙

fedeli 페델리 mpl 신도, 신자

islamismo 이슬라미즈모 m 이슬람교

induismo 인두이즈모 m 힌두교

giudiaismo 주다이즈모 m 유대교

manaco buddista 모나코 부디스타 m 승려

O
P
Q
R
S
T
U
V
W
X
Y
Z

replica	레쁠리까	☑ 반복, 상연, 재방송, 회답
reprimere	레프리메레	**진압하다**
repubblica	레뿌블리까	☑ 공화국
repubblicano	레뿌블리까노	**공화제의 / ⓜ 공화주의자**
reputazione	레뿌따지오네	☑ 평판
requisire	레귀지레	**징발하다, 접수하다**
residente	레지덴떼	**거주하는**
residenza	레지덴자	☑ 거주지
residuo	레지두오	ⓜ 나머지
resina	레지나	☑ 나뭇진, 송진
resistente	레지스뗀떼	**저항력이 있는**
resistenza	레지스뗀자	☑ 저항력
resistere	레지스떼레	**견디다, 저항하다**

Non riesco a resistere al cioccolato,
è meglio che me lo nascondiate.
논 리에스코 아 레지스떼레 알 쵸콜라토, 에 멜리오 께 메 로 나스꼰디아떼
나는 초콜릿을 참을 수 없어, 그걸 숨기는 게 낫겠어.

resoconto	레조꼰토	ⓜ 보고(서)
respingere	레스삔제레	**쫓아내다, 거부하다**
respirare	레스피라레	**호흡하다, 숨쉬다**
respirazione	레스피라지오네	☑ 호흡
respiro	레스피로	ⓜ 숨

Nell'aria fredda il suo respiro
sembrava fumo.
넬라리아 프레다 일 수오 레스피로 셈브라바 푸모
그의 입김은 차가운 공기 속에서 연기처럼 보였다.

responsabile	레스폰사빌레	책임이 있는 / m 책임자
responsabilità	레스폰사빌리따	f 책임(감)
restare	레스따레	남다, 머물다
restaurare	레스따우라레	수리하다
restauro	레스따우로	m 복구, 수리
restituire	레스띠뚜이레	반환하다
resto	레스토	m 나머지, 거스름돈
restringere	레스트린제레	좁히다, 삭감하다
restringersi	레스트린제르시	좁게 하다, 줄어들다, 작아지다

Le novità introdotte dalla legge si restringono a pochi casi specifici.

레 노비따 인뜨로도떼 달라 레쩨 시 레스트린고노 아 뽀끼 까지 스뻬치피치

새로 도입된 법은 몇 가지 특정한 경우로 제한됩니다.

restrizione	레스트리지오네	f 제약
rete	레떼	f 망, 그물
retribuzione	레트리부지오네	f 보수
retromarcia	레트로마르챠	f 후진
retrovisore	레트로비조레	m 백미러
rettangolo	레딴골로	m 직사각형
rettile	레띨레	m 파충류
retto	레또	똑바른, 청렴한
rettore	레또레	m 대학 총장
reumatismo	레우마띠즈모	m 류머티즘
revisione	레비지오네	f 감사, 점검, 면밀한 검사

	Il tuo tema ha bisogno di una bella revisione. 일 뚜오 테마 아 비조뇨 디 우나 벨라 레비지오네 당신의 논문은 심각하게 교정이 필요합니다.
revocare	레보까레 **폐지하다**
riassumere	리아쑤메레 **요약하다, 재고용하다**
riassunto	리아쑨토 ⓜ **줄거리, 개요**
ribaltare	리발따레 **뒤집다, 뒤집히다**
ribasso	리바쏘 ⓜ **내림, 하락**
ribellarsi	리벨라르시 ⓜ **반란을 일으키다**
ribellione	리벨리오네 ⓕ **반란, 반역**
ribes	리베스 ⓜ **까치밥나무**
ribrezzo	리브레쪼 ⓜ **몸서리** Il sangue mi fa ribrezzo. 일 산궤 미 파 리브레쪼 나는 피를 보면 오싹한다.
ricamare	리까마레 **수를 놓다**
ricambio	리깜비오 ⓜ **교환, 교체, 이동, 변동**
ricamo	리까모 ⓜ **자수**
ricattare	리까따레 **협박하다, 강요하다**
ricchezza	리께짜 ⓕ **부유**
riccio	리쵸 ⓜ **곱슬머리, 고슴도치**
ricco	리꼬 **부유한, 풍부한** / ⓜ **부자**
ricerca	리체르까 ⓕ **수사, 연구, 탐구**
ricetta	리체따 ⓕ **요리법**
ricevere	리체베레 **받다, 영수하다, 경험하다**

Hai ricevuto il messaggio che ti ho mandato?
아이 리체부토 일 메싸조 께 띠 오 만다토
내가 너에게 보낸 메시지 받았니?

ricevimento	리체비멘토	ⓜ 받음, 리셉션
ricevitore	리체비토레	ⓜ 수신기, 수상기, 수납계
ricevuta	리체부따	ⓕ 영수증
richiamare	리끼아마레	다시 부르다, 끌어들이다
richiedere	리끼에데레	강력히 요구하다, 필요하다
richiesta	리끼에스따	ⓕ 요구
ricompensa	리꼼뻰사	ⓕ 보수, 보답

L'uomo ha ricevuto una ricompensa per aver ritrovato il cane smarrito.
루오모 아 리체부토 우나 리꼼뻰사 뻬르 아베르 리트로바토 일 까네 즈마리토
남자는 잃어버린 개를 찾아준 보답을 받았다.

riconciliarsi	리꼰칠리아르시	화해하다
riconoscente	리꼬노쉔떼	감사하게 생각하는
riconoscenza	리꼬노쉔자	ⓕ 감사하는 마음
riconoscere	리꼬노쉐레	알아보다, 인정하다
ricordare	리꼬르다레	기억하다

Mi ricordo del giorno in cui sei nato.
미 리꼬르도 델 조르노 인 꾸이 세이 나토
나는 네가 태어난 날을 기억한다.

ricordo	리꼬르도	ⓜ 기억, 추억, 회고
ricorrere	리꼬레레	도움을 청하다
ricostruzione	리꼬스트루지오네	ⓕ 재건
ricoverare	리꼬베라레	입원하다

ridere	리데레	웃다
ridicolo	리디콜로	우스꽝스러운
ridotto	리도또	축소된
ridurre	리두레	줄이다
riduzione	리두지오네	*f* 축소, 할인
riempire	리엠삐레	가득 채우다
rientrare	리엔뜨라레	돌아오다
riferimento	리페리멘토	*m* 언급, 참조, 인용
riferire	리페리레	전하다, 관련되다 Il suo gesto può essere riferito ai recenti avvenimenti. 일 수오 제스토 뿌오 에쎄레 리페리토 아이 레첸띠 아베니멘띠 그의 행동은 최근 사건과 관련이 있을 수 있다.
rifiutare	리퓨따레	거절하다
rifiuti	리퓨띠	*mpl* 쓰레기
riflessione	리플레씨오네	*f* 반사, 심사숙고 Dopo un'attenta riflessione, ho deciso di comprare una macchina. 도뽀 우나뗀따 리플레씨오네, 오 데치조 디 꼼쁘라레 우나 마끼나 심사숙고 후에 나는 차를 사기로 결정했다.
riflettere	리플레떼레	반사하다, 잘 생각하다
riflettore	리플레또레	*m* 조명등
riforma	리포르마	*f* 개혁, 변혁, 개정
rifornimento	리포르니멘토	*m* 보급
rifugiarsi	리푸쟈르시	피난하다, 도피하다, 숨다
rifugio	리푸조	*m* 피난처

riga	리가	⨍ 선, 행, 열
rigido	리지도	딱딱한, 엄격한
rigore	리고레	ⓜ 엄격함
riguardare	리구아르다레	관계가 있다, 검사하다, 검토하다
rilasciare	리라쉬아레	석방하다, 발행하다
rilassarsi	리라싸르시	긴장을 풀다
rilegatura	리레가뚜라	⨍ 제본
rilievo	리리에보	ⓜ 두드러짐, 중요성
rima	리마	⨍ 운율
rimandare	리만다레	돌려보내다, 연기하다

Hanno deciso di rimandare il
matrimonio di un anno.
안노 데치조 디 리만다레 일 마뜨리모니오 디 운 안노
그들은 결혼을 1년 연기하기로 했다.

rimanere	리마네레	남다, 머물다, 잔류하다
rimborsare	림보르사레	돈을 돌려주다
rimediare	리메디아레	치료하다, 고치다, 보상하다
rimedio	리메디오	ⓜ 치료(법)
rimorchiare	리모르끼아레	견인하다
rimorchio	리모르끼오	ⓜ 견인되는 차량
rimorso	리모르소	ⓜ 양심의 가책
rimozione	리모지오네	⨍ 철거
rimpianto	림삐안토	ⓜ 애석, 한탄
rimprovero	림프로베레	ⓜ 꾸짖음

rimuovere	리무오베레	**옮기다, 이동하다, 제거하다**

Per rimuovere le macchie di vino rosso da un tappeto si può usare del vino bianco.
뻬르 리무오베레 레 마끼에 디 비노 로쏘 다 운 따뻬또 시 뿌오 우자레 델 비노 비안꼬
카펫에 레드 와인 얼룩을 제거하기 위해서 화이트 와인을 사용할 수 있다.

Rinascimento	리나쉬멘토	*m* **르네상스**
rinascita	리나쉬따	*f* **부활**
rincarare	린까라레	**값을 올리다**
rincorrere	린꼬레레	**뒤쫓다**
rinfresco	린프레스코	*m* **다과회**
ringhiera	린기에라	*f* **난간**

Mantieniti alla ringhiera per non cadere.
만띠에니띠 알라 린기에라 뻬르 논 까데레
떨어지지 않게 난간을 잡아!

ringiovanire	린조바니레	**젊게 보이다**
ringraziare	린그라지아레	**감사하다**
rinnovare	린노바레	**새롭게 하다**
rinnovo	린노보	*m* **경신**
rinunciare	리눈치아레	**단념하다**

L'avvocato rinunciò alla sua parcella per il caso.
라보까토 리눈치오 알라 수아 빠르첼라 뻬르 일 까조
변호사는 사건 수임료를 단념했다.

rinviare	린비아레	**반송하다**
riparare	리빠라레	**보호하다, 수선하다**
riparazione	리빠라지오네	*f* **수선, 보상, 배상**
ripartire	리빠르띠레	**다시 떠나다**

ripetere	리뻬떼레	되풀이하다
ripetizione	리뻬띠지오네	⨍ 반복
ripido	리삐도	급경사진, 경사가 심한
ripieno	리삐에노	속을 채운
riportare	리뽀르따레	가져가다
riposare	리뽀자레	휴식하다, 쉬다, 다시 놓다
riposarsi	리뽀자르시	쉬다
riposo	리뽀조	ⓜ 휴식
ripostiglio	리뽀스띠리오	ⓜ 창고
riprendere	리프렌데레	다시 취하다, 재개하다

Vado a riprendere il vestito in tintoria.
바도 아 리프렌데레 일 베스띠토 인 띤토리아
세탁소에 옷을 찾으러 갈 거야.

ripresa	리프레자	⨍ 재개, 촬영
riproduzione	리프로두지오네	⨍ 복제, 재생
risarcimento	리사르치멘토	ⓜ 손해배상, 수리, 수선
risalta	리살따	⨍ 폭소
riscaldamento	리스깔다멘토	ⓜ 난방(장치)

È acceso il riscaldamento in casa?
에 아체조 일 리스깔다멘토 인 까사
집에 난방을 틀었니?

riscaldare	리스깔다레	데우다
riscatto	리스까또	ⓜ 몸값
rischiare	리스끼아레	위험을 무릅쓰다
rischio	리스끼오	ⓜ 위험

O
P
Q
R
S
T
U
V
W
X
Y
Z

risciacquare	리쉬야꾸아레	헹구다
riscuotere	리스꾸오떼레	각성시키다
riserva	리세르바	m 독점
riservare	리세르바레	예약하다

Ha riservato un posto a sedere per la sua amica.
아 리세르바토 운 뽀스토 아 세데레 뻬르 라 수아 아미까
그는 친구를 위해 좌석을 예약했다.

riservato	리세르바토	예약된, 신중한
risiedere	리시에데레	거주하다
riso	리조	m 쌀, 웃음
risolvere	리졸베레	해결하다
risorsa	리소르사	f 자원
risparmiare	리스빠르미아레	절약하다
risparmio	리스빠르미오	m 저금
rispettare	리스뻬따레	존중하다, 준수하다

Non ha mai rispettato la privacy dei suoi figli.
논 아 마이 리스뻬따토 라 프라이버시 데이 수오이 필리
그는 아이들의 프라이버시를 지켜주지 않는다.

rispetto	리스뻬또	m 존경, 존중
rispondere	리스뽄데레	대답하다, 답변하다, ~에 응하다
risposta	리스포스따	f 대답, 의견서
rissa	리싸	f 언쟁
ristabilire	리스따빌리레	재건하다, 수리하다, 회복하다

ristorante	리스토란떼	⑩ 레스토랑
ristretto	리스뜨레또	협소한, 농축된
risultato	리술따또	⑩ 결과
	Qual è il risultato del problema? 꽐 에 일 리술따또 델 프로블레마 문제의 결과는 무엇입니까?	
ritardare	리따르다레	늦어지다, 늦다
ritardo	리따르도	⑩ 늦음
ritenere	리떼네레	생각하다, 판단하다, 믿다, 쥐다
ritirare	리띠라레	철회하다
ritmo	리뜨모	⑩ 리듬
rito	리또	⑩ 의식, 관습
ritocco	리또꼬	⑩ 수정, 다시 손질하는
ritornare	리또르나레	돌아오다
	Spero che ritorni presto. 스페로 께 리또르니 프레스토 당신이 빨리 돌아오길 바라요.	
ritornello	리또르넬로	⑩ 후렴
ritorno	리또르노	⑩ 돌아옴
ritratto	리뜨라또	⑩ 초상화
riunione	리우니오네	⑦ 회합, 집회, 집결
riunire	리우니레	함께 모이다
riuscire	리우쉬레	해내다
	Ti auguro di riuscire. 띠 아우구로 디 리우쉬레 네가 성공하길 바라.	

riva	리바	⨍ 바닷가, 강가
rivale	리발레	ⓜ 경쟁자
rivedere	리베데레	재검토하다
rivendere	리벤데레	폭로하다
riviera	리비에라	연안지대
rivista	리비스따	⨍ 잡지

Questa rivista esce ogni settimana.
꾸에스따 리비스따 에쉐 온니 세띠마나
이 잡지는 매주 나온다.

rivolgere	리볼제레	뒤집다
rivolgersi	리볼제르시	도움을 청하다, 나아가다, 뒤를 보다
rivolta	리볼따	⨍ 폭동, 반란
rivoltella	리볼뗄라	⨍ 연발 권총
rivoluzione	리볼루지오네	⨍ 혁명
roba	로바	⨍ 물건
robot	로보	ⓜ 로봇
robusto	로부스토	튼튼한

Lui è molto robusta, ha traslocato senza alcun aiuto.
루이 에 몰토 로부스따, 아 트라스로까토 센자 알꾼 아이우토
그는 매우 튼튼해서 아무런 도움 없이 이사했다.

roccia	로챠	⨍ 바위
roccioso	로치오조	바위가 많은
rodere	로데레	갉아먹다
romano	로마노	로마의 / ⓜ 로마인

280 | 필수 단어

romantico	로만띠코	낭만적인
romanzo	로만조	ⓜ 소설
rombo	롬보	ⓜ 폭음, 마름모
rompere	롬뻬레	깨트리다, 파손하다

Chi ha rotto il ramo tutto in fiore del mio roseto?
끼 아 로또 일 라모 뚜또 인 피오레 델 미오 로세토?
누가 내 장미정원에 있는 꽃가지를 전부 부러트렸니?

rompiscatole	롬삐스까톨레	ⓜ 귀찮게 하는 사람
rondine	론디네	ⓕ 제비
rosa	로자	분홍색의 / ⓜ 장미
rosmarino	로즈마리노	ⓜ 로즈마리
rospo	로스포	ⓜ 두꺼비
rossetto	로쎄또	ⓜ 립스틱
rosso	로쏘	빨간색의
rossore	로쏘레	ⓜ 홍조
rotaia	로따이아	ⓕ 궤도
rotazione	로따지오네	ⓕ 회전, 윤작
rotolare	로톨라레	굴리다, 회전하다

Ha fatto rotolare la palla verso il bambino.
아 파또 로톨라레 라 팔라 베르소 일 밤비노
나는 아이들을 향해 공을 굴렸다.

rotolarsi	로톨라르시	구르다
rotolo	로톨로	ⓜ 두루마리
rotondo	로톤도	둥근

rotta	로따	*f* 파괴, 붕괴, 항로
rottame	로따메	*m* 파손된 물건
rotto	로또	깨진, 망가진

L'orologio rotto non poteva essere aggiustato.
로롤로조 로또 논 뽀떼바 에쎄레 아주스따토
망가진 시계를 고칠 수 없었다.

rottura	로뚜라	*f* 깨짐
rovesciare	로베쉬아레	뒤집다
rovescio	로베쇼	*m* 반대, 폭우, 힐책, 불운
rovina	로비나	*f* 파멸
rovinare	로비나레	파멸시키다, 망가트리다
rozzo	로쪼	거친, 난폭한
rubare	루바레	훔치다
rubinetto	루비네또	*m* 수도꼭지
rubino	루비노	*m* 루비
rubrica	루브리까	*f* 전화번호부
ruga	루가	*f* 주름살
ruggine	루지네	*f* 녹
rugiada	루자다	*f* 이슬
rullino	룰리노	*m* 필름
rumore	루모레	소음

Ho sentito un rumore terribile al telefono.
오 센띠토 운 루모레 떼리삘레 알 뗄레포노
전화기에서 끔찍한 소음을 들었다.

rumoroso	루모로조	**시끄러운**
ruolo	루올로	ⓜ **역할, 기능, 인명부**
ruota	루오따	ⓕ **바퀴**
ruscello	루쉘로	ⓜ **개울**
russare	루싸레	**코 골다**
Russia	루씨아	**러시아**
russo	루쏘	**러시아의 /** ⓜ **러시아인, 러시아어**
rustico	루스띠꼬	**시골풍의, 소박한**
	Ci siamo trasferiti in una casetta rustica. 치 시아모 트라스페리띠 인 우나 까세따 루스띠까 우리는 작고 소박한 집으로 이사했다.	
rutto	루또	ⓜ **트림**
ruvido	루비도	**거칠거칠한, 야비한, 무례한**

O

P

Q

R

S

T

U

V

W

X

Y

Z

S

sabato	사바토	ⓜ **토요일**
sabbia	사비아	ⓕ **모래**
sabbioso	사비오조	**모래가 많은**
sabotaggio	사보따조	ⓜ **태엽**
sacchetto	사께또	ⓜ **봉지**
sacco	사꼬	ⓜ **자루, 많은 양**

Abbiamo un sacco di cose da fare.
아비아모 운 사꼬 디 꼬제 다 파레
우리는 할 일이 많습니다.

sacerdote	사체르도떼	ⓜ **사제(司祭)**
sacramento	사크라멘토	ⓜ **성사(聖事)**
sacrificare	사크리피까레	**희생하다**

Lei sacrificava il fine settimana per
studiare per gli esami.
레이 사크리피까바 일 피네 세띠마나 뻬르 스투디아레 뻬르 리 에자미
그녀는 시험을 위해 주말을 바쳤다.

sacrificio	사크리피초	ⓜ **희생**
sacro	사크로	**신성한**
saggio	사조	**현명한 /** ⓜ **발표회, 에세이, 현인**
sala	살라	ⓕ **응접실**
salare	살라레	**간을 맞추다**
salario	살라리오	ⓜ **임금, 급료, 보수**

salato	살라토	m 짠(맛)
saldare	살다레	용접하다, 청산하다
saldo	살도	견고한, 강력한 / mpl 바겐세일
sale	살레	m 소금
salice	살리체	m 버드나무
saliera	살리에라	f 소금 병
salire	살리레	상승하다, 오르다, 올라가다

Il mercato azionario è salito del 2% oggi.
일 메르까토 아지오나리오 에 살리토 델 두에 빼르첸도 오지
오늘 주식시장은 2% 상승했다.

salita	살리따	f 상승
saliva	살리바	f 침, 타액
salma	살마	f 사체, 송장, 시체
salmo	살모	m 시편
salmone	살모네	m 연어
salone	살로네	m 홀, 응접실
salotto	살로또	m 거실
salsa	살사	f 소스
saltare	살따레	뛰다, 건너뛰다

Ho saltato la riunione perché avevo troppo da fare.
오 살따토 라 리우니오네 뻬르께 아베보 뜨로뽀 다 파레
할 일이 너무 많았기 때문에 회의를 건너뛰었다.

salto	살토	m 도약, 급상승
salutare	살루따레	인사하다

salute	살루떼	⏚ 건강
saluto	살루토	ⓜ 인사
salvagente	살바젠떼	ⓜ 구명대
salvare	살바레	구출하다

Forse possiamo ancora salvare la situazione.
포르세 뽀씨아모 안꼬라 살바레 라 시뚜아지오네
우리는 아직 상황을 수습할 수 있을 겁니다.

salvataggio	살바따조	ⓜ 구조 작업
salve	살베	안녕하세요
salvezza	살베짜	⏚ 구원
salvo	살보	안전한
sanatorio	사나토리오	ⓜ (결핵) 요양소
sandali	산달리	ⓜpl 샌들
sangue	산궤	ⓜ 피
sanguinare	산귀나레	피 흘리다
sanità	사니따	⏚ 위생
sano	사노	건강한
sanitario	사니따리오	위생의
santo	산토	성스러운 / ⓜ 성인
sanzione	산지오네	ⓜf 처벌, 인가, 승인, 확인
sapere	사뻬레	이해하다, 숙지하다, 알다

Ieri ho saputo che ti sei trasferito.
이에리 오 사뿌토 께 띠 세이 트라스페리토
어제 당신이 이사한 것을 알았습니다.

sapiente	사삐엔떼	현명한, 유능한 / m 현인, 학자
sapienza	사삐엔자	f 지혜, 현명, 학식, 학문
sapone	사뽀네	m 비누
sapore	사뽀레	m 맛, 미각, 풍미
saporito	사뽀리토	맛있는
saracinesca	사라치네스까	f 셔터
sardina	사르디나	f 정어리
sarto	사르토	m 재봉사
sartoria	사르또리아	m 양장점
sasso	사쏘	m 돌
sassofono	사쏘포노	m 색소폰
satellite	사텔리떼	m 위성
satira	사띠라	f 풍자
satirico	사띠리꼬	풍자의, 풍자적인
sazio	사지오	포식한, 만족한, 충만한
sbadato	즈바다토	부주의한
sbadigliare	즈바디리아레	하품하다

La lezione era noiosa e tutti gli
studenti sbadigliavano.
라 레지오네 에라 노이오자 에 뚜띠 리 스투덴띠 즈바디리아바노
수업이 지루해서 모든 학생들이 하품을 했다.

sbadiglio	즈바딜리오	m 하품
sbagliare	즈발리아레	실수하다, 잘못하다
sbagliato	즈발리아토	잘못된

sbaglio	즈바릴오	m 잘못, 실패, 부주의
sbalordire	즈바로르디레	어리둥절하다
sbarco	즈바르코	m 하선, 상륙
sbarra	즈바라	f 횡목, 봉
sbarrare	즈바라레	차단하다, 통행을 막다

La polizia stradale ha sbarrato la
strada e ha sottoposto all'alcol test.
라 뽈리찌아 스트라달레 아 즈바라토 라 스트라다 에 아 소또뽀
스토 알랄콜 테스트
교통 경찰이 길을 막고 음주 측정을 했다.

sbattere	즈바떼레	꽝 닫다, 부딪히다
sbiadire	즈비아디레	색이 바래다
sbieco	즈비에코	경사진, 비스듬한, (의복) 경사선
sbocco	즈보꼬	m 하구(河口)
sbornia	즈보르니아	f 심하게 취함
sbottonare	즈보또나레	단추를 풀다
sbrigare	즈브리가레	처리하다, 급히 하다
sbrinare	즈브리나레	서리를 제거하다
sbucciare	즈부치아레	껍질을 벗기다
scacchi	스까끼	mpl 서양장기, 체스
scacchiera	스까끼에라	f 장기판
scacciare	스까치아레	쫓아내다, 소멸시키다, 일축하다
scacco	스까꼬	m 장기알
scadenza	스까덴자	f 만기일

Non usi la crema dopo la data di scadenza.
논 우지 라 크레마 도뽀 라 다따 디 스까덴자
유효기간이 지난 크림은 사용하지 마세요.

scadere	스까데레	나빠지다, 만료되다
scaffale	스까파레	ⓜ 선반
scala	스깔라	ⓕ 계단, 사다리
scaldare	스깔다레	따뜻하게 하다
scaldarsi	스깔다르시	더워지다
scaldabagno	스깔다바뇨	ⓜ 온수기
scalinata	스깔리나따	ⓕ (건물의 현관 앞에 있는 대규모의) 계단
scalino	스깔리노	ⓜ 단, 계단, 발판
scalo	스깔로	ⓜ 기항지, 착륙지
scapello	스까뻴로	ⓜ 끌, 메스
scalzo	스깔조	맨발의
scambiare	스깜비아레	교환하다, 착각하다

Vuole scambiare il posto con me?
부올레 스깜비아레 일 뽀스도 꼰 메
나와 자리를 바꾸길 원하세요?

scambio	스깜비오	ⓜ 교환
scampare	스깜빠레	피하다
scandalizzare	스깐달리짜레	추문을 퍼트리다
scandalo	스깐달로	ⓜ 스캔들
scandaloso	스깐달로조	물의를 일으키는
scapolo	스까뽈로	ⓜ 독신남
scappare	스까빠레	도망가다

O

P

Q

R

S

T

U

V

W

X

Y

Z

Una bella occasione da non farsi scappare!
우나 벨라 오까시오네 다 논 파르시 스까빠레
좋은 기회를 놓칠 수 없다!

scaricare	스까리까레	짐을 내리다, 풀다
scarico	스까리꼬	짐을 내린 / m 하역
scarlattina	스까르라띠나	f 성홍열
scarpe	스까르뻬	fpl 신발
scarponi	스까르뽀네	mpl 등산화
scareggiare	스까레지아레	부족하다
scarso	스까르소	부족한
scarto	스까르토	m 폐물, 고물
scatola	스까톨라	f 상자
scattare	스까따레	돌연 작동하다, (카메라) 셔터를 누르다

Posso scattare una foto?
뽀쏘 스까따레 우나 포토
사진 찍어도 됩니까?

scatto	스까또	m 튀어오름, 해체 장치
scavare	스까바레	파다, 뚫다
scavo	스까보	m 굴착
scegliere	쉘리에레	고르다, 선발하다
scelta	쉘따	f 선택
scelto	쉘토	선택된
scemo	쉐모	어리석은 / m 바보
scena	쉐나	f 장면
scenario	쉐나리오	m 배경

scendere	쉔데레	내리다, 내려오다

È dovuto scendere alla fermata precedente.
에 도부토 쉔데레 알라 페르마따 프레체덴떼
그는 이전 정류장에서 내려야 했다.

sceneggiatura	쉐네지아뚜라	⨍ 각본
scenografia	쉐노그라피아	⨍ 무대장치
scheda	스께다	⨍ 카드
scheggia	스께자	⨍ 파편
scheletro	스켈레트로	ⓜ 해골
schema	스께마	ⓜ 도(식)
scherma	스께르마	⨍ 펜싱
schermo	스께르모	ⓜ 스크린, 브라운관
scherzare	스께르자레	농담하다

Non dovresti scherzare così.
논 도브레스띠 스께르자레 꼬지
그런 농담을 하지 마십시오.

scherzo	스께르조	ⓜ 농담, 장난
schiaccianoci	스끼아치아노치	ⓜ 호두 까는 기구
schiacciare	스끼아치아레	누르다, 밟다
schiaffo	스끼아포	ⓜ 따귀, 모욕, 굴욕
schiavitù	스끼아비뚜	⨍ 노예 신분
schiavo	스끼아보	속박된, 노예의 / ⓜ 노예
schiena	스끼에나	ⓜ 등

Ho mal di schiena.
오 말 디 스끼에나
등이 아프다.

schienale	스끼에나레	ⓜ 등판, 등 부분
schiera	스끼에라	ⓕ 대형(隊形), 진형
schietto	스끼에또	솔직한, 순수한, 맑은
schifo	스끼포	ⓜ 불쾌감
schifoso	스끼포조	구역질나는
schiuma	스끼우마	ⓕ 거품
schizofrenia	스끼조프레니아	ⓕ 정신분열증
schizzare	스끼짜레	분출하다, 돌진하다. 발사하다
sci	쉬	ⓜ 스키
scia	쉬아	ⓕ 자취, 흔적
sciacquare	샤꾸아레	헹구다
	Devo sciacquare la bocca dopo aver lavato i denti? 데보 샤꾸아레 라 보까 도뽀 아베르 라바토 이 덴띠? 양치 후에 입을 헹궈야 합니까?	
sciagura	샤구라	ⓕ 참사, 재난, 재해
scialacquare	샬라꾸아레	낭비하다, 탕진하다
scialacquio	샬라꾸이오	ⓕ 낭비벽
scialle	샬레	ⓜ 숄
scialuppa	샬루빠	ⓕ 보트
sciare	쉬아레	스키를 타다
sciarpa	샤르빠	ⓕ 목도리
scientifico	쉔띠피꼬	과학의
scienza	쉔자	ⓕ 과학

scienziato	쉔지아토	ⓜ 과학자

Gli scienziati hanno notato dei cambiamenti nei cicli meteorologici della Terra.
리 쉔지아띠 안노 노따토 데이 깜비아멘띠 네이 치끌리 메데오롤로지치 델레 떼라
과학자들은 지구 기후의 패턴 변화를 발견했다.

scimmia	쉼미아	ⓕ 원숭이
scintilla	쉰띨라	ⓕ 불꽃
scintillare	쉰띨라레	불꽃을 발하다
sciocchezza	쇼께짜	ⓕ 어리석은 행동, 시시한 것
sciocco	쇼꼬	어리석은
sciogliere	숄리에레	풀다, 녹이다
sciolto	숄토	풀린, 녹은
scioperare	쇼페라레	파업하다
sciopero	쇼페로	ⓜ 파업

I lavoratori andarono in sciopero per protestare contro l'abbassamento delle paghe.
이 라보라또리 안다로노 인 쇼페로 뻬르 프로떼스따레 꼰뜨로 라 바싸멘토 델레 빠게
노동자들은 임금 감소에 항의하는 파업에 들어갔다.

sciovia	쇼비아	ⓕ 리프트
scippare	쉬빠레	낚아채다, 잡아채다
sciroppo	쉬로뽀	ⓜ 시럽
scissione	쉬씨오네	ⓕ 분리, 분열, 분할
sciupare	쉬바레	손상시키다
scivolare	쉬볼라레	미끄러지다

Il bicchiere gli scivolò dalla mano e
cadde a terra.
일 비끼에레 리 쉬볼로 달라 마노 에 까데 아 떼라
컵은 손에서 미끄러져 땅에 떨어졌다.

scivolo	쉬볼로	m 미끄럼틀
scivoloso	쉬볼로조	미끄러운
scodella	스꼬델라	f 사발
scoglio	스꼴리오	m 암초
scoiattolo	스꼬이아똘로	m 다람쥐
scolapasta	스콜라파스따	m 소쿠리
scolare	스콜라레	(용기 중 액체를) 조금 내보내다, 물기를 없애다
scolastico	스콜라스띠꼬	학교의
scollato	스꼴라토	목이 파인
scolpire	스꼴삐레	조각하다, 새기다
scommessa	스꼼메싸	f 내기
scommettere	스꼼메떼레	내기하다
scomodo	스꼬모도	불편한

Se non ti è scomodo portalo qui.
세 논 띠 에 스꼬모도 뽀르따로 뀌
불편하지 않으면 그것을 여기로 가져와.

scomparire	스꼼빠리레	사라지다
scompartimento	스꼼빠르띠멘토	m 구획, 구분, 분배
scomunica	스꼬무니까	f 파문(破門)
sconfitta	스꼰피따	f 패배
scongelare	스꼰젤라레	해동시키다

sconosciuto	스꼬노슈토	알려지지 않은 / ⓜ 모르는 사람
scontare	스꼰따레	할인하다, 죗값을 치르다
scontento	스꼰뗀토	불만스러운
sconto	스꼰토	ⓜ 할인

Ti farò un po' di sconto.
띠 파로 운 뽀 디 스꼰토
너한테 조금 할인해 줄게.

scontrarsi	스꼰뜨라르시	충돌하다
scontrino	스꼰뜨리노	ⓜ 영수증
scontro	스꼰뜨로	ⓜ 충돌, 조우, 논쟁
sconvolgere	스꼰볼제레	뒤집어엎다
scopa	스꼬빠	ⓕ 빗자루
scopare	스꼬빠레	쓸다
scoperta	스꼬뻬르따	ⓕ 발견
scoperto	스꼬뻬르토	열린, 노출된, 벗은
scopo	스꼬뽀	ⓜ 목적, 목표, 의도

Come si fa a scoprire il nostro
vero scopo nella vita?
꼬메 시 파 아 스꼬쁘리레 일 노스트로 베로 스꼬뽀 넬라 비따
어떻게 하면 우리들의 진정한 삶의 목적을 찾을 수 있을까?

scoppiare	스꼬삐아레	폭발하다, 파열되다, (갑자기) 하다
scoppio	스꼬삐오	ⓜ 폭발, 파열, 돌발
scoprire	스꼬프리레	드러내다
scoraggiare	스꼬라지아레	자신감을 잃게 하다, 낙담하다
scorciatoia	스꼬르치아또이아	ⓕ 지름길

O
P
Q
R
S
T
U
V
W
X
Y
Z

scordare	스꼬르다레	잊다, 망각하다, 곡조, 음정을 어긋나게 하다
scorpione	스꼬르피오네	*m* 전갈
scorrere	스꼬레레	흐르다, 달리다, 이동하다, 유출하다
scorretto	스꼬레또	틀린, 실례의

Quella risposta è scorretta.
꿸라 리스뽀스따 에 스꼬레따
그 대답은 틀렸다.

scorso	스꼬르소	최후의, 지난
scorta	스꼬르따	*f* 호위
scortese	스꼬르떼제	무례한, 불친절한, 소박한
scorza	스꼬르자	*f* 껍질, 피부, 외견
scossa	스꼬싸	*f* 진동
scostare	스꼬스따레	멀어지다, 떼어놓다, 분리시키다
scottare	스꼬따레	화상을 입히다
scottarsi	스꼬따르시	데다, 화상을 입다
scottatura	스꼬따뚜라	화상, 햇볕에 탐, 태우기

Mi sono preso una brutta scottatura raccogliendo le mele.
미 소노 프레조 우나 부루따 스꼬다뚜라 라꼴리엔도 레 멜레
사과를 따다가 햇볕에 심하게 탔다.

screpolare	스꼬레뽈라레	트다, 갈라지다
scritto	스크리또	쓰여진 / *m* 문서
scrittore	스크리또레	*m* 작가
scrittura	스크리뚜라	*f* 필체, 문자

	La sua scrittura era quasi illeggibile. 라 수아 스끄리뚜라 에라 꽈지 일레지빌레 그의 필체는 읽기 어렵다.	
scrivania	스크리바니아	☑ 책상
scrivere	스크리베레	**쓰다**
scrupolo	스크루뽈로	ⓜ 망설임, 불안, 세심함
scucito	스꾸치토	실밥이 풀린, 앞뒤가 맞지 않는
scuderia	스꾸데리아	☑ 마구간
scudetto	스쿠데또	ⓜ 선수권
scudo	스쿠도	ⓜ 방패
scultore	스꿀토레	ⓜ 조각가
	É molto difficile guadagnarsi da vivere facendo lo scultore. 에 몰토 디피칠레 구아다냐르시 다 비베레 파첸도 로 스쿨토레 조각가로 생계를 유지하는 건 매우 어려운 일이다.	
scultura	스꿀뚜라	☑ 조각(彫刻)
scuola	스쿠올라	☑ 학교
scuotere	스쿠떼레	흔들다, 진동시키다, 동요시키다
scure	스쿠레	☑ 도끼
scuro	스꾸로	어두운, 검은
scusa	스꾸자	☑ 사과
scusare	스꾸자레	용서하다
sdegnare	즈데냐레	경멸하다, 혐오하다
sdegnarsi	즈데냐르시	분개하다, 격노하다
sdoganare	즈도가나레	통관하다

O P Q R S T U V W X Y Z

sdraiarsi	즈드라이아르시	**눕다**

Si sdraio sul divano a guardare la TV.
시 즈드라이오 술 디바노 아 구아르다레 라 티부
그는 티브이를 보기 위해 소파에 누웠다.

se	세	**만약 ~라면**
sé	세	**자신**
sebbene	세베네	**~불구하고**
seccare	세까레	**건조시키다, 성가시게 하다**
secchio	세끼오	m **양동이**
secco	세꼬	**마른, 건조한, 말라빠진**
secolo	세꼴로	m **세기(世紀)**
secondario	세꼰다리오	**이차적인**
secondo	세꼰도	**제2의** / m **초**
sedano	세다노	m **샐러리**
sedativo	세다띠보	m **진통제**
sede	세데	f **중심지, 본거지, 부서, 사무소**
sedentario	세덴따리오	**앉아서 하는**
sedere	세데레	**앉다** / m **엉덩이**

Ci saranno abbastanza posti a sedere per tutti gli ospiti?
치 사란노 아바스딴자 뽀스띠 아 세데레 뻬르 뚜띠 리 오스비띠
손님들이 앉을 좌석이 충분한가요?

sedersi	세데르시	**앉다**
sedia	세디아	f **의자**
sedile	세딜레	m **좌석**

sedurre	세두레	유혹하다, 매혹하다, 부추기다
seduta	세두따	① 착석
sega	세가	① 톱[연장]
segale	세갈레	① 호밀
segare	세가레	톱으로 자르다
seggio	세죠	ⓜ 의자, 좌석, 본거지, 요지
seggiovia	세죠비아	① (스키) 리프트
segnalare	세날라레	신호하다, 지시하다
segnalarsi	세날라르시	유명해지다, 주목을 끌다
segnale	세날레	ⓜ 신호, 시그널, 책갈피, 표식
segnare	세냐레	표시하다, 나타내다, 흔적을 남기다
segno	세뇨	ⓜ 표시, 사인, 흔적, 흉터

Ha dato qualche segno di volerci aiutare?
아 다토 꽐께 세뇨 디 볼레르치 아이우따레
그가 우리를 도와줄 조짐을 보였나요?

segretario	세그레따리오	ⓜ 비서, 서기
segreteria	세그레떼리아	① 사무실, 비서과
segreto	세그레토	비밀의, 기밀의 / ⓜ 비밀, 기밀

Non dirlo a nessuno! È un segreto.
논 디를로 아 네쑤노! 에 운 세그레토
아무에게도 말하지 마! 이건 비밀이야.

seguente	세구엔테	다음의
seguire	세귀레	따라가다, 참관하다
seguito	세귀토	ⓜ 계속, 일행

selezionare	셀레지오나레	선택하다, 발췌하다, 품종을 개량하다
sella	셀라	⨍ 안장
selvaggio	셀바조	야생의
semaforo	세마포로	ⓜ 신호등

Il traffico si è fermato quando il semaforo è diventato rosso.
일 뜨라피코 시 에 페르마토 꽌도 일 세마포로 에 디벤따토 로쏘
신호등이 빨간불로 바뀌자 차들이 멈췄다.

sembrare	셈브라레	~것 같다
seme	세메	ⓜ 씨, 종자
semestre	세메스트레	ⓜ 반년, 학기
semicerchio	세미체르끼오	ⓜ 반원(半圓)
semifinale	세미피날레	⨍ 준결승
seminare	세미나레	씨를 뿌리다
seminario	세미나리오	ⓜ 신학교
semplice	셈쁠리체	단순한, 간단한, 초보적인
semplicemente	셈쁠리체멘떼	단순하게
semplicità	셈쁠리치따	⨍ 단순함, 소박함, 평이함
sempre	셈쁘레	항상

Ti amerò per sempre.
띠 아메로 뻬르 셈쁘레
난 널 항상 사랑할 거야.

sempreverde	셈쁘레베르데	ⓜ 상록수
senape	세나페	⨍ 겨자
senato	세나토	ⓜ 상원(上院)

senatore	세나토레	ⓜ 상원의원
seno	세노	ⓜ 유방
sensato	센사토	사려 깊은, 현명한, 분별력 있는
sensazionale	센사지오날레	선풍적인, 돌풍을 일으키는
sensazione	센사지오네	ⓕ 느낌, 센세이션
sensibile	센시빌레	예민한
sensibilità	센시빌리따	ⓕ 감수성
senso	센소	ⓜ 감각

I ciechi hanno un senso del tatto molto sviluppato.
이 치에끼 안노 운 센소 델 따또 몰토 즈빌루빠토
시각 장애인들은 촉각이 매우 발달되어 있다.

sensuale	센수알레	관능적인, 방종한, 육감적인
sentenza	센뗀자	ⓕ 판결, 격언, 의견
sentiero	센띠에로	ⓜ 오솔길
sentimentale	센띠멘딸레	감상적인
sentimento	센띠멘토	ⓜ 감정, 정서, 애정
sentinella	센띠넬라	ⓕ 보초, 경계병
sentire	센띠레	느끼다, 듣다

Ha sentito la sua mano sulla spalla.
아 센띠토 라 수아 마노 술라 스빨라
그의 손이 내 어깨에 있는 것을 느꼈다.

sentirsi	센띠르시	느끼다, ~한 기분이 들다
senza	센자	~없이

separare	세빠라레	나누다, 분리하다, 분할하다, 식별하다
separatamente	세빠라따멘떼	따로따로
separato	세빠라토	분리된, 나누어진, 독립된, 고립된
separazione	세빠라지오네	⨍ 분리, 별거
sepolcro	세뽈크로	ⓜ 묘
seppellire	세뻴리레	매장하다
seppia	세삐아	⨍ 오징어
sequestrare	세꾸에스트라레	차압하다, 감금하다
sera	세라	⨍ 저녁
serale	세랄레	야간의
serata	세라따	⨍ 저녁

Ho passato una bella serata a casa tua.
오 빠싸토 우나 벨라 세라따 아 까자 뚜아
너의 집에서 좋은 저녁 시간을 보냈다.

serbatoio	세르바또이오	⨍ 탱크, 저장소, 물탱크
sereno	세레노	맑은, 평온한, 냉정한
serie	세리에	⨍ 연속
serio	세리오	진지한, 성실한, 확고한, 중대한
serpente	세르벤떼	ⓜ 뱀
serra	세라	⨍ 온실, 뚝, 제방
serratura	세라뚜라	⨍ 자물쇠
servire	세르비레	봉사하다, 이용하다, (병역) 근무하다
servizio	세르비지오	ⓜ 봉사

servo	세르보	ⓜ 하인
sesamo	세사모	ⓕ 깨
sesso	세쏘	ⓜ 성, 성별
sessuale	세쑤알레	성의, 성별의
seta	세따	ⓕ 실크
sete	세떼	ⓕ 갈증

Dopo aver camminato tutto il giorno, avevo un po' di sete.
도뽀 아베르 깜미나토 뚜또 일 조르노, 아베보 운 또 디 세떼
하루 종일 걷고 난 뒤, 난 목이 조금 말랐다.

setta	세따	ⓕ 분파, 학파, 종파
settembre	세뗌브레	ⓜ 9월
settentrionale	세뗀트리오날레	북의, 북방의, 북쪽의
settimana	세띠마나	ⓕ 주(週)
settimanale	세띠마날레	매주의

Lei è un giornalista e scrive per un settimanale.
레이 에 운 조르날리스따 에 스크리베 뻬르 운 세띠마날레
그녀는 기자로, 매주 글을 씁니다.

settore	세또레	ⓜ 분야, 부채꼴
severo	세베로	엄한, 엄격한, 간소한
sezione	세지오네	ⓕ 부분, 분할
sfacciato	스파챠토	뻔뻔한
sfavorevole	스파보레볼레	비호의적인, 불이익의, 반대의
sfera	스페라	ⓕ 구(球), 범위, 계급
sfida	스피다	ⓕ 도전

sfilata	스필라따	⨍ 행렬
sfinito	스피니토	탈진한
sfiorare	스피오라레	스치다, 가볍게 닿다, 가볍게 언급하다
sfogare	스포가레	토로하다, 배출하다, 유출시키다
sfogo	스포고	ⓜ 배출구
sfondo	스폰도	ⓜ 배경
sfortuna	스포르뚜나	⨍ 불운
sfortunatamente	스포르뚜나따멘떼	불행하게도

Sfortunatamente non abbiamo vinto la partita.
스포르뚜나따멘떼 논 아비아모 빈토 라 빠르띠따
불행하게도 우리는 경기에서 졌다.

sfortunato	스포르뚜나토	운 없는
sforzare	스포르자레	무리하게 하다, 혹사하다
sforzarsi	스포르자르시	노력하다, 전력을 다하다
sforzo	스포르조	ⓜ 노력, 긴장, 무리
sfruttare	소프루따레	최대한으로 이용하다
sfuggire	스푸지레	도망가다, 피하다

Il sospettato sfuggì alla polizia per tre giorni.
일 소스뻬따토 스푸지 알라 뽈리지아 뻬르 뜨레 조르니
용의자는 3일 동안 경찰을 피해 다녔다.

sfumatura	스푸마뚜라	⨍ 음영
sgabello	즈가벨로	ⓜ 등받이 없는 의자
sgarbato	즈가르바토	교양 없는

sgocciolare	즈고촐라레	방울방울 떨어지다
sgombrare	즈곰브라레	이사하다, 이전하다, 장애물을 없애다

Gli abitanti sono stati costretti a sgombrare a causa dell'intenso allagamento.
리 아비딴띠 소노 스따띠 꼬스트레띠 아 즈곰브라레 아 까우자
델린뗀조 알라가멘토
주민들은 극심한 홍수로 대피해야 했다.

sgonfiare	즈곤피아레	부기를 빠지게 하다, 공기를 빼다
sgonfiarsi	즈곤피아르시	공기가 빠지다, 부기가 빠지다
sgradevole	즈그라데볼레	불유쾌한
sgridare	즈그리다레	나무라다, 비난하다, 질책하다
sguardo	즈구아르도	m 시선
shampoo	샴푸	m 샴푸
shock	쇼크	m 충격
si	시	자신을
sì	시	예(Yes), 그렇습니다
siccità	시치타	f 가뭄
siccome	시꼬메	때문에, ~처럼, ~대로

Posso fare siccome vuole.
뽀쏘 파레 시꼬메 부올레
나는 네가 원하는대로 할 수 있어.

sicuramente	시꾸라멘떼	틀림없이
sicurezza	시꾸레짜	f 안전, 신용, 신뢰, 보안
sicuro	시꾸로	안전한, 확실한
siderurgia	시데룰루지아	f 제철(製鐵), 철공술

siepe	시에뻬	⑦ 나무 울타리
sigaretta	시가레따	⑦ 담배
	Posso fumare una sigaretta? 뽀쏘 푸마레 우나 시가레따 담배 피워도 되나요?	
sigaro	시가로	⑩ 시가(cigar)
sigillare	시질라레	봉인하다
sigla	시글라	⑦ 머리글자, 이니셜
significare	시니피까레	의미하다
significato	시니피까토	⑩ 의미, 뜻
signora	시뇨라	⑦ 부인(夫人), 처
signore	시뇨레	⑩ ~씨
signorina	시뇨리나	⑦ 아가씨
silenzio	실렌지오	⑩ 침묵, 무언, 정적
	Silenzio! C'è gente che sta facendo un esame. 실렌지오! 체 젠떼 께 스타 파첸도 운 에자메 조용! 시험 보는 사람이 있습니다.	
sillaba	실라바	⑦ 음절
siluro	실루로	⑩ 어뢰
simbolo	심볼로	⑩ 상징, 표상, 심볼, 기호
simile	시밀레	비슷한, 유사한, 동족(동질)의
simmetrico	심메뜨리꼬	대칭의
simpatia	심빠띠아	⑦ 호감
simpatico	심빠띠꼬	호감 가는

simultaneamente	시물따네아멘떼	동시에
sincerità	신체리따	⨍ 정직
sincero	신체로	솔직한, 성실한, 순수한
sindacato	신다까토	ⓜ 노동조합, 관리, 통제
sindaco	신다꼬	ⓜ 시장(市長)
sinfonia	신포니아	⨍ 교향곡
singhiozzo	신기오쪼	ⓜ 딸꾹질

Quando si ha il singhiozzo prendi un bicchiere d'acqua.
꽌도 시 아 일 신기오쪼 쁘렌데 운 비끼에레 다꾸아
딸꾹질할 땐 물을 드세요.

singhiozzare	신기오짜레	딸꾹질하다
singolare	신골라레	단수의, 단독의
singolo	신골로	개개의, 각자의, 개별의 / ⓜ 개인, 각자
sinistra	시니스트라	⨍ 왼손
sinistro	시니스트로	왼쪽의
sinonimo	시노니모	ⓜ 동의어

Qual è il sinonimo di 'furbo'?
꽐 레 일 시노니모 디 푸르보
'교활한'의 동의어는 무엇입니까?

sintesi	신떼지	⨍ 종합
sintetico	신떼띠코	종합의, 개괄적인, 합성의
sintomo	신토모	ⓜ 징후
sintonizzare	신토니짜레	주파수를 맞추다
sipario	시파리오	ⓜ 막, 장막

sirena	시레나	⨍ 사이렌
siringa	시린가	⨍ 주사기
sistema	시스떼마	Ⓜ 방법
sistemare	시스떼마레	정리하다

Sta sistemando i suoi libri.
스타 시스떼만도 이 수오이 리브리
그는 자신의 책을 정리하고 있다.

situazione	시뚜아지오네	⨍ 상황
slacciare	즐라치아레	끈을 풀다, 해방시키다
slegato	즐레가토	풀어진
slitta	즐리따	⨍ 썰매
slogare	즐로가레	관절이 빠지게 하다, 탈골하다
slogarsi	즐로가르시	삐다, 탈골하다

Si è slogata una caviglia, quindi stasera non può giocare a calcio.
시 에 즐로가따 우나 까빌리아, 뀐디 스타세라 논 뿌오 조까레 아 깔초
그는 발목을 삐었기 때문에 오늘 저녁 축구를 할 수 없다.

slogatura	즐로가뚜라	⨍ 삠, 탈구, 탈골
smacchiare	즈마끼아레	얼룩을 빼다
smalto	즈말토	Ⓜ 에나멜
smarrire	즈마리레	거짓임을 나타내다, 부인하다
smeraldo	즈메랄도	Ⓜ 에메랄드
smettere	즈메떼레	그만두다, 그치다
smontare	즈몬따레	분해하다, 해체하다
smorfia	즈모르피아	⨍ 찌푸린 얼굴

snello	즈넬로	호리호리한
sobborgo	소보르고	m 근교, 교외
soccorso	소꼬르소	m 구조, 구출, 조력

Il pronto soccorso era pieno di vittime.
일 쁘론토 스꼬르소 에라 비에노 디 비띠메
응급실에는 피해자가 가득했다.

sociale	소치알레	사회적인, 사회의
socialismo	소치알리즈모	m 사회주의
società	소치에따	f 사회
socievole	소치에볼레	사교적인
socio	소초	m 동업자, 회원
soddisfacente	소디스파첸떼	만족스러운, 더 말할 나위없이 좋은
soddisfare	소디스파레	만족시키다, 적합하다

Il mio capo è molto esigente, è
difficile da soddisfare.
일 미오 까뽀 에 몰토 에지젠떼, 에 디피칠레 다 소디스파레
나의 상사는 매우 까다로운 사람으로 만족시키기 어렵다.

soddisfazione	소디스파지오네	f 만족, 실현, 이행, 만족감
sodio	소디오	m 나트륨
sofferenza	소페렌자	f 고통
soffiare	소피아레	불다, 불어넣다
soffice	소피체	푹신푹신한
soffitta	소피따	f 다락방
soffitto	소피토	m 천장
soffocare	소포까레	질식시키다, 숨이 막히다

soffriggere	소프리제레	볶다, 기름에 살짝 튀기다
soffrire	소프리레	고통을 겪다, 괴로워하다
soggetto	소제또	지배받는 / *m* 주제
soggiorno	소조르노	*m* 체류
soglia	솔리아	*f* 문지방
sogliola	솔리올라	*f* 넙치
sognare	소냐레	꿈꾸다
sogno	소뇨	*m* 꿈 Ho fatto un sogno buffo stanotte. 오 파또 운 소뇨 부포 스타노떼 지난 밤 재밌는 꿈을 꾸었다.
soia	소이아	*f* 콩
solamente	솔라멘떼	오로지
solare	솔라레	태양의 Prendere il sole senza crema solare ti rovina la pelle. 프렌데레 일 솔레 센자 크레마 솔라레 띠 로비나 라 뻴레 선크림 없이 일광욕을 하는 것은 피부를 망친다.
solco	솔코	*m* 밭고랑
soldato	솔다토	*m* 군인
soldi	솔디	*mpl* 돈
sole	솔레	*m* 해, 태양
soleggiato	솔레쟈토	양지 바른
solenne	소레네	엄숙한, 놀라운, 장엄한

	Il giudice è stato molto solenne quando ha letto la sentenza. 일 주디체 에 스따토 몰또 솔렌네 꽌도 아 레또 라 센땐자 판사가 판결문을 읽을 때 매우 엄숙했다.
solidarietà	솔리다리에따 ⨍ **연대감**
solido	솔리도 **견고한, 튼튼한, 확실한 /** ⓜ **고체**
solista	솔리스따 ⓜ **독주자**
solitario	솔리따리오 **홀로의**
solito	솔리토 **보통의, 평상의, 습관적인 /** ⓜ **습관, 관습**
solitudine	솔리뚜디네 ⨍ **고독, 쓸쓸함**
sollecitare	솔레치따레 **재촉하다, 요구하다, 간청하다**
sollecito	솔레치토 **신속한**
solletico	솔레띠코 ⓜ **간지럼**
sollevamento	솔레바멘토 ⓜ **들어올림**
sollevare	솔레바레 **들어올리다, 쳐들다, 인양하다** Sollevo gli occhi al cielo. 솔레보 리 오끼 알 치엘로 하늘을 향해 눈을 치켜 올렸다.
sollevarsi	솔레바르시 **위로받다**
sollievo	솔리에보 ⓜ **위안**
solo	솔로 **혼자의, 하나의, ~뿐, 단지 ~만**
soltanto	솔딴토 **단지, 오직**
solubile	솔루빌레 **녹는**
soluzione	솔루지오네 ⨍ **해결, 용액**

solvente	솔벤떼	녹이는 / ⓜ 용매
somaro	소마로	ⓜ 나귀, 둔한 사람
somigliare	소밀리아레	닮다, 비슷하다, 비유하다
	Quella nuvola somiglia ad una nave. 꿸라 누볼라 소밀리아 아드 우나 나베 저 구름은 배와 닮았다.	
somma	솜마	ⓕ 합계
sommario	솜마리오	간략한 / ⓜ 오락
sommergibile	솜메르지빌레	ⓜ 잠수함
sommo	솜모	최고의
sommozzatore	솜모짜또레	ⓜ 잠수부
sonda	손다	ⓕ 탐사용 로켓, 탐침(探針), 소식자(消息子)
sondaggio	손다조	ⓜ 조사
sonnifero	손니페로	ⓜ 수면제
	La sua voce è stata come un sonnifero. 라 수아 보체 에 스따따 꼬메 운 손니페로 그의 목소리는 수면제 같았다.	
sonno	손노	ⓜ 잠
sonorità	소노리따	ⓕ 공명
sopportare	소뽀르따레	참다, 인내하다, 받치다, 부담하다
sopra	소프라	~위에
soprabito	소프라비토	ⓜ 외투
sopracciglio	소프라칠리오	ⓜ 눈썹
soprano	소프라노	ⓜ 소프라노
soprattutto	소프라뚜또	무엇보다, 특히, 더구나

sopravvivere	소프라비베레	**살아남다**

La volpe è sopravvissuta dopo essere fuggita dalla trappola.
라 볼뻬 에 소프라비쑤따 도뽀 에쎄레 푸지따 달라 뜨라뽈라
여우는 덫에서 탈출한 뒤에 살아남았다

sordo	소르도	**귀머거리 /** *m* **청각장애인**
sorella	소렐라	*f* **자매**
sorgente	소르젠떼	*f* **샘**
sorgere	소르제레	**솟아오르다**
sorpassare	소르빠싸레	**추월하다, 능가하다, 뛰어나다**
sorpasso	소르바쏘	*m* **추월**
sorprendere	소르프렌데레	**놀라게 하다**
sorpresa	소르프레자	*f* **놀라움**
sorridere	소리데레	**미소 짓다**

Ha sorriso quando ha saputo la buona notizia.
아 소리조 꽌도 아 사뿌토 라 부오나 노띠지아
그는 좋은 소식을 듣고 미소 지었다.

sorriso	소리조	*m* **미소**
sorso	소르소	*m* **한 모금**
sorta	소르따	*f* **종류, 품질, 부류**
sorte	소르떼	*f* **운(명)**
sorteggio	소르떼조	*m* **제비뽑기**
sorveglianza	소르벨리안자	*f* **감시**
sorvegliare	소르벨리아레	**감시하다, 조사하다**

sospendere	소스펜데레	매달다, 중단하다, 연기하다
sospensione	소스펜시오네	⨍ 일시정지
sospettare	소스페따레	의심하다

Ho sospetto che si tratti di un tumore.
오 소스뻬토 께 시 뜨라띠 디 운 뚜모레
나는 그것이 종양이라고 의심한다.

sospetto	소스페또	ⓜ 의심
sospirare	소스피라레	한숨 쉬다, 탄식하다, 그리워하다
sospiro	소스삐로	ⓜ 한숨
sosta	소스따	⨍ 중지, 정지, 멈춤, 주차
sostantivo	소스딴디보	ⓜ 명사 [문법]
sostanza	소스딴자	⨍ 물질, 내용
sostegno	소스떼뇨	ⓜ 지주, 지지자, 기둥, 받침대
sostenere	소스떼네레	지지하다, 받치다
sostituire	소스띠뚜이레	대체하다, 대신하다

Vorrei sostituire le pere con le mele.
보레이 소스띠뚜이레 레 뻬레 꼰 레 멜레
배를 사과로 바꾸고 싶습니다.

sottaceti	소따체띠	ⓜpl 초절임
sotterraneo	소떼라네오	지하의 / ⓜ 지하실
sotterrare	소떼라레	땅에 묻다
sottile	소띨레	얇은, 가는, 야윈
sottinteso	소띤떼조	암시된 / ⓜ 암시
sotto	소또	아래에

sottolineare	소또리네아레	밑줄을 긋다
sottomettere	소또메떼레	따르게 하다
sottomettersi	소또메떼르시	복종하다
sottopassaggio	소또빠싸조	m 지하도
sottoporre	소또뽀레	받게 하다, 따르다
sottoscritto	소또스크리또	서명한 / m 서명
sottovoce	소또보체	작은 소리로

Negli ospedali c'è bisogno di quiete, quindi è bene parlare sottovoce.
넬리 오스뻬달리 체 비죠뇨 디 꿰떼, 뀐디 에 베네 빠를라레 소또보체
병원에서는 조용히 해야 하기 때문에 작은 목소리로 말하는 것이 좋다.

sottrarre	소뜨라레	빼내다, 훔치다
souvenir	수베니르	m 기념품
sovrano	소브라노	최고의
sovvenzione	소벤지오네	f 보조금
spaccare	스빠까레	쪼개다, 분할하다, 나누다

Qualcuno ha spaccato la finestra con un mattone.
꽐꾸노 아 스빠까또 라 피네스트라 꼰 운 마또네
누군가 벽돌로 창문을 깼다.

spacciare	스빠치아레	팔다
spaccio	스빠초	m 재고 판매점
spada	스빠다	f 칼
Spagna	스빠냐	스페인
spagnolo	스빠뇰로	스페인의 / m 스페인인, 스페인어

spago	스파고	Ⓜ 끈
spalancare	스파란까레	**활짝 열다**
spalla	스빨라	Ⓕ **어깨**
spallina	스빨리나	Ⓕ **어깨끈심, 견장**
spalmare	스빨마레	**바르다**

Non riesco a trovare un coltello per spalmare questo burro di noccioline.
논 리에스꼬 아 트로바레 운 꼴뗄로 뻬르 스빨마레 꾸에스또 부로 디 노촐리네
나는 땅콩버터를 바를 칼을 찾을 수 없었다.

sparare	스파라레	**쏘다**
sparatoria	스파라또리아	Ⓕ **사격**
spargere	스파르제레	**뿌리다**
sparire	스파리레	**사라지다**
sparo	스파로	Ⓜ **발사**
spartito	스파르띠또	Ⓜ **악보**
spaventare	스파벤따레	**놀라게 하다**
spavento	스파벤토	Ⓜ **공포**
spaziale	스페지알레	Ⓜ **우주의, 공간의**

Ci sono stati molti resoconti su misteriosi veicoli spaziali apparsi in questa zona.
치 소노 스따띠 몰띠 레조꼰띠 수 미스테리오지 베이꼴리 스파지알리 아빠르시 인 꾸에스따 조나
이 지역에서 미스테리한 우주선이 등장했다는 보도가 많았다.

spazio	스파지오	Ⓜ **공간**
spazioso	스파지오조	**낡은**
spazzare	스파짜레	**청소하다**
spazzatura	스파짜뚜라	Ⓕ **쓰레기**

spazzino	스파찌노	🔲 청소부
spazzola	스파쫄라	🔲 솔
spazzolino da denti	스파쫄리노 다 덴띠	🔲 칫솔

Ho provato uno spazzolino da denti elettrico ma non mi sono trovato bene.
오 프로바토 우노 스바쫄리노 다 덴띠 엘레뜨리꼬 마 논 미 소노 트로바토 베네
전동칫솔을 써봤는데 나에겐 좋지 않았어.

specchio	스페끼오	🔲 거울
speciale	스페치알레	특별한, 특수한, 예외적인
specialista	스페치알리스따	🔲 전문가
specialità	스페치알리따	🔲 전문, 전공, 특기, 특산물
specialmente	스페치알멘떼	특히
specie	스페체	🔲 종류, 종, 성질
specificare	스페치피까레	명시하다, 종류별로 구분하다
speculazione	스페꿀라지오네	🔲 고찰, 투기
spedire	스페디레	보내다, 파견하다, 처리하다
spedizione	스페디지오네	🔲 발송
spegnere	스페녜레	끄다, 소멸시키다

Dovresti spegnere le candele prima di andare a dormire.
도브레스띠 스페녜레 레 깐델레 프리마 디 안다레 아 도르미레
자러 가기 전에 촛불을 끄는 게 좋겠어.

spendere	스펜데레	쓰다, 보내다, 이용하다
speranza	스페란자	🔲 희망, 기대
sperare	스페라레	바라다, 희망하다, 원하다

sperimentale	스페리멘딸레	**실험적인**
sperimentare	스페리멘따레	**실험하다, 체험하다, 시도하다**
spesa	스페자	⨍ **지출, 비용**

Devo sbrigarmi e andare a fare la spesa.
데보 즈브리가르미 에 안다레 아 파레 라 스페자
나는 서둘러 장을 보러 가야 해.

spesso	스페쏘	**두꺼운, 자주**
spessore	스페쏘레	ⓜ **두께**
spettacolo	스페따콜로	ⓜ **공연**
spettatore	스페따토레	ⓜ **관객**
spettinato	스페띠나토	**머리가 헝클어진**
spezie	스페지에	⨍ᵖˡ **양념**
spezzare	스페짜레	**조각내다, 부러뜨리다**
spia	스피아	⨍ **간첩**
spiacevole	스피아체볼레	**불쾌한, 유감스러운**

Questa spiacevole decisione di
licenziare i dipendenti è necessaria
per motivi finanziari.
꾸에스따 스피아체볼레 데치지오네 디 리첸지아레 이 디펜덴띠
에 네체싸리아 뻬르 모티비 피난지아리
노동자들을 해고하기 위한 유감스러운 결정은 재
정적인 이유로 필요하다.

spiaggia	스피아쟈	⨍ **해변**
spiare	스피아레	**염탐하다**
spicchio	스피끼오	ⓜ **조각, 단편**
spiccioli	스피치올리	ⓜᵖˡ **잔돈**
spiedino	스피에디노	ⓜ **꼬치**

spiedo	스피에도	ⓜ 꼬챙이
spiegare	스피에가레	설명하다, 가르치다, 해석하다
spiegazione	스피에가지오네	ⓕ 설명, 해석, 주석
spietato	스피에따토	무자비한, 치열한

La competizione per il posto di
lavoro era spietata.
라 꼼뻬띠지오네 뻬르 일 뽀스토 디 라보로 에라 스삐에따따
일자리에 대한 경쟁은 치열했다.

spiga	스피가	ⓕ 이삭
spigolo	스피골로	ⓜ 모서리
spilla	스필라	ⓕ 브로치
spillo	스필로	ⓜ 핀
spina	스피나	ⓕ 가시, 전기 코드
spinacio	스피나초	ⓜ 시금치
spingere	스핀제레	밀다, 나아가다

Chi mi spinge sull'altalena?
끼 미 스핀제 술라탈레나
누가 그네에서 날 밀었어?

spinta	스핀따	ⓕ 밀어내기, 압력, 자극, 충동
spiraglio	스피랄리오	ⓜ 통풍구
spirale	스피랄레	나선형의
spirito	스피리토	ⓜ 영(靈), 기지
spiritoso	스피리토조	재치 있는
spirituale	스피리투알레	정신적인
splendere	스플렌데레	빛나다

splendido	스프렌디도	빛나는, 굉장한, 멋진
spogliare	스폴리아레	옷을 벗기다
spogliarsi	스폴리아르시	옷을 벗다

Il dottore ha chiesto alla paziente di spogliarsi per l'esame.
일 도또레 아 끼에스토 알라 빠지엔떼 디 스폴리아르시 뻬르 레자메
의사는 검진을 위해 환자에게 옷을 벗으라고 했다.

spogliatoio	스폴리아또이오	m 탈의실
spolverare	스폴베라레	먼지를 털다, 가루를 뿌리다
sponda	스폰다	f 가장자리
spontaneo	스폰따네오	자연스러운
sporcare	스포르까레	더럽히다, 불결하게 하다

Hai sporcato tutta la casa che avevo appena pulito!
아이 스뽀르까토 뚜따 라 까자 께 아베보 아뻰나 뿔리토
넌 내가 방금 청소한 집을 더럽혔어!

sporcarsi	스포르까르시	더러워지다, 체면이 깎이다
sporcizia	스포르치지아	f 더러움
sporco	스포르코	더러운, 부정한
sporgere	스포르제레	돌출시키다, 불쑥 내밀다
sporgersi	스포르제르시	내밀다
sport	스포르트	m 스포츠
sportello	스포르뗄로	m (은행 등의) 창구
sportivo	스포르띠보	스포츠의

sport 스포르트 __스포츠__

baseball 베이스볼 ⓜ **야구**

calcio 깔초 ⓜ **축구**

pallacanestro 빨라까네스트로 ⓜ **농구**

pallavolo 빨라볼로 ⓕ **배구**

pallamano 빨라마노 ⓜ **핸드볼**

bowling 볼링그 ⓜ **볼링**

golf 골프 ⓜ **골프**

tennis 테니스 ⓜ **테니스**

pugilato 푸질라토 ⓜ **권투**

biliardo 빌리아르도 ⓜ **당구**

surfing 서핑그 ⓜ **서핑**

rafting 래프팅그 ⓜ **래프팅**

pesca 뻬스카 ⓕ **낚시**

ciclismo 치클리즈모 ⓜ **사이클링**

equitazione 에뀌따지오네 ⓕ **승마**

jogging 조깅그 ⓜ **조깅**

sci 쉬 ⓜ **스키**

nuoto 누오토 ⓜ **수영**

alpinismo 알피니즈모 ⓜ **등산**

palestra 팔레스트라 ⓕ **헬스**

S

sposa	스포자	*f* 신부
sposare	스포자레	결혼하다 Il mio ragazzo ha sposato il suo lavoro. 일 미오 라가쪼 아 스포자토 일 수오 라보로 내 남자 친구는 그의 일과 결혼했어.
sposarsi	스포자르시	결혼하다
sposato	스포자토	결혼한 / *m* 기혼자
sposo	스포조	*m* 신랑
spostare	스포스따레	옮기다 Hanno spostato la partita a domenica prossima. 안노 스포스따토 라 빠르띠따 아 도메니까 프로씨마 그들은 다음 일요일로 경기를 옮겼다.
sprecare	스프레까레	낭비하다
spremere	스프레메레	짜다
spremuta	스프레무따	*f* 스쿼시, 주스, 압착
sproporzionato	스프로뽀르지오나토	불균형한
spruzzare	스프루짜레	물을 뿌리다, 물안개를 뿜다
spudorato	스푸도라토	철면피한
spugna	스푸냐	*f* 스펀지
spumante	스푸만떼	*m* 샴페인
spuntare	스푼따레	끝을 자르다, 나오다
spuntino	스푼띠노	*m* 간식
sputare	스푸따레	침을 뱉다
squadra	스쿠아드라	*f* 팀

	La squadra di basket ha vinto la sua prima partita. 라 스쿠아드라 디 바스켓 아 빈토 라 수아 프리마 빠르띠따 농구팀은 그들의 첫 경기에서 이겼다.	
squalificare	스콸리피까레	실격시키다
squallido	스꽐리도	음산한, 쓸쓸한, 창백한
squalo	스꽐로	*m* 상어
squama	스꾸아마	*f* 비늘
squilibrato	스뀔리브라토	균형을 잃은 / *m* 정신이상자
squillo	스뀔로	*m* 날카로운 소리, 울림
squisito	스뀌지토	맛있는, 멋진
sradicare	즈라디까레	뿌리를 뽑다, 근절하다
stabile	스따빌레	안정된 / *m* 건물
stabilimento	스따빌리멘토	*m* 공장
stabilire	스따빌레	제정하다, 설치하다, 정하다
stabilirsi	스따빌리르시	거주하다, 정착하다
stabilità	스타빌리따	*f* 안정성
staccare	스따까레	떼어내다, 분리되다
	È meglio staccare la pittura dalla parete. 에 멜리오 스따까레 라 삐뚜라 달라 빠레떼 벽에서 그림을 떼는 것이 더 낫다.	
staccarsi	스따까르시	떨어지다
stadio	스따디오	*f* 경기장
staffetta	스따페따	*f* 릴레이
stagionale	스따지오날레	계절의

stagione	스따지오네	☐ 계절
stagno	스따뇨	ⓜ 연못, 주석
stalla	스딸라	☐ 마구간
stamattina	스따마띠나	오늘 아침에

Stamattina ho visto l'alba con mio amico.
스따마띠나 오 비스토 랄바 꼰 미오 아미꼬
오늘 아침에 친구와 함께 여명을 보았다.

stampa	스땀빠	☐ 인쇄
stampante	스땀빤떼	☐ 인쇄기
stampare	스땀빠레	인쇄하다, 새겨지다, 출판하다
stampatello	스땀빠뗄로	ⓜ 활자체
stampella	스땀뻴라	☐ 목발
stancare	스딴까레	피곤하게 하다
stancarsi	스딴까르시	피곤하다
stanchezza	스딴께짜	☐ 피로
stanco	스딴코	피곤한, 싫증나는
standard	스딴다르드	규격의 / ⓜ 표준
stanotte	스타노떼	오늘밤에
stanza	스딴자	☐ 방
stare	스따레	있다, 살다, 머무르다
starnutire	스따르누띠레	재채기하다
stasera	스따세라	오늘 저녁에

Cosa vuoi mangiare stasera?
꼬자 부오이 만자레 스타세라
오늘 저녁 뭘 먹고 싶니?

statale	스따딸레	국가의
statistica	스따띠스띠까	⨍ 통계학
stato	스따토	ⓜ 상태
statua	스따뚜아	⨍ 상, 형상
statura	스따뚜라	⨍ 신장, 키
stazione	스따지오네	⨍ 역
	È molto distante da qui la stazione? 에 몰토 디스딴떼 다 뀌 라 스따지오네 역이 이곳에서 먼가요?	
stella	스뗄라	⨍ 별
stemma	스뗌마	ⓜ 문장
stendere	스뗀데레	넓히다, 펼치다, 펴다
stendersi	스뗀데르시	(수족을) 뻗다, 펴다, 뻗어 있다
stenografia	스떼노그라피아	⨍ 속기
stereofonico	스떼레오포니꼬	입체 음향의
sterile	스떼리레	불임의, 열매를 맺지 않는
sterilizzare	스떼릴리짜레	살균하다, 불임케 하다
sterno	스떼르노	ⓜ 가슴뼈
sterzo	스떼르조	ⓜ (차) 키, 회전축, 운전대
stesso	스떼쏘	같은
	Eravamo tutti dello stesso avviso. 에라바모 뚜띠 델로 스떼쏘 아비조 우리는 모두 같은 의견이었다.	
stile	스띨레	ⓜ 양식

이탈리아어 단어 | 325

stilista	스틸리스따	m 의상 디자이너
stima	스티마	f 존경
stimare	스티마레	존경하다, 평가하다
stimolare	스티몰라레	몰다, 자극하다, 촉진하다
stipendio	스티펜디오	m 월급
stipulare	스티풀라레	체결하다, 계약하다, 규정하다
stirare	스틸라레	다림질하다
stirpe	스티르뻬	f 가문(家門)
stitichezza	스띠띠께짜	f 변비
stivale	스티발레	m 부츠
stoffa	스토파	f 옷감
stomaco	스토마꼬	m 위(胃)

Devi prendere questo farmaco dopo i pasti, mai a stomaco vuoto.
데비 프렌데레 꾸에스토 파르마꼬 도뽀 이 빠스띠, 마이 아 스토마꼬 부오토
공복이 아닌 식후에 이 약을 복용해야 합니다.

stonato	스토나토	음치의
storia	스토리아	f 역사, 이야기
storico	스토리코	역사적인
storto	스토르토	꼬여진, 비뚤어진, 부정한
stoviglia	스토빌리아	fpl 식기류
strabico	스트라비코	사시의 / m 사팔뜨기
straccio	스트라초	m 걸레
strada	스트라다	f 길, 도로

	Al prossimo semaforo attraversa la strada.
	알 프로씨모 세마포로 아뜨라베르사 라 스트라다
	다음 신호등에서 길을 건너라.

stradale	스트라달레	도로의
strage	스트라제	*f* 참사, 대학살, 대파괴
strangolare	스트란골라레	목을 조르다
straniero	스트라니에로	외국인의 / *m* 외국인
strano	스트라노	이상한, 낯설은, 기이한

	Ha visto o sentito qualcosa di strano?
	아 비스토 오 센띠토 꽐꼬자 디 스트라노
	뭔가 이상한 것을 보거나 느꼈나요?

straordinario	스트라오르디나리오	예외적인 / *m* 초과근무
strappare	스트라빠레	떼어내다, 찢다
strappo	스트라뽀	*m* 잡아당김
strategia	스트라떼지아	*f* 전략
strato	스트라토	*m* 층, 지층, 계층
strega	스트레가	*f* 마녀
strepitoso	스트레삐토조	떠들썩한, 시끄러운, 반향이 큰

	Se lo fai avrai un successo strepitoso.
	세 로 파이 아브라이 운 수체쏘 스트레피토조
	만약 당신이 그것을 한다면 놀랄만한 성과를 거둘 것입니다.

stretto	스트레또	좁은 / *m* 해협
strillare	스트릴라레	소리 지르다
strillo	스트릴로	*m* 비명
stringa	스트린가	*f* 구두끈

stringere	스트린제레	조이다, 압축하다, 다가오다
striscia	스트리샤	⑰ 줄
strisciare	스트리샤레	기다, 끌어당기다, 접촉하다
strofa	스트로파	⑰ 절(節)
strofinare	스트로피나레	닦다, 문지르다, 비비다
strozzare	스트로짜레	목을 조르다
strumento	스트루멘토	ⓜ 기구, 악기
struttura	스트루뚜라	⑰ 구조
struzzo	스트루쪼	ⓜ 타조
studente	스투덴떼	ⓜ 학생
studiare	스투디아레	공부하다
studio	스투디오	ⓜ 공부
studioso	스투디오조	공부를 좋아하는, 근면한 / ⓜ 학자, 연구자
stufa	스투파	⑰ 난로
stufo	스투포	싫증 난, 질린

Sono stufo di questo lavoro.
소노 스투포 디 꾸에스토 라보로
나는 이 일에 싫증났어.

stupefacente	스투페파첸떼	ⓜ 마취제, 마약
stupendo	스투펜도	훌륭한, 근사한, 굉장한, 놀라운
stupido	스투피도	어리석은 / ⓜ 멍청이
stupire	스투피레	놀라게 하다
stupirsi	스투피르시	어안이 벙벙하다

stupore	스투포레	ⓜ 경악, 망연자실
stuzzicadenti	스투찌까덴띠	ⓜ 이쑤시개
stuzzicare	스뚜찌까레	찌르다, 쑤시다, 초조하게 하다
su	수	~위에, ~에 대해서, ~관해서
subacqueo	수바꿰오	수중의 / ⓜ 스킨다이버
subire	수비레	(손해, 희생을 입다, 받다, 체험하다
subito	수비토	곧

Quando è entrato nel pub ha subito ordinato da bere.
판도 에 엔트라토 넬 펍 아 수비토 오르디나토 다 베레
그는 술집에 들어가서 곧바로 마실 것을 주문했다.

succedere	수체데레	생기다, 뒤를 잇다
successivo	수체씨보	다음의
successo	수체쏘	ⓜ 성공
succhiare	수끼아레	홀짝홀짝 마시다, 빨다
succo	수꼬	ⓜ 과즙, 소스, 요점
succursale	수꾸르사레	⨍ 지점
sud	수드	ⓜ 남(쪽)
sudare	수다레	땀을 흘리다
sudore	수도레	ⓜ 땀
sufficiente	수피첸떼	충분한, 꽉찬, 적절한 / ⓜ 필요한 것, 충분한 양

Ha il sufficiente per vivere.
아 일 수피첸떼 뻬르 비베레
그는 풍족하게 산다.

suggerire	수제리레	**힌트를 주다, 시사하다**
sughero	수게로	ⓜ **코르크**
sugo	수고	ⓜ **즙, 소스**

Ho i pantaloni pieni di sugo di cibo cinese.
오 이 빤딸로니 삐에니 디 수고 디 치보 치네제
나는 바지에 중국 요리 소스를 잔뜩 묻혔다.

suicidio	수이치디오	ⓜ **자살**

Gli investigatori escludere l'ipotesi del suicidio.
리 인베스띠가또리 에스꿀루데레 리뽀떼지 델 수이치디오
수사관들은 자살의 가능성을 배제했다.

suino	수이노	**돼지의** / ⓜ **돼지**
suo	수오	**그의, 그녀의, 당신의**
suocera	수오체라	ⓕ **시어머니, 장모**
suocero	수오체로	ⓜ **시아버지, 장인**
suola	수올라	ⓕ **구두창**
suolo	수올로	ⓜ **지표, 지반, 토질**
suonare	수오나레	**연주하다**
suono	수오노	ⓜ **소리**
suora	수오라	ⓕ **수녀**
superare	수페라레	**넘다, 극복하다**
superbo	수페르보	**오만한, 자만하는, 화려한**
superficiale	수페르피치알레	**표면의, 외관의, 경솔한**
superficie	수페르피치에	ⓕ **표현, 외면, 외견**
superfluo	수페르프루오	**여분의, 불필요한** / ⓜ **나머지**

	Il party è stato un dispendio superfluo di soldi. 일 파티 에 스따토 운 디스펜디오 수뻬르플루오 디 솔디 파티에 돈을 불필요하게 많이 썼다.
superiore	수페리오레 　　　**보다 높은 / m 상관**
superstite	수페르스띠떼 　　　**살아남은 / m 생존자**
superstizione	수페르스띠지오네 f **미신**
supplementare	수플레멘따레 　　　**추가의**
supplemento	수플레멘토 　　　m **부가, 추가 요금, 부록, 보충**
supplente	수플렌떼 　　　m/f **임시 직원, 부록**
supplicare	수플리까레 　　　**간절히 원하다, 탄원(애원)하다**
supporre	수뽀레 　　　**가정하다, 예상하다**
	Suppongo che tu non mi creda. 수뽕고 께 뚜 논 미 크레다 너는 나를 믿지 않는 것 같다.
supposta	수뽀스따 　　　f **좌약**
supremazia	수프레마지아 　　　f **절대권**
supremo	수프레모 　　　**최고의**
surgelato	수르젤라토 　　　m **냉동식품**
suscitare	수쉬따레 　　　**일으키다, 발생시키다, 상기시키다**
susina	수시나 　　　f **자두**
sussidio	수씨디오 　　　m **원조**
sussurrare	수쑬라레 　　　**속삭이다**
svago	즈바고 　　　m **오락, 취미**
svalutare	즈발루따레 　　　**값을 내리다**

svalutazione	즈발루따지오네	*f* 감가
svanire	즈바니레	사라지다, 쇠퇴하다
svantaggio	즈반따조	*m* 불리함
svedese	즈베데제	스웨덴의 / *m* 스웨덴인, 스웨덴어
sveglia	즈벨리아	*f* 기상, 자명종
svegliare	즈벨리아레	깨우다
sveglio	즈레리오	깨어 있는, 영리한
svelto	즈벨토	기민한, 재빠른, 민첩한

È molto svelto nel capire.
에 몰토 즈벨토 넬 까삐레
그는 이해가 빠르다.

svendita	즈벤디따	*f* 덤핑 판매
svenire	즈베니레	기절하다
sviluppare	즈빌루빠레	개발하다, 현상하다
sviluppo	즈빌루뽀	*m* 발전, 현상
Svizzera	즈비쩨라	스위스
svolgere	즈볼제레	전개시키다, 행해지다
svolta	즈볼따	*f* 회전
svoltare	즈볼따레	회전하다, 풀다, 펼치다

Prepararsi a svoltare a destra tra 800 metri.
프레빠라르시 아 즈볼따레 아 데스트라 뜨라 오또첸또 메트리
800미터 앞에서 우회전할 준비를 하십시오.

svuotare	즈부오따레	비우다, 빼앗다, 제거하다

T

tabaccheria	따바께리아	⨍ 담배 가게
tabacco	따바꼬	ⓜ 담배
tabella	따벨라	⨍ 게시판
tacchino	따끼노	ⓜ 칠면조
tacco	따꼬	ⓜ 구두 굽
tacere	따체레	**침묵을 지키다**
tachimetro	따끼메트로	ⓜ 속도계
taglia	딸리아	⨍ 치수

Avete questo vestito anche in taglia
piccola?
아베떼 꾸에스토 베스띠토 안께 인 딸리아 삐꼴라?
이 옷은 더 작은 치수가 있습니까?

tagliando	딸리안도	ⓜ 쿠폰
tagliare	딸리아레	**자르다, 베다**
taglio	딸리오	ⓜ 베기, 이발, 재단, 삭제
talco	딸코	ⓜ 활석(滑石)
tale	딸레	**그런, 어떤 사람**
talento	딸렌토	ⓜ 재능, 능력

Ha ereditato il talento del padre.
아 에레디따토 일 딸렌토 델 빠드레
그는 아버지의 재능을 물려받았다.

tallone	딸로네	ⓜ 뒤꿈치
talpa	딸빠	⨍ 두더지

talvolta	딸볼따	때때로, 가끔
tamburo	땀부로	🔵 큰북
tamponamento	땀뽀나멘토	🔵 충돌
tamponare	땀뽀나레	충돌하다, 마개를 끼우다, 거즈를 대다
tana	따나	🔴 굴, 은신처, 소굴
tangente	딴젠떼	🔴 탄젠트
tangibile	딴지빌레	만질 수 있는, 명백한
tanto	딴토	많은, 대단히, 매우

È tanto tempo che non ci vediamo.
에 딴토 뗌뽀 께 논 치 베디아모
우리가 서로 못 본 지 꽤 오래되었다.

tappa	따빠	🔴 휴식, 여정, 휴게소
tappare	따빠레	막다
tapparella	따빠렐라	🔴 차양
tappeto	따뻬토	🔵 양탄자
tappezzeria	따뻬쩨리아	🔴 벽지
tappo	따뽀	🔵 마개
tardare	따르다레	연기하다, 늦다, 지각하다
tardi	따르디	늦게, 천천히, 느리게
targa	따르가	🔴 번호판
tariffa	따리파	🔴 요금

Ha pagato la tariffa ed è sceso dal taxi.
아 빠까토 라 따리파 에드 에 쉐조 달 딱씨
그는 요금을 지불하고 택시에서 내렸다.

tarma	따르마	⑦ 좀벌레
tartaro	따르따로	ⓜ 치석
tartaruga	따르타루가	⑦ 거북이
tartufo	따르투포	ⓜ 송로버섯
tasca	따스까	⑦ 호주머니

Si infila una mano nella tasca dei jeans.
시 인필라 우나 마노 넬라 따스까 데이 진스
그는 청바지 주머니에 손을 찔러넣었다.

tascabile	따스까빌레	소형의
tassa	따싸	⑦ 세금
tassametro	따싸메트로	ⓜ 미터기
tassista	따씨스타	택시 기사
tastiera	따스띠에라	⑦ 건반
tasto	따스토	ⓜ 건반, 자판
tattica	따띠까	⑦ 전술
tatto	따또	ⓜ 촉각, 재치
tatuaggio	따투아조	ⓜ 문신
taverna	따베르나	⑦ 주막, 선술집, 소박한 집
tavola	따볼라	⑦ 탁자

Non appoggiare i gomiti sulla tavola.
논 아뽀쟈레 이 고미띠 술라 따볼라
테이블 위에 팔꿈치를 올리지 마시오.

tavolo	따볼로	ⓜ 사무용 책상, 탁자
taxi	딱시	ⓜ 택시
tazza	따짜	⑦ 찻잔

te	떼	너를
tè	떼	m 차(茶)
teatro	떼아트로	m 극장
	Devo portare tutta questa roba al teatro. 데보 뽀르따레 뚜따 꾸에스따 로바 알 떼아트로 이 물건을 극장에 가지고 가야 한다.	
tecnica	떼크니까	f 기술
tecnico	떼크니코	기술적인 / m 기술자
tedesco	떼데스코	독일의 / m 독일인, 독일어
tegame	떼가메	m 냄비
teglia	떼리아	f 오븐 접시
tegola	떼골라	f 기와
teiera	떼이에라	f 찻주전자
tela	떼라	f 천, 포, 캔버스, 막
telaio	떼라이오	m 방직기
telecomando	떼레꼬만도	m 원격조정장치, 리모컨
teleferica	떼레페리까	f 케이블카
telefonare	떼레포나레	전화하다
	Gli telefonerò appena torno a casa. 질 떼레포네로 아뻰나 또르노 아 까자 집에 도착하자마자 그에게 전화할게.	
telefonata	떼레포나따	f 통화
telefono	떼레포노	m 전화
telegiornale	떼레조르날레	m 텔레비전 뉴스

telegrafare	떼레그라파레	전보를 치다
telegramma	떼레그람마	m 전보
teleobiettivo	떼레오비에띠보	m 망원렌즈
telepatia	떼레빠띠아	f 텔레파시
telescopio	떼레스코피오	m 망원경
televisione	떼레비지오네	f TV 방송
televisore (TV)	떼레비조레	m 텔레비전

Dopo cena guardiamo un po' di televisore.
도뽀 체나 꾸아르디아모 운 뽀 디 떼레비조레
저녁 식사 후 티비를 조금 보자.

tema	테마	m 주제, 작문, 동기
temere	떼메레	두려워하다, 걱정하다
temperamento	뗌뻬라멘토	m 기질
temperatura	뗌뻬라뚜라	f 온도
temperino	뗌페리노	m 주머니칼, 작은 칼
tempesta	뗌페스따	f 폭풍우
tempia	템피아	f 관자놀이
tempio	템피오	m 신전
tempo	뗌뽀	m 시간, 기후, 날씨

Che tempo fa oggi?
께 뗌뽀 파 오지
오늘 날씨 어때?

temporale	뗌뽀랄레	m 소나기
temporaneo	뗌뽀라네오	임시적인
tenace	떼나체	강인한, 접착력 있는, 탐욕한

tempo 뗌포 **날씨**

clima 클리마 m 기후

nuvola 누볼라 f 구름

vento 벤토 m 바람

neve 네베 f 눈

pioggia 비오자 f 비

arcobaleno 아르코바레노 m 무지개

nebbia 네비아 f 안개

fulmine 풀미네 f 번개

ghiacciolo 기아촐로 m 고드름

acquazzone 아쿠아쪼네 m 소나기

tempesta 뗌뻬스타 f 폭풍우

tuono 뚜오노 m 천둥

siccità 시치따 f 가뭄

alluvione 알루비오네 f 홍수

grandine 그란디네 f 우박

nevischio 네비스끼오 m 진눈깨비

giornata di sole 조르나타 디 솔레 **맑은 날**

giornata nuvoloso 조르나타 누볼로조 **흐린날**

piovere 삐오베레 **비가 내리다**

nevicare 네비까레 **눈이 내리다**

tenaglie	떼나질레	*fpl* 집게
tenda	뗀다	*f* 커튼, 텐트
tendenza	뗀덴자	*f* 경향, 소질
tendere	뗀데레	팽팽히 하다, 경향이 있다
tendine	뗀디네	*m* 힘줄
tenebra	떼네브라	*f* 어둠
tenente	떼넨떼	*m* 중위 [계급]
tenere	떼네레	잡다, 보존하다

Quanto ti costa tenere un cane?
꽌토 띠 꼬스타 떼네레 운 까네?
개를 키우는데 유지비가 얼마나 드나요?

tenerezza	떼네렌짜	*f* 부드러움
tenero	떼네로	부드러운
tennis	떼니스	*m* 테니스
tenore	떼노레	*m* 테너
tensione	뗀시오네	*f* 긴장, 팽팽한 것
tentare	뗀따레	시도하다, 유혹하다
tentativo	뗀따띠보	*m* 시도, 시험

Non puoi sempre riuscirci al primo tentativo.
논 뿌오이 쎔쁘레 리우쉬르치 알 프리모 뗀따띠보
항상 첫 시도로 성공할 수 없다.

tentazione	뗀따지오네	*f* 유혹
teologia	떼올로지아	*f* 신학
teoria	떼오리아	*f* 이론, 학설, 지론
teppista	떼삐스따	*m* 불량배

terapia	떼라피아	_f_ 치료
tergicristallo	떼르지크리스탈로	_m_ 와이퍼
terme	떼르메	_pl_ 온천
terminale	떼르미날레	경계의 / _m_ 터미널
terminare	떼르미나레	끝나다
termine	떼르미네	_m_ 종점, 기한, 용어
termometro	떼르모메트로	_m_ 온도계
termosifone	떼르모시포네	_m_ 스팀

Da quando è possibile accendere i termosifoni?
다 꽌도 에 뽀씨빌레 아첸데레 이 떼르모시포니?
언제부터 난방을 켤 수 있나요?

terra	떼라	_f_ 지구, 땅, 흙
terracotta	떼라꼬따	_f_ 테라코타, 구운 점토
terraferma	떼라페르마	_f_ 육지
terrazza	떼라짜	_f_ 테라스
terremoto	떼레모토	_m_ 지진
terreno	떼레노	현세의 / _m_ 토지, 땅
terrestre	떼레스트레	지구의
terribile	떼리빌레	무서운, 심한

Ieri c'è stato un terribile incidente sulla strada statale.
이에리 체 스따토 운 떼리빌레 인치덴떼 술라 스트라다 스타딸레
어제 고속도로에서 끔직한 사고가 있었다.

territorio	떼리토리오	_m_ 영토
terrore	떼로레	_m_ 공포

terrorismo	떼로리즈모	*m* 테러 행위
terrorizzare	떼로리짜레	**겁나게 하다**
tesi	떼지	*f* 논문
teso	떼소	**단단한, 긴장된, 팽팽한**
tesoro	떼소로	*m* 보물
tessera	떼쎄라	*f* 회원증, 정기권
tessile	떼씰레	**직물의**
tessuto	떼수토	*m* 천, 헝겊, 직물
testa	떼스따	*f* 머리

Mi gira la testa quando mi alzo.
미 지라 라 떼스따 꽌도 미 알조
자리에서 일어나면 머리가 어지럽다.

testamento	떼스따멘토	*m* 유언장
testardo	떼스따르도	**고집 센**
testimone	떼스띠모네	*m/f* 증인
testimoniare	떼스띠모니아레	**증언하다, 증명하다**

Non ti vedo da quando hai testimoniato
al processo per omicidio.
논 띠 베도 다 꽌도 아이 떼스띠모니아토 알 프로세쏘 뻬르 오미치디오
살인사건 재판에서 증언한 이후 너를 보지 못했다.

testo	떼스토	*m* 본문
tetano	떼따노	*m* 파상풍
tetto	데또	*m* 지붕
thermos	떼르모스	*m* 보온병
ti	띠	**너를**
tiepido	띠에피도	**미지근한**

	A colazione bevo latte tiepido con i biscotti al cioccolato. 아 꼴라지오네 베보 라떼 띠에피도 꼰 이 비스꼬띠 알 쵸콜라토 아침에는 비스킷과 미지근한 우유를 마신다.
tifone	띠포네 ⓜ 태풍
tifoso	띠포조 ⓜ 응원자, 열렬한 팬(fan)
tiglio	띨리오 ⓜ 참피나무
tigre	띠그레 ⓕ 호랑이
timbro	띰브로 ⓜ 도장
timidezza	띠미데짜 ⓕ 수줍음
	Vuoi sapere come superare la timidezza? 부오이 사뻬레 꼬메 수페라레 라 띠미데짜 소심함을 어떻게 극복하는지 아십니까?
timido	띠미도 소심한, 부끄러워하는
timo	띠모 ⓜ 백리향
timone	띠모네 ⓜ (배, 비행기) 방향키
timore	띠모레 ⓜ 두려움
timpano	띰빠노 ⓜ 고막, 팀파니
tingere	띤제레 염색하다
tinta	띤따 ⓕ 염료, 색
tintoria	띤토리아 ⓕ 염료 공장
tintura	띤뚜라 ⓕ 염색, 염료
tipico	띠삐코 전형적인, 특징적인
tipo	띠뽀 ⓜ 형, 종류
	Non mi piace la gente di quel tipo. 논 미 삐아체 라 젠떼 디 꿸 띠뽀 나는 이런 타입의 사람을 좋아하지 않는다.

tipografia	띠뽀그라피아	f 인쇄소
tiranno	띠란노	m 독재자
tirare	띠라레	끌어당기다, 던지다
tiratura	띠라뚜라	f 인쇄
tirchio	띠르끼오	인색한
tiro	띠로	m 끌기, (창) 던지기, 발사
tiroide	띠로이데	f 갑상선
titolare	띠똘라레	m/f 소유자 / 작위를 부여하다
titolo	띠똘로	m 제목
toccare	또까레	만지다, 순서가 되다, 우연히 일어나다

A chi tocca?
아 끼 또까?
누구 차례야?

tocco	또꼬	m 접촉
togliere	똘리에레	제거하다
toilette	뚜알렛뜨	f 화장실
tolleranza	똘레란자	f 참을성
tollerare	똘레라레	견디다, 참다

Non tollero questo tipo di caldo.
논 똘레로 꾸에스토 띠뽀 디 깔도
이런 식의 더위를 참을 수 없다.

tomba	똠바	f 무덤
tombino	똠비노	m 맨홀 뚜껑
tondo	똔도	둥근
tonnellata	똔넬라따	f 톤

tonno	똔노	🄜 참치
tono	또노	🄜 어조

Il professore parla con un tono uniforme che mi fa addormentare.
일 프로페쏘레 빠를라 꼰 운 또노 우니포르메 께 미 파 아도르멘따레
교수님은 단조로운 어조로 말을 해서 나를 잠들게 한다.

tonsille	똔실레	🄕🄟 편도선
tonto	똔토	멍청한
topazio	토파지오	🄜 황옥
topo	토뽀	🄜 쥐
topografia	토뽀그라피아	🄕 지형학
toppa	토빠	🄕 수선용 천 조각, 열쇠 구멍
torace	토라체	🄜 흉부
torbido	토르비도	탁한, 흉흉한, 짙은
torcere	토르체레	비틀다
torcia	토르챠	🄕 횃불
torcicollo	토르치꼴로	🄜 목 근육통
tormentare	토르멘따레	괴롭히다
tornare	토르나레	돌아오다

Sono felice che tutto sia tornato normale.
소노 펠리체 께 뚜또 시아 토르나토 노르말레
모든 것이 정상적으로 돌아와서 기쁩니다.

torneo	토르네오	🄜 쟁탈전
toro	토로	🄜 황소
torre	토레	🄕 탑

torrefazione	토레파지오네	⨍ 금기
torrente	토렌떼	ⓜ 시냇물
torta	토르따	⨍ 케이크
torto	토르토	비틀린, 구부러진 / ⓜ 과실, 잘못, 틀림
tortura	토르뚜라	⨍ 고문
tosse	토쎄	⨍ 기침

Quando prende lo sciroppo per la tosse?
판도 프렌데 로 쉬로뽀 뻬르 라 토쎄
기침 시럽은 언제 복용해야 하나요?

tossicodipendente	토씨꼬디펜뗀떼	ⓜ 마약 중독자
tossire	토씨레	기침하다
tosto	토스토	구운, 토스트
totale	토딸레	전적인 / ⓜ 통계
tovaglia	토발리아	⨍ 식탁보
tovagliolo	토발리올로	ⓜ 냅킨
tra	뜨라	사이에, 가운데, 앞에
traballare	뜨라발라레	흔들거리다
traccia	뜨라챠	⨍ 자취
trachea	뜨라께아	⨍ 숨통
tradire	뜨라디레	배반하다
traditore	뜨라띠토레	ⓜ 배신자

Era un bugiardo e un traditore.
에라 운 부지아르도 에 운 뜨라디토레
그는 거짓말쟁이에 배신자였다.

tradizionale	뜨라디지오날레	전통적인

tradizione	뜨라디지오네	f	전통, 관습
tradurre	뜨라두레		번역하다
traduzione	뜨라두지오네	f	번역
traffico	뜨라피코	m	교통
tragedia	뜨라제디아	f	비극
traghetto	뜨라게또	m	연락선
tragico	뜨라지코		비극적인
tragitto	뜨라지또	m	여정, 건너는 것, 도선장
traguardo	뜨라구아르도	m	조준기, 도착점
tram	뜨람	m	전차
tramezzino	뜨라메찌노	m	샌드위치
tramonto	뜨라몬토	m	노을
trampolino	뜨람폴리노	m	도약대
tranne	뜨란네		~을 제외하고
	Questo è un buon affare per tutti tranne che per te. 꾸에스토 에 운 부온 아파레 뻬르 뚜띠 뜨라네 께 뻬르 떼 당신을 제외하고 모두에게 좋은 일이다.		
tranquillante	뜨라뀔란떼	m	진정제
tranquillità	뜨란뀔리따	f	평안
tranquillo	뜨란뀔로		평온한, 고요한, 침착한
transatlantico	뜨란사틸란띠코	m	대서양 횡단 기선
transito	뜨란지토	m	통행
transizione	뜨란지지오네	f	변천, 과도

trapano	뜨라파노	ⓜ 드릴
trapasso	뜨라빠쏘	ⓜ 횡단, 통과, 이동
trapianto	뜨라삐안토	ⓜ 이식
trappola	뜨라뽈라	ⓕ 함정

Fate attenzione potrebbe essere una trappola.
파떼 아뗀지오네 뽀뜨레뻬 에쎄레 우나 뜨라뽈라
함정이 있을 수 있으니 조심하십시오.

trapunta	뜨라뿐따	ⓕ 누비이불
trarre	뜨라레	끌다, 몸을 떨다
trascinare	뜨라쉬나레	질질 끌어당기다
trascorrere	뜨라스꼬레레	보내다, 흐르다, 통과하다
trascurare	뜨라스꾸라레	소홀히 하다, 무시하다, 간과하다
trasferimento	뜨라스페리멘토	ⓜ 이전
trasferire	뜨라스페리레	이전시키다
trasferta	뜨라스페르따	ⓕ 출장
trasformare	뜨라스포르마레	변형시키다
trasformarsi	뜨라스포르마르시	변형되다, 변모되다
trasformatore	뜨라스포르마토레	ⓜ 변압기
trasfusione	뜨라스푸지오네	ⓕ 주입
trasgressione	뜨라스그레씨오네	ⓕ 위반
trasloco	뜨라스로코	ⓜ 이전, 이동, 이사

Abbiamo chiamato un furgone da
trasloco per trasportare le nostre cose.
아비아모 끼아마토 운 푸르고네 다 뜨라스로코 뻬르 뜨라스뽀르따레 레 노스뜨레 꼬제
우리의 물건들을 옮기기 위해 이삿짐 트럭을 불렀다.

trasmettere	뜨라스메떼레	전하다, 옮기다
trasmissione	뜨라스미씨오네	f 전달, 방송
trasparente	뜨라스빠렌떼	투명한
trasportare	뜨라스뽀르따레	옮기다

È stato trasportato all'ospedale in elicottero.
에 스타토 뜨라스뽀르따토 알로스뻬달레 인 엘리꼽떼로
그는 헬리콥터로 병원에 이송되었다.

trasporto	뜨라스뽀르토	m 운송
trattamento	뜨라따멘토	m 대우, 치료
trattare	뜨라따레	대하다, 이야기하다, 다루다, 태도를 취하다
trattato	뜨라따토	m 조약
trattenere	뜨라떼네레	제지하다, 만류하다, 머물다
tratto	뜨라또	m 선을 그음, 일부분
trattore	뜨라또레	m 트랙터
trattoria	뜨라또리아	f 음식점

Mio padre aveva una piccola trattoria in Toscana.
미오 빠드레 아베바 우나 삐꼴라 뜨라또리아 인 토스카나
내 아버지는 토스카나에서 작은 음식점을 운영했다.

trauma	뜨라우마	m 트라우마
travaglio	뜨라발리오	m 고생
trave	뜨라베	f 대들보
traversata	뜨라베르사따	f 횡단
travestimento	뜨라베스띠멘토	m 변장, 가장

trazione	뜨라지오네	⑦ 끄는 힘
traccia	뜨라챠	⑦ 자취, 흔적
tregua	뜨레구아	⑦ 휴전
tremare	뜨레마레	떨다, 흔들리다
tremendo	뜨레멘도	무서운
treno	뜨레노	⑩ 기차

Il treno partirà tra due minuti.
일 뜨레노 빠르띠라 뜨라 두에 미누띠
기차는 2분 뒤에 출발할 것이다.

triangolare	뜨리안골라레	삼각의
triangolo	뜨리안골로	⑩ 삼각형
tribù	뜨리부	⑦ 부족
tribuna	뜨리부나	⑦ 연단
tribunale	뜨리부날레	⑩ 재판소
trifoglio	뜨리폴리오	⑩ 클로버
trimestre	뜨리메스트레	⑩ 3개월
trinità	뜨리니따	⑦ 삼위일체
trionfo	뜨리온포	⑦ 개선, 승리
triste	뜨리스떼	슬픈, 쓸쓸한

Non far finta di essere triste.
논 파르 핀따 디 에쎄레 뜨리스떼
슬픈 척하지 마.

tritare	뜨리따레	잘게 썰다, 빻다, 가루로 만들다
tromba	뜨롬바	⑦ 나팔, 트럼펫
tronco	뜨론코	⑩ 줄기, 몸통

trono	뜨로노	ⓜ 왕좌
tropicale	뜨로피까레	열대의
troppo	뜨로뽀	너무 많은, 너무
trota	뜨로따	ⓕ 송어
trotto	뜨로또	ⓜ 빠른 걸음
trovare	뜨로바레	찾다, 발견하다, 우연히 만나다

Potremmo riuscire a trovare degli indizi.
뽀뜨렘모 리우쉬레 아 트로바레 델리 인디지
우리는 몇 가지 단서를 찾을 수 있습니다.

truccare	뜨루까레	화장하다
trucco	뜨루꼬	ⓜ 화장, 메이크업
truffa	뜨루파	ⓕ 사기, 기만
truppa	뜨루빠	ⓕ 부대, 군대
tu	뚜	너

Tu mi ricordi molto il mio figlio più piccolo.
뚜 미 리꼬르디 몰토 일 미오 필리오 삐우 삐꼴로
너는 내 막내아들이 생각나게 한다.

tubercolosi	뚜베르꼴로시	ⓕ 결핵
tubetto	뚜베또	ⓜ 튜브
tubo	뚜보	ⓜ 관, 파이프
tuffare	뚜파레	다이빙하다
tuffo	뚜포	ⓜ 다이빙
tulle	뚤레	ⓜ 망사
tumore	뚜모레	ⓜ 종양

tunnel	뚜넬	ⓜ 터널
tuo	뚜오	너의
tuonare	뚜오나레	천둥 치다
tuono	뚜오노	ⓜ 천둥
turco	뚜르코	터키의 / ⓜ 터키인, 터키어
turismo	뚜리즈모	ⓜ 관광
turista	뚜리스따	ⓜⓕ 관광객
turno	뚜르노	ⓜ 순번

Chi è di turno?
끼 에 디 뚜르노?
누구 차례입니까?

tuta	뚜따	ⓕ 작업복
tutela	뚜뗄라	ⓕ 후견
tuttavia	뚜따비아	그러나, 그래도
tutto	뚜또	모든, 전부

O

P

Q

R

S

T

U

V

W

X

Y

Z

ubbidente	우비덴떼	순종하는
ubbidenza	우비덴자	*f* 복종
ubbidire	우비디레	순종하다
ubriacare	우블리아까레	취하게 하다, 도취하다
ubriacarsi	우브리아까르시	취하다
ubriaco	우브리아코	술에 취한
uccello	우첼로	*m* 새
uccidere	우치데레	죽이다

Ha ucciso la formica prima che
potesse morderlo.
아 우치조 라 포르미까 쁘리마 께 뽀떼쎄 모르데를로
그는 개미가 물기 전에 죽였다.

udienza	우디엔자	*f* 알현
udire	우디레	듣다, 알아차리다
udito	우디토	*m* 청각
ufficiale	우피치알레	공식의, 정부 당국의
ufficialmente	우피치알멘떼	공식적으로
ufficio	우피초	*m* 사무실

Il mio ufficio è al terzo piano.
일 미오 우피초 에 알 떼르조 삐아노
내 사무실은 3층입니다.

uguaglianza	우구알리안자	*f* 평등
uguale	우구알레	동일한, 같은

ulcera	울체라	*f*	궤양
ulteriore	울떼리오레		그 이상의
ultimamente	울띠마멘떼		최근에
ultimo	울띠모		최후의, 마지막의, 최신의
ultrasuono	울뜨라수오노	*m*	초음파
umanità	우마니따	*f*	인간
umano	우마노		인간의
umidità	우미디따	*f*	습기
umido	우미도		축축한 / *m* 습기
umile	우밀레		겸손한
umiliare	우밀리아레		자존심을 상하게 하다
umiliato	우밀리아토		모욕적인, 자존심이 상한 Mi sono sentito umiliato davanti a tutte le persone che conoscevo. 미 소노 센띠토 우밀리아토 다반띠 아 뚜떼 레 뻬르소네 께 꼬노쉐보 내가 아는 모든 사람 앞에서 창피함을 느꼈다.
umiliazione	우밀리아지오네	*f*	모욕, 굴욕
umiltà	우밀따	*f*	겸손
umore	우모레	*m*	기분, 느낌, 기질, 성질
umorismo	우모리즈모	*m*	유머
umoristico	우모리스띠코		재치 있는
unanimità	우나니미따	*f*	만장일치
uncinetto	운치네또	*m*	편물용 뜨개바늘
uncino	운치노	*m*	갈고리

ungere	운제레	**기름칠하다**
Ungheria	운게리아	**헝가리**
unghia	운기아	☑ **손톱, 발톱**
unguento	운구엔토	ⓜ **연고**
unicamente	우니까멘떼	**오로지**
unico	우니코	**유일한**

Lui è il mio unico figlio.
루이 에 일 미오 우니코 필리오
그는 나의 외동아들이다.

unificare	우니피까레	**통일하다, 표준화하다, 규격화하다**
unificazione	우니피까지오네	☑ **통일**
uniforme	우니포르메	**일정한** / ⓜ **제복**
unione	우니오네	☑ **결합, 협회, 연대감**
unire	우니레	**결합하다**

Siamo qui riuniti per unire in matrimonio questa coppia.
시아모 뀌 리우니띠 뻬르 우니레 인 마뜨리모니오 꾸에스따 꼬삐아
우리는 이 커플의 결혼을 위해 여기에 모였습니다.

unirsi	우니르시	**결합하다, 단결하다, 하나가 되다**
unità	우니따	☑ **단일성**
unito	우니토	**결합된**
universale	우니베르살레	**우주의**
università	우니베르시따	☑ **대학**
universitario	우니베르시따리오	**대학의** / ⓜ **대학생**
unto	운토	**기름투성이의**

uomo	우오모	m 사람, 인간
uovo	우오보	m 계란
urbano	우르바노	도시의
urgente	우르젠떼	긴급한
urgenza	우르젠자	f 긴급
urina	우리나	f 소변
urlare	우를라레	소리 지르다

Ho sentito una donna urlare per chiedere aiuto.
오 센띠토 우나 돈나 우를라레 뻬르 끼에데레 아이우토
나는 한 여성이 도움을 요청하기 위해 소리 지르는 것을 들었다.

urlo	우르로	m 고함
urna	우르나	f 투표함
urtare	우르따레	부딪치다
urto	우르토	m 충돌
usanza	우산자	f 관습

È un'usanza di alcune società, specialmente nelle comunità rurali.
에 우누산자 디 알꾸네 소치에따, 수페치알멘떼 넬레 꼬무니따 루라리
이것은 특정 사회, 특히 농촌 지역사회의 관습입니다.

usare	우자레	사용하다, 이용하다
usato	우자토	낡은
uscire	우쉬레	~에서 나오다, 나가다
uscita	우쉬따	f 출구
usignolo	우시뇰로	m 꾀꼬리

uso	우조	m **사용**
ustione	우스띠오네	f **화상**
usuale	우수알레	**일반적인**
usufruire	우수푸루이레	**이용하다, 사용할 권리를 갖다**
utensile	우뗀실레	m **도구**

Hai un utensile particolare per questi?
아이 운 우뗀실레 빠르띠꼴라레 뻬르 꾸에스띠?
이것들을 위한 특별한 도구가 있습니까?

utente	우뗀떼	m **이용자**
utero	우떼로	m **자궁**
utile	우띨레	**유용한, 유익한 /** m **이익, 유용성, 효력**
utilitaria	우띨리따리아	f **소형차**
utilizzare	우띨리짜레	**이용하다, 활용하다**
utopia	우토피아	f **이상향**

V

vacanza	바깐자	⨍ 휴가

Stava organizzando questa vacanza da mesi.
스타바 오르가니짠도 꾸에스따 바깐자 다 메지
그는 몇 달 전부터 이 휴가를 계획했다.

vacca	바까	⨍ 암소
vaccinare	바치나레	예방접종을 하다
vaccinazione	바치나지오네	⨍ 예방접종
vaccino	바치노	ⓜ 백신
vagabondo	바가본도	방랑하는 / ⓜ 방랑자
vagina	바지나	⨍ (해부) 질, 협막, 칼질
vaglia	발리아	ⓜ 어음, 가치, 값어치
vago	바고	막연한
vagone	바고네	ⓜ 철도 차량

Ho già prenotato un vagone letto per New York.
오 자 프레노따또 운 바고네 레또 뻬르 뉴욕
나는 이미 뉴욕행 침대칸을 예약했다.

vaiolo	바이올로	ⓜ 천연두
valanga	바란가	⨍ 눈사태
valere	발레레	가치가 있다
validità	발리디따	⨍ 유효
valido	발리도	유효한

valigia	바리지아	☐ 여행 가방
valle	발레	☐ 계곡
valore	발로레	ⓜ 가치

È una scoperta che ha un valore scientifico immenso.
에 우나 스꼬뻬르따 께 아 운 발로레 쉰띠피코 임멘소
이것은 엄청난 과학적 가치가 있는 발견이다.

valuta	발루따	☐ 화폐
valutare	발루따레	평가하다, 존중하다, 추정하다
valutazione	발루따지오네	☐ 평가, 감정
valvola	발볼라	☐ 밸브
valzer	발제르	ⓜ 왈츠
vanga	반가	☐ 삽
vangelo	반젤로	ⓜ 복음서
vaniglia	바닐리아	☐ 바닐라
vanità	바니따	☐ 허영, 자만
vanitoso	바니토조	허영심 많은, 자만심이 강한
vano	바노	쓸데없는
vantaggio	반따조	ⓜ 이점, 우위, 유리
vantaggioso	반따지오조	유리한

Ci sono molti vantaggi nel frequentare un'università prestigiosa.
시 소노 몰띠 반따지 넬 프레꿸따레 우루니베르시따 프레스띠조자
명문 대학을 다니면 많은 이점이 있습니다.

vantare	반따레	자랑하다, 자만하다

vapore	바뽀레	*m* 증기
vaporetto	바뽀레또	*m* 소형 증기선
varcare	바르까레	넘다, 초월하다, 전진하다
varco	바르코	*m* 통로
variabile	바리아빌레	자주 변하는
variazione	바리아지오네	*f* 변화
varicella	바리첼라	*f* 수두
varietà	바리에따	*f* 다양성, 변종

Gli scienziati hanno osservato una
varietà nei dati.
리 쉬엔지아띠 안노 오쎄르바토 우나 바리에따 네이 다띠
과학자들은 데이터의 다양성을 관찰했다.

vario	바리오	다양한
variopinto	바리오삔토	여러가지 색의
vasca	바스까	*f* 물통
vaso	바조	*m* 단지, 항아리

Quel vaso è estremamente prezioso.
꿸 바조 에 에스트레마멘떼 프레지오조
이 단지는 매우 귀중하다.

vassoio	바쏘이오	*m* 쟁반
vasto	바스토	넓은, 광대한, 거대한
vecchia	베끼아	*f* 노파
vecchiaia	베끼아이아	*f* 노년
vecchio	베끼오	늙은 / *m* 노인
vedere	베데레	보다
vedova	베도바	*f* 과부

vedovo	베도보	_m_ 홀아비
veduta	베두따	_f_ 경치, 보는 것

Dalla collina si può ammirare una
veduta dell'intera pianura.
달라 꼴리나 시 뿌오 암미라레 우나 베두따 델린떼라 삐아누라
언덕에서 평야 전체를 볼 수 있다.

vegetale	베제딸레	식물성의
vegetariano	베제따리아노	_m_ 채식주의자
vegetazione	베제따지오네	_f_ 식물군, 초목
veglia	벨리아	_f_ 철야
vigilare	비질라레	밤을 새다
veicolo	베이꼴로	_m_ 운반 기구
vela	베라	_f_ 돛
veleno	베레노	_m_ 독
velenoso	베네노조	독이 있는
velluto	벨루토	_m_ 벨벳
velo	베로	_m_ 베일
veloce	벨로체	빠른
velocemente	벨로체멘떼	빠르게, 신속하게

Il governo si è mosso rapidamente per
salvare le vittime dell'allagamento.
일 고베르노 시 에 모쏘 라피디멘떼 뻬르 살바레 레 비띠메 델라라가멘토
정부는 홍수 피해자들을 구하기 위해 재빨리 움직였습니다.

velocità	벨로치따	_f_ 속도
vena	베나	_f_ 정맥
vendemmia	벤데미아	_f_ 포도 수확

vendere	벤데레	팔다, 판매하다
vendetta	벤데따	☑ 복수, 보복, 벌
vendita	벤디따	☑ 판매
venditore	벤디또레	ⓜ 상인
venerdì	베네르디	ⓜ 금요일
venire	베니레	오다, 도착하다, 도래하다
ventaglio	벤딸리오	ⓜ 부채
ventilatore	벤틸라토레	ⓜ 선풍기
ventilazione	벤틸라지오네	☑ 환기
vento	벤토	ⓜ 바람

Sentivo il vento entrare dalle finestre rotte.
센띠보 일 벤토 엔트라레 달레 피네스뜨레 로떼
부서진 창문 사이로 들어오는 바람을 느꼈다.

ventre	벤뜨레	ⓜ 복부
veramente	베라멘떼	정말로
veranda	베란다	☑ 베란다
verbale	베르바레	구두의
verbo	베르보	ⓜ 동사 [품사]
verde	베르데	녹색의
verdura	베르두라	☑ 야채
verga	베르가	☑ 막대기, 작은 가지
vergine	베르지네	순결한, 처녀의
vergogna	베르고냐	☑ 부끄러움, 수치심

verdura 베르두라 **채소**

carota 까로따 🔲당근

cetriolo 체트리올로 🔲오이

rapa 라빠 🔲무

patata 빠따따 🔲감자

patata dolce 빠따따 돌체 🔲고구마

aglio 알리오 🔲마늘

porro 뽀로 🔲파

cipolla 치뽈라 🔲양파

spinaccio 스피나초 🔲시금치

pisello 피셀로 🔲콩

fungo 푼고 🔲버섯

peperone 페페로네 🔲피망

lattuga 라뚜가 🔲양상추

zucca 주까 🔲호박

peperoncino 페페론치노 🔲고추

pomodoro 뽀모도로 🔲토마토

cavolo 까볼로 🔲양배추

cavolo cinese 까볼로 치네제 🔲배추

germogli di fagiolo 제르몰리 디 파졸로 🔲콩나물

zenzero 젠제로 🔲생강

vergognarsi	베르고냐르시	**부끄럽게 하다**

Dovresti vergognarti di te stesso!
도브레스띠 베르고냐르띠 디 떼 스테쏘
너 스스로를 부끄러워해야 해!

verifica	베리피까	⨍ **검사, 증명**
verificare	베리피까레	**확인하다, 검사하다, 입증하다**
verità	베리따	⨍ **진실**
verme	베르메	⨍ **벌레, 구더기, 기생충**
vernice	베르니체	⨍ **페인트**
verniciare	베르니치아레	**페인트칠하다**
vero	베로	**진짜의, 사실의, 진정한**

Tutto ciò è vero.
뚜또 쵸 에 베로
이 모든 것이 사실이다.

versamento	베르사멘토	ⓜ **불입(拂入)**
versante	베르산떼	ⓜ **비탈**
versare	베르사레	**붓다, 따르다, 쏟다**
versione	베르시오네	⨍ **번역**
verso	베르소	**쪽으로, 가까이에, 쯤에**
vertebra	베르떼브라	⨍ **척추뼈**
verticale	베르띠깔레	**수직의** / ⓜ **수직선**
vertice	베르띠체	ⓜ **정점**
vertigine	베르띠지네	⨍ **현기증**

Uno dei sintomi della gravidanza è il senso di vertigini.
우노 데이 신토미 델라 그라비단자 에 일 센소 디 베르디지니
임신 증상 중 하나는 현기증입니다.

vertiginoso	베르띠지노조	어지러운
vescica	베쉬까	ⓕ 방광, 물집
vescovo	베스코보	ⓜ 주교
vespa	베스파	ⓕ 말벌
vestaglia	베스딸리아	ⓕ 잠옷 가운
veste	베스떼	ⓕ 의복
vestire	베스띠레	옷을 입히다
vestirsi	베스띠르시	옷을 입다
vestito	베스띠토	ⓜ 옷, 의복

Ti comprerò un nuovo vestito per la festa.
띠 꼼쁘레로 운 누오보 베스띠토 뻬르 라 페스타
너에게 파티를 위한 새로운 옷을 사줄게.

veterano	베테라노	ⓜ 베테랑
veterinario	베테리나리오	ⓜ 수의사
vetrata	베트라따	ⓕ 유리창, 스테인드글라스
vetrina	베트리나	ⓕ 진열장
vetro	베트로	ⓜ 유리
vetta	베따	ⓕ 정상, 정점
vettura	베뚜라	ⓕ 차(車)
vezzeggiare	베쩨쟈레	응석을 부리다
vi	비	너희들을
via	비아	ⓕ 길, 통로, 노선
viadotto	비아도또	ⓜ 육교, 고가도로
viaggiare	비아쟈레	여행하다

Viaggio sempre in treno perché è più sicuro.
비아조 셈쁘레 인 뜨레노 베르께 에 삐우 시꾸로
나는 가장 안전하기 때문에 항상 기차로 여행한다.

viaggiatore	비아쟈또레	🄜 여행자
viaggio	비아조	🄜 여행
viale	비아레	🄜 가로수길
vibrazione	비브라지오네	🄕 진동
vicenda	비첸다	🄕 연속, 교체, 추이
viceversa	비체베르사	반대로
vicino	비치노	가까운
vicolo	비꼴로	🄜 좁은 길
videocassetta	비데오까쎄따	🄕 비디오카세트
vietare	비에따레	금지하다, 방해하다

Nel nostro Paese è vietato fumare in uffici pubblici, ospedali.
넬 노스트로 빠에제 에 비에따토 푸마레 인 우피치 뿌뿔리치, 오스피달리
우리 나라에서는 공공장소, 병원에서 흡연이 금지되었다.

vietato	비에따토	금지된
vigente	비젠떼	현행의
vigilare	비질라레	감시하다, 주의하다, 지키다
vigile	비질레	주의 깊은
vigilia	비질리아	🄕 전야
vigliacco	빌리아꼬	🄜 비겁자
vigna	비냐	🄕 포도밭
vigore	비고레	🄜 원기, 활력

vigoroso	비고로조	**활기찬**
	È stato vigoroso anche la scorsa notte. 에 스따토 비골로조 안께 라 스꼬르사 노떼 그는 지난 밤에도 활기찼다.	
villa	빌라	① **저택**
villaggio	빌라조	⑩ **마을**
villeggiatura	빌레쟈뚜라	① **피서**
vincere	빈체레	**이기다, 수상하다, (상금, 상품 등을) 받다**
vincità	빈치따	① **승리**
vincitore	빈치또레	⑩ **승리자**
	Proprio questa settimana, sarà annunciato il vincitore di quest'anno. 프로프리오 꾸에스따 세띠마나, 사라 아눈치아토 일 빈치또레 디 꾸에스딴노. 이번주에 올해 수상자를 발표할 것이다.	
vincolare	빈꼴라레	**묶다, 구속하다, 지불정지시키다**
vincolo	빈꼴로	⑩ **구속**
vino	비노	⑩ **포도주**
viola	비올라	**보라색의 / ① 오랑캐꽃**
violare	비올라레	**위반하다, 범하다, 유린하다**
violentare	비오렌따레	**강간하다**
violento	비오렌토	**난폭한**
violenza	비오렌자	① **폭력**
violino	비오리노	⑩ **바이올린**
violoncello	비오론첼로	⑩ **첼로**
vipera	비페라	① **독사**

virgola	비르골라	⨍ **쉼표**

La virgola va utilizzata come simbolo decimale.
라 비르골라 바 우띨리짜따 꼬메 심볼로 데치말레
쉼표는 소수점 기호로 사용된다.

virile	비릴레	**남성적인**
virtù	비르뚜	⨍ **미, 덕**
virus	비루스	ⓜ **바이러스**
visibile	비지빌레	**눈에 보이는**
visibilità	비지빌리따	⨍ **시계, 눈에 보임**
visione	비지오네	⨍ **시각**
visita	비지따	⨍ **방문**
visitare	비지따레	**방문하다, 견학하다, 왕진하다**
viso	비조	ⓜ **얼굴**
vista	비스따	⨍ **시력**

Ha perso la vista in un incidente.
아 뻬르소 라 비스따 인 운 인치덴떼
그는 사고로 시력을 잃었다.

visto	비스토	ⓜ **비자, 사증**
vita	비따	⨍ **생명, 인생**
vitamina	비따미나	⨍ **비타민**
vite	비떼	⨍ **나사**
vitello	비뗄로	ⓜ **송아지**
vittima	비띠마	⨍ **희생자**
vitto	비또	ⓜ **식량**
vittoria	비또리아	⨍ **승리**

O P Q R S T U V W X Y Z

viso 비조 / **faccia** 퍼차 **얼굴**

pupilla 푸필라 ⨍ 눈동자

sopracciglio 소프라칠리오 ⓜ 눈썹

naso 나조 ⓜ 코

guancia 구안차 ⨍ 볼, 뺨

orecchio 오레끼오 ⓜ 귀

bocca 보까 ⨍ 입

labbra 라브라 ⨍ 입술

lingua 린구아 ⨍ 혀

dente 덴떼 ⨍ 이, 치아

mento 멘토 ⓜ 턱

ruga 루가 ⨍ 주름

baffi 바피 ⓜⓟⓛ 콧수염

barba 바르바 ⨍ 턱수염

lentiggine 렌띠지네 ⨍ 주근깨

fossetta 포세따 ⨍ 보조개

palpebra 빨뻬브라 ⨍ 속눈썹

viva	비바	**만세**
vivace	비바체	**활발한**
vivo	비보	**살아 있는**
vizio	비지오	_m_ **나쁜 습관**

Ho il brutto vizio di mangiarmi le unghie.
오 일 브루또 비지오 디 만자르미 레 운기에
나는 손톱을 물어뜯는 나쁜 습관을 가지고 있다.

vocabolario	보까보라리오	_m_ **사전**
vocabolo	보까보로	_m_ **용어**
vocale	보까레	**소리의**
vocazione	보까지오네	_f_ **소명**
voce	보체	_f_ **목소리**
voglia	볼리아	_f_ **욕망**
voi	보이	**너희들, 당신들**
volante	볼란떼	**나는, 비행하는** / _m_ **핸들**
volare	볼라레	**날다**
volentieri	볼렌띠에리	**흔쾌히**

Se si chiama, verra' ben volentieri.
세 시 끼아마, 베라벤 볼렌띠에리
당신이 부르면 그는 흔쾌히 갈 거야.

volere	볼레레	**원하다**
volgare	볼가레	**저속한**
volo	볼로	_m_ **비행**
volontà	볼론따	_f_ **의지**
volontario	볼론따리오	**자발적인** / _m_ **지원생**

volpe	볼뻬	⑦ 여우
volta	볼따	⑦ 번, 회, 순번
voltaggio	볼따조	⑩ 전압량
voltare	볼따레	돌리다, 방향이 바뀌다, 향하다
volto	볼토	⑩ 얼굴, 안색

Voglio vedere quel sorrisetto sparire
dal suo volto.
볼리오 베데레 궬 소리제또 스파리레 달 수오 볼토
그의 얼굴에서 웃음이 사라지는 것을 보고 싶다.

volume	볼루메	⑩ 부피, 볼륨
vomitare	보미따레	토하다
vomito	보미토	⑩ 구토
vongola	본골라	⑦ 조개
voragine	보라지네	⑦ 심연
vortice	보르띠체	⑩ 소용돌이
vostro/**a**/**i**/**e**	보스트로/라/리/레	너희들
votare	보따레	투표하다
votazione	보따지오네	⑦ 투표
voto	보토	⑩ 성적, 점수, 투표
vulcano	불까노	⑩ 화산
vuotare	부오따레	비우다
vuoto	부오토	빈 / ⑩ 공백

Mi sento vuoto quando lui non c'è.
미 센토 부오토 꽌도 루이 논 체
그가 없으면 텅 빈 것처럼 느껴진다.

W

wafer	바페르	ⓜ **웨하스**
water, wc	와떼르	ⓜ **화장실**
watt	와뜨	ⓜ **와트**
week-end	위켄드	ⓜ **주말**

Cosa hai fatto nel week-end?
꼬자 아이 파또 넬 위켄드
주말에 뭐 했니?

western	웨스턴	ⓜ **서부극**
whisky	위스키	ⓜ **위스키**
würstel	위스텔	ⓜ **소시지**

O
P
Q
R
S
T
U
V
W
X
Y
Z

| 이탈리아어 필수 단어 |

X

xenofobia	제노포비아	*f* 외국인 공포증
xilofono	실로포노	*m* 실로폰
xilografia	실로그라피아	*f* 목판술

Y

yacht	요트	㎜ **요트**
yoga	요가	㎜ **요가**
yogurt	요구르트	㎜ **요거트**

zafferano	자페라노	ⓜ 샤프란
zaffiro	자피로	ⓜ 사파이어
zaino	자이노	ⓜ 배낭

Mettitela nello zaino e portagliela domani.
메디뗄라 넬로 자이노 에 뽀르따리엘라 도마니
이걸 배낭에 넣어서 내일 가져가.

zampa	잠빠	ⓕ 동물의 발
zampogna	잠포냐	ⓕ 풍적, 목동의 피리
zanzara	잔자라	ⓕ 모기
zanzariera	잔자리에라	ⓕ 모기장
zappa	자빠	ⓕ 괭이(농기구)
zappare	자빠레	괭이질하다
zattera	자떼라	ⓕ 뗏목
zebra	제브라	ⓕ 얼룩말
zecca	제까	ⓕ 진드기
zenzero	젠제로	ⓜ 생강
zero	제로	ⓜ 영(0)
zia	지아	ⓜ 고모, 이모

Da piccola andavo a trovare spesso mia zia che abita in campagna.
다 삐꼴라 안다보 아 트로바레 스페쏘 미아 지아 께 아비따 인 깜빠냐
어렸을 때 종종 시골에 살고 있는 이모를 방문했다.

zigomo	지고모	*m* 광대뼈
zigzag	지그자그	*m* **지그재그**
zinco	진코	*m* 아연
zingaro	진가로	*m* **집시**
zio	지오	*m* **삼촌**

Mio zio mi ha regalato un giocattolo.
미오 지오 미 아 레갈라토 운 조까똘로
삼촌이 나에게 장난감을 선물했다.

zitella	지뗄라	*f* **노처녀**
zitto	지또	말 없는, 조용한 / *m* **침묵, 정숙**
zoccolo	조꼴로	*m* **나막신, 발굽**
zolfo	졸포	*m* **유황**
zolletta	조레따	*f* **각설탕**
zona	조나	*f* **지대, 지역**

Il suo ricordo della zona ha aiutato
la polizia nelle ricerche.
일 수오 리꼬르도 델라 조나 아 아이우따토 라 뽈리지아 넬레 리체르께
지역에 대한 그의 기억은 경찰 수사에 도움이 되었다.

zoo	조	*m* **동물원**
zoologia	졸로지아	*f* **동물학**
zoppicare	조피까레	**절다**
zoppo	조포	절뚝거리는 / *m* **절름발이**
zucca	주까	*f* **호박**
zucchero	주께로	*m* **설탕**

| **zucchina** | 주끼나 | ⑰ 마디호박 |
| **zuppa** | 주빠 | ⑰ 국, 수프 |

Ogni domenica mia nonna mi preparava
la zuppa per colazione.
온니 도메니까 미아 논나 미 프레파라바 라 주빠 뻬르 꼴라지오네
매주 일요일마다 할머니는 나에게 아침으로 스프
를 준비해 주곤 했다.

한국어
+
이탈리아어 단어

가게	**bottega**	보떼가
	negozio	네고지오
가격	**prezzo**	쁘레쪼
	valore	발로레
	costo	코스토
가결	**approvazione**	아프로바지오네
	adozione	아도지오네
가결하다	**approvare**	아프로바레
가곡	**canzone**	깐조네
	canto	깐또
가공(加工)	**elaborazione**	에라보라지오네
	trattamento	뜨라따멘토
가구	**mobili**	모빌리
	arredamento	아레다멘토
가구점	**negozio di mobili**	네고지오 디 모빌리
가극(歌劇)	**opera**	오페라
가금(家禽)	**pollame**	뽈라메
가까스로	**appena**	아뻰나
가까워지다	**avvicinarsi**	아비치나르시

가까이	**vicino**	비치노
	prossimo	프로씨모
가깝다	**essere vicino a**	에쎄레 비치노 아
가꾸다	**coltivare**	꼴띠바레
	curare	꾸라레
가끔	**ogni tanto**	온니 딴토
	di tanto in tanto	디 딴토 인 딴토
가난	**povertà**	뽀베리따
가난하다	**essere in povertà**	에쎄레 인 뽀베리따
가난한	**povero**	뽀베로
가내 공업	**industria domestica**	인두스트리아 도메스티까
가는	**sottile**	소띨레
가능성	**possibilità**	뽀씨빌리따
가능한	**possibile**	뽀씨빌레
가다	**andare**	안다레
가독성	**leggibilità**	레지빌리따
가동성	**mobilità**	모빌리따
가동하다	**essere in funzione**	에쎄레 인 푼지오네
가두다	**rinchiudere**	린끼우데레
가득	**pieno**	삐에노
가득 채우다	**riempire**	리엠삐레
가라앉다	**affondare**	아폰다레
가락	**melodia**	메로디아

ㄱ
ㄴ
ㄷ
ㄹ
ㅁ
ㅂ
ㅅ
ㅇ
ㅈ
ㅊ
ㅋ
ㅌ
ㅍ
ㅎ

가래	**catarro**	까타로
가량	**circa**	치르까
	quasi	꽈지
가려움	**prurito**	프루리토
가로	**larghezza**	라르게짜
가로등	**lampione**	람삐오네
가로수	**alberata**	알베라따
가로막다	**interrompere**	인떼롬뻬레
	bloccare	블로까레
가로지르다	**attraversare**	아트라베르사레
가루	**polvere**	뽈베레
	farina	파리나
가르마	**scriminatura**	스크리미나뚜라
	riga	리가
가르치다	**insegnare**	인세냐레
가르침	**insegnamento**	인세냐멘토
가리다 (보이지 않게)	**coprire**	꼬프리레
	nascondere	나스콘데레
가르키다	**indicare**	인디까레
	mostrare	모스트라레
가면	**maschera**	마스께라
가명	**pseudonimo**	프세우도니모
	falso nome	팔소 노메

가문	**famiglia**	파밀리아
	casato	까사토
가뭄	**siccità**	시치따
가발	**parrucca**	빠루까
가방	**borsa**	보르사
가벼운	**leggero**	레제로
가볍다	**essere leggero**	에쎄레 레제로
가설(架設)	**installazione**	인스탈라지오네
가설(假說)	**ipotesi**	이포떼지
가설하다	**installare**	인스탈라레
가속	**accelerazione**	아첼레라지오네
가속기	**acceleratore**	아첼레라또레
가속하다	**accelerare**	아첼레라레
가수	**cantante**	깐딴떼
가스	**gas**	가스
가스관	**conduttura del gas**	콘두뚜라 델 가스
가슴	**petto**	페또
	seno	세노
가시	**spina**	스피나
가시가 많은	**spinoso**	스피노조
가연성의	**infiammabile**	인피암마빌레
가열하다	**riscaldare**	리스깔다레
가엾은	**misero**	미제로
	povero	뽀베로

ㄱ
ㄴ
ㄷ
ㄹ
ㅁ
ㅂ
ㅅ
ㅇ
ㅈ
ㅊ
ㅋ
ㅌ
ㅍ
ㅎ

가요	**canzone**	깐조네
가운데	**centro**	첸트로
	mezzo	메쪼
가운뎃손가락	**dito medio**	디토 메디오
가위	**forbici**	포르비치
가을	**autunno**	아우뚠노
가이드	**guida**	구이다
가입하다	**iscriversi a**	이스크리베르시 아
	farsi socio di	파르시 소치오 디
가장자리	**bordo**	보르도
	margine	마르지네
가전제품	**elettrodomestico**	엘레뜨로도메스띠코
가정(假定)	**supposizione**	수뽀지지오네
가정의	**domestico**	도메스띠코
가정하다	**supporre**	수뽀레
	presumere	프레수메레
가제	**garza**	가르자
가져오다(가다)	**portare**	뽀르따레
	prendere	프렌데레
가족	**famiglia**	파밀리아
가족의	**famigliare**	파밀리아레
가죽	**pelle**	뻴레
	cuoio	꾸오이오

가지(채소)	**melanzana**	멜란자나
가지다	**avere**	아베레
	tenere	떼네레
가짜	**imitazione**	이미따지오네
	falso	팔소
가축	**bestiame**	베스띠아메
	animale domestico	아니말레 도메스티코
가치	**valore**	발로레
	merito	메리토
가톨릭	**cattolico**	까똘리코
가톨릭주의	**cattolicità**	카톨리치따
	cattolicesimo	카톨리체즈모
가파르다	**essere rapido**	에쎄레 라피도
가혹(苛酷)	**severità**	세베리따
	crudeltà	크루델따
각각의	**ciascuno**	끼아스꾸노
	ognuno	온뉴노
각도	**angolo**	안골로
각료	**ministro**	미니스트로
각막	**cornea**	코르네아
각막염	**cheratite**	께라띠떼
간(肝)	**fegato**	페가토
간격	**distanza**	디스탄자
	intervallo	인떼르발로

ㄱ ㄴ ㄷ ㄹ ㅁ ㅂ ㅅ ㅇ ㅈ ㅊ ㅋ ㅌ ㅍ ㅎ

간결한	**conciso**	콘치조
	breve	브레베
간단한	**semplice**	셈플리체
간섭	**interferenza**	인떼르페렌자
	intervento	인떼르벤토
간섭하다	**interferire**	인떼르페리레
	intervenire	인떼르베니레
간식	**spuntino**	스푼띠노
	merenda	메렌다
간신히	**appena**	아뻬나
	a malapena	아 말라뻬나
간염	**epatite**	에파띠떼
간장	**salsa di soia**	살사 디 소이아
간접적인	**indiretto**	인디레또
간지럼	**solletico**	솔레띠코
간지럽히다	**solleticare**	솔레띠까레
간청	**supplica**	수플리까
간청하다	**supplicare**	수플리까레
	implorare	임플로라레
간판	**insegna**	인세냐
	cartello	까르텔로
간행물	**pubblicazione**	프블리까지오네
간호	**cura**	꾸라
간호사	**infermiere**	인페르미에레

간호하다	**curare**	꾸라레
간혹	**qualche volta**	꽐께 볼타
	a volte	아 볼떼
갇히다	**essere rinchiuso**	에쎄레 린끼우조
	essere imprigionato	에쎄레 임프리조나토
갈고리	**uncino**	운치노
	gancio	간초
갈기 (사자, 말)	**criniera**	크리니에라
갈다 (칼을)	**affilare**	아필라레
	arrotare	아로타레
갈대	**canna**	깐나
갈등	**complicazione**	콤플리까지오네
갈라지다	**spaccarsi**	스파까르시
	dividersi	디비데르시
갈매기	**gabbiano**	가비아노
갈비뼈	**costola**	코스톨라
갈색	**marrone**	마로네
갈증	**sete**	세떼
갈증나다	**avere sete**	아베레 세떼
갈채	**applauso**	아플라우조
갈퀴	**rastrello**	라스트렐로
갉아먹다	**rosicchiare**	로시끼아레
감(과일)	**caco** (복수형 **cachi**)	까코 (까끼)

감각	**senso**	센소
	sensazione	센사지오네
감격	**impressione**	임프레씨오네
감금	**reclusione**	레클루시오네
감금하다	**recludere**	레클루데레
	imprigionare	임프리조나레
감기	**raffreddore**	라프레도레
감기에 걸리다	**prendere il raffreddore**	프렌데레 일 라프레도레
감내하다	**sopportare**	소뽀르따레
감독	**controllo**	콘트롤로
	supervisore	수뻬르비소레
감독하다	**controllare**	콘트롤라레
	dirigere	디리제레
감동적인	**emozionante**	에모지오난떼
감사	**ringraziamento**	린그라지아멘토
감상적인	**sentimentale**	센띠멘탈레
감성	**sensibilità**	센시빌리따
감수성이 강한	**sensibile**	센시빌레
감시하다	**sorvegliare**	소르벨리아레
감염	**infezione**	인페지오네
	contagio	콘따조
감염시키다	**infettare**	인페따레
감옥	**prigione**	프리조네
	galera	갈레라

감자	patata	빠따따
감자튀김	patate fritte	빠따데 프리떼
감정	sentimento	센티멘토
감초	liquirizia	리퀴리지아
감추다	nascondere	나스콘데레
감탄	esclamazione	에스클라마지오네
감탄하다	esclamare	에스클라마레
	ammirare	암미라레
감탄할 만한	ammirabile	암미라빌레
감히 ~하다	osare	오사레
갑상선	tiroide	티로이데
갑자기	improvvisamente	임프로비자멘떼
갑판	coperta	꼬페르따
값	prezzo	프레쪼
값비싼	costoso	코스토조
값싼	a buon mercato	아 부온 메르까토
	economico	에코노미코
강	fiume	피우메
강낭콩	fagiolo	파졸로
강당	auditorium	아우디토리움
강도	rapina	라피나
	rapinatore	라피나토레
강력한	potente	뽀덴떼
강박관념	ossessione	오쎄씨오네

강세	enfasi	엔파시
	accento	아첸토
강연	conferenza	콘페렌자
	discorso	디스꼬르소
강요하다	costringere	코스트린제레
	obbligare	오블리가레
강의실	aula	아울라
강인한	tenace	떼나체
강제	costrizione	코스트리지오네
강제적으로	con la forza	콘 라 포르자
	obbligatoriamente	오블리가토리아멘떼
강철	acciaio	아치아이오
강추위	gelo	젤로
강타	colpo violento	꼴뽀 비올렌토
강판	grattugia	그라투쟈
강하	caduta	까두따
	discesa	디쉐자
강한	forte	포르떼
갖추다	prepararsi	프레파라르시
	arredare	아레다레
	fornire	포르니레
같다	essere uguale	에쎄레 우구알레
같은	stesso	스테쏘
	identico	이덴띠코

갚다	restituire (un prestito)	레스띠뚜이레 (운 프레스띠또)
	ripagare	리빠가레
개	cane	까네
개구리	rana	라나
개구쟁이	birichino	비리끼노
개념	concetto	콘체또
(옷 등을) 개다	ripiegare	리피에가레
개똥벌레	lucciola	루촐라
개막식	inaugurazione	인아우구라지오네
개미	formica	포르미까
개발	sviluppo	즈빌루뽀
개발하다	sviluppare	즈빌루빠레
개방적인	aperto	아페르토
개별적인	individuale	인디비두아레
개선	miglioramento	밀리오라멘토
	progresso	프로그레쏘
개선하다	migliorare	밀리오라레
개성	personalità	뻬르소날리따
개성이 없는	impersonale	임뻬르소날레
개시하다	iniziare	이니지아레
	cominciare	꼬민치아레
개암나무 열매	nocciola	노촐라

개요	**riassunto**	리아쑨토
	sommario	소마리오
개인	**individuo**	인디비두오
개인의	**personale**	뻬르소날레
개인적으로	**personalmente**	뻬르소날멘떼
	privatamente	프리바따멘떼
개입하다	**intervenire**	인떼르베니레
개점 시간	**orario d'apertura**	오라리오 다뻬르두라
개조하다	**rimodellare**	리모델라레
	riorganizzare	리오르가니짜레
개찰하다	**controllare i biglietti**	콘트롤라레 이 빌리에띠
개척	**bonificazione**	보니피까지오네
	sviluppo	즈빌루뽀
개척하다	**sviluppare**	즈빌루빠레
	bonificare	보니피까레
개혁	**riforma**	리포르마
개혁하다	**riformare**	리포르마레
객관적인	**obiettivo**	오비에띠보
	imparziale	임빠르지알레
객실	**carrozza**	까로짜
	vagone	바고네
거대한	**enorme**	에노르메
	gigantesco	지간떼스코

390 | 필수 단어

거두다	**raccogliere**	라꼴리에레
	ottenere	오떼네레
거듭 말하다	**iterare**	이떼라레
거래하다	**commerciare**	꼼메르치아레
거론하다	**trattare un argomento**	뜨라따레 운 아르고멘토
거르다	**saltare**	살따레
	filtrare	필트라레
거리	**distanza**	디스딴짜
	strada	스트라다
거만한	**arrogante**	아로간떼
거미	**ragno**	라뇨
거미집	**ragnatela**	라냐텔라
거부하다	**rifiutare**	리퓨따레
	respingere	레스핀제레
거세하다	**castrare**	까스트라레
거스름돈	**resto**	레스토
거실	**soggiorno**	소조르노
거울	**specchio**	스페끼오
거위	**oca**	오까
거인	**gigante**	지간떼
거절	**rifiuto**	리퓨토
거주	**residenza**	레지덴짜
	dimora	디모라

거주자	**abitante**	아비딴떼
거주하다	**abitare**	아비따레
	vivere	비베레
거지	**mendicante**	멘디깐떼
거짓말	**bugia**	부지아
거짓말쟁이	**bugiardo**	부지아르도
거짓의	**falso**	팔소
거치다	**passare**	빠싸레
거친	**ruvido**	루비도
거품	**schiuma**	스끼우마
거행하다	**celebrare**	첼레브라레
걱정	**ansia**	안시아
	preoccupazione	프레오꾸빠지오네
걱정하다	**preoccuparsi**	프레오꾸빠르시
건강	**salute**	살루떼
건강한	**sano**	사노
	vigoroso	비고로조
건너가다	**attraversare**	아트라베르사레
건널목	**passaggio**	빠사조
건물	**edificio**	에디피초
건반	**tastiera (di strumento musicale)**	따스띠에라(디 스트루멘토 무지깔레)
	tasto	따스토

건방진	impertinente	임뻬르띠넨떼
건배	cincin	친친
	alla salute	알라 살루떼
건설	costruzione	코스트루지오네
	edificazione	에디피까지오네
건설하다	costruire	코스트루이레
건전지	pila	필라
	batteria	바떼리아
건전한	sano	사노
건조한	secco	세꼬
건초	fieno	피에노
건축	costruzione	코스트루지오네
	edificazione	에디피까지오네
건축가	architetto	아르끼떼또
건축술	architettura	아르끼떼뚜라
건포도	uvetta	우베따
	uva passa	우바 빠싸
걷다	camminare	깜미나레
	andare a piedi	안다레 아 삐에디
걸다 (매달다)	appendere	아뻰데레
걸리다	essere appeso	에쎄레 아뻬조
	ammalarsi (병에)	아말라르시
걸음	passo	빠쏘

ㄱ ㄴ ㄷ ㄹ ㅁ ㅂ ㅅ ㅇ ㅈ ㅊ ㅋ ㅌ ㅍ ㅎ

걸작	**capolavoro**	까포라보로
검은	**nero**	네로
	scuro	스쿠로
검사(檢查)	**controllo**	콘트롤로
	revisione	레비지오네
	ispezione	이스페지오네
검사하다	**controllare**	콘트롤라레
	ispezionare	이스페지오나레
검소한	**frugale**	프루갈레
검정색	**nero**	네로
겁	**paura**	빠우라
겁 많은	**pauroso**	빠우로조
	codardo	꼬다르도
겁내다	**spaventarsi**	스파벤따르시
	aver paura	아베레 빠우라
겁주다	**spaventare**	스파벤따레
	intimorire	인티모리레
겉	**superficie esterna**	수페르피치에 에스떼르나
	apparenza	아빠렌자
게	**granchio**	그란끼오
게으른	**pigro**	피그로
게으름	**pigrizia**	피그리지아
게을리하다	**trascurare**	트라스쿠라레

겨냥하다	**mirare**	미라레
겨드랑이	**ascella**	아쉘라
겨우	**appena**	아뻰나
겨울	**inverno**	인베르노
겨울의	**invernale**	인베르날레
겨자	**senape**	세나뻬
격려하다	**incitare**	인치따레
격리	**isolamento**	이솔라멘토
격언	**proverbio**	프로베르비오
격차	**differenza**	디페렌자
격투하다	**lottare**	로따레
격한	**furioso**	푸리오조
	intenso	인텐소
견고한	**robusto**	로부스토
	solido	솔리도
견디다	**resistere**	레지스떼레
	sopportare	소뽀르따레
견딜 만한	**sopportabile**	소뽀르따빌레
견딜 수 없는	**irresistibile**	이레지스띠빌레
	intollerabile	인톨레라빌레
견본	**campione**	깜삐오네
견습생	**apprendista**	아프렌디스타
견인차	**trattore**	트라또레

견해	opinione	오피니오네
	punto di vista	뿐토 디 비스타
결과	risultato	리술따토
결국	alla fine	알라 피네
결론	conclusione	콘클루지오네
결백한	innocente	인노첸떼
결사적으로	disperatamente	디스페라따멘떼
결석	assenza	아쎈자
결승전	finale	피날레
결점	difetto	디페또
결정하다	decidere	데치데레
결코	mai	마이
결핍	scarsità	스카르시따
	mancanza	만깐자
결핍한	privo	프리보
	scarso	스카르소
결합하다	unire (-rsi)	우니레(니르시)
결혼	matrimonio	마뜨리모니오
	nozze	노쩨
결혼하다	sposare (-rsi)	스포자레(자르시)
겸손한	modesto	모데스토
	umile	우밀레
경건한	devoto	데보토
경계선	linea di confine	리네아 디 꼰피네

경계하다	**mettersi in guardia**	메떼르시 인 구아르디아
	diffidare di	디피다레 디
경고하다	**avvertire**	아베르띠레
경과	**progresso**	프로그레쏘
경관	**panorama**	파노라마
경기	**gara**	가라
	partita	빠르띠따
경기장	**campo sportivo**	깜뽀 스포르띠보
	stadio	스타디오
경력	**carriera**	까리에라
경로	**corso**	꼬르소
	iter	이떼르
	processo	프로체쏘
경매하다	**vendere all'asta**	벤데레 알라스따
경보	**allarme**	알라르메
경비(經費)	**costo**	코스토
	spesa	스페자
경비(警備)	**guardia**	구아르디아
경사	**inclinazione**	인클리나지오네
경솔한	**impetuoso**	임페투오조
경영	**gestione**	제스띠오네
	amministrazione	암미니스트라지오네
경우	**caso**	까조
경쟁	**competizione**	꼼뻬띠지오네

ㄱ
ㄴ
ㄷ
ㄹ
ㅁ
ㅂ
ㅅ
ㅇ
ㅈ
ㅊ
ㅋ
ㅌ
ㅍ
ㅎ

경쟁자	rivale	리발레
경적	clacson	클락숀
경제	economia	에코노미아
경제의	economico	에코노미코
경찰	polizia	폴리찌아
경찰관	poliziotto	폴리찌오또
경치	veduta	베두따
	panorama	파노라마
경쾌한	allegro	알레그로
경탄하다	meravigliarsi	메라빌리아르시
경향	tendenza	텐덴짜
경험	esperienza	에스페리엔짜
곁에	accanto	아깐토
	a fianco	아 피안코
계곡	valle	발레
	vallata	발라따
계급	classe	클라쎄
	grado	그라도
계단	gradino	그라디노
	scala	스깔라
계란	uovo	우오보
계산	calcolo	깔콜로
	conto	꼰토

ㄱ

계산기	calcolatrice	칼꼴라트리체
계산서	conto	꼰토
계속	continuazione	꼰띠누아지오네
계속적인	continuo	꼰띠누오
계속하다	continuare	꼰띠누아레
계약	contratto	꼰뜨라또
계약금	caparra	까빠라
계약하다	fare un contratto	파레 운 꼰뜨라또
계절	stagione	스따지오네
계획	progetto	프로제또
	piano	삐아노
계획하다	pianificare	삐아니피까레
	progettare	프로제따레
고가도로	viadotto	비아도또
	sopraelevata	소프라엘레바따
고개 (언덕, 산)	valico	발리꼬
고개, 머리	testa	떼스따
고객	cliente	클리엔떼
고고학	archeologia	아르께올로지아
고구마	patata dolce	빠따따 돌체
고급의	di qualità	디 꽐리따
	di alto livello	디 알또 리벨로
고기	carne	까르네

ㄴ ㄷ ㄹ ㅁ ㅂ ㅅ ㅇ ㅈ ㅊ ㅋ ㅌ ㅍ ㅎ

고기잡이	**pesca**	뻬스까
고난	**avversità**	아베르시따
	sofferenza	소페렌자
고뇌	**angoscia**	안고샤
고대	**antichità**	안티끼따
고대의	**antico**	안띠꼬
고도	**altitudine**	알띠뚜디네
고독	**solitudine**	솔리뚜디네
고동색	**bruno**	부르노
고등어	**sgombro**	즈곰브로
고등학교	**scuola superiore**	스쿠올라 수페리오레
	liceo	리체오
고래	**balena**	바레나
고려	**considerazione**	꼰시데라지오네
고려하다	**considerare**	꼰시데라레
고르다	**scegliere**	쉘리에레
고름	**pus**	푸스
고립된	**isolato**	이솔라토
	solitario	솔리따리오
고마움	**gratitudine**	그라띠뚜디네
고모	**zia paterna**	지아 파떼르나
고모부	**zio**	지오
고무	**gomma**	곰마
고무줄	**elastico**	엘라스티코

고문(拷問)	**tortura**	토르뚜라
고문(顧問)	**consulente**	콘술렌떼
고민	**ansia**	안시아
	preoccupazione	프레오꾸빠지오네
고발하다	**denunciare**	데눈치아레
고백	**confessione**	꼰페씨오네
고백하다	**confessare**	꼰페싸레
고생하다	**soffrire**	소프리레
고소하다	**accusare**	아꾸자레
고속도로	**autostrada**	아우토스트라다
고속버스	**pullman**	뿔만
고슴도치	**riccio**	리쵸
고아	**orfano**	오르파노
고아원	**orfanotrofio**	오르파노트로피오
고양이	**gatto**	가또
고요한	**calmo**	깔모
	quieto	꾸에토
고용인	**impiegato**	임삐에가토
	dipendente	디펜덴떼
고용하다	**assumere**	아쑤메레
	impiegare	임삐에가레
고원	**altopiano**	알토삐아노
고유의	**proprio**	프로프리오
고의로	**apposta**	아뽀스따

ㄱ ㄴ ㄷ ㄹ ㅁ ㅂ ㅅ ㅇ ㅈ ㅊ ㅋ ㅌ ㅍ ㅎ

고장	**guasto**	구아스토
	avaria	아바리아
고장나다	**guastarsi**	구아스타르시
고전적인	**classico**	클라시코
고정된	**fisso**	피쏘
	stabile	스따빌레
고정시키다	**fissare**	피싸레
고질적인	**cronico**	크로니코
고집 센	**ostinato**	오스티나토
고추	**peperoncino**	페페론치노
고층 건물	**grattacielo**	그라따치엘로
고치다	**riparare**	리빠라레
	correggere	꼬레쩨레
	curare	꾸라레
고통	**dolore**	돌로레
	sofferenza	소페렌짜
고통스러운	**doloroso**	돌로로조
고함	**grido**	그리도
고함치다	**gridare**	그리다레
고향	**paese natio**	빠에제 나띠오
곡예	**acrobazia**	아크로바지아
곤란	**difficoltà**	디피꼴따
	imbarazzo	임바라쪼
곤충	**insetto**	인세또

곧	**immediatamente**	임메디아따멘떼
곧은	**dritto**	드리또
	diretto	디레또
곧장	**direttamente**	디레따멘떼
	dritto	드리또
골동품	**oggetto d'antiquariato**	오제또 단띠구아리아토
골목	**vicolo**	비꼴로
골짜기	**piccola valle**	삐꼴라 발레
골키퍼	**portiere**	뽀르띠에레
곪다	**infiammare**	인피아마레
	suppurare	수푸라레
곰	**orso**	오르소
곰팡이	**muffa**	무파
곱셈	**moltiplicazione**	몰띠플리까지오네
곱슬머리	**capelli ricci**	까뼬리 리치
곳(장소)	**luogo**	루오고
공	**palla**	빨라
	pallone	빨로네
공간	**spazio**	스파지오
공갈	**ricatto**	리가또
공격	**attacco**	아따꼬
	assalto	아쌀토
공격적인	**agressivo**	아그레씨보

공공의	**pubblico**	쁘블리코
공급	**fornitura**	포르니뚜라
공급하다	**fornire**	포르니레
공기	**aria**	아리아
공동의	**di tutti**	디 뚜띠
	comune	꼬무네
공로	**merito**	메리토
공명	**risonanza**	리소난자
	sonorità	소노리따
공무원	**funzionario**	푼지오나리오
	impiegato statale	임삐에가토 스따딸레
공범자	**complice**	꼼플리체
공복으로	**a stomaco vuoto**	아 스토마코 부오토
공부하다	**studiare**	스투디아레
공산주의	**comunismo**	꼬무니즈모
공산주의자	**comunista**	꼬무니스타
공상	**fantasia**	판타지아
공상하다	**immaginare**	임마지나레
공손한	**cortese**	꼬르떼제
공식의	**ufficiale**	우피치알레
공업	**industria**	인두스트리아
공업화	**industrializzazione**	인두스트리알리짜지오네
공연	**spettacolo**	스뻬따꼴로

공원	**parco**	빠르코
공작 (동물)	**pavone**	파보네
공작 (작위)	**duca**	두카
공장	**fabbrica**	파브리까
	stabilimento	스타빌리멘토
공정한	**giusto**	주스토
공주	**principessa**	프린치뻬싸
공중전화	**telefono pubblico**	텔레포노 쁘블리코
공중전화 박스	**cabina telefonica**	까비나 텔레포니까
공증인	**notaio**	노따이오
공증하다	**autenticare**	아우뗀띠까레
공짜, 무료	**gratis**	그라티스
공책	**quaderno**	구아데르노
공통적인	**comune**	꼬무네
공평한	**imparziale**	임빠르지알레
공포	**orrore**	오로레
	terrore	떼로레
공학	**ingegneria**	인제네리아
공학 기사	**ingegnere**	인제네레
공항	**aeroporto**	아에로뽀르토
공해	**inquinamento**	인뀌나멘토
공헌하다	**contribuire**	콘트리부이레
공화국	**repubblica**	레푸블리까

ㄱ
ㄴ
ㄷ
ㄹ
ㅁ
ㅂ
ㅅ
ㅇ
ㅈ
ㅊ
ㅋ
ㅌ
ㅍ
ㅎ

공휴일	festa nazionale	페스타 나지오날레
과거	passato	빠싸토
과다한	eccessivo	에체씨보
과대평가하다	sopravvalutare	소프라발루따레
과로하다	strapazzarsi	스트라빠짜르시
	lavorare troppo	라보라레 뜨로뽀
과목	materia	마떼리아
과반수	maggioranza	마조란자
과부	vedova	베도바
과소평가하다	sottovalutare	소또발루따레
과수원	frutteto	프루떼토
과시하다	ostentare	오스텐따레
과실	colpa	꼴빠
	errore	에로레
과일	frutta	프루따
과일 가게	fruttivendolo	프루띠벤돌로
	negozio di frutta	네고지오 디 프루따
과일 주스	succo di frutta	수꼬 디 프루따
과자	biscotto	비스꼬또
과장하다	esagerare	에자제라레
과정	processo	프로체쏘
과학	scienza	쉬엔자
과학자	scienziato	쉬엔자토
관(棺)	bara	바라

관(管)	**tubo**	투보
관객	**spettatore**	스페따또레
관계	**relazione**	레라지오네
	legame	레가메
관광	**turismo**	투리즈모
관광객	**turista**	투리스타
관광의	**turistico**	투리스띠코
관능적인	**sensuale**	센수알레
관대한	**generoso**	제네로조
관리하다	**amministrare**	암미니스트라레
	dirigere	디리제레
관목	**cespuglio**	체스푸리오
관세	**dazio doganale**	다지오 도가날레
관습	**usanza**	우산자
관심을 갖다	**interessarsi**	인떼레싸르시
관절	**articolazione**	아르띠꼴라지오네
관점	**punto di vista**	뿐토 디 비스타
관찰	**osservazione**	오쎄르바지오네
관현악단	**orchestra**	오르게스트라
괄호	**parentesi**	바렌떼지
광경	**scena**	쉐나
	spettacolo	스뻬따꼴로
광고	**pubblicità**	뿌블리치따

광내다	**lucidare**	루치다레
광대 [예술]	**pagliaccio**	빨리아쵸
광대(廣大), 거대	**immensità**	임멘시따
광대뼈	**zigomo**	지고모
광대한	**immenso**	임멘소
	vasto	바스토
광물	**minerale**	미네랄레
광산	**miniera**	미니에라
광선	**luce**	루체
	raggio	라조
광장	**piazza**	삐아짜
광적인	**fanatico**	파나띠코
	lunatico	루나띠코
광채	**splendore**	스플렌도레
광천수	**acqua minerale**	아꾸아 미네랄레
괴로운	**sofferente**	소페렌떼
괴로움	**sofferenza**	소페렌짜
괴로워하다	**soffrire**	소프리레
괴롭히다	**tormentare**	토르멘따레
괴물	**mostro**	모스트로
굉장한	**grandioso**	그란디오조
	formidabile	포르미다빌레
교구	**parrocchia**	빠로끼아

교단	**cattedra**	까떼드라
교대로	**a turno**	아 뚜르노
교도소	**prigione**	프리조네
교만한	**altezzoso**	알떼쪼조
	superbo	수페르보
교묘한	**accorto**	아꼬르토
	furbo	푸르보
교사	**insegnante**	인세난떼
교수	**professore (universitario)**	프로페쏘레 (우니베르시따리오)
교실	**aula**	아울라
교양 없는	**maleducato**	말에두까토
	sgarbato	즈가르바토
교양 있는	**educato**	에두까토
교역	**commercio**	꼼메르초
교역업자	**commerciante**	꼼메르치안떼
교외	**periferia**	페리페리아
교육	**educazione**	에두까지오네
교육학	**pedagogia**	페다고지아
교정	**correzione**	꼬레지오네
교제하다	**frequentare (qualcuno)**	프레꿴따레 (꽐꾸노)
교차로	**incrocio**	인크로초
교체하다	**sostituire**	소스띠뚜이레
교통	**traffico**	트라피코

교통사고	**incidente stradale**	인치덴떼 스트라달레
교환	**scambio**	스깜비오
교활한	**astuto**	아스투토
	furbo	푸르보
교황	**Papa**	빠빠
교회	**chiesa**	끼에자
구걸하다	**mendicare**	멘디까레
구경	**giro di visita**	지로 디 비지따
구급차	**ambulanza**	암불란자
구두	**scarpa**	스까르파
구두약	**lucido da scarpe**	루치도 다 스카르뻬
구두의	**orale**	오랄레
	verbale	베르발레
구두창	**suola**	수올라
구름	**nuvola**	누볼라
구름 낀	**nuvoloso**	누볼로조
구리	**rame**	라메
구멍	**foro**	포로
구명대	**salvagente**	살바젠떼
구별하다	**distinguere**	디스틴궤레
구부리다	**piegare**	삐에가레
(몸을) 구부리다	**chinare**	끼나레
구분	**divisione**	디비지오네
구석	**angolo**	안골로

구성하다	**comporre**	꼼뽀레
	formare	포르마레
구속	**arresto**	아레스토
구수한	**gusto delicato**	구스토 델리까토
구역	**quartiere**	꽈르띠에레
	zona	조나
구역질	**nausea**	나우제아
구원하다	**salvare**	살바레
	soccorrere	소꼬레레
9월	**settembre**	세뗌브레
구입하다	**acquistare**	아뀌스따레
	comprare	꼼쁘라레
구조	**struttura**	스트루뚜라
	salvataggio	살바따조
구좌	**conto**	꼰토
	conto corrente	꼰토 꼬렌떼
구체적인	**concreto**	꼰크레토
구출하다	**salvare**	살바레
구토	**vomito**	보미토
국, 수프	**zuppa**	주빠
국가	**stato**	스따토
	nazione	나지오네
국경	**frontiera**	프론띠에라
	confine	꼰피네

국기	**bandiera nazionale**	반디에라 나지오날레
국민	**popolo**	뽀뽈로
국민투표	**referedum**	레페레둠
국자	**mestolo**	메스톨로
국적	**nazionalità**	나지오날리따
국제적인	**internazionale**	인떼르나지오날레
국화꽃	**crisantemo**	크리산떼모
국회	**parlamento**	빠를라멘토
국회의원	**parlamentare**	빠를라멘따레
	onorevole	오노레볼레
군대	**esercito**	에세르치토
군대의	**militare**	밀리따레
군인	**soldato**	솔다토
	militare	밀리따레
군주	**sovrano**	소브라노
군중	**folla**	폴라
	massa di gente	마싸 디 젠떼
굳은	**duro**	두로
	indurito	인두리토
굳은살	**callo**	깔로
굴 (동물)	**ostrica**	오스트리까
굴, 터널	**tunnel**	투넬
	galleria	갈레리아

굴뚝	**comignolo**	꼬미뇰로
굴러가다	**rotolare**	로톨라레
굴리다	**rotolarsi**	로톨라르시
굴복하다	**piegare**	삐에가레
굴욕적인	**umiliante**	우밀리안떼
굴착기	**escavatore**	에스까바토레
굵은	**grosso**	그로쏘
굶주린	**affamato**	아파마토
(구두) 굽	**tacco**	따꼬
굽다, 데우다	**arrostire**	아로스띠레
	rosolare	로졸라레
	tostare	토스따레
굽은	**curvo**	꾸르보
굽히다	**piegarsi**	삐에가르시
궁전	**palazzo reale**	빨라쪼 레알레
궁지, 곤경	**situazione difficile**	시투아지오네 디피칠레
	dilemma	딜레마
권력	**potere**	뽀떼레
권리	**diritto**	디리또
권총	**pistola**	삐스톨라
권태	**noia**	노이아
권투	**pugilato**	푸질라토
권투선수	**pugile**	푸질레
권한	**autorità**	아우토리따

ㄱ
ㄴ
ㄷ
ㄹ
ㅁ
ㅂ
ㅅ
ㅇ
ㅈ
ㅊ
ㅋ
ㅌ
ㅍ
ㅎ

궤도	**binario**	비나리오
	rotaia	로따이아
	orbita	오르비따
귀	**orecchio**	오레끼오
귀걸이	**orecchino**	오레끼노
귀금속	**pietra preziosa**	삐에뜨라 프레지오자
귀뚜라미	**grillo**	그릴로
귀머거리	**sordo**	소르도
귀신	**fantasma**	판타즈마
귀여운	**carino**	까리노
귀족	**nobiltà**	노빌리따
	nobile	노빌레
귀중한	**prezioso**	프레지오조
귀찮은	**fastidioso**	파스띠디오조
규격	**standard**	스뗀다르드
규율	**disciplina**	디스치플리나
규칙	**regolamento**	레골라멘토
	regola	레골라
규칙적인	**regolare**	레골라레
균형	**equilibrio**	에퀼리브리오
귤	**mandarino**	만다리노
그	**lui**	루이
그것	**esso**	에쏘
	ciò	쵸

그곳에	**là**	라
	lì	리
그네	**altalena**	알타레나
그녀	**lei**	레이
그의 / 그녀의	**suo / a, suoi / sue**	수오/아, 수오이/수에
그늘	**ombra**	옴브라
그들	**loro**	로로
그래서	**perciò**	뻬르초
	quindi	뀐디
그램	**grammo**	그람모
그러나	**ma**	마
	però	뻬로
그러면	**allora**	알로라
	dunque	뚠꿰
그런	**tale**	딸레
그럴듯한	**verosimile**	베로시밀레
그럼에도 불구하고	**nonostante**	노노스딴떼
그렇게	**così**	꼬지
그렇고말고	**certamente**	체르따멘떼
	davvero	다베로
그렇지 않으면	**altrimenti**	알뜨리멘띠
그루터기	**ceppo**	체뽀

그릇	recipiente	레치피엔떼
	scodella	스꼬델라
그리고	e	에
그리다	dipingere	디핀제레
그리워하다	sentire la mancanza di	센띠레 라 만깐자 디
	avere nostalgia	아베레 노스탈지아
그림	dipinto	디핀토
	disegno	디세뇨
	quadro	꽈드로
그림자	ombra	옴브라
그만	basta	바스타
그물	rete	레떼
그 사이에	frattanto	프라딴토
	nel frattempo	넬 프라뗌포
그와 반대로	al contrario	알 콘트라리오
	invece	인베체
그저께	l'altro ieri	랄트로 이에리
그치다	cessare	체싸레
	smettere	즈메떼레
극(劇)	dramma	드라마
극단적인	estremo	에스트레모
극복하다	superare	수페라레
극소의	minimo	미니모

극장	**teatro**	떼아트로
	cinema	치네마
극적인	**drammatico**	드라마띠코
근거	**base**	바제
	fondamento	폰다멘토
근대의	**moderno**	모데르노
근로자	**lavoratore**	라보라토레
근면한	**diligente**	딜리젠떼
근무	**lavoro**	라보로
근본적인	**fondamentale**	폰다멘탈레
근시의	**miope**	미오뻬
근심스러운	**ansioso**	안시오조
근원	**origine**	오리지네
	fonte	폰떼
근육	**muscolo**	무스꼴로
근처에	**vicino**	비치노
글라이더	**aliante**	알리안떼
글자	**lettera**	레떼라
긁다	**grattare(-rsi)**	그라따레(르시)
금	**oro**	오로
금고	**cassaforte**	까싸포르떼
금발의	**biondo**	비온도
금방	**appena**	아뻰나
	in un attimo	인 운 아띠모

금속	**metallo**	메탈로
금연	**vietato fumare**	비에따토 푸마레
금요일	**venerdì**	베네르디
금지	**divieto**	디비에토
금지하다	**vietare**	비에따레
	proibire	프로이비레
급료	**paga**	빠가
	salario	살라리오
급류	**torrente**	토렌떼
급속한	**rapido**	라피도
급한	**urgente**	우르젠떼
	impetuoso	임페투오조
급행열차	**treno rapido**	트레노 라피도
긍지	**orgoglio**	오르골리오
기간	**periodo**	뻬리오도
기계	**macchina**	마끼나
기계의	**meccanico**	메까니꼬
기관	**organo**	오르가노
	motore	모토레
기관사	**macchinista**	마끼니스타
기관지	**bronco**	브론코
기관차	**locomotiva**	로꼬모티바
기구	**attrezzatura**	아트레짜투라
	attrezzo	아트레쪼

기금	**fondo**	폰도
기껏해야	**soltanto**	솔딴토
기념비	**monumento**	모누멘토
기념일	**anniversario**	안니베르사리오
기념품	**souvenir**	수베니르
기능	**funzione**	푼지오네
기다	**strisciare**	스트리쉬아레
기다리다	**aspettare**	아스페따레
기대다	**appoggiare(-rsi)**	아쁘지아레(-르시)
기대하다	**sperare**	스페라레
기도	**preghiera**	프레기에라
기독교의	**cristiano**	크리스띠아노
기둥	**colonna**	콜로나
	pilastro	피라스트로
기력	**vitalità**	비탈리타
기록	**documentazione**	도쿠멘타지오네
기록영화	**documentario**	도쿠멘따리오
기록하다	**registrare**	레지스트라레
	annotare	안노따레
기르다	**allevare**	알레바레
	educare	에두까레
기름	**olio**	올리오
기름을 바르다	**ungere**	운제레
기린	**giraffa**	지라파

기반	**base**	바제
기본 요소	**elemento basilare**	엘레멘토 바실라레
기본요금	**tariffa di base**	타리파 디 바제
기부하다	**contribuire**	콘트리부이레
	donare	도나레
기분	**umore**	우모레
기쁜	**contento**	꼰뗀토
	felice	펠리체
기쁨	**gioia**	조이아
기사(記事)	**articolo**	아르띠꼴로
기사(騎士)	**cavaliere**	까발리에레
기사(技師)	**ingegnere**	인제네레
기상대	**osservatorio meteorologico**	오쎄르바토리오 메 떼오롤로지코
기생충	**parassita**	파라씨따
기소하다	**processare**	프로체싸레
	accusare	아꾸사레
기술(技術)	**tecnica**	떼크니까
기술(記述)	**descrizione**	데스크리지오네
기술자	**tecnico**	떼크니코
기압	**pressione atmosferica**	프레씨오네 아트모 스페리까
기어	**congegno**	꼰제뇨
	cambio	깜비오
기어오르다	**arrampicarsi**	아람삐까르시

기억	**memoria**	메모리아
	ricordo	리꼬르도
기억하다	**ricordare(-rsi)**	리꼬르다레(르시)
기억할 만한	**memorabile**	메모라빌레
기업	**impresa**	임프레사
기온	**temperatura**	뗌뻬라뚜라
기와	**tegola**	떼골라
기운이 없는	**fiacco**	피아꼬
	debole	데볼레
기운찬	**dinamico**	디나미코
기울기	**pendenza**	펜덴짜
기울다	**essere inclinato**	에쎄레 인클리나토
	pendere	펜덴자
기원(紀元)	**epoca**	에포까
기원, 염원	**augurio**	아우구리오
기원, 유래, 근원	**origine**	오리지네
기원하다	**augurare**	아우구라레
기입하다	**registrare**	레지스트라레
기자	**giornalista**	조르날리스타
기자회견	**conferenza stampa**	콘페렌자 스탐빠
기저귀	**pannolino**	파놀리노
기적	**miracolo**	미라꼴로
기절하다	**svenire**	즈베니레

기지	**base militare**	바제 밀리따레
	spirito	스피리토
기질	**temperamento**	뗌뻬라멘토
기차	**treno**	트레노
기초의	**elementare**	엘레멘따레
	facile	파칠레
기침	**tosse**	토쎄
기타	**chitarra**	키타라
기타, 등등	**eccetera**	에체떼라
기하학	**geometria**	제오메트리아
기한	**scadenza**	스까덴자
	termine	떼르미네
기한이 지난	**scaduto**	스까두토
기항지	**scalo**	스깔로
기형	**deformazione**	데포르마지오네
	anomalia	아노말리아
기호	**simbolo**	심볼로
	gusto	구스토
기회	**opportunità**	오포르뚜니따
	occasione	오까지오네
기획하다	**progettare**	프로제따레
기후	**clima**	끌리마
긴	**lungo**	룬고

긴급사태	**emergenza**	에메르젠자
긴장	**tensione**	텐시오네
길	**strada**	스트라다
	via	비아
길들여진	**addomesticato**	아도메스띠까토
길어지다	**allungarsi**	아룬가르시
길이	**lunghezza**	룬게짜
김	**vapore** (수증기)	바포레
	specie di alga	스페체 디 알가
깃발	**bandiera**	반디에라
깃털	**piuma**	피우마
깊은	**profondo**	프로폰도
깊이	**profondità**	프로폰디따
	profondamente	프로폰다멘떼
까다(껍질), 벗기다	**sbucciare**	즈부치아레
	sgusciare	즈구쉬아레
까다로운	**complicato**	꼼플리까토
	difficile	디피칠레
까마귀	**corvo**	꼬르보
~까지	**fino a**	피노 아
(수염을) 깎다	**rasare**	라자레
깡통 (캔)	**lattina**	라띠나
깨끗한	**pulito**	뿔리토

깨다	**svegliarsi**	즈벨리아르시
깨닫다	**rendersi conto**	렌데르시 꼰토
	capire	까삐레
깨뜨리다	**rompere**	롬뻬레
깨소금	**semi di sesamo**	세미 디 세사모
깨우다	**svegliare**	즈벨리아레
깨진	**rotto**	로또
꺼지다	**spegnersi**	스펜녜르시
껌	**gomma da masticare**	곰마 다 마스띠까레
껍질	**buccia**	부치아
	pelle (동물)	뻴레
	scorza	스꼬르자
꼬리	**coda** (동물)	꼬다
꼭대기	**cima**	치마
	sommità	소미따
꼭두각시	**marionetta**	마리오네따
(수도) 꼭지	**rubinetto**	루비네또
꼼꼼한	**pignolo**	피뇰로
꽃	**fiore**	피오레
꽃이 피다	**fiorire**	피오리레
꽃다발	**mazzo di fiori**	마쪼 디 피오리
꽃봉오리	**bocciolo**	보촐로
꽃잎	**petalo**	페달로
	foglia	폴리아

꽉 찬	**pieno**	삐에노
	compatto	꼼빠또
꾀꼬리	**usignolo**	우시뇰로
꾸러미	**pacco**	빠꼬
꾸준한	**costante**	꼬스딴떼
꾸짖다	**sgridare**	즈그리다레
꿀	**miele**	미엘레
꿈	**sogno**	소뇨
꿈꾸다	**sognare**	소냐레
꿩	**fagiano**	파쟈노
꿰매다	**cucire**	꾸치레
끄다	**spegnere**	스페녜레
끈	**corda**	꼬르다
	stringa	스트린가
끈기	**pazienza**	빠지엔자
끈적거리는	**appiccicoso**	아피치꼬조
끈질긴	**persistente**	뻬르시스땐떼
끊다(그만두다)	**smettere**	즈메떼레
끊임없는	**continuo**	꼰티누오
끌다	**tirare**	띠라레
	strisciare	스트리쉬아레
끓다	**bollire**	볼리레
끓이다	**far bollire**	파르 볼리레

끔찍한	**terribile**	떼리빌레
	tremendo	뜨레멘도
끝	**fine**	피네
	punta	뿐따
끝나다	**essere finito**	에쎄레 피니토
끝내다	**terminare**	떼르미나레
	concludere	꼰끌루데레
끝없는	**infinito**	인피니토
끝으로	**infine**	인피네

ㄴ

나	**io**	이오
나가다	**uscire**	우쉬레
	andare via	안다레 비아
나귀	**asino**	아시노
	somaro	소마로
나누다	**dividere**	디비데레
	separare	세파라레
나라	**paese**	빠에제
	nazione	나지오네
나룻배	**barca**	바르까
나르다	**trasportare**	트라스뽀르따레
나막신	**zoccolo**	조꼴로
나머지	**resto**	레스토
	residuo	레지두오
나무	**albero**	알베로
	pianta	삐안따
나무 울타리	**siepe**	시에뻬
나비	**farfalla**	파르팔라
나빠지다	**peggiorare**	뻬죠라레
나쁜	**cattivo**	까띠보
	brutto	브루또

나사	vite	비떼
나선형	spirale	스피라레
나아가다	progredire	프로그레디레
나아지다	migliorare	밀리오라레
나에게	mi	미
나오다	venire	베니레
	uscire	우쉬레
나의	mio / a	미오/아
	miei / mie	미에이/미에
나이	età	에따
	anni	안니
나중에	più tardi	삐우 따르디
나체의	nudo	누도
나침반	bussola	부쏠라
나타나다	apparire	아빠리레
	comparire	꼼빠리레
나타내다	dimostrare	디모스트라레
	esprimere	에스프리메레
나태한	indolente	인돌렌떼
	pigro	삐그로
낙관주의자	ottimista	오띠미스타
낙농장	fattoria	파또리아
낙심하다	scoraggiarsi	스꼬라지아르시

낙원	**paradiso**	파라디조
낙제	**bocciatura**	보치아뚜라
낙타	**cammello**	깜멜로
낙태	**aborto**	아보르토
낙태 수술	**operazione chirurgica dell'aborto**	오페라지오네 끼룰 루지까델라보르토
낙태하다	**abortire**	아보르띠레
낙하	**caduta**	까두따
낙하산	**paracadute**	파라까두떼
낙하하다	**cadere**	까데레
낚시	**pesca**	뻬스까
낚싯대	**canna da pesca**	깐나 다 뻬스까
난간	**ringhiera**	린기에라
난방	**riscaldamento**	리스깔다멘토
난방기	**calorifero**	깔로리페로
난소	**ovaia**	오바이아
난시	**astigmatismo**	아스띠그마띠즈모
난잡	**confusione**	꼰푸지오네
	disordine	디조르디네
난잡하다	**essere in disordine**	에쎄레 인 디조르디네
난쟁이	**nano**	나노
난처한	**imbarazzante**	임바라짠떼
난폭한	**violento**	비오렌토
날개	**ala**	알라

ㄱ ㄴ ㄷ ㄹ ㅁ ㅂ ㅅ ㅇ ㅈ ㅊ ㅋ ㅌ ㅍ ㅎ

날다	**volare**	볼라레
날마다	**ogni giorno**	온니 조르노
날쌔다	**essere svelto**	에쎄레 즈벨토
날씨	**tempo**	뗌뽀
날씬한	**snello**	즈넬로
날인하다	**sigillare**	시질라레
날짜	**data**	다따
날카로운	**acuto**	아꾸토
	affilato	아필라토
남극	**Polo Sud**	폴로 수드
남기다	**lasciare**	라쉬아레
남매	**fratello e sorella**	프라텔로 에 소렐라
남부의	**del sud**	델 수드
	meridionale	메리디오날레
남성	**maschio**	마스끼오
남성적인	**maschile**	마스낄레
남용하다	**abusare**	아부사레
남자	**uomo**	우오모
남쪽	**sud**	수드
남편	**marito**	마리토
납	**piombo**	피옴보
납세하다	**pagare le tasse**	빠가레 레 따쎄
납작한	**piatto**	삐아또

납치하다	**rapire**	라피레
낫	**falce**	팔체
낫다	**guarire**	구아리레
낭독하다	**leggere ad alta voce**	레쩨레 아달타 보체
낭떠러지	**precipizio**	프레치삐지오
낭만적인	**romantico**	로만띠코
낭비하다	**sprecare**	스프레까레
낮	**giorno**	조르노
낮은	**basso**	바쏘
	inferiore	인페리오레
낮잠	**sonnellino**	소넬리노
	pisolino	피졸리노
낮추다	**abbassare**	아바싸레
낯선	**sconosciuto**	스꼬노슈토
낯익은	**familiare**	파밀리아레
낳다	**partorire**	빠르토리레
내각	**consiglio dei ministri**	꼰실리오 데이 미니스트리
	gabinetto	가비네또
내기	**scommessa**	스꼼메싸
내년	**l'anno prossimo**	란노 프로씨모
내놓다	**mettere fuori**	메떼레 푸오리
	esporre	에스뽀레
내란	**guerra civile**	구에라 치빌레

내려가다	discendere	디쉔데레
	scendere	쉔데레
내려놓다	mettere giù	메떼레 주
	appoggiare	아뽀지아레
내리다	scendere	쉔데레
	calare	깔라레
	scaricare (짐을)	스까리까레
내면의	intimo	인띠모
	interiore	인떼리오레
내버려두다	lasciar stare	라쉬아르 스타레
	lasciar perdere	라쉬아르 뻬르데레
내부의	interno	인떼르노
	interiore	인떼리오레
내용	contenuto	꼰떼누토
내일	domani	도마니
냄비	tegame	떼가메
	pentola	뻰똘라
냄새	odore	오도레
냉담한	indifferente	인디페렌떼
	freddo	프레도
냉동기	congelatore	꼰젤라토레
냉동식품	cibo surgelato	치보 수르젤라토
냉동하다	congelare	꼰젤라레

냉동한	**congelato**	꼰젤라토
냉방장치	**condizionatore d'aria**	꼰디지오나토레 다리아
냉장고	**frigorifero**	프리고리페로
냉정한	**insensibile**	인센시빌레
	senza cuore	센자 꾸오레
너	**tu**	뚜
너무	**troppo**	뜨로뽀
너의	**tuo / a**	뚜오 / 아
	tuoi / tue	뚜오이 / 뚜에
너희들	**voi**	보이
너희들의	**vostro / a**	보스트로 / 아
	vostri / vostre	보스트리 / 보스트레
넉넉한	**abbondante**	아본단떼
널다	**stendere**	스텐데레
널판지	**asse**	아쎄
	tavola	따볼라
넓은	**largo**	라르고
	spazioso	스파지오조
넓이	**larghezza**	라르게짜
넓히다	**allargare**	알라르가레
	ampliare	암플리아레
넘다	**oltrepassare**	올트레빠싸레
	varcare	바르까레

넘어지다	cadere	까데레
넙치	sogliola	솔리오라
넣다	mettere	메떼레
	inserire	인세리레
네 (Yes)	si	씨
네트	rete	레떼
넥타이	cravatta	크라바따
년 (年)	anno	안노
노 (櫓)	remo	레모
노끈	corda	꼬르다
노년	vecchiaia	베끼아이아
노동	lavoro	라보로
노동자	lavoratore	라보라토레
	operaio	오페라이오
노동조합	sindacato	신다까토
노란, 노란색	giallo	잘로
노래	canzone	깐조네
노래하다	cantare	깐따레
노력	sforzo	스포르조
	fatica	파띠까
노력하다	sforzarsi	스포르자르시
노련한	esperto	에스뻬르토
노루	capriolo	까프리올로
노새	mulo	물로

노선	**percorso**	뻬르꼬르소
	targitto	따르지또
노여움	**rabbia**	라삐아
	ira	이라
노예	**schiavo**	스끼아보
노을	**tramonto**	뜨라몬토
노이로제	**nervosismo**	네르보지즈모
노인	**vecchio**	베끼오
	anziano	안지아노
노점	**bancarella**	반까렐라
노처녀	**zitella**	지뗄라
노총각	**scapolo**	스카뽈로
노출시키다	**esporre**	에스뽀레
	mettere in mostra	메떼레 인 모스트라
노크하다	**bussare**	부싸레
노파	**vecchiaia**	베끼아이아
노한, 격한	**furioso**	푸리오조
노화 현상	**invecchiamento**	인베끼아멘토
녹다	**sciogliersi**	숄리에르시
녹말	**amido**	아미도
녹색	**verde**	베르데
녹슨	**arrugginito**	아루지니토
녹음기	**registratore**	레지스트라토레
녹음하다	**registrare**	레지스트라레

ㄱ ㄴ ㄷ ㄹ ㅁ ㅂ ㅅ ㅇ ㅈ ㅊ ㅋ ㅌ ㅍ ㅎ

녹이다	sciogliere	숄리에레
	fondere	폰데레
논	risaia	리사이아
논리적인	logico	로지코
논문	tesi	떼지
논쟁하다	discutere	디스꾸데레
놀다	giocare	조까레
놀라게 하다	spaventare	스파벤따레
	sorprendere	소르프렌데레
놀라다	spaventarsi	스파벤따르시
	meravigliarsi	메라빌리아르시
놀라운	sorprendente	소르프렌덴떼
놀리다	prendere in giro	프렌데레 인 지로
놀이	gioco	조코
놋쇠	ottone	오또네
농구	pallacanestro	빨라까네스트로
농담	scherzo	스께르조
	burla	부를라
농도	densità	덴시따
농부	contadino	꼰따디노
	agricoltore	아그리꼴토레
농사	agricoltura	아그리꼴뚜라
농아	sordomuto	소르도무토
농업의	agricolo	아그리꼴로

농장	**fattoria**	파또리아
높은	**alto**	알토
높이	**altezza**	알떼짜
	in alto	인 알토
놓다	**appoggiare**	아뽀쟈레
놓치다	**perdere**	뻬르데레
뇌	**cervello**	체르벨로
뇌물	**bustarella**	부스타렐라
누구	**chi**	끼
누구든지	**chiunque**	끼운꿰
누군가	**qualcuno**	꽐꾸노
누나	**sorella maggiore**	소렐라 마조레
누더기	**straccio**	스트라쵸
누르다	**premere**	쁘레메레
	schiacciare	스끼아끼아레
누비이불	**trapunta**	트라뿐따
누전	**corto circuito**	꼬르토 치르꾸이토
눈 (雪)	**neve**	네베
눈 (目)	**occhio**	오끼오
눈 내리다	**nevicare**	네비까레
눈동자	**pupilla**	부필라
눈뜨다	**aprire gli occhi**	아프리레 리 오끼
눈물	**lacrima**	라크리마

눈부신	**accecante**	아체깐떼
	splendente	스플렌덴떼
눈사람	**pupazzo di neve**	부빠쪼 디 네베
눈사태	**valanga**	바란가
눈송이	**fiocco di neve**	피오꼬 디 네베
눈썹	**sopracciglio**	소프라칠리오
눈치가 빠른	**accorto**	아꼬르토
	sensibile	센시빌레
눕다	**sdraiarsi**	즈드라이아르시
뉴스	**notizia**	노띠지아
느끼다	**sentire**	센띠레
	provare	프로바레
느낌	**sensazione**	센사지오네
	impressione	임프레씨오네
느리게	**lentamente**	렌따멘떼
느린	**lento**	렌토
늑대	**lupo**	루포
늘, 언제나	**sempre**	셈프레
늘다	**aumentare**	아우멘따레
	allargare	알라르가레
	allungare	알룬가레
늙은	**vecchio**	베끼오
능동적인	**attivo**	아띠보

능력	**capacità**	까파치따
능률	**efficienza**	에피치엔자
능숙한	**abile**	아빌레
늦게	**tardi**	따르디
늦다	**essere in ritardo**	에쎄레 인 리따르도
늦추다	**allentare**	알렌따레
	rallentare	랄렌따레
늪	**palude**	빨루데

다, 모두, 전부	**tutto**	뚜또
다가오다	**avvicinarsi**	아비치나르시
다각형	**poligono**	폴리고노
다과(茶菓)	**bevande e dolci**	베반데 에 돌치
다국적	**multinazionalità**	물티나지오날리따
다급한	**impellente**	임뻴렌떼
다급하다	**essere urgente**	에쎄레 우르젠떼
	essere pressante	에쎄레 프레싼떼
다급히	**in fretta**	인 프레따
다기능	**multifunzionalità**	물띠푼지오날리따
다기능의	**multifunzionale**	물띠푼지오날레
	multifunzione	물띠푼지오네
다년초	**pianta perenne**	삐안따 페렌네
다다르다	**avvicinarsi alla fine**	아비치나르시 알라 피네
다달이	**mensilmente**	멘실멘떼
	al mese	알 메제
다당류	**polisaccaride**	폴리사카리데
다듬다	**ritagliare**	리딸리아레
	spuntare	스푼따레
다락방	**attico**	아띠꼬

다람쥐	**scoiattolo**	스코이아똘로
다랑어	**tonno**	똔노
다량의	**molto**	몰토
	abbondante	아본단떼
다루다	**trattare**	트라따레
다르다	**essere diverso**	에쎄레 디베르소
다른	**diverso**	디베르소
	altro	알트로
다름	**differenza**	디페렌자
다리(脚)	**gamba**	감바
다리(橋)	**ponte**	뽄떼
다리미	**ferro da stiro**	페로 다 스티로
다림질판	**asse da stiro**	아쎄 다 스티로
다림질하다	**stirare**	스티라레
다만	**soltanto**	솔딴토
다면체	**poliedro**	뽈리에드로
다문화	**multiculturalità**	물띠꿀뚜라리따
다문화의	**multiculturale**	물띠꿀뚜랄레
다발	**mazzo**	마쪼
	ciuffo	추포
다섯 (5)	**cinque**	친꿰
다소	**più o meno**	삐우 오 메노
다수	**moltitudine**	몰띠뚜디네
	pluralità	플루랄리따

이탈리아어 단어 | 441

다수의	**maggioritario**	마조리따리오
다스 (12)	**dozzina**	도찌나
다스리다	**governare**	고베르나레
	amministrare	암미니스트라레
다시	**ancora**	안꼬라
다시 하다	**ripetere**	리뻬떼레
다양성	**diversità**	디베르시따
다양한	**vario**	바리오
	diverso	디베르소
다양화하다	**diversificare**	디베르시피까레
다운로드	**scaricamento**	스까리까멘토
다원주의	**pluralismo**	플루랄리즈모
다음	**prossimo**	프로씨모
	successivo	수체씨보
다음날	**indomani**	인도마니
다이너마이트	**dinamite**	디나미떼
다이버	**sommozzatore**	솜모짜또레
다이빙	**tuffo**	뚜포
다이빙대	**trampolino per tuffi**	트람폴리노 뻬르 뚜피
다이아몬드	**diamante**	디아만떼
다이어트하다	**fare una dieta**	파레 우나 디에따
	stare a dieta	스타레 아 디에따
다정한	**affettuoso**	아페뚜오조
다치다	**ferirsi**	페리르시

다큐멘터리	documentario	도쿠멘따리오
다크서클	occhiaie scure	오끼아이에 스쿠레
다투다	bisticciare	비스띠챠레
	litigare	리띠가레
다행히	per fortuna	뻬르 포르뚜나
	fortunatamente	포루뚜나따멘떼
다홍색	scarlatto	스까르라또
닦다	lucidare	루치다레
	pulire	뿔리레
단결하다	unirsi	우니르시
단계적으로	gradualmente	그라두알멘떼
단념하다	rinunciare	리눈치아레
단단한	duro	두로
	solido	소리도
단독으로	da solo	다 솔로
	autonomamente	아우토노마멘떼
단련하다	allenarsi	알레나르시
단맛	gusto dolce	구스토 돌체
단백질	proteina	프로떼이나
단색	tinta unita	틴따 우니따
단수	singolare	신고라레
단순한	semplice	셈플리체
단어	parola	빠롤라
	vocabolo	보까볼로

ㄱ
ㄴ
ㄷ
ㄹ
ㅁ
ㅂ
ㅅ
ㅇ
ㅈ
ㅊ
ㅋ
ㅌ
ㅍ
ㅎ

단위	**unità di misura**	우니따 디 미주라
단일성	**unità**	우니따
단점	**difetto**	디페또
	lato negativo	라토 네가티보
단조로운	**monotono**	모노토노
	noioso	노이오조
단지, 항아리	**giara**	자라
단지, 다만	**solamente**	솔라멘떼
단체	**gruppo**	그루뽀
단추	**bottone**	보또네
단축하다	**accorciare**	아꼬르치아레
단편	**frammento**	프라멘토
	pezzo	뻬쪼
단편소설	**novella**	노벨라
	racconto	라꼰토
닫다	**chiudere**	끼우데레
닫혀진	**chiuso**	끼우조
닫히다	**chiudersi**	끼우데르시
달	**luna**	루나
	mese	메제
달다, 매달다	**appendere**	아뻰데레
달다, 측량하다	**pesare**	뻬자레
달라붙다	**appiccicarsi**	아삐치까르시
달러	**dollaro**	돌라로

달력	calendario	깔렌다리오
달리기	corsa	꼬르사
달리다	correre	꼬레레
	dipendere	디펜데레
달팽이	lumaca	루마까
닭	pollo	뽈로
	gallina	갈리나
닮다	somigliare	소밀리아레
닳다	consumarsi	꼰수마르시
담, 벽, 장벽	muro	무로
담다	contenere	꼰떼네레
담당하다	avere la responsabilità	아베레 라 레스폰사빌리따
담배	tabacco	타바코
	sigaretta	시가레따
담배를 피우다	fumare	푸마레
담보	pegno	뻬뇨
	cauzione	까우지오네
담석증	calcolo biliare	깔꼴로 빌리아레
담요	coperta	꼬뻬르따
담화문	dichiarazione ufficiale	디끼아라지오네 우피치알레
답답한	soffocante	소포깐떼
답장하다	rispondere	리스폰데레
당구	biliardo	빌리아르도

ㄱ ㄴ ㄷ ㄹ ㅁ ㅂ ㅅ ㅇ ㅈ ㅊ ㅋ ㅌ ㅍ ㅎ

당근	**carota**	까로따
당기다	**tirare**	띠라레
당나귀	**asino**	아지노
당뇨병	**diabete**	디아베떼
당당한	**imponente**	임뽀넨떼
당시	**allora**	알로라
	in quel tempo	인 꿸 뗌뽀
당신	**Lei**	레이
당신들	**voi**	보이
당신들의	**vostro / a**	보스트로 / 아
	vostri / vostre	보스트리 보스트레
당신의	**suo / a**	수오 / 아
	suoi / sue	수오이 / 수에
당연한	**naturale**	나뚜랄레
	giusto	주스토
당장	**immediatamente**	임메디아따멘떼
	subito	수비토
당좌예금	**conto corrente**	꼰토 꼬렌떼
당황	**imbarazzo**	임바라쪼
	perplessità	뻬르플레씨따
당황하다	**essere imbarazzato**	에쎄레 임바라짜토
닻	**àncora**	안꼬라
닿다	**toccare**	토까레
	giungere	준제레

대각선	**diagonale**	디아고날레
대강	**pressappoco**	프레싸뽀코
	circa	치르까
대구(大口)	**merluzzo**	메를루쪼
대기권	**atmosfera**	아트모스페라
대기하다	**attendere**	아뗀데레
대나무	**bambù**	밤부
대다수	**maggioranza**	마조란자
대단히 감사합니다	**grazie mille**	그라지에 밀레
대담한	**audace**	아우다체
	coraggioso	꼬라지오조
대답하다	**rispondere**	리스폰데레
대략	**circa**	치르까
대륙	**continente**	꼰띠넨떼
대리석	**marmo**	마르모
대리인	**delegato**	델레가토
	sostituto	소스띠뚜토
	agente	아젠떼
대리점	**agenzia**	아젠지아
	filiale	필리알레
대리하다	**sostituire**	소스티뚜이레
대립하다	**scontrare**	스꼰뜨라레
대만원	**pieno zeppo**	삐에노 제뽀
	affollato	아폴라토

대머리	**calvo**	깔보
대명사	**pronome**	프로노메
대부하다	**prestare**	프레스따레
대사(大使)	**ambasciatore**	암바샤토레
대사관	**ambasciata**	암바샤따
대서양	**oceano atlantico**	오세아노 아틀란티코
대성당	**cattedrale**	까떼드랄레
대식가	**mangione**	만죠네
	goloso	골로조
대신에	**invece di**	인베체 디
	per	뻬르
대야	**bacinella**	바치넬라
대양	**oceano**	오세아노
대우	**trattamento**	뜨라따멘토
	servizio	세르비지오
대의원	**rappresentante del popolo**	라프레젠딴떼 델 뽀뽈로
대장(隊長)	**generale**	제네랄레
	capo	까포
	capitano	까삐따노
대조하다	**confrontare**	꼰프론따레
대중	**gente**	젠떼
	massa	마싸
대중음악	**musica leggera**	무지까 레제라

대충	**approssimativamente**	아프로씨마띠바멘떼
	circa	치르까
대칭적인	**simmetrico**	심메트리꼬
대통령	**presidente**	프레지덴떼
대패	**pialla**	피알라
대포	**cannone**	까노네
대표	**rappresentanza**	라프레젠딴자
대표하다	**rappresentare**	라프레젠따레
대하여	**contro**	꼰트로
	per	뻬르
대학	**università**	우니베르시따
대학생	**studente universitario**	스투덴떼 우니베르시따리오
대한민국	**Repubblica di Corea**	레푸블리까 디 꼬레아
대합실	**sala d'attesa**	살라 다떼자
대화	**conversazione**	콘베르사지오네
	dialogo	디알로고
대화하다	**dialogare**	디알로가레
대회	**concorso**	콘꼬르소
댐	**diga**	디가
더	**più**	삐우
더 나쁜	**peggiore**	뻬조레
더듬다	**tastare**	따스따레
	balbettare (말을 더듬다)	발베따레

더 좋은	**migliore**	밀리오레
더러운	**sporco**	스뽀르코
더럽히다	**sporcare**	스뽀르까레
더미	**mucchio**	무끼오
더블베드	**letto matrimoniale**	레또 마뜨리모니알레
더운	**caldo**	깔도
더위	**calore**	깔로레
	caldo	깔도
더하다	**addizionare**	아디지오나레
	aggiungere	아준제레
덕	**virtù**	비르뚜
던지기	**lancio**	란치오
던지다	**lanciare**	란치아레
	tirare	띠라레
	gettare	제따레
덤블	**cespuglio**	체스풀리오
덧셈	**addizione**	아디지오네
덧없는	**invano**	인바노
덩어리	**pezzo**	뻬쪼
	massa	마싸
덫	**trappola**	트라뽈라
덮개	**coperchio**	꼬뻬르끼오
덮다	**coprire**	꼬프리레

덮이다	**coprirsi**	꼬프리르시
데다 (화상을 입다)	**bruciarsi**	브루치아르시
	scottarsi	스꼬따르시
데우다	**scaldare**	스깔다레
도(度)	**grado**	그라도
도구	**attrezzatura**	아뜨레짜뚜라
도금하다	**placcare**	플라까레
도끼	**accetta**	아체따
도난경보기	**antifurto**	안티푸르토
도덕	**moralità**	모랄리따
	morale	모라레
도덕의	**morale**	모라레
도도한	**superbo**	수페르보
	altero	알떼로
도둑	**ladro**	라드로
도둑질	**furto**	푸르토
도로	**strada**	스트라다
	via	비아
도로 교통	**traffico stradale**	트라피코 스트라달레
도로표지	**cartello stradale**	까르뗄로 스트라달레
도마	**tagliere**	딸리에레
도마뱀	**lucertola**	루체르톨라
도망	**fuga**	푸가

도망가다	**fuggire**	푸지레
	scappare	스까빠레
도매	**vendita all'ingrosso**	벤디따 알린그레쏘
도박	**gioco d'azzardo**	조코 다자르도
도살하다	**macellare**	마첼라레
도서관	**biblioteca**	비블리오떼까
도시	**città**	치따
도시의	**urbano**	우르바노
도안	**disegno**	디세뇨
도와주다	**aiutare**	아이우따레
	dare una mano	다레 우나 마노
도움	**aiuto**	아이우토
도자기	**oggetto di ceramica**	오제또 디 체라미까
도장	**sigillo**	시질로
	timbro	띰브로
도전	**sfida**	스피다
도중에	**a metà strada**	아 메따 스트라다
도착	**arrivo**	아리보
도착지	**destinazione**	데스띠나지오네
도착하다	**arrivare**	아리바레
	giungere	준제레
도처에	**dappertutto**	다뻬르뚜또
도토리	**ghianda**	기안다

도표	**grafico**	그라피코
독 (그릇)	**giara**	자라
독	**veleno**	베레노
독감	**influenza**	인플루엔자
독립	**indipendenza**	인디펜덴자
독립적인	**indipendente**	인디펜덴떼
독백	**monologo**	모놀로고
독사	**vipera**	비페라
독살하다	**avvelenare**	아베레나레
독서	**lettura**	레뚜라
독수리	**aquila**	아귈라
독약	**veleno**	베레노
	droga tossica	드로가 토씨까
독일	**Germania**	제르마니아
독일어, 독일인	**tedesco**	떼데스코
독재	**dittatura**	디따뚜라
독점하다	**monopolizzare**	모노폴리자레
독주자, 독창자	**solista**	솔리스타
독창적인	**originale**	오리지날레
	creativo	크레아띠보
독특한	**particolare**	빠르띠꼴라레
돈	**soldi**	솔디
	denaro	데나로

돋구다	**stuzzicare**	스투찌까레
돌	**sasso**	사쏘
	pietra	삐에트라
돌고래	**delfino**	델피노
돌려주다	**rendere**	렌데레
	restituire	레스띠뚜이레
돌보다	**curare**	꾸라레
돌아오다	**ritornare**	리또르나레
	tornare	또르나레
돕다	**aiutare**	아이우따레
동(銅)	**bronzo**	브론조
동거하다	**convivere**	꼰비베레
동굴	**caverna**	까베르나
	grotta	그로따
동그라미	**cerchio**	체르끼오
동기, 모티브	**motivo**	모띠보
동료	**collega**	꼴레가
동맥	**arteria**	아르떼리아
동맹	**alleanza**	알레안자
동물	**animale**	아니말레
동물원	**zoo**	조
동반하다	**accompagnare**	아꼼빠냐레
동사(품사)	**verbo**	베르보

동생	fratello minore (남자)	프라텔로 미노레
	sorella minore (여자)	소렐라 미노레
동시대의	contemporaneo	꼰뗌뽀라네오
동시에	simultaneamente	시물따네아멘떼
동안에	durante	두란떼
	mentre	멘뜨레
동양	Oriente	오리엔떼
동양의, 동양인	orientale	오리엔딸레
동업자	socio	소초
동의하다	approvare	아프로바레
	essere d'accordo	에쎄레 다꼬르도
동일한	identico	이덴띠꼬
	stesso	스떼쏘
동작	movimento	모비멘토
동전	moneta	모네따
동정(同情)	compassione	꼼빠씨오네
동쪽	est	에스트
동창생	compagno di classe	꼼빠뇨 디 클라쎄
동포	connazionale	꼰나지오날레
동화(童話)	favola	파볼라
	fiaba	피아바
돛	vela	베라
돛단배	barca a vela	바르카 아 베라

ㄱ
ㄴ
ㄷ
ㄹ
ㅁ
ㅂ
ㅅ
ㅇ
ㅈ
ㅊ
ㅋ
ㅌ
ㅍ
ㅎ

돛대	albero (di barca a vela)	알베로 (디 바르카 아베라)
돼지	maiale	마이알레
	porco	뽀르코
돼지고기	carne suina	까르네 수이나
되다	diventare	디벤따레
되찾다	riprendere	리프렌데레
	ritrovare	리트로바레
두근거리다	palpitare	발피따레
두꺼비	rospo	로스포
두꺼운	spesso	스페쏘
두께	spessore	스페쏘레
두뇌	cervello	체르벨로
두다	mettere	메떼레
	lasciare	라쉬아레
	conservare	콘세르바레
두드리다	bussare	부싸레
	battere	바떼레
	picchiare	삐끼아레
두려운	spaventoso	스파벤토조
두려움	paura	빠우라
	timore	띠모레
두려워하다	aver paura	아베르 빠우라
	temere	떼메레

두 배의	**doppio**	도삐오
두통	**mal di testa**	말 디 떼스타
둑	**argine**	아르지네
둔한	**lento di comprendonio**	렌토 디 꼼프렌도니오
둘 다	**entrambi**	엔트람비
둘레	**circonferenza**	치르꼰페렌자
둘째 손가락	**dito indice**	디토 인디체
둥근	**rotondo**	로톤도
	tondo	톤도
둥지	**nido**	니도
뒤	**retro**	레트로
	dietro	디에트로
뒤에	**dietro**	디에트로
	dopo	도뽀
뒤의	**posteriore**	포스떼리오레
뒤꿈치	**tallone**	딸로네
뒤로	**indietro**	인디에트로
뒤바꾸다	**invertire**	인베르띠레
뒤섞다	**mescolare**	메스꼴라레
	mischiare	미스끼아레
뒤집다	**rovesciare**	로베쉬아레
	sconvolgere	스꼰볼제레
드디어	**finalmente**	피날멘떼

드라이버	**cacciavite**	까치아비떼
드라이클리닝	**lavaggio a secco**	라바조 아 세꼬
드러내다	**scoprire**	스꼬쁘리레
	esporre	에스뽀레
	rivelare	리벨라레
드러누운	**sdraiato**	즈드라이아토
	disteso	디스떼조
드럼	**tamburo**	땀브로
드릴	**trapano**	트라파노
드문	**raro**	라로
드물게	**raramente**	라라멘떼
듣기, 경청	**ascolto**	아스꼴토
듣다	**ascoltare**	아스꼴따레
	udire	우디레
들, 초지	**campo**	깜뽀
	prato	프라토
들다, 올리다	**sollevare**	솔레바레
	alzare	알자레
들소	**bisonte**	비존떼
들어가다	**entrare**	엔트라레
~듯하다	**sembrare**	셈브라레
	parere	빠레레
등	**schiena**	스끼에나
등기소	**anagrafe**	아나그라페

등기우편	**lettera raccomandata**	레떼라 라꼬만다따
등나무	**glicine**	리치네
등대	**faro**	파로
등등	**eccetera**	에체떼라
등록	**immatricolazione**	임마뜨리꼴라지오네
	iscrizione	이스크리지오네
등록하다	**registrarsi**	레지스트라르시
	iscriversi	이스크리베르시
등뼈	**spina dorsale**	스피나 도르사레
등산	**alpinismo**	알피니즈모
등산화	**scarpone**	스까르포네
등한시하다	**trascurare**	트라스쿠라레
디저트	**dessert**	데쎄르트
딜레마	**dilemma**	디렘마
따귀	**schiaffo**	스끼아포
따다	**cogliere**	꼴리에레
따뜻한	**caldo**	깔도
	mite	미떼
따라가다	**seguire**	세귀레
따로	**a parte**	아 빠르떼
따르다, 뒤쫓다	**seguire**	세귀레
따르다, 말을 잘 듣다(복종)	**ubbidire**	우비디레
딱따구리	**picchio**	삐끼오

딱딱한	duro	두로
	rigido	리지도
딱지 떼이다	prendere la multa	프렌데레 라 물따
딸	figlia	필리아
딸기	fragola	프라골라
딸꾹질	singhiozzo	신끼오쪼
땀	sudore	수도레
땀을 흘리다	sudare	수다레
땅	terreno	떼레노
땅콩	arachide	아라끼데
때	all'ora di	알로라 디
때때로	ogni tanto	온니 딴토
	in occasione di	인 오까지오네 디
때리기 (손바닥으로)	sberla	즈베르라
때리다	picchiare	삐끼아레
때문에	a causa di	아 까우자 디
때우다	saldare	살다레
떠나다	andarsene	안다르세네
	partire	빠르띠레
떠들썩한	clamoroso	클라모로조
	rumoroso	루모로조
떡	dolce di riso	돌체 디 리조
떡갈나무	quercia	꿰르차

떨다	**tremare**	뜨레마레
	avere i brividi	아베레 이 브리비디
	vibrare	비브라레
떨림	**tremito**	뜨레미토
떨어뜨리다	**far cadere**	파르 까데레
떨어지다	**cadere**	까데레
	calare	깔라레
	precipitare	프레치피따레
떨어진	**caduto**	까두토
떼다	**staccare**	스따까레
	togliere	똘리에레
	separare	세파라레
또	**altro**	알트로
	di nuovo	디 누오보
또는	**oppure**	오뿌레
똑같은	**uguale**	우구알레
똑똑한	**intelligente**	인텔리젠떼
똑바로	**diritto**	디리또
똥	**merda**	메르다
	cacca	까까
뚜껑	**coperchio**	꼬뻬르끼오
뚫다	**perforare**	뻬르포라레
뚱뚱한	**grasso**	그라쏘

뚱뚱해지다	**ingrassare**	인그라싸레
뛰다	**saltare**	살따레
	correre	꼬레레
뛰어난	**eccellente**	에첼렌떼
뜀	**balzo**	발조
	corsa	꼬르사
뜨개질	**lavoro a maglia**	라보로 아 말리아
뜨거운	**bollente**	볼렌떼
(물에) 뜨다	**galleggiare**	갈레지아레
뜨다, 솟아오르다	**sorgere** (해, 달)	소르제레
뜯다	**pizzicare**	피찌까레
뜰	**giardino**	자르디노
뜻밖의	**inaspettato**	인아스페따토
	sorprendente	소르프렌덴떼
띠	**cintura**	친뚜라
	striscia	스트리샤
	banda	반다

ㄹ

라이터	**accendino**	아첸디노
라일락	**lilla**	릴라
라켓	**racchetta**	라께따
램프	**lampada**	람빠다
러시아	**Russia**	루시아
러시아의, 러시아인	**russo**	루쏘
러시아워	**ora di punta**	오라 디 뿐따
럭비	**rugby**	럭비
레몬	**limone**	리모네
레몬수	**limonata**	리모나따
레스토랑	**ristorante**	리스토란떼
레슨	**lezione**	레지오네
레슬링	**lotta libera**	로따 리베라
레이다	**radar**	라다르
레이스	**pizzo** (구두, 코르셋의)	삐쪼
	corsa	꼬르사
	merletto	메르레또
레이저	**laser**	라세르
레코드판	**disco**	디스코

렌즈	**lente**	렌떼
렌터카	**macchina da noleggio**	마끼나 다 로레조
~로	**a**	아
	per	뻬르
	con	꼰
로맨스	**romanzo**	로만조
로맨틱	**romantico**	로만티코
로봇	**robot**	로봇
	automa	아우토마
로비(Lobby) (들어가는 입구)	**lobby**	로비
	atrio	아트리오
	gruppo di pressione	그루뽀 디 프레씨오네
	ingresso	인그레쏘
로션	**crema**	크레마
	lozione	로지오네
로열티	**royalty**	로열티
	diritto	디리또
로켓	**razzo**	라쪼
로터리	**rotativo**	로타띠보
롤러스케이트화	**pattini a rotelle**	파띠니 아 로텔레
룰	**regola**	레골라
리더	**capo**	까포
	leader	리더

리더십	leadership	리더쉽
	direzione	디레지오네
	capacita' di comando	까파치따 디 꼬만도
리듬	ritmo	리트모
리본	nastro	나스트로
리스크	rischio	리스끼오
	pericolo	뻬리꼴로
리스트	lista	리스타
리터	litro	리트로
리포트	rapporto (보고서)	라뽀르토
	resoconto	레조꼰토
리필	ricombio	리깜비오
	carica	까리까
릴레이	staffetta	스타페따
립스틱	rossetto	로세또

ㅁ

마개	**tappo**	따뽀
마구간	**stalla**	스탈라
마녀	**strega**	스트레가
마늘	**aglio**	알리오
~마다	**ogni**	온니
마당	**cortile**	꼬르띨레
마라톤	**maratona**	마라토나
마련하다	**preparare**	프레빠라레
마루	**pavimento di legno**	파비멘토 디 레뇨
마른, 건조한	**secco**	세꼬
마른, 야윈	**magro**	마그로
	asciutto	아슈또
마름모	**rombo**	롬보
마법	**magia**	마지아
	incantesimo	인깐떼즈모
마비	**paralisi**	파라리지
마비의	**paralitico**	파라리티코
마술	**magia**	마지아
	stregoneria	스뜨레고네리아
마스크	**maschera**	마스께라

마시다	**bere**	베레
마약	**droga**	드로가
마요네즈	**maionese**	마요네제
마을	**villaggio**	빌라조
마음	**mente**	멘떼
	cuore	꾸오레
마음대로	**liberamente**	리베라멘떼
마이크	**microfono**	미크로포노
마주 보고	**faccia a faccia**	파챠 아 파챠
마지막으로	**infine**	인피네
마지못해	**malvolentieri**	말볼렌띠에리
마차	**carro**	까로
	carrozza	까로짜
마찬가지의	**uguale**	우구알레
마찰	**strofinata**	스트로피나따
	frizione	프리지오네
마천루	**grattacielo**	그라따첼로
마취	**anestesia**	아네스떼지아
마치	**come se**	꼬메 세
마치다	**finire**	피니레
	terminare	떼르미나레
마침	**proprio**	프로프리오
마침내	**finalmente**	피날멘떼

마카로니	**maccheroni**	마께로니
막 (극장)	**sipario**	시파리오
	atto	아또
막강한	**potente**	뽀뗀떼
막다	**tappare**	따빠레
	difendere	디펜데레
	impedire	임페디레
막다른 길	**vicolo cieco**	비꼴로 치에코
막대기	**bacchetta**	바께따
	bastone	바스토네
막상막하하다	**uguagliare**	우구알리아레
	essere pari	에쎄레 파리
막연한	**vago**	바고
막힌	**intasato**	인따자토
만(灣)	**baia**	바이아
	golfo	골포
만기	**termine**	떼르미네
	scadenza	스까덴자
만끽하다	**godere**	고데레
만나다	**incontrare**	인꼰뜨라레
	fare la conoscenza di	파레 라 꼬노센자 디
만남	**incontro**	인꼰뜨로
만년설	**ghiacciaio perenne**	기아차이오 페렌네

만년필	penna stilografica	펜나 스틸로그라피까
만담	barzelletta	바르젤레따
만들다	creare	크레아레
	produrre	프로두레
	fare	파레
만들어진	fatto	파또
만성의	cronico	크로니코
만세	evviva	에비바
만약	se	세
만연	diffusione	디푸지오네
만연하다	diffondersi	디폰데르시
	spargersi	스파르제르시
만우절	pesce d'aprile	뻬쉐 다프릴레
만조	alta marea	알타 마레아
만족	soddisfazione	소디스파지오네
	contentezza	꼰뗀떼짜
만족한	soddisfatto	소디스파또
만지다	toccare	토까레
~만큼	tanto…quanto	딴토…꽌토
만화	fumetto	푸메또
만화영화	cartone animato	까르토네 아니마토
많은	tanto	딴토
	molto	몰토

말(馬)	cavallo	까발로
말(言)	lingua	린구아
	parola	빠롤라
말고삐	briglia	브릴리아
말굽	ferro di cavallo	페로 디 까발로
말다, 둥글게 하다	arrotolare	아로똘라레
말다툼	litigio	리띠조
말다툼하다	litigare	리띠가레
말단	estremità	에스트레미따
말 더듬다	balbettare	발베따레
말리다(건조)	asciugare	아슈가레
	seccare	세까레
말썽	guaio	구아이오
	pasticcio	빠스띠쵸
말 없이	in silenzio	인 실렌지오
	senza parole	센자 빠롤레
말 타다	cavalcare	까발까레
	andare a cavallo	안다레 아 까발로
말하다	parlare	빠를라레
	dire	디레
맑은	limpido	림피도
맛	sapore	사뽀레
맛보다	assaggiare	아싸지아레

맛있는	**buono**	부오노
	delizioso	델리지오조
	gusto	구스토
망, 그물	**rete**	레떼
망각하다	**scordare**	스꼬르다레
	dimenticare	디멘띠까레
망보다	**stare in guardia**	스타레 인 구아르디아
망상	**immaginazione**	임마지나지오네
망명	**esilio**	에질리오
망설이다	**esitare**	에지따레
망설임 없이	**senza esitazione**	센자 에지따지오네
망치	**martello**	마르뗄로
망치다	**rovinare**	로비나레
망치질하다	**martellare**	마르뗄라레
망토	**mantello**	만뗄로
망하다	**fallire**	팔리레
맞다(적합)	**esser giusto**	에쎄르 주스토
	esatto	에자또
	corretto	꼬레또
맞서다	**opporre**	오뽀레
맞은편에	**di fronte**	디 프론떼
	al lato opposto	알 라토 오뽀스토
맡기다	**depositare**	데뽀지따레

매(새)	falco	팔코
매각	vendita	벤디따
매각하다	vendere	벤데레
매개	mediazione	메디아지오네
매개자	mediatore	메디아토레
	intermediario	인떼르메디아리오
매개(媒介)하다	mediare	메디아레
	fare da mediatore	파레 다 메디아토레
매끄러운	liscio	리쇼
	scivoloso	쉬블로조
매다, 결속하다	legare	레가레
	allacciare	알라치아레
매달다	appendere	아뻰데레
매달리다	prendere	프렌데레
	aggrapparsi	아그라빠르시
매듭	nodo	노도
매력	fascino	파쉬노
매력적인	affascinante	아파쉬난떼
	attraente	아뜨라엔떼
매매	compravendita	꼼프라벤디따
매미	cicala	치깔라
매부	cognato	꼬냐토
	marito della sorella	마리토 델라 소렐라
매서운	pungente	푼젠떼

매연	smog	스모그
매우	molto	몰토
매운	piccante	삐깐떼
매일	ogni giorno	온니 조르노
매장하다	seppellire	세뻴리레
매진하다	essere esaurito	에쎄레 에자우리토
매춘	prostituzione	프로스띠뚜지오네
매트리스	materasso	마떼라쏘
매표소	biglietteria	빌리에떼리아
매혹적인	incantevole	인깐떼볼레
맥박	pulsazione	뿔사지오네
맥주	birra	비라
맥줏집	birreria	비레리아
맨 먼저	prima di tutto	프리마 디 뚜또
	anzitutto	안지뚜또
맨발의	scalzo	스깔조
맷돌	macina	마치나
맹목적인	avventato	아벤따토
맹세	giuramento	주라멘토
맹수	animale feroce	아니말레 페로체
맹아	sordomuto	소르도무토
맹인	cieco	치에코
맹장염	appendicite	아뻰디치떼
맺다	annodare	안노다레

머리	**testa**	떼스따
	capo	까포
머리 빗다	**pettinarsi**	뻬띠나르시
머리띠	**cerchietto**	체르끼에또
머리말	**prefazione**	프레파지오네
머리빗	**pettine**	뻬띠네
머리카락	**capelli**	까뻴리
머무르다	**stare**	스따레
	rimanere	리마네레
먹다	**mangiare**	만쟈레
먹이	**mangime**	만지메
먹이다	**nutrire**	누트리레
	dare da mangiare	다레 다 만쟈레
먼	**lontano**	론따노
	distante	디스딴떼
먼저	**prima**	프리마
먼지	**polvere**	뽈베레
먼지 털다	**spolverare**	스뽈베라레
멀리서	**da lontano**	다 론따노
멀어지다	**allontanarsi**	알론따나르시
멈추다	**fermarsi**	페르마르시
	cessare	체싸레
	smettere	즈메떼레

멋있는	elegante	엘레간떼
	bello	벨로
멍, 창백한	livido	리비도
멍청이	idiota	이디오따
멍청한	sciocco	쑈꼬
	stupido	스뚜피도
멍한	vacuo	바꾸오
메뉴	menu	메뉴
메달	medaglia	메달리아
메모하다	prendere appunti	프렌데레 아뿐띠
메아리	eco	에코
메시지	messaggio	메싸조
메조소프라노	mezzo soprano	메쪼 소프라노
메추라기	quaglia	꽐리아
멜론	melone	메로네
멜빵	bretelle	브레뗄레
멧돼지	cinghiale	친기알레
며느리	nuora	누오라
면도기	rasoio	라조이오
면도하다	radersi	라데르시
면역의	immune	임무네
면접	colloquio di lavoro	꼴로끼오 디 라보로
면하다, 피하다	evitare	에비따레

면허증	licenza	리첸자
	patente	빠뗀떼
멸종하다	sterminare	스떼르미나레
멸치	acciuga	아추가
명랑한	allegro	알레그로
명령	comando	꼬만도
	ordine	오르디네
명백한	evidente	에비덴떼
	ovvio	오비오
명부	elenco di nomi	에렌코 디 노미
명사(名士)	nome	노메
명사(名詞)	sostantivo	소스딴띠보
명상	meditazione	메디따지오네
명성, 평판	fama	파마
명심하다	tenere in mente	떼네레 인 멘떼
명예	onore	오노레
명작	capolavoro	까포라보로
명함	biglietto da visita	빌리에또 다 비지따
몇몇의	alcuni	알꾸니
	qualche	꽐께
모국어	madrelingua	마드레린구아
모기	zanzara	잔자라
모델	modello	모델로
	indossatore	인도싸토레

모독하다	**insultare**	인술따레
모두	**tutto**	뚜또
모래	**sabbia**	사비아
모르다	**non sapere**	논 사뻬레
	ignorare	이뇨라레
	non conoscere	논 꼬노쉐레
모방하다	**imitare**	이미따레
모범적인	**esemplare**	에젬플라레
모서리	**spigolo**	스피골로
모순된	**contraddittorio**	꼰뜨라디또리오
모습	**sembianza**	셈비안자
모시다	**servire**	세르비레
모양	**forma**	포르마
모욕	**insulto**	인술토
모으다	**raccogliere**	라꼴리에레
	risparmiare	리스파르미아레
모음(母音)	**vocale**	보까레
모임	**riunione**	리우니오네
모자	**cappello**	까뻴로
모자라다	**mancare**	만까레
모조품	**imitazione**	이미따지오네
모직물	**tessuto di lana**	떼쑤토 디 라나
모처럼	**dopo tanto tempo**	도뽀 딴토 뗌뽀
모퉁이	**angolo**	안골로

ㄱ
ㄴ
ㄷ
ㄹ
ㅁ
ㅂ
ㅅ
ㅇ
ㅈ
ㅊ
ㅋ
ㅌ
ㅍ
ㅎ

모피 코드	**pelliccia**	펠리챠
모험	**avventura**	아벤뚜라
모험하다	**rischiare**	리스끼아레
모호한	**ambiguo**	암비구오
목	**collo**	꼴로
목이 쉰	**rauco**	라우코
목이 아프다	**avere mal di gola**	아베레 말 디 골라
목걸이	**collana**	꼴라나
목격자	**testimone**	떼스띠모네
목구멍	**gola**	골라
목덜미	**nuca**	누까
목도리	**sciarpa**	샤르빠
목동	**pastore**	파스또레
목록	**lista**	리스따
목마르다	**aver sete**	아베르 세떼
목발	**stampella**	스땀뻴라
목사	**pastore protestante**	파스또레 프로떼스 딴떼
목소리	**voce**	보체
목수	**falegname**	팔레냐메
목요일	**giovedì**	조베디
목욕, 목욕탕	**bagno**	바뇨
목욕하다	**fare il bagno**	파레 일 바뇨
목장	**fattoria**	파또리아

목재	**legname**	레냐메
	legna	레냐
목적지	**destinazione**	데스띠나지오네
목차	**indice**	인디체
목판술	**xilografia**	실로그라피아
목표	**scopo**	스꼬뽀
목화	**cotone**	꼬또네
몫	**porzione**	포르지오네
	quota	꾸오따
몸	**corpo**	꼬르뽀
몸조심하다	**avere cura di sé**	아베레 꾸라 디 세
몸짓	**gesto**	제스토
못	**chiodo**	끼오도
못, 티눈	**callo**	깔로
못 박다	**inchiodare**	인끼오다레
못생긴	**brutto**	부루또
몽상가	**sognatore**	소냐또레
몽유병자	**sonnambulo**	손남블로
묘비	**lapide funeraria**	라피데 푸네라리아
묘사	**descrizione**	데스크리지오네
묘사하다	**descrivere**	데스크리베레
	dipingere	디핀제레
무	**rapa**	라빠

무감각한	**insensibile**	인센시빌레
무거운	**pesante**	뻬산떼
무게	**peso**	뻬조
무게를 달다	**pesare**	뻬사레
무관심한	**indifferente**	인디페렌떼
	noncurante	논꾸란떼
무궁무진한	**infinito**	인피니토
	eterno	에떼르노
무기	**arma**	아르마
무너뜨리다	**abbattere**	아바떼레
무너지다	**crollare**	크롤라레
무능한	**incapace**	인까파체
무늬	**disegno**	디세뇨
무대	**palcoscenico**	팔코쉐니꼬
무더기	**mucchio**	무끼오
무덤	**tomba**	똠바
무두질	**conciatura**	꼰치아뚜라
	concia	꼰치아
무례한	**scortese**	스꼬르데제
	sgarbato	즈바르바토
무료	**gratis**	그라티스
무료의	**gratuito**	그라뚜이토
무료입장	**ingresso libero**	인그레쏘 리베로
무릎	**ginocchio**	지뇨끼오

무리	**gruppo**	그루뽀
무명의	**anonimo**	아노니모
	ignoto	이뇨토
무분별한	**indiscreto**	인디스크레토
무사(無事)	**sicurezza**	시꾸레짜
무사한	**sicuro**	시꾸로
무서운	**pauroso**	빠우로조
	terribile	떼리빌레
무서움	**paura**	빠우라
	orrore	오로레
	spavento	스파벤토
	timore	띠모레
무서워하다	**temere**	떼메레
	aver paura	아베레 빠우라
무수한	**numeroso**	누메로조
무식	**ignoranza**	이뇨란자
무식하다	**ignorare**	이뇨라레
무식한 사람	**ignorante**	이뇨란떼
무엇	**che**	께
	cosa	꼬자
	che cosa	께 꼬자
무엇보다도	**innanzitutto**	인난지뚜또
	soprattutto	소프라뚜또
무엇이든	**qualsiasi cosa**	꽐시아시 꼬자

무역	**commercio**	꼼메르쵸
무역 박람회	**fiera**	피에라
무역하다	**commerciare**	꼼메르치아레
무용	**danza**	단자
무용가	**ballerino**	발레리노
	ballerina	발레리나
무용지물	**roba inutile**	로바 인우띨레
무의미한	**insignificante**	인시니피깐떼
무의식	**incoscienza**	인꼬쉬엔자
무인도	**isola deserta**	이졸라 데세르따
무장하다	**armare**	아르마레
무적의	**invincibile**	인빈치빌레
무죄의	**innocente**	인노첸떼
무지개	**arcobaleno**	아르코발레노
무질서	**disordine**	디소르디네
무책임	**irresponsabilità**	이레스폰사빌리따
무한한	**infinito**	인피니토
	immenso	임멘소
무화과	**fico**	피코
무효하다	**invalidare**	인발리다레
	annullare	안눌라레
묵상하다	**meditare**	메디따레
묶음	**mazzo**	마쪼

문	porta	뽀르따
	cancello	깐첼로
문맹자	analfabeta	아날파베따
문명	civiltà	치빌따
문방구	cartoleria	까르똘레리아
문법	grammatica	그람마띠까
문서	documento	도꾸멘토
문신	tatuaggio	타투아조
문어	piovra	비오브라
문자	lettera	레떼라
	polpo	뽈뽀
문장	frase	프라제
문제	questione	퀘스띠오네
	problema	프로블레마
문학	letteratura	레떼라뚜라
묻다	chiedere	끼에데레
	interrogare	인떼로가레
	domandare	도만다레
물	acqua	아꾸아
물 뿌리다	spruzzare	스푸루짜레
물 주다	inaffiare	이나피아레
물에 뜨다	galleggiare	갈레쟈레
물에 빠지다	cadere in acqua	까데레 인 아꾸아

ㄱ ㄴ ㄷ ㄹ ㅁ ㅂ ㅅ ㅇ ㅈ ㅊ ㅋ ㅌ ㅍ ㅎ

물갈퀴	pinna	삔나
물개	foca	포까
물건	cosa	꼬자
	roba	로바
물고기	pesce	뻬쉐
물다	mordere	모르데레
	morsicare	모르시까레
물러가다	tirarsi indietro	띠라르시 인디에트로
물론	naturalmente	나뚜랄멘떼
물소	bufalo	부팔로
물음표	punto interrogativo	뿐토 인떼로가띠보
물질	materia	마떼리아
	sostanza	소스딴자
물집	vescica	베쉬까
물통	secchio	세끼오
묽게 하다	diluire	디루이레
뭉치다	ammassarsi	암마싸르시
	addensarsi	아덴사르시
	unirsi	우니르시
미(美)	bellezza	벨레짜
미각	gusto	구스토
미개한	incivile	인치빌레
	barbaro	바르바로
미국	America	아메리카

미국의, 미국인	americano	아메리카노
미끄러지다	scivolare	쉬볼라레
미끄럼틀	scivolo	쉬볼로
미끈미끈한	viscido	비쉬도
미끼	esca	에스까
미니스커트	minigonna	미니곤나
미닫이	porta scorrevole	뽀르따 스꼬레볼레
미덕	virtù	비르뚜
미래	futuro	푸뚜로
	avvenire	아베니레
미래의	futuro	푸뚜로
	venturo	벤뚜로
미래주의	futurismo	푸뚜리즈모
미련한	imbecille	임베칠레
미리	in anticipo	인 안띠치뽀
미망인	vedova	베도바
미사	messa	메싸
미사일	missile	미씰레
미생물	microbo	미크로보
미성년자	minorenne	미노렌네
미소	sorriso	소리조
미숙한	immaturo	임마뚜로
미술	arte	아르떼
미신	superstizione	수페르스띠지오네

미안하다	**chiedere scusa**	끼에데레 스꾸자
미역	**alga**	알가
미완성	**incompletezza**	임꼼쁘레떼짜
미용사	**parrucchiere**	빠루끼에레
미운	**odioso**	오디오조
미인	**bella donna**	벨라 돈나
미지근한	**tiepido**	띠에삐도
미지의	**sconosciuto**	스꼬노쉬토
미치다, 이성을 잃다	**impazzire**	임빠찌레
미친	**matto**	마또
	pazzo	빠쪼
미친 짓	**pazzia**	빠찌아
미혼녀	**nubile**	누빌레
미혼남	**celibe**	첼리베
미터	**metro**	메트로
민족	**nazione**	나지오네
	popolo	뽀뽈로
민주주의	**democrazia**	데모크라지아
민중의	**popolare**	뽀뽈라레
민첩한	**agile**	아질레
믿다	**credere**	크레데레
믿음	**fede**	페데
	fiducia	피두챠

밀	**grano**	그라노
밀가루	**farina**	파리나
밀다	**spingere**	스핀제레
밀도	**densità**	덴시따
밀림	**giungla**	준글라
밀물	**marea**	마레아
밀밭	**campo di grano**	감뽀 디 그라노
밀수	**contrabbando**	꼰뜨라반도
밀접한	**intimo**	인띠모
밀짚	**paglia**	팔리아
밀폐하다	**sigillare**	신질라레
밍크	**visone**	비조네
밑바닥	**fondo**	폰도
밑바탕	**fondamento**	폰다멘토
	base	바제
밑에	**sotto**	소또
밑천	**capitale**	까삐딸레
	fondo	폰도

ㄱ ㄴ ㄷ ㄹ ㅁ ㅂ ㅅ ㅇ ㅈ ㅊ ㅋ ㅌ ㅍ ㅎ

ㅂ

바	**sbarra**	즈바라
	bar	바르
바구니	**cesta**	체스따
	cestino	체스띠노
바깥	**esterno**	에스떼르노
	fuori	푸오리
바꾸다	**cambiare**	깜비아레
	scambiare	스깜비아레
	trasformare	트라스포르마레
바나나	**banana**	바나나
바느질	**cucito**	꾸치토
바느질하다	**cucire**	꾸치레
바늘	**ago**	아고
바다	**mare**	마레
바다표범	**foca**	포카
바닥	**pavimento**	빠비멘토
	fondo	폰도
바닷가	**spiaggia**	스피아쟈
바라다	**desiderare**	데지데라레
	volere	볼레레

바라보다	guardare	구아르다레
	stare a vedere	스타레 아 베데레
바람	vento	벤토
바람이 불다	tirare vento	띠라레 벤토
	spirare vento	스필라레 벤토
(색이) 바래다	scolorire	스꼴로리레
	sbiadire	즈비아디레
바래다주다	accompagnare	아꼼빠냐레
바로	esattamente	에자따멘떼
	proprio	프로프리오
바르다[칠함]	spalmare	스팔마레
바른, 옳은	diritto	디리또
	giusto	주스토
바보	scemo	쉐모
	idiota	이디오따
바보 같음	stupido	스투피도
	sciocco	쇼꼬
바쁜	indaffarato	인다파라토
	occupato	오꾸빠토
바위	roccia	로챠
바이올린	violino	비올리노
바지	pantaloni	빤딸로니
	calzoni	깔조니

바치다	**dedicare**	데디까레
	sacrificare	사크리피까레
바코드	**codice a barre**	코디체 아 바레
바퀴	**ruota**	루오따
바퀴벌레	**scarafaggio**	스카라파조
박람회	**fiera**	피에라
박물관	**museo**	무제오
박사	**dottore**	도또레
박수	**applauso**	아플라우조
박수 치다	**applaudire**	아플라우디레
박자	**tempo**	뗌뽀
박쥐	**pipistrello**	피피스트렐로
박탈하다	**privare**	프리바레
	destituire	데스띠뚜이레
박하	**menta**	멘따
밖	**esterno**	에스떼르노
	fuori	푸오리
반	**metà**	메따
	mezzo	메쪼
반대	**opposizione**	오뽀지지오네
	contrario	콘트라리오
반대의	**opposto**	오뽀스토
반대하다	**opporsi**	오뽀르시
	essere contrario	에쎄레 콘트라리오

반도	**penisola**	뻬니솔라
반란	**ribellione**	리벨리오네
	rivolta	리볼따
반바지	**pantaloncini**	판딸론치니
	calzoncini corti	깔존치니 꼬르띠
반발	**repulsione**	레뿔시오네
	ripugnanza	리뿌난자
반발력	**forza repulsiva**	포르짜 레뿔시바
반발하다	**respingere**	레스삔제레
	ripugnare	리뿌냐레
반복하다	**ripetere**	리뻬떼레
반사	**riflessione**	리플레시오네
	riflesso	리플레쏘
반사하다	**riflettere**	리플레떼레
반소매	**mezze maniche**	메쩨 마니께
반액	**metà prezzo**	메따 프레쪼
반음	**semitono**	세미토노
반주	**accompagnamento**	아꼼파냐멘토
반주자	**accompagnatore**	아꼼파냐토레
반죽하다	**impastare**	임빠스따레
반지	**anello**	아넬로
반짝이는	**brillante**	브릴란떼
	splendente	스플렌덴떼

ㄱ
ㄴ
ㄷ
ㄹ
ㅁ
ㅂ
ㅅ
ㅇ
ㅈ
ㅊ
ㅋ
ㅌ
ㅍ
ㅎ

반짝이다	**brillare**	브릴라레
	lucciare	루치아레
반찬	**contorno**	꼰토르노
반칙	**fallo**	팔로
	atto sleale	아또 스레아레
반항적인	**ribelle**	리벨레
	provocatorio	프로보카토리오
반항하다	**resistere**	레시스떼레
	opporsi	오뽀르시
	ribellarsi	리벨라르시
반환하다	**restituire**	레스띠투이레
받다	**ricevere**	리체베레
받아들이다	**accettare**	아체따레
받치다	**sostenere**	소스떼네레
받침	**sostegno**	소스떼뇨
발	**piede**	삐에데
	zampa (동물)	잠빠
발가벗은	**nudo**	누도
발견	**scoperta**	스꼬뻬르따
발견하다	**scoprire**	스꼬쁘리레
	trovare	트로바레
발굴하다	**scavare**	스까바레
발달하다	**sviluppare**	즈빌루빠레
	progredire	프로그레디레

발레	**balletto**	발레또
발매 중	**in vendita**	인 벤디따
발명	**invenzione**	인벤지오네
발명가	**inventore**	인벤또레
발명하다	**inventare**	인벤따레
발목	**caviglia**	까빌리아
발사	**lancio**	란초
	sparo	스파로
	tiro	띠로
발산하다	**emettere radiazioni**	에메떼레 라디아지오니
	diffondersi	디폰데르시
발상	**espressione**	에스프레씨오네
	concezione	콘체지오네
발생하다	**accadere**	아까데레
	verificarsi	베리피까르시
	prodursi	프로두르시
발성법	**vocalizzo**	보깔리쪼
발송하다	**inviare**	인비아레
	spedire	스페디레
발신인	**mittente**	미뗀떼
발암물질	**sostanza cancerogena**	소스딴자 깐체로제나
발육	**crescita**	크레쉬따
발음	**pronuncia**	프로눈챠

ㄱ
ㄴ
ㄷ
ㄹ
ㅁ
ㅂ
ㅅ
ㅇ
ㅈ
ㅊ
ㅋ
ㅌ
ㅍ
ㅎ

발자국	**orma**	오르마
	traccia	트라챠
발전	**sviluppo**	즈빌루뽀
	progresso	프로그레쏘
발전기	**dinamo**	디나모
	generatore	제네라또레
발전소	**centrale elettrica**	첸트랄레 엘레뜨리까
발전적인	**espansivo**	에스판시보
발코니	**balcone**	발코네
발톱	**unghia dei piedi**	운기아 데이 삐에디
	chela (동물)	케라
발판	**impalcatura**	임빨까뚜라
발표하다	**annunciare**	안눈치아레
발행인	**editore**	에디또레
밝은	**chiaro**	끼아로
	luminoso	루미노조
밟다	**pestare**	페스따레
밤	**notte**	노떼
	castagna	까스따냐
밤의	**notturno**	노뚜르노
밤색, 갈색	**marrone**	마로네
밥	**pasto**	빠스토
	riso bollito	리조 볼리토

밧줄	**corda**	꼬르다
	fune	푸네
방	**camera**	까메라
	stanza	스딴자
방랑자	**vagabondo**	바가본도
방문하다	**visitare**	비지따레
방법	**maniera**	마니에라
	modo	모도
방사능	**radioattività**	라디오아띠비따
방사선 사진	**radiografia**	라디오그라피아
	lastra	라스트라
방석	**cuscino**	꾸쉬노
방송	**trasmissione**	트라스미씨오네
방송국	**stazione radiotelevisiva**	스따지오네 라디오 텔리비지바
방송하다	**trasmettere**	뜨라스메떼레
	mandare in onda	만다레 인 온다
방수의	**impermeabile**	임뻬르메아빌레
방식	**modo**	모도
	stile	스틸레
방어	**difesa**	디페자
방어하다	**difendere**	디펜데레
	proteggere	프로떼제레
방언	**dialetto**	디아레또

방울	campanellino	깜빠넬리노
	goccia	고챠
방음의	insonorizzato	인소노리짜토
방탄의	blindato	브린다토
방패	scudo	스쿠도
방학	vacanza scolastica	바깐자 스콜라스띠까
방해	disturbo	디스투르보
방해물	ostacolo	오스따꼴로
방해하다	disturbare	디스투르바레
	impedire	임뻬디레
방향	direzione	디레지오네
방황하다	errare	에라레
	girovagare	지로바가레
밭	campo	깜뽀
배 (腹)	pancia	빤치아
배 (船)	nave	나베
배 (梨)	pera	뻬라
배 아프다	aver mal di pancia	아베르 말 디 빤치아
배경	sfondo	스폰도
	sottofondo	소또폰도
배고프다	aver fame	아베르 파메
배고픔	fame	파메
배관공	idraulico	이두라우리코
배구	pallavolo	빨라볼로

배급	**distribuzione**	디스트리부지오네
배기관	**tubo di scappamento**	투보 디 스카빠멘토
배꼽	**ombelico**	옴벨리코
배낭	**zaino**	자이노
배당금	**dividendo**	디비덴도
배드민턴	**gioco del volano**	조코 델 볼라노
배럴	**barile**	바릴레
배반하다	**tradire**	트라디레
배부하다	**distribuire**	디스트리부이레
배상	**risarcimento**	리사르치멘토
배선공	**elettricista**	엘레뜨리치스따
배수관	**conduttura dell'acqua**	콘도뚜라 델라과
	tubo di scarico	투보 디 스까리코
배수구	**fogna**	포냐
배신자	**traditore**	트라디또레
배영	**nuoto sul dorso**	누오토 술 도르소
배우	**attore**	아또레
배추	**cavolo cinese**	까볼로 치네제
배치하다	**disporre**	디스뽀레
배타적인	**esclusivo**	에스클루시보
배편으로	**via mare**	비아 마레
배합하다	**combinare**	꼼비나레
	unire	우니레
백과사전	**enciclopedia**	엔치클로페디아

백만	**milione**	밀리오네
백열등	**lampada al neon**	람빠다 알 레온
백작	**conte**	꼰떼
백포도주	**vino bianco**	비노 비안코
백합	**giglio**	질리오
백혈병	**leucemia**	레우체미아
백화점	**grande magazzino**	그란데 마가지노
밴드	**banda**	반다
밸브	**valvola**	발볼라
뱀	**serpente**	세르벤떼
뱀장어	**anguilla**	안귈라
버드나무	**salice**	살리체
버릇	**abitudine**	아비뚜디네
버릇없는	**maleducato**	말레두까토
버리다	**buttare**	부따레
	abbandonare	아반도나레
버림 받은	**abbandonato**	아반도나토
버섯	**fungo**	푼고
버스	**autobus**	아우토부스
버스 정류장	**fermata d'autobus**	페르마따 다우토부스
버클	**fibbia**	피비아
버터	**burro**	부로
버튼	**pulsante**	뿔산떼
버티다	**resistere**	레지스떼레

번(番)	**volta**	볼따
번갈아	**a turno**	아 뚜르노
번개	**lampo**	람뽀
번민	**tormento**	또르멘토
번역	**traduzione**	트라두지오네
번역가	**traduttore**	트라두또레
번역하다	**tradurre**	트라두레
번영	**prosperità**	프로스페리따
	benessere	베네쎄레
번호	**numero**	누메로
번호판	**targa**	따르가
벌(蜂)	**ape**	아뻬
벌(罰)	**punizione**	푸니지오네
	castigo	까스띠고
벌금	**multa**	물따
벌다	**guadagnare**	구아다냐레
벌레	**insetto**	인세또
	verme	베르메
벌리다	**allargare**	알라르가레
	ampliare	암쁠리아레
	aprire	아프리레
벌써	**già**	쟈
벌주다	**punire**	뿌니레
벌집	**favo**	파보

범람	**inondazione**	인온다지오네
	diluvio	디루비오
범위	**estensione**	에스텐시오네
	portata	뽀르따따
범인	**criminale**	크리미날레
	colpevole	꼴뻬볼레
범죄	**crimine**	크리미네
	delitto	데리또
범주	**categoria**	까떼고리아
범하다	**commettere**	꼼메떼레
법	**legge**	레제
	regola	레골라
법정	**corte**	꼬르떼
	tribunale	트리부날레
법학	**giurisprudenza**	주리스프루덴자
벗겨지다	**spellarsi**	스뻴라르시
	scoprire	스꼬쁘리레
벗다	**spogliarsi**	스폴리아르시
	togliere	똘리에레
벙어리	**muto**	무또
베개	**cuscino**	꾸쉬노
	guanciale	구안촬레
베다, 자르다	**tagliare**	딸리아레
	segare	세가레

베이컨	**pancetta affumicata**	빤체따 아푸미까따
베일	**velo**	베로
벤치	**panchina**	판치나
벨트	**cintura**	친뚜라
벼	**pianta di riso**	삐안따 디 리조
벼락	**fulmine**	풀미네
벼룩	**pulce**	뿔체
벽	**parete**	빠레떼
벽난로	**camino**	까미노
벽돌	**mattone**	마또네
벽지	**tappezzeria**	따뻬쩨리아
변경하다	**modificare**	모디피까레
	cambiare	깜비아레
변덕스러운	**capriccioso**	카프리치오조
변두리	**periferia**	페리페리아
변명	**giustificazione**	주스띠피까지오네
변비	**stitichezza**	스띠띠께짜
변장하다	**travestirsi**	트라베스띠르시
변천	**mutamento**	무따멘토
변하다	**cambiare**	깜비아레
변함없는	**costante**	꼬스딴떼
변혁	**innovazione**	인노바지오네
변형	**trasformazione**	트라스포르마지오네
변형시키다	**trasformare**	트라스포르마레

ㄱ ㄴ ㄷ ㄹ ㅁ ㅂ ㅅ ㅇ ㅈ ㅊ ㅋ ㅌ ㅍ ㅎ

변호사	avvocato	아보까토
변화	cambiamento	깜비아멘토
변화가 많은	vario	바리오
변화가 없는	monotono	모노토노
변화하다	cambiare	깜비아레
별	stella	스텔라
별거	separazione	세빠라지오네
별거하다	separarsi	세빠라르시
별난	bizzarro	비자로
	originale	오리지날레
별명	soprannome	소프라노메
별안간	a un tratto	아 둔 뜨라또
	improvvisamente	임쁘로비자멘떼
별장	villa	빌라
	casa per le vacanze	까자 뻬르 레 바깐제
병(瓶)	bottiglia	보띨리아
병(病)	malattia	말라띠아
병균	germe	제르메
	virus	비루스
병들다	ammalarsi	아말라르시
병아리	pulcino	뿔치노
병역	servizio militare	세르비지오 밀리따레
병원	ospedale	오스페달레
병풍	paravento	빠라벤토

보건	igiene	이제네
보고서	rapporto	라뽀르토
	relazione	레라지오네
보고하다	riferire	리페리레
보관	custodia	구스토디아
	deposito	데뽀지토
보기	esempio	에젬피오
보내다	mandare	만다레
	inviare	인비아레
보다	guardare	구아르다레
	vedere	베데레
보답	ricompensa	리꼼뻰사
보도(報道)	notizia	노띠지아
보도(步道)	marciapiede	마르치아삐에데
보라색	viola	비올라
보람	soddisfazione	소디스파지오네
보리	orzo	오르조
보물	tesoro	떼조로
보복적인	vendicativo	벤디까띠보
보석	gioiello	조이엘로
보수, 수리, 수선	riparazione	리빠라지오네
보수, 임금	paga	빠가
보수, 보상	compenso	꼼뻰소
보수적인	conservatore	꼰세르바또레

보여주다	dimostrare	디모스트라레
보온병	thermos	떼르모스
보이다	apparire	아빠리레
보일러	caldaia	깔다이아
보장하다	assicurare	아씨구라레
	garantire	가란띠레
보존하다	conservare	꼰세르바레
보증서	garanzia	가란지아
보증인	garante	가란떼
보증하다	garantire	가란띠레
보통의	normale	노르말레
	ordinario	오르디나리오
보편적인	generale	제네랄레
	universale	우니베르살레
보행자	pedone	페도네
보험	assicurazione	아씨꾸라지오네
보험증서	polizza di assicurazione	폴리짜 디 아씨꾸라지오네
보호	protezione	프로데찌오네
보호하다	proteggere	프로떼제레
	ripararsi	리빠라르시
복권	lotteria	로떼리아
복귀	ritorno	리또르노
복도	corridoio	꼬리도이오

복부	**addome**	아도메
	pancia	빤치아
복사	**fotocopia**	포토꼬삐아
	duplicato	두플리까토
복사기	**fotocopiatrice**	포토꼬삐아트리체
복수(復讐)	**vendetta**	벤데따
복수(複數)	**plurale**	플루랄레
복수하다	**vendicare**	벤디까레
복숭아	**pesca**	뻬스까
복잡한	**complicato**	꼼쁠리까토
	intricato	인트리까토
복장	**abito**	아비토
복종	**obbedienza**	오베디엔자
본능	**istinto**	이스띤토
본당신부	**parroco**	바로꼬
본래의	**originale**	오리지날레
본분	**dovere**	도베레
본질적인	**essenziale**	에쎈지알레
볼, 뺨	**guancia**	구안챠
볼펜	**penna biro**	뻰나 비로
봄	**primavera**	프리마베라
봉급	**salario**	살라리오
	stipendio	스띠벤디오

ㅂ

봉사하다	**servire**	세르비레
봉오리	**bocciolo**	보촐로
봉우리	**cima**	치마
	vetta	베다
봉지	**sacchetto**	사께또
봉투	**busta**	부스따
봉헌하다	**dedicare**	데디까레
	consacrare	꼰사크라레
부(部)	**sezione** (부분, 분할)	세지오네
	copia (책의 수량)	꼬삐아
부(富)	**ricchezza** (재산, 소유물)	리께짜
부과하다	**imporre**	임뽀레
부끄러움	**timidezza**	띠미데짜
	vergogna	베르고냐
부끄러워하는	**timido**	띠미도
	vergognoso	베르고뇨조
부담	**peso**	뻬조
부당	**ingiustizia**	인주스띠지아
부대	**reparto militare**	레빠르토 밀리따레
부도덕한	**immorale**	임모랄레
부동산	**beni immobili**	베니 임모빌리
	agenzia immobiliare	아젠지아 임모빌리아레
부두	**molo**	몰로

부드러운	**morbido**	모르비도
	tenero	떼네로
부득이한	**inevitabile**	인에비따빌레
부딪치다	**urtare**	우르따레
부러뜨리다	**rompere**	롬뻬레
부러움	**invidia**	인비디아
부러지다	**rompersi**	롬뻬르시
부르다	**chiamare**	끼아마레
부르짖다	**urlare**	우를라레
	esclamare	에스클라마레
부리	**becco**	베꼬
부모	**genitori**	제니토리
부부	**coniugi**	꼬눈지
부분	**parte**	빠르떼
부사	**avverbio**	아베르비오
부상 당한	**ferito**	페리토
부서진	**rotto**	로또
부속품	**pezzo di ricambio**	뻬쪼 디 리깜비오
	accessorio	아체쏘리오
부스러기	**briciola**	브리촐라
부식하다	**corrodere**	꼬로데레
부양하다	**mantenere**	만떼네레
부엉이	**gufo**	구포

ㄱ
ㄴ
ㄷ
ㄹ
ㅁ
ㅂ
ㅅ
ㅇ
ㅈ
ㅊ
ㅋ
ㅌ
ㅍ
ㅎ

부엌	cucina	꾸치나
부인, 처, 여성	signora	시뇨라
부인하다	negare	네가레
부자	ricco	리꼬
부적	talismano	딸리즈마노
부정(否定)의	negativo	네가띠보
부정직한	disonesto	디조네스토
부정(不正)한	ingiusto	인주스토
	infedele	인페델레
부족(不足)	insufficienza	인수피첸자
	mancanza	만깐자
부족(部族)	tribù	트리부
부족하다	mancare	만까레
	essere insufficiente	에쎄레 인수피첸떼
부족한	insufficiente	인수피첸떼
	scarso	스카르소
	privo	프리보
부주의한	disattento	디자뗀토
	sbadato	즈바다토
부지런한	assiduo	아씨두오
부채	ventaglio	벤딸리오
부처	Budda	부다
부츠	stivale	스티발레

부탁하다	**chiedere un favore**	끼에데레 운 파보레
~부터	**da**	다
부패한	**marcio**	마르초
	corrotto	꼬로또
부풀다	**gonfiare**	곤피아레
부피	**volume**	볼루메
부호	**segno**	세뇨
부활	**risurrezione**	리수레지오네
부활절	**Pasqua**	빠스쿠아
북, 북쪽	**nord**	노르드
북극	**polo nord**	뽈로 노르드
북극의	**artico**	아르띠코
	polare	뽈라레
북부의	**settentrionale**	세뗀트리오날레
북쪽의	**a Nord**	아 노르드
분	**minuto**	미누토
분노	**furia**	푸리아
	ira	이라
분노하다	**infuriarsi**	인푸리아르시
분량	**quantità**	꽌띠따
	dose	도제
분류	**classificazione**	클라씨피까지오네
분류하다	**classificare**	클라씨피까레
	dividere	디비데레

ㅂ

분리하다	**separare**	세빠라레
	staccare	스따까레
분말	**polvere**	뽈베레
	cipria	치프리아
분명한	**evidente**	에비덴떼
	ovvio	오비오
분무기	**spruzzatore**	스푸루짜또레
분배	**distribuzione**	디스트리부지오네
분별 있는	**prudente**	프루덴떼
분별하다	**distinguere**	디스틴궤레
분석	**analisi**	아날리지
분수(噴水)	**fontana**	폰따나
분실하다	**smarrire**	즈마리레
	perdere	뻬르데레
분위기	**atmosfera**	아트모스페라
분유	**latte in polvere**	라떼 인 뽈레레
분쟁	**disputa**	디스뿌따
	dibattito	디바띠토
분필	**gesso**	제쏘
분해하다	**disfare**	디스파레
분홍	**rosa**	로자
불	**fuoco**	푸오코
불가능한	**impossibile**	임뽀씨빌레
불가사리	**stella marina**	스텔라 마리나

불가사의한	**misterioso**	미스떼리오조
불가피한	**indispensabile**	인디펜사빌레
불결	**sporcizia**	스포르치지아
불공평한	**ingiusto**	인주스토
	parziale	빠르지알레
불교	**Buddismo**	부디즈모
~불구하고	**nonostante**	노노스딴떼
불규칙한	**irregolare**	이레골라레
불꽃	**fiamma**	피암마
	scintilla	신틸라
불꽃놀이	**fuochi d'artificio**	푸오끼 다르띠피쵸
불다	**soffiare**	소피아레
불량한	**difettoso**	디페또조
	delinquente	데린꿰엔떼
불리한	**svantaggioso**	즈반따지오조
불면증	**insonnia**	인손니아
불명예	**disonore**	디조노레
불모의	**sterile**	스떼릴레
불법의	**illegale**	일레갈레
불사의, 영구의	**immortale**	임모르딸레
불쌍한	**povero**	뽀베로
	miserabile	미제라빌레
불안	**ansia**	안시아
	preoccupazione	프레오꾸빠지오네

불안한	**ansioso**	안시오조
	preoccupante	프레오꾸빤떼
불운한	**sfortunato**	스포르뚜나토
	sventurato	즈벤뚜라토
불참한, 결석한	**assente**	아쎈떼
불충분한	**insufficiente**	인수피첸떼
불친절한	**scortese**	스꼬르떼제
	sgarbato	즈가르바토
불쾌한	**sgradevole**	즈그라데볼레
	spiacevole	스피아체볼레
불투명한	**opaco**	오파코
불편한	**scomodo**	스꼬모도
불평하다	**brontolare**	브론똘라레
불행	**disgrazia**	디스그라지아
	sfortuna	스포르뚜나
불행한	**infelice**	인펠리체
불확실한	**incerto**	인체르토
	insicuro	인시꾸로
불황	**crisi**	크리지
붉히다	**arrossire**	아로씨레
붓	**pennello**	페넬로
붓다, 쏟다	**versare**	베르사레
붓다, 부풀어 커지다	**gonfiare**	곰피아레

붕괴	**crollo**	끌롤로
붕대	**benda**	벤다
붙다	**attaccarsi**	아따까르시
	aderire	아데리레
붙이다	**appiccicare**	아삐치까레
	fissare	피싸레
붙임성 있는	**socievole**	소치에볼레
브라운관	**schermo**	스께르모
브래지어	**reggiseno**	레지세뇨
브레이크	**freno**	프레노
브로치	**spilla**	스필라
블라우스	**camicetta**	까미체따
블라인드	**persiana**	뻬르시아나
비	**pioggia**	삐오자
비겁자	**vigliacco**	빌리아꼬
비관론	**pessimismo**	뻬씨미즈모
비교	**paragone**	파라고네
	confronto	꼰프론토
비교하다	**paragonare**	파라고나레
	confrontare	꼰프론따레
비극적인	**tragico**	트라지코
비기다	**pareggiare**	바레쟈레
비난	**critica**	크리띠까
비난하다	**criticare**	크리띠까레

비누	**sapone**	사뽀네
비늘	**squama**	스쿠아마
비닐봉지	**sacchetto di plastica**	사께또 디 플라스띠까
비단	**seta**	세타
비둘기	**piccione**	삐쵸네
	colomba	콜롬바
비례	**proporzione**	프로포르지오네
비록	**sebbene**	세베네
비료	**concime**	꼰치메
비만	**obesità**	오베지따
비망록	**memorandum**	메모란둠
비명	**grido**	그리도
	strillo	스트릴로
비명을 지르다	**gridare**	그리다레
	strillare	스트릴라레
비밀	**segreto**	세그레토
비상경보	**segnale d'allarme**	세냘레 달라르메
비상구	**uscita di sicurezza**	우시따 디 시꾸레짜
비상(非常)한	**straordinario**	스트라오르디나리오
	eccezionale	에체지오날레
비싼	**costoso**	코스토조
	caro	까로
비서	**segretaria**	세그레따리아

비석	**lapide**	라피데
비슷한	**simile**	시밀레
비열한	**meschino**	메스끼노
비옥한	**fertile**	페르틸레
비용	**costo**	코스토
비우다	**svuotare**	즈부오따레
비인간적인	**disumano**	디주마노
비유	**metafora**	메따포라
비자	**visto**	비스토
비참한	**tragico**	뜨라지코
	miserabile	미제라빌레
비천한	**umile**	우밀레
비추다	**riflettere**	리플레떼레
	proiettare	프로이에따레
비치파라솔	**ombrellone**	옴브렐로네
비키니	**bikini**	비키니
비탈	**salita**	살리따
비틀다	**torcere**	토르체레
비평	**critica**	크리띠까
비평하다	**criticare**	크리띠까레
비행기	**aereo**	아에레오
	aeroplano	아에로플라노
비행사	**pilota**	필로따
	aviatore	아비아또레

비행하다	**volare**	볼라레
빈	**vuoto**	부오토
빈곤	**povertà**	뽀베르따
빈번한	**frequente**	프레꿴떼
	spesso	스페쏘
빈혈	**anemia**	아네미아
빌다	**pregare**	프레가레
	augurare	아우구라레
빌려주다	**prestare**	프레스따레
	dare in affitto	다레 인 아피또
빌리다	**noleggiare**	노레쟈레
	prendere in prestito	프렌데레 인 프레스띠토
빗	**pettine**	뻬띠네
빗자루	**scopa**	스꼬빠
빗장	**catenaccio**	까떼나쵸
	spranga	스프란가
(머리를) 빗다	**pettinare**	뻬띠나레
빙하	**ghiacciaio**	끼아치아이오
빚	**debito**	데비토
빛	**luce**	루체
빛나는	**lucente**	루첸떼
	splendido	스플렌디도
	lucido	루치도

빛나다	**luccicare**	루치까레
	illuminarsi	일루미나르시
	splendere	스플렌데레
빠뜨리다	**fare cadere**	파레 까데레
	buttare	부따레
	omettere	오메떼레
	tralasciare	트라라쉬아레
빠른	**veloce**	벨로체
빠지다	**cadere**	까데레
빨다	**succhiare**	수끼아레
빨대	**cannuccia**	깐누챠
빨래	**bucato**	부까토
빨래하다	**fare il bucato**	파레 일 부까토
빨리	**presto**	프레스토
빵	**pane**	빠네
빵가게	**panetteria**	빠네떼리아
빵가루	**pangrattato**	빤그라따토
빻다	**macinare**	마치나레
빼기	**sottrazione**	소뜨라지오네
빼다	**sottrarre**	소뜨라레
빼앗다	**portare via**	뽀르따레 비아
	derubare	데루바레
뺨	**guancia**	관챠

뻐꾸기	**cuculo**	쿠쿠로
뻔뻔한	**spudorato**	스푸도라토
뻗다	**stendere**	스텐데레
	stendersi	스텐데르시
뼈	**osso**	오쏘
뽑다	**estrarre**	에스트라레
	sradicare	즈라디까레
	selezionare	셀레지오나레
뾰족한	**appuntito**	아푼띠토
	acuto	아꾸토
뿌리	**radice**	라디체
뿌리다	**spruzzare**	스프루짜레
	spargere	스파르제레
뿐만 아니라	**non solo ~ ma anche**	논 솔로 ~마 안께
뿔	**corno**	꼬르노
뿜다	**zampillare**	잠삘라레
	scaturire	스카뚜리레
삐다	**slogarsi**	즐로가르시
삐치다	**fare il broncio**	파레 일 브론초
	tenere il broncio	떼네레 일 브론초

4	**quattro**	꽈트로
사각형	**quadrato**	꽈드라토
사건	**evento**	에벤토
	caso	까조
사격	**tiro**	띠로
사고, 재난	**incidente**	인치덴떼
	guasto	구아스토
사고, 생각	**pensiero**	펜시에로
사과[식물]	**mela**	메라
사과, 사죄	**scusa**	스쿠자
사교적인	**socievole**	소체볼레
사기, 혼란	**imbroglio**	임브롤리오
사기, 도기	**ceramica**	체라미까
사기, 속임수	**truffa**	트루파
사나운	**feroce**	페로체
사냥	**caccia**	까챠
사냥개	**cane da caccia**	까네 다 까챠
사다	**comprare**	꼼쁘라레
사다리	**scala a pioli**	스칼라 아 삐올리
사라지다	**sparire**	스파리레

사람	**gente**	젠떼
	persona	뻬르소나
사람의	**umano**	우마노
사랑	**amore**	아모레
사랑에 빠지다	**innamorarsi**	인나모라르시
사랑에 빠진	**innamorato**	인나모라토
사랑니	**dente del giudizio**	덴떼 델 주디지오
사랑스러운	**amabile**	아마빌레
사랑하다	**amare**	아마레
사례하다	**rimunerare**	리무네라레
사로잡다	**catturare**	까뚜라레
사립학교	**scuola privata**	스쿠올라 프리바따
사막	**deserto**	데제르토
사망	**morte**	모르떼
사명	**missione**	미씨오네
	dovere	도베레
사무실	**ufficio**	우피초
사무원	**impiegato**	임삐에가토
사물	**cosa**	꼬자
	oggetto	오제또
사발	**scodella**	스코델라
사방으로	**dappertutto**	다뻬르뚜또
	ovunque	오분꿰
사법의	**giudiziario**	주디지아리오

4분의 1	un quarto	운 꽈르토
사상	ideologia	이데올로지아
사색하다	meditare	메디따레
	riflettere	리플레떼레
사생활	vita privata	비따 프리바따
사선	diagonale	디아고나레
사슬	catena	까떼나
사슴	cervo	체르보
사시의	strabico	스트라비코
사실	verità	베리따
	fatto	파또
	realtà	레알따
사실상	infatti	인파띠
사실적인	reale	레아레
사업	affari	아파리
사업가	uomo d'affari	우오모 다파리
사용	uso	우조
사용하다	adoperare	아도페라레
	usare	우자레
사원	tempio	뗌삐오
4월	aprile	아프릴레
사위	genero	제네로
사육제	carnevale	까르네발레
사육하다	allevare	알레바레

ㄱ ㄴ ㄷ ㄹ ㅁ ㅂ **ㅅ** ㅇ ㅈ ㅊ ㅋ ㅌ ㅍ ㅎ

사이렌	**sirena**	시레나
사이에	**tra**	뜨라
	fra	프라
사자	**leone**	레오네
사장	**titolare**	띠톨라레
사적인	**personale**	페르소날레
	privato	프리바토
사전	**dizionario**	디지오나리오
사절, 사자, 통신원	**inviato**	인비아토
사절, 거절	**rifiuto**	리푸토
사정하다, 애원하다	**implorare**	임플로라레
사제	**sacerdote**	사체르도떼
사직하다	**dimettersi**	디메떼르시
사진	**fotografia**	포토그라피아
사진을 찍다	**fotografare**	포토그라파레
사진관	**studio fotografico**	스투디오 포토그라피코
사진사	**fotografo**	포토그라포
사촌	**cugino**	꾸지노
사춘기	**adolescenza**	아도레쉔자
사치스러운	**lussuoso**	루쑤오조
사탕	**caramella**	까라멜라
사임, 사퇴	**dimissione**	디미씨오네

사형	condanna a morte	콘단나 아 모르떼
사회	società	소치에따
사회의	sociale	소치알레
사회자	presentatore	프레젠따또레
산	montagna	몬따냐
산더미	mucchio	무끼오
산란한	disperso	디스페르소
산림	foresta	포레스따
산맥	catena montuosa	까떼나 문뚜오자
산문	prosa	프로자
산물	prodotto	프로도또
산사태	frana	프라나
산소	ossigeno	오씨제뇨
산업	industria	인두스트리아
산업의	industriale	인두스트리알레
산책	passeggiata	빠쎄지아따
산책하다	fare una passeggiata	파레 우나 빠쎄지아따
산토끼	lepre	레프레
산호	corallo	코랄로
살, 고기	carne	까르네
살코기, 과일과육	polpa	뽈빠
살(나이)	età	에따
살(년)	anni	안니
살구	albicocca	알비코까

살균하다	disinfettare	디진페따레
	sterilizzare	스떼릴리짜레
살다	vivere	비베레
살다(거주)	abitare	아비따레
살아 있는	vivo	비보
살아나다	rinascere	리나쉐레
	sopravvivere	소프라비베레
살인	omicidio	오미치디오
살인자	assassino	아싸씨노
	omicida	오미치다
살찐	grasso	그라쏘
살해하다	uccidere	우치데레
	assassinare	아싸씨나레
삶다	bollire	볼리레
삶은	lesso	레쏘
삼각형	triangolo	트리안골로
3월	marzo	마르조
삼촌	zio	지오
삼키다	ingoiare	인고이아레
	inghiottire	인끼오띠레
삽입하다	inserire	인세리레
삽화	episodio	에피소디오
	illustrazione	일루스트라지오네
상(표창)	premio	프레미오

상(현상)	**statua**	스따뚜아
상냥한	**gentile**	젠띨레
상담하다	**consultare(-arsi)**	꼰술따레(-아르시)
	consigliare	꼰실리아레
	prendere consiglio	프렌데레 꼰실리오
상당한	**adeguato**	아데구아토
	considerevole	꼰시데레볼레
	notevole	노떼볼레
상대적인	**relativo**	렐라띠보
상록의	**sempreverde**	셈쁘레베르데
상사, 경사	**sergente**	세르젠떼
상상	**immaginazione**	임마지나지오네
	supposizione	수뽀지지오네
상상하다	**immaginare**	임마지나레
	supporre	수뽀레
상세히	**dettagliatamente**	데딸리아따멘떼
상속인	**erede**	에레데
상스러운	**volgare**	볼가레
상승	**ascesa**	아쉐자
상승하다	**salire**	살리레
	ascendere	아쉰데레
상식	**buon senso**	부온 센소
	senso comune	센소 꼬무네
상아	**avorio**	아보리오

상업	**commercio**	꼼메르초
상업의	**commerciale**	꼼메르치알레
상영	**proiezione**	프로이에지오네
상원의원	**senatore**	세나또레
상인	**commerciante**	꼼메르치안떼
	negoziante	네고지안떼
상자	**scatola**	스까똘라
	cassa	까싸
상점	**negozio**	네고지오
상징	**simbolo**	심볼로
상처	**ferita**	페리따
상처 입은	**ferito**	페리토
상처 입히다	**ferire**	페리레
상추	**lattuga**	라뚜가
상쾌한	**fresco**	프레스코
상태	**stato**	스따토
	condizione	꼰디지오네
	situazione	시뚜아지오네
상표, 브랜드	**marca**	마르까
	marchio di fabbrica	마르끼오 디 파브리까
상한, 부패한	**marcio**	마르초
상한, 기한이 된	**scaduto**	스까두토
상호간의	**reciproco**	레치프로코
새	**uccello**	우첼로

새끼손가락	**dito mignolo**	디또 미뇰로
새기다, 조각하다	**incidere**	인치데레
	scolpire	스콜삐레
새로운	**nuovo**	누오보
새벽	**alba**	알바
새우	**gamberetto**	감베레또
새장	**gabbia**	가비아
새해	**Anno Nuovo**	안노 누오보
색	**colore**	꼴로레
색칠하다	**colorare**	꼴로라레
샌들	**sandalo**	산달로
샐러드	**insalata**	인살라따
샘	**fonte**	폰떼
	sorgente	소르젠떼
샘플	**campione**	깜비오네
생각	**pensiero**	뻰시에로
생각나다	**venire in mente**	베니레 인 멘떼
	ricordarsi	리꼬르다르시
생각하다	**pensare**	뻰사레
	considerare	꼰시데라레
	credere	크레데레
생강	**zenzero**	젠제로
생기다	**formarsi**	포르마르시
	succedere	수체데레

ㄱ ㄴ ㄷ ㄹ ㅁ ㅂ ㅅ ㅇ ㅈ ㅊ ㅋ ㅌ ㅍ ㅎ

생년월일	**data di nascita**	다따 디 나쉬따
생략하다	**omettere**	오메떼레
	abbreviare	아브레비아레
생리	**mestruazione**	메스트루아지오네
	ciclo mestruale	치끌로 메스트루알레
생맥주	**birra alla spina**	비라 알라 스피나
생명	**vita**	비따
생물학	**biologia**	비올로지아
생산	**produzione**	프로두지오네
생산하다	**produrre**	프로두레
생선	**pesce**	뻬쉐
생일	**compleanno**	꼼쁠레안노
샤워	**doccia**	도챠
샤워하다	**fare la doccia**	파레 라 도챠
상들리에	**lampadario**	람빠다리오
서다	**stare in piedi**	스타레 인 삐에디
	fermarsi	페르마르시
서두르다	**sbrigarsi**	즈브리가르시
서랍	**cassetto**	까쎄또
서론	**introduzione**	인트로두지오네
서류	**documento**	도꾸멘토
서류철	**cartelletta**	까르텔레따
서리	**brina**	브리나
서명	**firma**	피르마

서비스	**servizio**	세르비지오
서양의	**occidentale**	오치덴딸레
서재	**studio**	스투디오
서점	**libreria**	리브레리아
서쪽	**ovest**	오베스트
석고	**gesso**	제쏘
석방하다	**rilasciare**	릴라쉬아레
석쇠	**griglia**	그릴리아
	graticola	그라띠꼴라
석수, 벽돌공	**muratore**	무라또레
석유	**petrolio**	페트롤리오
석탄	**carbone**	까르보네
석회석	**calcare**	깔까레
섞다	**mescolare**	메스꼴라레
	mischiare	미스끼아레
선(善)	**bene**	베네
선(線)	**linea**	리네아
	riga	리가
선거	**elezione**	에레지오네
선고	**sentenza**	센뗀자
	verdetto	베르데또
선글라스	**occhiali da sole**	오끼알리 다 솔레
선동하다	**provocare**	프로보까레
	istigare	이스띠가레

선물	**regalo**	레갈로
선물, 증여, 기부	**dono**	도노
선물하다	**regalare**	레갈라레
선박	**nave**	나베
선발하다	**selezionare**	셀레지오나레
	scegliere	쉘리에레
선생	**insegnante**	인세냔떼
선수	**giocatore**	조까또레
선수권	**campionato**	깜삐오나토
선실	**cabina**	까비나
선원	**marinaio**	마리나이오
선율	**melodia**	멜로디아
선장	**capitano**	까삐따노
선전	**pubblicità**	뿌쁠리치따
	propaganda	프로파간다
선택	**scelta**	쉘따
선택하다	**scegliere**	쉘리에레
선풍기	**ventilatore**	벤띨라또레
설겆이하다	**lavare i piatti**	라바레 이 삐아띠
설계	**progetto**	프로제또
설계도	**pianta**	피안따
설교	**predica**	프레디까
설령	**anche se**	안께 세
설립자	**fondatore**	폰다또레

설명	**spiegazione**	스피에가지오네
설명하다	**spiegare**	스피에가레
	descrivere	데스크리베레
설사	**diarrea**	디아레아
설익은	**acerbo**	아체르보
설탕	**zucchero**	주께로
섬	**isola**	이졸라
섬세한	**delicato**	델리까토
섬유	**fibra**	피브라
성, 성곽, 요새	**castello**	까스뗄로
성, 성씨	**cognome**	꼰노메
성(性), 성별	**sesso**	세쏘
성가시게 하다	**infastidire**	인파스띠디레
성격	**carattere**	까라떼레
	indole	인돌레
성경	**Bibbia**	비비아
성공	**successo**	수체쏘
성과	**risultato**	리술따토
	frutto	프루또
성난	**infuriato**	인푸리아토
성냥	**fiammifero**	피암미페로
성년	**maggiorenne**	마조렌네
성능	**efficienza**	에피첸자
성당	**chiesa**	끼에자

ㄱ
ㄴ
ㄷ
ㄹ
ㅁ
ㅂ
ㅅ
ㅇ
ㅈ
ㅊ
ㅋ
ㅌ
ㅍ
ㅎ

성명	**nome e cognome**	노메 에 꼰노메
성숙한	**maturo**	마뚜로
성스러운	**sacro**	사크로
	santo	산토
성실한	**sincero**	신체로
	onesto	오네스토
성악	**canto lirico**	깐토 리리코
성우	**doppiatore**	도삐아또레
성인(成人)	**adulto**	아둘토
성인(聖人)	**santo**	산토
성장하다	**crescere**	크레세레
	svilupparsi	즈빌루빠르시
성적표	**pagella**	빠젤라
성질(기질)	**temperamento**	뗌뻬라멘토
성질(사물)	**carattere**	까라떼레
	caratteristica	까라떼리스띠까
성탄절	**Natale**	나딸레
세계	**mondo**	몬도
세계적인	**mondiale**	몬디알레
세관	**dogana**	도가나
세금	**imposta**	임뽀스따
	tassa	따싸
세기	**secolo**	세꼴로

세다, 수를 세다	contare	꼰따레
	numerare	루메라레
세대	generazione	제네라지오네
세력	influenza	인플루엔자
	potenza	뽀뗀자
세련된	raffinato	라피나토
	elegante	엘레간떼
세례	battesimo	바떼지모
세로	lunghezza	룬게짜
세로로	in colonna	인 꼴로나
	in lunghezza	인 룬게짜
세면대	lavandino	라반디노
세수하다	lavarsi la faccia	라바르시 라 파챠
세우다, 정지하다, 저지하다	fermare	페르마레
세월	anni	안니
	tempo	뗌뽀
세일	saldi	살디
세제	detersivo	데떼르시보
세주다	dare in affitto	다레 인 아피또
	affittare	아피따레
세척	lavaggio	라바조
세탁	bucato	부까토
세탁기	lavatrice	라바트리체

ㄱ
ㄴ
ㄷ
ㄹ
ㅁ
ㅂ
ㅅ
ㅇ
ㅈ
ㅊ
ㅋ
ㅌ
ㅍ
ㅎ

세탁물	**biancheria da lavare**	비안께리아 다 라바레
세탁소	**lavanderia**	라반데리아
세탁하다	**fare il bucato**	파레 일 부까토
세포	**cellula**	셀룰라
샐러리	**sedano**	세다노
소	**bovino**	보비노
소개	**presentazione**	프레젠따지오네
소개하다	**presentare**	프레젠따레
소극적인	**passivo**	빠씨보
소금	**sale**	살레
소나기	**temporale**	뗌뽀랄레
소녀	**ragazza**	라가짜
소년	**ragazzo**	라가쪼
소독	**disinfezione**	디진페지오네
소독약	**disinfettante**	디진페딴떼
소독하다	**disinfettare**	디진페따레
소득	**guadagno**	구아다뇨
	reddito	레디토
소란	**clamore**	클라모레
소름	**pelle d'oca**	뻴레 도까
소름 끼치다	**venire la pelle d'oca**	베니레 라 뻴레 도까
소리	**suono**	수오노
	rumore	루모레

소리 지르다	**gridare**	그리다레
	urlare	우를라레
소매	**manica**	마니까
소매치기	**borsaiolo**	보르사이올로
소모하다	**logorarsi**	로고라르시
	consumare	콘수마레
소문	**diceria**	디체리아
	pettegolezzo	뻬데골레쪼
소방관	**vigile del fuoco**	비질레 델 푸오코
	pompiere	폼피에레
소변	**urina**	우리나
소비	**consumo**	꼰수모
소비하다	**consumare**	꼰수마레
	spendere	스펜데레
소설	**romanzo**	로만조
소송	**causa**	까우자
	processo	프로체쏘
소시지	**würstel**	뷔르셀
소식	**notizia**	노띠지아
소심한	**codardo**	꼬다르도
	timido	띠미도
소아과	**pediatria**	페디아트리아
소아과 의사	**pediatra**	페디아트라
소용없는	**inutile**	인우띨레

ㄱ ㄴ ㄷ ㄹ ㅁ ㅂ ㅅ ㅇ ㅈ ㅊ ㅋ ㅌ ㅍ ㅎ

소원	desiderio	데지데리오
소유	possesso	뽀쎄소
소유물	possedimenti	뽀쎄디멘띠
	proprietà	프로프리에따
소유자	proprietario	프로프리에따리오
소유하다	possedere	포쎄데레
소음	rumore	루모레
소인	timbro postale	띰브로 포스딸레
소질	talento	딸렌토
소집하다	convocare	콘보까레
소파	divano	디바노
소포	pacco	빠꼬
소풍	escursione	에스꾸르시오네
	gita	지따
소형의	piccolo	삐꼴로
소홀히 하다	trascurare	트라스꾸라레
소화(消火)	digestione	디제스띠오네
소화기	estintore	에스띤또레
소화불량	indigestione	인디제스띠오네
소화제	digestivo	디제스띠보
소화하다	digerire	디제리레
속	interno	인떼르노
속눈썹	ciglia	칠리아
속달	espresso	에스프레쏘

속담	**proverbio**	프로베르비오
속력을 내다	**accelerare**	아첼레라레
속삭이다	**bisbigliare**	비즈빌리아레
속옷	**biancheria intima**	비안께리아 인띠마
속이다	**mentire**	멘띠레
속임수	**inganno**	인간노
	trucco	뜨루꼬
~에 속하다	**appartenere**	아빠르떼네레
손	**mano**	마노
손가락	**dito**	디토
손님	**ospite**	오스피떼
	cliente	클리엔떼
~에 손대다	**toccare**	토까레
손목	**polso**	뽈소
손바닥	**palmo**	팔모
손상시키다	**danneggiare**	단네쟈레
	rovinare	로비나레
손수건	**fazzoletto**	파쫄레또
손실	**perdita**	뻬르디따
손자	**nipote**	니뽀떼
손잡이	**manico**	마니코
	maniglia (자동차)	마닐리아
손전등	**torcia elettrica**	토르챠 엘레뜨리까

ㄱ ㄴ ㄷ ㄹ ㅁ ㅂ ㅅ ㅇ ㅈ ㅊ ㅋ ㅌ ㅍ ㅎ

손질하다	rammendare	라멘다레
	ritoccare	리또까레
손짓	gesto	제스토
손톱	unghia	운기아
손해	danno	단노
손해배상	risarcimento	리사르치멘토
솔	spazzola	스빠쫄라
솔직한	sincero	신체로
솟아오르다	sorgere	소르제레
송금하다	fare un bonifico	파레 운 보니피코
송아지	vitello	비뗄로
송어	trota	트로따
솥	pentola	벤똘라
쇠	ferro	페로
쇠고기	carne bovina	까르네 보비나
쇠약해지다	indebolirsi	인데볼리르시
쇼핑센터	centro commerciale	첸뜨로 꼼메르치알레
수, 숫자	numero	누메로
수갑	manette	마네떼
수건	asciugamano	아슈가마노
수고	fatica	파띠까
수공예품	articolo d'artigianato	아르띠꼴로 다르띠지아나토
수녀	suora	수오라

수녀원	**convento**	콘벤토
수놓다	**ricamare**	리까마레
수다쟁이	**chiacchierone**	끼아끼에로네
수단, 방법	**modo**	모도
	maniera	마니에라
수도(首都)	**capitale**	까삐딸레
수도사	**monaco**	모나코
수도원	**monastero**	모나스떼로
수량	**quantità**	꽌띠따
수레	**carretto**	까레또
수로	**canale d'irrigazione**	까날레 디리가지오네
수류탄	**bomba a mano**	봄바 아 마노
수리	**riparazione**	리빠라지오네
	rammendo	라멘도
수리하다	**riparare**	리빠라레
	rammendare	라멘다레
수많은	**numeroso**	루메로조
수면	**sonno**	손노
수면제	**sonnifero**	손니페로
수명	**lunghezza della vita**	룬게짜 델라 비따
수박	**cocomero**	꼬꼬메로
	anguria	안구리아

ㄱ ㄴ ㄷ ㄹ ㅁ ㅂ ㅅ ㅇ ㅈ ㅊ ㅋ ㅌ ㅍ ㅎ

수배	sistemazione	시스떼마지오네
	preparazione	쁘레빠라지오네
	disposizione	디스포지지오네
수배하다	preparare	쁘레빠라레
	sistemare	시스떼마레
수분	umidità	우미디따
수사, 조사	investigazione	인베스띠가지오네
	indagine	인다지네
	ricerca	리체르까
수사하다	investigare	인베스띠가레
	indagare	인다가레
수산물	prodotti del mare	프로도띠 델 마레
	prodotti marini	프로도띠 마리니
수상(首相)	primo ministro	프리모 미니스트로
수상자	vincitore	빈치또레
수상히 여기다	sospettare	소스페따레
수색	perquisizione	뻬르뀌지지오네
	ricerca	리체르까
수색하다	perquisire	뻬르뀌지레
	ricercare	리체르까레
수선	riparazione	리빠라지오네
	rammendo	라멘도
수선하다	riparare	리빠라레
	rammendare	라멘다레

수세미	**spugnetta**	스푸녜따
수속, 과정	**processo**	프로체쏘
수속, 소송의	**procedura**	프로체두라
수송	**trasporto**	트라스뽀르토
수송하다, 나르다	**trasportare**	트라스뽀르따레
	portare	뽀르따레
수수께끼	**enigma**	에니그마
	indovinello	인도비넬로
수수료	**commissione**	꼼미씨오네
수술	**operazione chirurgica**	오페라지오네 끼울루지까
수습	**controllo**	꼰트롤로
수습하다	**controllare**	꼰트롤라레
수신	**recezione**	레체지오네
수신하다	**ricevere un messaggio**	리체베레 운 메싸조
수심	**profondità dell'acqua**	프로폰디따 델라꾸아
수십(數十)	**decenni**	데체니
수압	**pressione idraulica**	프레씨오네 이두라우리까
수업	**lezione**	레지오네
	istruzione	이스트루지오네
수업하다	**dare lezione**	다레 레지오네
	fare lezione	파레 레지오네
	insegnare	인세냐레
수여	**assegnazione**	아쎄냐지오네
	conferimento	꼰페리멘토

ㄱ ㄴ ㄷ ㄹ ㅁ ㅂ ㅅ ㅇ ㅈ ㅊ ㅋ ㅌ ㅍ ㅎ

수여하다	**assegnare**	아쎄냐레
	conferire	꼰페리레
수염	**barba** (턱수염)	바르바
	baffi (콧수염)	바피
수영	**nuoto**	누오토
	bagno	바뇨
수영복	**costume da bagno**	코스투메 다 바뇨
수영장	**piscina**	피쉬나
수영하다	**nuotare**	누오따레
	fare un bagno	파레 운 바뇨
수요	**richiesta**	리끼에스따
	domanda	도만다
수요일	**mercoledì**	메르꼴레디
수용(收容)	**alloggio**	알로조
수용(受容)	**ricezione**	리체지오네
수용하다	**alloggiare**	알로쟈레
	ricevere	리체베레
수위(守衛)	**portiere**	뽀르띠에레
수유하다	**allattare**	알라따레
수의사	**veterinario**	베떼리나리오
수익	**guadagno**	구아다뇨
	ricompensa	리꼼뻰사
	profitto	프로피또

수입(收入)	entrata	엔트라따
	rendita	렌디따
	reddito	레디토
수입(輸入)	importazione	임뽀르따지오네
수입하다	importare	임뽀르따레
수전노	avaro	아바로
	spilorcio	스필로르초
수정(水晶)	cristallo	크리스딸로
수정(修正)	correzione	꼬레지오네
	modificazione	모디피까지오네
수족관	acquario	아꾸아리오
수준	livello	리벨로
수줍다	essere timido	에쎄레 띠미도
수줍음	timidezza	띠미데짜
수증기	vapore	바포레
수직	perpendicolarità	뻬르펜디꼴라리따
	verticalità	베르티깔리따
수직선	riga perpendicolare	리가 뻬르펜디꼴라레
	verticale	베르띠깔레
수질	qualità dell'acqua	꽐리따 델라꾸아
수집	collezione	꼴레지오네
	compilazione	꼼필라지오네
수집하다 (자료를)	collezionare	꼴레지오나레
	compilare	꼼필라레

수채화	**acquerello**	아꾸에렐로
수첩	**agenda**	아젠다
	taccuino	따뀌노
수축	**restringimento**	레스트린지멘토
	contrazione	콘뜨라지오네
수축하다	**restringere(-rsi)**	레스트린제레(-르시)
	contrarre(-rsi)	콘뜨라레(-르시)
수출	**esportazione**	에스포르따지오네
수출하다	**esportare**	에스포르따레
수출입	**esportazione e importazione**	에스포르따지오네 에 임뽀르따지오네
수취	**ricezione**	리체지오네
수취인	**destinario**	데스띠나리오
수치, 불명예	**disonore**	디조노레
	vergogna	베르고냐
수치스럽다	**essere disonorevole**	에쎄레 디조노레보레
	essere vergognoso	에쎄레 베르고뇨조
수컷	**maschio**	마스끼오
수탉	**gallo**	갈로
수태	**concezione**	콘체지오네
	concepimento	콘체피멘토
수평	**orizzontalità**	오리존딸리따
수평의	**orizzontale**	오리존딸레
수평선	**linea dell'orizzonte**	리네아 델로리존떼

수표	**assegno**	아쎄뇨
수표를 발행하다	**emettere un assegno**	에메떼레 운 아쎄뇨
수풀	**bosco**	보스코
수프	**zuppa**	주빠
	minestra	미네스트라
	brodo	브로도
수필	**saggio**	사조
수하물	**bagaglio**	바갈리오
수화물 보관소	**deposito bagagli**	데포지토 바갈리
수화물을 맡기다	**depositare il bagaglio**	데포지따레 일 바갈리오
수학	**matematica**	마떼마띠까
수혈	**trasfusione di sangue**	트라스푸지오네 디 산궤
수혈하다	**fare una trasfusione di sangue**	파레 우나 트라스푸지오네 디 산궤
수화기	**ricevitore (telefonico)**	리체비토레 (텔레포니코)
	cornetta	꼬르네따
수확	**raccolto**	라꼴또
수확기	**stagione del raccolto**	스따지오네 델 라꼴토
수확하다	**fare il raccolto**	파레 일 라꼴토
	raccogliere	라꼴리에레
숙고하다	**considerare attentamente**	꼰시데라레 아뗀따멘떼
숙녀	**signorina**	시뇨리나
숙련된	**esperto**	에스페르토

숙명	**destino**	데스티노
	fato	파토
숙명적인	**fatale**	파탈레
숙모	**zia**	지아
숙박부	**registro dell'albergo**	레지스토로 델랄베르고
숙박소	**alloggio**	알로조
숙박하다	**alloggiare**	알로자레
숙성	**maturità**	마뚜리따
숙성하다	**essere maturo**	에쎄레 마뚜로
숙소	**residenza**	레지덴자
	alloggio	알로조
숙연하다	**essere silenzioso**	에쎄레 실렌지오조
숙이다	**abbassarsi**	아바싸르시
	inchinarsi	인끼나르시
숙제	**compito**	꼼삐토
숙지하다	**conoscere bene**	꼬노쉐레 베네
숙직	**guardia notturna**	구아르디아 노뚜르나
숙직하다	**vigilare di notte**	비질라레 디 노떼
순간	**momento**	모멘토
	istante	이스딴떼
순간적인	**momentaneo**	모멘따네오
	istantaneo	이스탄따네오
순결	**purezza**	뿌레짜
	verginità	베르지니따

순결하다	**essere puro**	에쎄레 뿌로
	essere vergine	에쎄레 베르지네
순교	**martirio**	마르띠리오
순교하다	**morire da martire**	모리레 다 마르띠레
순례	**pellegrinaggio**	펠레그리나조
순례자	**pellegrino**	펠레그리노
순서	**ordine**	오르디네
	sequenza	세꿰엔자
순수한	**puro**	뿌로
순식간에	**in un attimo**	인 운 아띠모
순위	**classifica**	클라씨피까
	ordine	오르디네
순응하다	**adattarsi**	아다따르시
	conformarsi	꼰포르마르시
순이익	**profitto netto**	프로피또 네또
순종하다	**ubbidire**	우비디레
순진한	**ingenuo**	인제누오
순찰하다	**fare la ronda**	파레 라 론다
	essere di pattuglia	에쎄레 디 빠뚤리아
순한, 유순한	**mansueto**	만수에토
(맛이) 순한	**delicato**	델리까토
순환	**circolazione**	치르꼴라지오네
순회하다	**fare la ronda**	파레 라 론다
	girare	지라레

ㄱ
ㄴ
ㄷ
ㄹ
ㅁ
ㅂ
ㅅ
ㅇ
ㅈ
ㅊ
ㅋ
ㅌ
ㅍ
ㅎ

숟가락	**cucchiaio**	꾸끼아이오
술	**liquore**	리꾸오레
술에 취하다	**ubriacarsi**	우브리아까르시
술 취한 사람	**ubriaco**	우브리아꼬
술집	**bar-taverna**	바르-타베르나
숨	**respiro**	레스피로
숨 쉬다	**respirare**	레스피라레
	prendere fiato	프렌데레 피아토
숨 막히는	**soffocante**	소포깐떼
숨 막히다	**soffocare**	소포까레
숨기다	**nascondere**	나스꼰데레
숨다	**nascondersi**	나스꼰데르시
숨바꼭질	**nascondino**	나스꼰디노
숨바꼭질하다	**giocare a nascondino**	조까레 아 나스꼰디노
숨소리	**rumore del respiro**	루모레 델 레스피로
숨차다	**aver il fiatone**	아베르 일 피아토네
숭고	**sublimità**	수브리미따
숭고하다	**essere sublime**	에쎄레 수브리메
숭배	**adorazione**	아도라지오네
숭배하다	**adorare**	아도라레
숭엄	**solennità**	솔레니따
	sublimità	수브리미따
숭엄하다	**essere solenne**	에쎄레 솔레네
숯	**carbonella**	까르보네라

숲이 많은	**folto**	폴토
숲	**bosco**	보스코
	foresta	포레스타
(음식이) 쉬다	**andare a male**	안다레 아 말레
	inacidire	인아치디레
(목소리가) 쉬다	**diventare rauco**	디벤따레 라우코
쉬다	**riposare**	리뽀자레
	riposarsi	리뽀자르시
쉬운	**facile**	파칠레
	semplice	셈플리체
쉰 목소리	**voce rauca**	보체 라우까
	raucedine	라우체디네
50(쉰)	**cinquanta**	친꽌따
쉽사리	**facilmente**	파칠멘떼
	agevolemente	아제볼레멘떼
슈퍼마켓	**supermercato**	수페르메르까토
슈퍼맨	**superuomo**	수페르우오모
스낵	**spuntino**	스푼띠노
20(스물)	**venti**	벤띠
스미다	**sprofondare**	스프로폰다레
	immergersi	이메르제르시
스스로	**da solo / a**	다 솔로 / 라
스승	**maestro**	마에스트로
스웨덴	**Svezia**	즈베지아

스웨덴 사람	svedese	즈베데제
스위치	interruttore	인데루또레
스치다	sfiorarsi	스피오라르시
스카프	foulard	풀라르
스케이트	pattinaggio	빠띠나조
스케이트를 타다	pattinare	빠띠나레
스케이트화	pattini	빠띠니
스케치	schizzo	스끼조
스키	sci	쉬
스키를 타다	sciare	쉬아레
스키화	scarponi da sci	스카르포니 다 쉬
스타디움	stadio	스타디오
스타일	stile	스틸레
스타킹	collant	꼴란트
스탬프	timbro	띰브로
	francobollo	프란코볼로
스테이크	bistecca	비스떼까
스토브	stufa	스투파
스튜	stufato	스투파토
스팀	termosifone	떼르모지포네
	vapore	바포레
스파이	spia	스피아
스페어타이어	ruota di scorta	루오따 디 스코르타

스폰서	**garante**	가란떼
	sponsor	스폰소르
스폰지	**spugna**	스푸냐
스프링	**molla**	몰라
스피커	**altoparlante**	알토빠를란떼
슬라이드	**diapositiva**	디아포지띠바
슬리퍼	**ciabatta**	챠바따
	pantofola	판토포라
슬퍼하다	**addolorarsi**	아돌로라르시
	lamentarsi	라멘따르시
슬픈	**triste**	뜨리스떼
슬픔	**tristezza**	뜨리스떼짜
습격	**attacco**	아따꼬
	assalto	아쌀토
습관	**abitudine**	아비뚜디네
습관적인	**abituale**	아비뚜아레
	consueto	꼰수에토
습관화하다	**abituare**	아비뚜아레
습기	**umidità**	우미디따
습득(拾得)하다	**scoprire**	스꼬프리레
	trovare	트로바레
습득(習得)하다	**apprendere**	아프렌데레
	imparare	임빠라레
습지	**palude**	팔루데

승강기	ascensore	아쉔소레
승객	passeggero	빠쎄제로
승급하다	ricevere una promozione	리체베레 우나 프로모지오네
승낙	consenso	꼰쎈소
	assenso	아쎈소
승낙하다	acconsentire	아꼰쎈띠레
	assentire	아쎈띠레
승리	vittoria	비또리아
승리하다	vincere	빈체레
승마	equitazione	에뀌따지오네
승마하다	fare equitazione	파레 에뀌따지오네
	montare un cavallo	몬따레 운 까발로
(기차) 승무원	ferroviere	페로비에레
(비행기) 승무원	assistente di volo	아씨스뗀떼 디 볼로
승선하다	imbarcare	임바르까레
승용차	automobile	아우토모빌레
승인	consenso	콘쎈소
승인을 요구하다	chiedere il consenso	끼에데레 일 콘쎈소
승인하다	riconoscere	리꼬노쉐레
	approvare	아프로바레
	firmare	피르마레
	ammettere	암메떼레
승진하다	essere promosso	에쎄레 프로모쏘

이탈리아어 단어

시(市)	città	치따
시(時)	ora	오라
	tempo	뗌뽀
시각	vista	비스타
	punto di vista	뿐토 디 비스타
시간표	orario	오라리오
시계	orologio	오롤로조
시골	campagna	깜파냐
시골뜨기	campagnolo	깜파뇰로
시국	situazione	시투아지오네
시궁창	fogna	포냐
	fossa	포싸
시금치	spinacio	스피나초
시기(時期)	periodo	페리오도
	momento	모멘또
시끄러운	rumoroso	루모로조
시내	ruscello	루셀로
	torrente	토렌떼
시냇물	acqua di ruscello	아꾸아 디 루셀로
시누이	cognata	꼬냐따
(맛이) 시다	essere acido	에쎄레 아치도
	essere aspro	에쎄레 아스프로

이탈리아어 단어 | 553

시대	età	에따
	epoca	에포까
	era	에라
시도	tentativo	뗀따띠보
시도하다	tentare	뗀따레
	provare	프로바레
시동을 걸다	mettere in moto	메떼레 인 모토
시들다	appassire	아빠씨레
	seccarsi	세까르시
시럽	sciroppo	시로뽀
시력	vista	비스타
시련	prova	프로바
시리즈	serie	세리에
시립의	municipale	무니치빨레
	comunale	꼬무날레
시립도서관	biblioteca comunale	비블리오떼까 꼬무날레
시멘트	cemento	체멘토
시무룩하다	essere scontento di~	에쎄레 스꼰뗀토 디
시민	cittadino	치따디노
시민권	cittadinanza	치따디난자
시부모	suoceri	수오체리
시사(示唆)하다	suggerire	수제리레
시사회	anteprima	안떼프리마

시상식	**premiazione**	프레미아지오네
시상하다	**assegnare un premio**	아세냐레 운 프레미오
시선	**sguardo**	스구아르도
	vista	비스타
시설	**fondazione**	폰다지오네
	costituzione	코스디뚜지오네
시소	**altalena**	알따레나
시스템	**sistema**	시스떼마
시식하다	**assaggiare**	아싸쟈레
	degustare	데구스따레
시외	**periferia**	뻬리페리아
시원한	**fresco**	프레스코
10월	**ottobre**	오또브레
시위	**manifestazione**	마니페스따지오네
	dimostrazione	디모스트라지오네
시의회	**assemblea municipale**	아쎔블레아 무니치빨레
	consiglio comunale	꼰실리오 꼬무날레
시인	**poeta**	뽀에따
시인하다	**ammettere**	아메떼레
	approvare	아프로바레
시작	**inizio**	이니지오
시작하다	**iniziare**	이니지아레
	cominciare	꼬민치아레
시장(市長)	**sindaco**	신다코

ㄱ ㄴ ㄷ ㄹ ㅁ ㅂ **ㅅ** ㅇ ㅈ ㅊ ㅋ ㅌ ㅍ ㅎ

시장(市場)	**mercato**	메르까토
시점	**punto di vista**	뿐또 디 비스타
시정(是正)하다	**correggere**	꼬레제레
	aggiustare	아주스따레
시제	**tempo**	뗌뽀
시차	**equazione del tempo**	에꾸아지오네 델 뗌뽀
	differenza del tempo	디페렌자 델 뗌뽀
시찰	**ispezione**	이스페지오네
시청	**municipio**	무니치삐오
	comune	꼬무네
시체	**cadavere**	까다베레
시큰둥하다	**essere impudente**	에쎄레 인푸덴떼
시키다	**far fare**	파르 파레
	costringere	코스트린제레
시합	**partita**	빠르띠따
	gara	가라
시행하다	**eseguire**	에제구이레
	applicare	아쁠리까레
	mettere in atto	메떼레 인 아또
시험	**esame**	에자메
	prova	프로바
시험 보다	**dare un esame**	다레 운 에자메
식구	**famigliare**	파밀리아레
식기	**servizio da tavola**	세르비지오 다 따볼라

식기세척기	**lavastoviglie**	라바스토빌리에
식다	**raffreddarsi**	라프레다르시
식단	**menu**	메뉴
식당	**sala da pranzo**	살라 다 프란조
	ristorante	리스토란떼
	trattoria	뜨라또리아
식당차	**carrozza ristorante**	까로짜 리스또란떼
식량	**cibo**	치보
	vitto	비또
식료품	**generi alimentari**	제네리 알리멘따리
식물	**vegetale**	베제딸레
	ortaggio	오르따조
식물원	**orto botanico**	오르토 보따니코
식민지	**colonia**	꼴로니아
식사	**pasto**	빠스토
식염수	**soluzione salina**	솔루지오네 살리나
식욕	**appetito**	아뻬띠토
식은땀	**sudore freddo**	수도레 프레도
식중독	**intossicazione alimentare**	인토씨까지오네 알리멘따레
식초	**aceto**	아체토
식탁	**tavola**	따볼라
식탁보	**tovaglia**	토발리아

ㄱ
ㄴ
ㄷ
ㄹ
ㅁ
ㅂ
ㅅ
ㅇ
ㅈ
ㅊ
ㅋ
ㅌ
ㅍ
ㅎ

식히다	**rinfrescare**	린프레스까레
	raffreddare	라프레다레
신(神)	**divinità**	디비니따
신간	**pubblicazione recente**	뿌블리까지오네 레첸떼
신경	**nervo**	네르보
신경의	**nervoso**	네르보조
신고하다	**denunciare**	데눈치아레
	dichiarare	디끼아라레
신기록	**primato**	프리마토
신기한	**meraviglioso**	메라빌리오조
	strano	스트라노
신념	**fede**	페데
	convinzione	꼰빈지오네
신다	**indossare**	인도싸레
	mettersi	메떼르시
신랑	**sposo**	스포조
신뢰	**fiducia**	피두챠
	confidenza	꼰피덴자
신뢰하다	**avere fiducia**	아베레 피두챠
	confidare	꼰피다레
신문	**giornale**	조르날레
	gazzetta	가제따
신문 기자	**giornalista**	조르날리스타

신문 가판대	**edicola**	에디꼴라
신발	**scarpe**	스까르뻬
신부(新婦)	**sposa**	스포자
신부(神父)	**prete**	프레떼
	sacerdote	사체르도떼
신분	**posizione sociale**	포지지오네 소치알레
신분 증명서	**carta d'identità**	까르타 디덴띠따
신비	**mistero**	미스떼로
신비한	**misterioso**	미스떼리오조
신사	**gentiluomo**	젠틸우오모
	signore	시뇨레
신사복	**abito**	아비토
	completo	꼼플레토
신생아	**neonato**	네오나토
신선함	**freschezza**	프레스께짜
신속한	**rapido**	라피도
	veloce	벨로체
신앙	**fede**	페데
신용	**fiducia**	피두챠
	confidenza	꼰피덴자
신원	**identità**	이덴띠따
	origine	오리지네
신원을 증명하다	**identificarsi**	이덴띠피까르시
신원 보증인	**garante**	가란떼

ㄱ ㄴ ㄷ ㄹ ㅁ ㅂ ㅅ ㅇ ㅈ ㅊ ㅋ ㅌ ㅍ ㅎ

신음하다	lamentarsi	라멘따르시
	gemere	제메레
신장, 키	statura	스타뚜라
신중한	prudente	프루덴떼
신청	domanda	도만다
	richiesta	리끼에스타
신체	corpo	꼬르뽀
신체장애자	invalido	인발리도
	handicappato	핸디까빠토
신축성	elasticità	엘라스띠치따
신학	teologia	떼올로지아
신호	segnale	세날레
	cenno	체노
신호등	semaforo	세마포로
신혼여행	luna di miele	루나 디 미에레
	viaggio di nozze	비아조 디 노쩨
신화	mitologia	미톨로지아
싣다	caricare	까리까레
실	filo	필로
실내화	pantofola	판토폴라
실력 있는	essere in gamba	에쎄레 인 감바
실례합니다	permesso	뻬르메쏘
	scusi	스쿠지
실로폰	xilofono	실로포노

실루엣	**siluetta**	실루에따
실리	**utilità**	우띨리따
	vantaggio	반타조
	profitto	프로피또
실리주의	**utilitarismo**	우띨리따리즈모
실린더	**cilindro**	치린드로
실망	**delusione**	델루지오네
실망하다	**rimanere deluso**	리마네레 데루조
실소하다	**scoppiare a ridere**	스꼬삐아레 아 리데레
	mettersi a ridere	메떼르시 아 리데레
실수	**errore**	에로레
	sbaglio	즈발리오
실수하다	**sbagliare**	즈발리아레
실습하다	**fare pratica**	파레 프라띠까
실신하다	**perdere la conoscenza**	뻬르데레 라 꼬노쉔자
실업	**disoccupazione**	디즈오꾸빠지오네
실업자	**disoccupato**	디즈오꾸빠토
실업하다	**essere disoccupato**	에쎄레 디즈오꾸빠토
실온	**temperatura ambiente**	뗌뻬라뚜라 암비엔떼
실용적인	**pratico**	프라티코
실재	**esistenza**	에지스뗀자
	realtà	레알따
실재의	**esistente**	에지스뗀떼
	reale	레아레

실재하다	**esistere**	에지스떼레
실종	**scomparso**	스꼼빠르소
실종하다	**scomparire**	스꼼빠리레
실천	**pratica**	프라띠까
실천하다	**mettere in pratica**	메떼레 인 프라띠까
실추하다	**perdere**	뻬르데레
	cadere	까데레
실패	**fallimento**	팔리멘토
실패하다	**fallire**	팔리레
실행하다	**eseguire**	에세구이레
실험	**esperimento**	에스페리멘토
실험실	**laboratorio**	라보라토리오
실현하다	**realizzare**	레알리짜레
실화(實話)	**storia vera**	스토리아 베라
싫어지다	**essere stufo di**	에쎄레 스투포 디
	essere disgustato di	에쎄레 디스구스따토 디
싫어하다	**detestare**	데떼스따레
	non volere	논 볼레레
싫증	**disgusto**	디스구스토
	noia	노이아
싫증나다	**annoiarsi**	안노이아르시
	stufarsi	스투파르시
싫증난	**annoiato**	안노이아토
	stufo	스투포

심각한	**serio**	세리오
	grave	그라베
심다	**piantare**	피안따레
심령의	**spirituale**	스피리뚜알레
심리학	**psicologia**	피시콜로지아
심리학자	**psicologo**	피시콜로고
심벌즈	**cembalo**	쳄발로
심부름	**commissione**	꼼미씨오네
심부름하다	**fare una commissione**	파레 우나 꼼미씨오네
심사하다	**giudicare**	주디까레
	esaminare	에자미나레
심사관	**giudice**	주디체
	magistrato	마지스트라토
심사숙고하다	**meditare**	메디따레
	riflettere	리플레떼레
심술궂다	**essere malevolo**	에쎄레 말레보로
	essere maligno	에쎄레 말리뇨
심연	**abbisso**	아비쏘
심의	**deliberazione**	데리베라지오네
	considerazione	꼰시데라지오네
심의하다	**considerare**	꼰시데라레
	deliberare	데리베라레
심장	**cuore**	꾸오레

ㄱ
ㄴ
ㄷ
ㄹ
ㅁ
ㅂ
ㅅ
ㅇ
ㅈ
ㅊ
ㅋ
ㅌ
ㅍ
ㅎ

심장마비	attacco di cuore	아따꼬 디 꾸오레
	arresto cardiaco	아레스토 까르디아코
심지어	perfino	뻬르피노
심취하다	essere affascinato	에쎄레 아파시나토
심판	giudizio	주디지오
	arbitro	아르비뜨로
심포니	sinfonia	심포니아
심한	violento	비오렌토
	forte	포르떼
심화하다	approfondire	아프로폰디레
10	dieci	디에치
12월	dicembre	디쳄브레
11월	novembre	노벰브레
십자가	croce	크로체
싱싱한	fresco	프레스코
싶다(~할 의향이 있다)	volere	보레레
	desiderare	데지데라레
싶어하다	avere voglia di	아베레 보리아 디
싸다, 휘감다	avvolgere	아볼제레
	coprire	꼬프리레
싸우다	combattere	꼼바떼레
	litigare	리띠가레
	lottare	로따레

싸움	**lotta**	로따
	litigio	리띠조
싹	**germoglio**	제르모리오
싹트다	**sbocciare**	즈보치아레
쌀	**riso**	리조
쌀밥	**riso al vapore**	리조 알 바포레
쌀쌀한	**freddo**	프레도
쌍	**coppia**	꼬삐아
쌍둥이	**gemello**	제메로
쌍안경	**binocolo**	비노꼴로
쌓다	**ammucchiare**	암무끼아레
	caricare	까리까레
썩다	**marcire**	마르치레
	corrompersi	고롬뻬르시
썰다	**tagliare**	딸리아레
썰매	**slitta**	즐리따
쏘다	**sparare**	스파라레
	pungere	푼제레
쏟다	**versare**	베르사레
쑤시다	**stuzzicare**	스투찌까레
(글씨를) 쓰다	**scrivere**	스크리베레
쓰다, 소비하다	**spendere**	스펜데레
쓰다, 사용하다	**usare**	우자레

쓰다듬다	accarezzare	아까레짜레
쓰라리다	essere doloroso	에쎄레 돌로로조
쓰러뜨리다	abbattere	아바떼레
	far cadere	파르 까데레
쓰레기	rifiuti	리피우띠
	spazzatura	스파짜뚜라
쓰레기통	pattumiera	파뚜미에라
쓴	amaro	아마로
쓸다	scopare	스코빠레
쓸데없는	inutile	인우띨레
쓸쓸한	malinconico	말린코니코
씨앗	seme	세메
씨를 뿌리다	seminare	세미나레
씹다	masticare	마스띠까레
씻다	lavare	라바레
	lavarsi	라바르시
씽크대	lavello	라벨로
	acquaio	아쿠아이오

아가씨	**signorina**	시뇨리나
아기	**bimbo / a**	빔보/바
아까, 방금	**poco fa**	뽀꼬 파
아깝게도	**spiacevolmente**	스피아체볼멘떼
아깝다	**essere spiacevole**	에쎄레 스피아체보레
아끼다	**risparmiare**	리스파르미아레
아낌없이	**generosamente**	제네로자멘떼
아나운서	**presentatore**	프레젠따또레
아내	**moglie**	몰리에
아니	**no**	노
	non	논
아니다	**non essere**	논 에쎄레
아동	**fanciullo / a**	판츌로/라
	bambino / a	밤비노/나
아둔한	**credulone**	크레둘로네
	stupido	스투피도
아들	**figlio**	필리오
아랍	**Arabia**	아라비아
아랍어, 아랍인	**arabo**	아라보
아래	**sotto**	소또

아래위	**su e giù**	수 에 주
	sopra e sotto	소프라 에 소또
아래층	**piano inferiore**	삐아노 인페리오레
아량 있는	**generoso**	제네로조
	tollerante	톨레란떼
아련한	**oscuro**	오스쿠로
	offuscato	오푸스까토
(빛이) 아른거리다	**brillare debolmente**	브릴라레 데볼멘떼
아름다운	**bello**	벨로
	grazioso	그라지오조
아름다움	**bellezza**	벨레짜
아마	**forse**	포르세
	probabilmente	프로바빌멘떼
아마추어	**armatura**	아르마뚜라
아몬드	**mandorla**	만돌라
아무	**qualsiasi**	꽐시아시
	nessuno	네쑤노
아무 데나, 어디에서도	**ovunque**	오분꿰
	da nessun parte	다 네쑨 빠르떼
아무것	**qualsiasi cosa**	꽐시아시 꼬자
	niente	니엔떼
아무리	**per quanto**	뻬르 꽌토
아무튼	**ad ogni modo**	아드 온니 모도
	comunque	꼬문꿰

아물다	guarire	구아리레
	rimarginarsi	리마르지나르시
아버지	padre	빠드레
아부하다	adulare	아둘라레
아빠	babbo	바뽀
	papà	빠빠
아삭거리다	essere croccante	에쎄레 크로깐떼
아스파라거스	asparago	아스파라고
아스팔트	asfalto	아스팔토
아스피린	aspirina	아스피리나
아슬아슬한	pericoloso	뻬리꼴로조
	rischioso	리스끼오조
아시아	Asia	아시아
아시아의	asiatico	아시아띠코
아양	civetteria	치베떼리아
아양을 부리다	fare la civetta	파레 라 치베따
	civettare	치베따레
아연	zinco	진코
아열대	subtropici	수브트로피치
	zone subtropicali	조네 수브트로피깔리
아이스크림	gelato	젤라토
아저씨	signore	시뇨레
아주	assai	아싸이
	molto	몰토

ㄱ ㄴ ㄷ ㄹ ㅁ ㅂ ㅅ **ㅇ** ㅈ ㅊ ㅋ ㅌ ㅍ ㅎ

아주머니	**signora**	시뇨라
아직	**ancora**	안꼬라
	finora	피노라
	per ora	뻬르 오라
아직까지	**finora**	피노라
	sinora	시노라
아침	**mattina**	마띠나
아침을 먹다	**fare colazione**	파레 꼴라지오네
아침 식사	**colazione**	꼴라지오네
아침부터	**dalla mattina**	달라 마띠나
아카시아	**acacia**	아까챠
아케이드	**galleria**	갈레리아
아코디언	**fisarmonica**	피사르모니까
아파트	**appartamento**	아빠르따멘토
아프다	**aver mal di**	아베르 말 디
	essere malato	에쎄레 말라토
아프리카	**Africa**	아프리카
아프리카의	**africano**	아프리카노
아픈	**doloroso**	돌로로조
아픔	**pena**	뻬나
	dolore	돌로레
아홉	**nove**	노베
아흔	**novanta**	노반따
악	**male**	말레

악기	**strumento musicale**	스트루멘토 무지깔레
악단	**banda**	반다
	orchestra	오르케스트라
악덕	**vizio**	비지오
	immoralità	임모랄리따
악랄하다	**essere vizioso**	에쎄레 비지오조
악마	**diavolo**	디아볼로
악명	**cattiva reputazione**	까띠바 레푸따지오네
악몽	**incubo**	인꾸보
악보	**spartito musicale**	스파르띠토 무지깔레
	musica	무지까
악센트	**accento**	아첸토
악수	**stretta di mano**	스트레따 디 마노
악순환	**circolo vizioso**	치끌로 비지오조
악어	**coccodrillo**	코코드릴로
	alligatore	알리가또레
악의	**malevolenza**	말레보렌자
	malanimo	말라니모
악전고투하다	**combattere disperatamente**	꼼바떼레 디스페라 따멘떼
	lottare furiosamente	로따레 푸리오자멘떼
악천후	**maltempo**	말뗌뽀
악취	**puzza**	뿌짜
악취를 풍기다	**puzzare**	뿌짜레

ㄱ ㄴ ㄷ ㄹ ㅁ ㅂ ㅅ **ㅇ** ㅈ ㅊ ㅋ ㅌ ㅍ ㅎ

악한	**cattivo**	까띠보
	malvagio	말바조
안	**interno**	인떼르노
안에	**entro**	엔트로
	dentro	덴트로
안개	**nebbia**	네비아
	foschia	포스끼아
안개 낀	**nebbioso**	네비오조
안경	**occhiali**	오끼알리
안경점	**ottico**	오띠코
안과	**oftalmologia**	오프탈모롤지아
안과 의사	**oculista**	오쿨리스타
안내	**informazione**	인포르마지오네
	guida	구이다
안내소	**ufficio informazioni**	우피초 인포르마지오니
안녕(安寧)	**pace**	파체
	benessere	베네쎄레
안녕	**ciao**	차오
	salve	살베
안녕하다	**stare bene**	스타레 베네
안녕하세요	**buon giorno** (오전 인사)	부온 조르노
안다, 포옹하다	**abbracciare**	아브라치아레
	tenere in braccio	떼네레 인 브라쵸

안달하다	**agitarsi**	아지따르시
	irritarsi	이리따르시
안도	**sollievo**	솔리에보
안도하다	**essere sollevato**	에쎄레 솔레바토
안되다	**non dovere**	논 도베레
안뜰	**cortile**	꼬르띨레
	corte	꼬르떼
안락한	**confortevole**	꼰포르떼보레
	comodo	꼬모도
안마	**massaggio**	마사조
안마하다	**massaggiare**	마싸자레
안무	**coreografia**	꼬레오그라피아
안보	**sicurezza**	시꾸레짜
안부	**salvezza**	살베짜
	salute	살루떼
안부를 전하다	**mandare i saluti**	만다레 이 살루띠
	portare i saluti	뽀르따레 이 살루띠
안심(安心)	**conforto**	꼰포르토
	sollievo	솔리에보
안심하다	**essere confortato**	에쎄레 꼰포르따토
	provare sollievo	프로바레 솔리에보
안이하다	**essere agevole**	에쎄레 아제보레
안이한	**comodo**	꼬모도
	agevole	아제보레

안장	**sella**	셀라
안전	**sicurezza**	시꾸레짜
	salvezza	살베짜
안전벨트	**cintura di sicurezza**	친뚜라 디 시꾸레짜
안절부절못하다	**essere irrequieto**	에쎄레 이레뀌에토
	essere nervoso	에쎄레 네르보조
안정	**stabilità**	스타빌리따
	equilibrio	에퀼리브리오
안주(按酒)	**stuzzichini per liquore**	스투찌끼니 뻬르 리 꾸오레
안주인	**padrona di casa**	파드로나 디 까사
안테나	**antenna**	안떼나
앉다	**sedere**	세데레
	sedersi	세데르시
앉은	**seduto**	세두토
~않다(부정문)	**non ~**	논
알	**uovo**	우오보
알다	**sapere**	사뻬레
	capire	까삐레
	conoscere	꼬노쉐레
알레르기	**allergia**	알레르지아
알리다	**informare**	인포르마레
	avvertire	아베르띠레
알리바이	**alibi**	알리비

알맞은	**adatto**	아다또
	giusto	주스토
알아내다	**scoprire**	스꼬프리레
	trovare	트로바레
알아맞히다	**indovinare**	인도비나레
	azzeccare	아제까레
알아보다	**domandare**	도만다레
알약	**pillola**	필롤라
	pastiglia	파스틸리아
알파벳	**alfabeto**	알파베토
앓다	**essere ammalato**	에쎄레 암말라토
암	**cancro**	깐크로
암컷	**femmina**	펨미나
암기	**memoria**	메모리아
암기하다	**memorizzare**	메모리자레
	imparare a memoria	임빠라레 아 메모리아
암모니아	**ammoniaca**	암모니아까
암벽	**parete rocciosa**	빠레떼 로치오자
암살	**assassinio**	아싸씨니오
	omicidio	오미치디오
암살자	**assassino**	아싸씨노
	omicida	오미치다
암석	**roccia**	로챠

ㄱ ㄴ ㄷ ㄹ ㅁ ㅂ ㅅ ㅇ ㅈ ㅊ ㅋ ㅌ ㅍ ㅎ

암소	**mucca**	무까
	vacca	바까
암시	**cenno**	체노
	allusione	알루지오네
암시장	**mercato nero**	메르까토 네로
암시하다	**accennare**	아체나레
	alludere	알루데레
암실	**camera oscura**	까메라 오스쿠라
암초	**scogliera**	스콜리에라
암탉	**gallina**	갈리나
암흑	**oscurità**	오스쿠리따
	buio	부이오
암흑가	**malavita**	말라비따
압도적인	**opprimente**	오프리멘떼
	schiacciante	스끼아치안떼
압도하다	**opprimere**	오프리메레
	schiacciare	스끼아차레
압력	**pressione**	프레씨오네
압박하다	**opprimere**	오프리메레
압수하다	**confiscare**	꼰피스까레
	sequestrare	세꿰스트라레
압착기	**pressa**	프레싸
압축기	**compressore**	꼼프레쏘레
앙금	**sedimento**	세디멘토

앙심	**rancore**	란꼬레
앙케트	**questionario**	퀘스티오나리오
앞	**davanti**	다반띠
	precedente	프레체덴떼
앞으로	**avanti**	아반띠
앞당기다	**anticipare**	안띠치파레
앞머리	**ciuffo**	치우포
	frangia	프란쟈
앞서	**precedentemente**	프레체덴떼멘떼
	prima	프리마
앞장서다	**precedere**	프레체데레
	essere alla testa di	에쎄레 알라 떼스타 디
앞지르다	**superare**	수페라레
	sorpassare	소르빠싸레
앞치마	**grembiule**	그렘비울레
애국가	**inno nazionale**	인노 나지오날레
애국자	**patriota**	파트리오따
애도	**condoglianza**	꼰돌리안자
애도를 표하다	**fare le condoglianze**	파레 레 꼰돌리안제
애매한	**ambiguo**	암비구오
	incerto	인체르토
애무	**carezza**	까레짜
애무하다	**accarezzare**	아까레짜레
애석한	**spiacente**	스피아첸떼

ㄱ
ㄴ
ㄷ
ㄹ
ㅁ
ㅂ
ㅅ
ㅇ
ㅈ
ㅊ
ㅋ
ㅌ
ㅍ
ㅎ

애인	**innamorato / a**	인나모라토/타
	ragazzo / a	라가쬬/짜
애정	**affetto**	아페또
애착을 느끼다	**provare affetto**	프로바레 아페또
	affezionarsi	아페지오나르시
애칭	**nomignolo**	노미뇰로
	soprannome	소프라노메
애타주의	**altruista**	알트루이스타
애호가	**appassionato**	아파씨오나토
액셀	**acceleratore**	아첼레라또레
액운	**sfortuna**	스포르뚜나
액자	**cornice**	꼬르니체
액체	**liquido**	리뀌도
앵무새	**pappagallo**	파파갈로
야간의	**notturno**	노뚜르노
야간 근무	**lavoro notturno**	라보로 노뚜르노
야광의	**fosforescente**	포스포레쉔떼
야구	**baseball**	베이스볼
야금야금	**a poco a poco**	아 뽀꼬 아 뽀꼬
야당	**partito d'opposizione**	빠르띠토 도포지지오네
야만인	**barbaro**	바르바로
	selvaggio	셀바조
야망	**ambizione**	암비지오네

야망 있는	**ambizioso**	암비지오조
야비한	**meschino**	메스끼노
	gretto	그레또
야생의	**selvatico**	셀바띠꼬
야생화	**fiore di campo**	피오레 디 깜뽀
야심가	**persona ambiziosa**	페르소나 암비지오자
야영	**campeggio**	깜뻬조
야외에서	**all'aria aperta**	알라리아 아페르따
야위다	**dimagrire**	디마그리레
야유하다	**prendere in giro**	프렌데레 인 지로
	fischiare	피스끼아레
야자(椰子)	**cocco**	코코
야채	**verdura**	베르두라
	ortaggio	오르타조
야채밭	**orto**	오르토
야채샐러드	**insalata**	인살라따
야한	**sgargiante**	즈가르잔떼
약	**medicina**	메디치나
	farmaco	파르마코
약간의	**qualche**	꽐께
	un po' di	운 뽀 디
약국	**farmacia**	파르마치아
약은	**furbo**	푸르보

ㄱ ㄴ ㄷ ㄹ ㅁ ㅂ ㅅ **ㅇ** ㅈ ㅊ ㅋ ㅌ ㅍ ㅎ

약사	**farmacista**	파르마치스타
약속	**promessa**	프로메싸
	appuntamento	아뿐따멘토
약속을 지키다	**mantenere una promessa**	만떼네레 우나 프로메싸
약속하다	**promettere**	프로메떼레
약올리다	**provocare**	프로보까레
	irritare	이리따레
약점	**punto debole**	뿐토 데볼레
약초	**erba medicinale**	에르바 메디치날레
약탈하다	**saccheggiare**	사께쟈레
	rapinare	라피나레
약한	**debole**	데볼레
	leggero	레제로
	fragile	프라질레
약혼	**fidanzamento**	피단자멘토
약혼자	**fidanzato / a**	피단자토/따
약혼하다	**fidanzarsi**	피단자르시
얄미운	**odioso**	오디오조
	detestabile	데떼스따빌레
얇게 썰다	**affettare**	아페따레
얇은	**sottile**	소띨레
얌전한	**calmo**	깔모
	quieto	뀌에토
양 (羊)	**agnello**	아녤로

양 (量)	quantità	꽌띠따
양계장	pollaio	뽈라이오
양귀비	papavero	파파베로
양념	condimento	꼰디멘토
	spezia	스페지아
양동이	secchio	세끼오
양말	calza	깔자
양배추	cavolo	까볼로
양보하다	concedere	꼰체데레
	dare la precedenza	다레 라 프레체덴자
양복	vestito da uomo	베스티토 다 우오모
양복점	sartoria	사르토리아
양산	parasole	파라솔레
양상	aspetto	아스페또
	apparenza	아빠렌자
양송이	fungo champignon	푼고 샴피뇽
양식(養殖)	coltivazione	꼴띠바지오네
	allevamento	알레바멘토
양식(樣式)	modo	모도
	forma	포르마
양식(良識)	buon senso	부온 센소
양심	coscienza	꼬센자
양육하다	allevare	알레바레
	crescere	크레쉐레

양잠	**sericoltura**	세리꼴뚜라
양재사	**sarta**	사르따
양쪽	**entrambi**	엔뜨람비
	ambedue	암베두에
양지바른	**soleggiato**	솔레지아토
	esposto al sole	에스포스토 알 솔레
양초	**candela**	깐델라
양치기	**pastore**	파스토레
양치질하다	**lavarsi i denti**	라바르시 이 덴띠
양탄자	**tappeto**	따뻬토
양털	**lana**	라나
양파	**cipolla**	치뽈라
양해	**comprensione**	꼼프렌시오네
	consenso	꼰센소
양해하다	**consentire**	꼰센띠레
양호한	**buono**	부오노
	soddisfacente	소디스파첸떼
얕보다	**sottovalutare**	소또발루따레
얕은	**poco profondo**	뽀꼬 프로폰도
어깨	**spalla**	스팔라
어금니	**molare**	모라레
어느 정도	**fino a un certo punto**	피노 아 운 체르토 뿐토
	in un certo grado	인 운 체르토 그라도
	più o meno	삐우 오 메노

어두운	**oscuro**	오스쿠로
	buio	부이오
어둠	**buio**	부이오
어디	**dove**	도베
어디든지	**ovunque**	오분꿰
	dappertutto	다뻬르뚜또
어디엔가	**da qualche parte**	다 꽐께 빠르떼
어떤	**quale**	꽐레
어떤 것	**che cosa**	께 꼬자
어떻게	**come**	꼬메
어려운	**difficile**	디피칠레
어려움	**difficoltà**	디피꼴따
어른	**adulto**	아둘토
어리석은	**stupido**	스투피도
	sciocco	쇼꼬
어리석음	**stupidaggine**	스투피다지네
	sciocchezza	쇼께짜
어린	**giovane**	조바네
	infantile	인판틸레
어머니	**madre**	마드레
어부	**pescatore**	페스까또레
어수선한	**disordinato**	디소르디나토
	confuso	꼰푸조
어제	**ieri**	이에리

어젯밤	**stanotte**	스타노떼
	ieri notte	이에리 노떼
어지럽다	**avere il capogiro**	아베레 일 까포지로
어째서	**perché**	뻬르께
어쨌든	**comunque**	꼬문꿰
	a ogni modo	아 온니 모도
어쩌다가	**saltuariamente**	살뚜아리아멘떼
	casualmente	까주알멘떼
어쩌면	**forse**	포르세
어항	**acquario**	아꾸아리오
어휘	**vocabolario**	보카보라리오
	glossario	글로싸리오
억압하다	**opprimere**	오프리메레
	reprimere	레프리메레
억양	**intonazione**	인토나지오네
억제하다	**contenere**	꼰떼네레
	frenare	프레나레
억지로 하게 하다	**costringere a fare**	코스트린제레 아 파레
언급하다	**accennare**	아체나레
	fare cenno a	파레 체노 아
언니	**sorella maggiore**	소렐라 마조레
언덕	**collina**	꼴리나

언어	**lingua**	린구아
	idioma	이디오마
언어학	**linguistica**	린꿰스띠까
언제	**quando**	꽌도
언제나	**sempre**	쎔쁘레
언제부터	**da quando**	다 꽌도
얻다	**ottenere**	오떼네레
얼	**spirito**	스피리토
	anima	아니마
얼굴	**faccia**	파챠
	viso	비조
얼다	**gelare**	젤라레
얼룩	**macchia**	마끼아
	chiazza	끼아짜
얼룩말	**zebra**	제브라
얼리다	**congelare**	꼰젤라레
얼마	**quanto**	꽌토
얼음	**ghiaccio**	끼아쵸
엄격한	**severo**	세베로
	rigido	리지도
엄마	**mamma**	맘마
엄밀한	**rigoroso**	리고로조
엄숙한	**solenne**	솔렌네

엄지손가락	pollice	폴리체
엄청난	esorbitante	에소르비딴떼
	enorme	에노르메
업무	affari	아파리
	faccenda	파첸다
없는	privo di	프리보 디
	sprovvisto di	스프로비스토 디
없다	non esserci	논 에쎄르치
	non esistere	논 에지스떼레
없애다	eliminare	엘리미나레
없이	senza	센자
엉덩이	sedere	세데레
엉큼한	subdolo	수브돌로
	infido	인피도
엎지르다	rovesciare	로베쉬아레
~에	a	아
	in	인
에너지	energia	에네르지아
	forza	포르짜
~에도 불구하고	malgrado	말그라도
	sebbene	세베네
	nonostante	노노스딴떼
에스컬레이터	scala mobile	스칼라 모빌레

에어컨	**aria condizionata**	아리아 꼰디지오나따
	condizionatore d'aria	꼰디지오나토레 다리아
엑스레이	**raggi X**	라지 익스
엔지니어	**ingegnere**	인제녜레
엔진	**motore**	모토레
엘리베이터	**ascensore**	아쉔소레
여가	**tempo libero**	뗌뽀 리베로
	passatempo	빠싸뗌뽀
여과기	**filtro**	필트로
여과하다	**filtrare**	필트라레
여관	**albergo**	알베르고
여권	**passaporto**	빠사뽀르토
여기	**qui**	뀌
	qua	꾸아
여기저기	**qua e là**	꾸아 에 라
여드름	**brufolo**	브루폴로
여러가지	**diverse cose**	디베르세 꼬제
	varie cose	바리에 꼬제
여론	**opinione pubblica**	오피니오네 뿌블리까
여론조사	**sondaggio d'opinione**	손다조 도피니오네
여름	**estate**	에스따떼
여름의	**estivo**	에스따보
여명	**alba**	알바
여물	**foraggio**	포라조

ㄱ
ㄴ
ㄷ
ㄹ
ㅁ
ㅂ
ㅅ
ㅇ
ㅈ
ㅊ
ㅋ
ㅌ
ㅍ
ㅎ

여배우	**attrice**	아뜨리체
여백	**margine**	마르지네
여보세요	**pronto**	쁘론토
여섯	**sei**	세이
여섯째	**sesto**	세스토
여성	**donna**	돈나
	femmina	페미나
여성적인	**femminile**	페미닐레
여왕	**regina**	레지나
여우	**volpe**	볼베
여자 친구	**amica**	아미까
	ragazza	라가짜
여전히	**ancora**	안꼬라
여학생	**studentessa**	스투덴떼싸
여행	**viaggio**	비아조
	gita	지따
여행 가방	**valigia**	발리쟈
여행사	**agenzia di viaggi**	아젠지아 디 비아지
여행자	**turista**	투리스따
	viaggiatore	비아쟈또레
여행자수표	**assegno turistico**	아쎄뇨 투리스띠코
	traveller's cheque	트레블러스 체크
여행하다	**viaggiare**	비아자레
역	**stazione**	스따지오네

역겨운	**nauseante**	나우세안떼
	disgustoso	디스쿠스토조
역도	**sollevamento pesi**	솔레바멘토 뻬지
역사	**storia**	스토리아
역사적인	**storico**	스토리코
역시	**anche**	안께
	pure	뿌레
역할	**ruolo**	루올로
	parte	빠르떼
연	**aquilone**	아뀔로네
연결	**collegamento**	꼴레가멘토
연결하다	**collegare**	꼴레가레
연고	**unguento**	운구엔토
	pomata	뽀마따
연구	**ricerca**	리체르까
	studio	스투디오
연구하다	**studiare**	스투디아레
	ricercare	리체르까레
연극	**dramma**	드라마
	rappresentazione teatrale	라프레젠따지오네 떼아트랄레
연금	**pensione**	펜시오네
연금 수령자	**pensionato**	펜시오나토
연기	**recitazione**	레치따지오네

ㄱ
ㄴ
ㄷ
ㄹ
ㅁ
ㅂ
ㅅ
ㅇ
ㅈ
ㅊ
ㅋ
ㅌ
ㅍ
ㅎ

연기(煙氣)	**fumo**	푸모
연기하다	**recitare**	레치따레
연대감	**solidarietà**	솔리다리에따
연락선	**traghetto**	뜨라게또
연령	**età**	에따
연료	**combustibile**	꼼부스띠빌레
	carburante	까르부란떼
연맹	**lega**	레가
	alleanza	알레안자
연못	**stagno**	스타뇨
연민	**compassione**	꼼빠씨오네
연방	**federazione**	페데라지오네
연설하다	**fare un discorso**	파레 운 디스코르소
연소	**combustione**	꼼부스띠오네
연속	**continuazione**	꼰티누아지오네
	serie	세리에
연속적인	**continuo**	꼰띠누오
연습	**esercitazione**	에제르치따지오네
	pratica	프라티까
	allenamento	알레나멘토
연습 문제	**esercizio**	에제르치지오
연습하다	**esercitarsi**	에제르치따르시
	allenarsi	알레나르시
연안	**costa**	코스타

연약한	debole	데볼레
	fragile	프라질레
연어	salmone	살모네
연옥	purgatorio	푸르가토리오
연장	arnese	아르네제
	utensile	우텐실레
연장(延長)	prolungamento	프로룬가멘토
연장자	anziano / a	안지아노/나
연장하다	prolungare	프로룬가레
연주	esecuzione	에세꾸지오네
연주하다	eseguire	에세구이레
	suonare	수오나레
연주회	concerto	콘체르토
연출가	regista	레지스타
연필	matita	마띠따
연한	tenero	떼네로
	tenue	떼누에
연합	unione	우니오네
	alleanza	알레안자
연회	banchetto	반께또
열(熱)	febbre	페브레
	calore	깔로레
열(列)	fila	필라
	riga	리가

ㄱ
ㄴ
ㄷ
ㄹ
ㅁ
ㅂ
ㅅ
ㅇ
ㅈ
ㅊ
ㅋ
ㅌ
ㅍ
ㅎ

열광	**entusiasmo**	엔뚜지아즈모
열광자	**fanatico**	파나띠코
열광적인	**entusiastico**	엔뚜지아스띠코
	entusiasmante	엔뚜지아즈만떼
열기	**calore**	깔로레
열다	**aprire**	아프리레
열대의	**tropicale**	트로피깔레
열등한	**inferiore**	인페리오레
열량	**caloria**	깔로리아
열린	**aperto**	아뻬르토
열매	**frutto**	프루또
열쇠	**chiave**	끼아베
열쇠구멍	**buco della serratura**	부코 델라 세라뚜라
열심	**zelo**	젤로
	entusiasmo	엔뚜지아즈모
열차	**treno**	뜨레노
염가 판매	**saldi**	살디
	ribassi	리바씨
	sconti	스꼰띠
염려하다	**preoccuparsi**	프레오꾸빠르시
염료	**colorante**	꼴로란떼
염색	**tintura**	틴뚜라
염세주의	**pessimismo**	뻬씨미즈모
염소	**capra**	카프라

염증	**infiammazione**	인피암마지오네
엽서	**cartolina**	까르똘리나
영 (0)	**zero**	제로
영감	**ispirazione**	이스피라지오네
영광	**gloria**	글로리아
영국	**Inghilterra**	인길떼라
영국의	**inglese**	인글레제
영리한	**intelligente**	인텔리젠떼
	svelto	즈벨토
	brillante	브릴란떼
영사	**console**	콘솔레
영사관	**consolato**	콘솔라토
영사기	**proiettore**	프로이에또레
영수증	**scontrino**	스꼰트리노
	ricevuta	리체부따
영양	**nutrizione**	누트리지오네
	alimentazione	알리멘따지오네
영어	**inglese**	인글레제
영웅	**eroe**	에로에
영원한	**eterno**	에떼르노
영토	**territorio**	떼리토리오
영하의	**sotto zero**	소또 제로
영향	**influenza**	인플루엔자
영향을 미치다	**influenzare**	인플루엔자레

영혼	**spirito**	스피리토
	anima	아니마
영화	**cinema**	치네마
	film	필름
옆	**a fianco**	아 피안코
	a lato	아 라토
옆의	**laterale**	라떼랄레
옆구리	**fianco**	피안코
옆모습	**profilo**	프로필로
	sagoma	사곰마
예 (대답)	**si**	시
예(例)	**esempio**	에셈삐오
예감	**presentimento**	프레젠띠멘토
예견하다	**prevedere**	프레베데레
예고	**avviso**	아비조
	annuncio	아눈초
예고편	**anteprima**	안떼프리마
예고하다	**avvertire**	아베르띠레
	annunciare	아눈치아레
예매하다	**prenotare**	프레노따레
예민한	**sensibile**	센시빌레
예방	**prevenzione**	프레벤지오네
	protezione	프레떼지오네
예방접종	**vaccinazione**	바치나지오네

예방하다	**prevenire**	프레베니레
	proteggere	프로떼제레
예비의	**preparatorio**	프레파라토리오
	preliminare	프레리미나레
예쁜	**carino**	까리노
예산	**bilancio**	빌란초
	preventivo	프레벤띠보
예상	**aspettativa**	아스페따띠보
	previsione	프레비지오네
예상하다	**presumere**	프레수메레
	supporre	수뽀레
예수	**Gesù**	제수
예술	**arte**	아르떼
예술가	**artista**	아르띠스타
예술사, 미술사	**storia dell'arte**	스토리아델라르떼
예약	**prenotazione**	프레노따지오네
예약하다	**prenotare**	프레노따레
예외	**eccezione**	에체지오네
예외적인	**eccezionale**	에체지오날레
예의 바른	**educato**	에두까토
예의 없는	**maleducato**	말레두까토
예정(표)	**programma**	프로그람마
옛	**vecchio**	베끼오
	antico	안띠코

ㄱ ㄴ ㄷ ㄹ ㅁ ㅂ ㅅ **ㅇ** ㅈ ㅊ ㅋ ㅌ ㅍ ㅎ

오늘	**oggi**	오지
오다	**venire**	베니레
오두막	**capanna**	까빤나
오락	**divertimento**	디베르띠멘토
	passatempo	빠싸뗌뽀
오랫동안	**lungamente**	룬가멘떼
	a lungo	아 룬고
	per molto tempo	뻬르 몰토 뗌뽀
오렌지	**arancia**	아란치아
오렌지 주스	**succo d'arancia**	수꼬 다란치아
오르간	**organo**	오르가노
오르다	**salire**	살리레
	scalare	스칼라레
오르막	**ascesa**	아쉐자
오른손	**mano destra**	마노 데스트라
오른쪽	**a destra**	아 데스트라
오리	**anatra**	아나트라
오만한	**superbo**	수페르보
	arrogante	아로간떼
오물	**pattume**	빠뚜메
	sporcizia	스포르치지아
오븐	**forno**	포르노
오빠	**fratello maggiore**	프라텔로 마조레

오솔길	**sentiero**	센띠에로
오스트레일리아	**Australia**	아우스트랄리아
오스트리아	**Austria**	아우스트리아
오아시스	**oasi**	오아시
오염	**inquinamento**	인귀나멘토
5월	**maggio**	마조
오이	**cetriolo**	체트리올로
오전	**mattina**	마띠나
오존	**ozono**	오조노
오줌	**urina**	우리나
오직	**soltanto**	솔딴토
	solo	솔로
오징어	**seppia**	세삐아
	calamaro	깔라마로
오케스트라	**orchestra**	오르케스트라
오토바이	**motocicletta**	모토치클레따
오페라	**opera**	오페라
오해	**malinteso**	말린떼조
	equivoco	에퀴보코
오해하다	**fraintendere**	프라인뗀데레
오후	**pomeriggio**	뽀메리조
오히려	**anzi**	안지
	bensi	벤시

옥(玉)	giada	쟈다
옥수수	mais	마이스
	granturco	그란뚜르코
옥외의	all'aperto	알라페르토
온건한	moderato	모데라토
온기	calore	깔로레
온도	temperatura	뗌뻬라뚜라
온도계	termometro	떼르모메트로
온실	serra	세라
온천	terme	떼르메
온화한	mite	미떼
올가미	cappio	가삐오
올라가다(가격, 급료, 세금)	salire	살리레
	aumentare	아우멘따레
올리다	sollevare	솔레바레
	alzare	알자레
(식을) 올리다	celebrare	체레브라레
올리브	oliva	올리바
올림픽경기	olimpiadi	올림피아디
	giochi olimpici	조끼 올림피치
올바른	giusto	쥬스토
올빼미	civetta	치베따
옳은	corretto	꼬레또
	giusto	쥬스토

옷	**vestito**	베스띠토
	abito	아비토
옷을 벗다	**spogliarsi**	스폴리아르시
옷을 입다	**vestirsi**	베스띠르시
	indossare	인도싸레
옷감	**stoffa**	스또파
	tessuto	떼쑤토
옷걸이	**attaccapanni**	아따까파니
옷장	**armadio**	아르마디오
옹호자	**sostenitore**	소스떼니또레
	fautore	파우또레
옹호하다	**sostenere**	소스떼네레
	difendere	디펜데레
	propugnare	프로푸냐레
옻	**lacca**	라까
옻칠하다	**dare la lacca**	다레 라 라까
~와	**e**	에
와이셔츠	**camicia**	까미치아
와이퍼	**tergicristallo**	떼르지크리스탈로
왁스	**cera**	체라
완고한	**ostinato**	오스티나토
완두콩	**pisello**	피셀로
완료하다	**completare**	꼼플레따레
	terminare	떼르미나레

완벽	**perfezione**	뻬르페지오네
완벽하다	**essere perfetto**	에쎄레 뻬르페또
완성	**compimento**	꼼피멘토
완숙 (계란)	**uovo sodo**	우오보 소도
완전한	**perfetto**	뻬르페토
	completo	꼼플레또
왈츠	**valzer**	발제르
왕	**re**	레
왕관	**corona**	꼬로나
왕국	**regno**	레뇨
왕복	**andata e ritorno**	안다따에 리또르노
왕복 차표	**biglietto di andata e ritorno**	빌리에또 디 안다따에 리또르노
왕비	**regina**	레지나
왕자	**principe**	프린치페
왕조	**dinastia**	디나스티아
왕좌	**trono**	트로노
왜	**perché**	뻬르께
외계인	**extraterrestre**	에스트라떼레스트레
외과	**chirurgia**	끼룰루지아
외과 의사	**chirurgo**	끼룰루고
외관	**apparenza**	아빠렌자
외교	**diplomazia**	디플로마지아
외교관	**diplomatico**	디플로마티코

외국	estero	에스떼로
외국의	estero	에스떼로
	straniero	스트라니에로
외국어	lingua straniera	린구아 스트라니에라
외로움	solitudine	솔리뚜디네
외부의	esterno	에스떼르노
외상	credito	크레디토
외양간	stalla	스탈라
외출하다	uscire	우쉬레
외치다	urlare	우를라레
외투	soprabito	소프라비토
	cappotto	까보또
왼손	mano sinistra	마노 시니스트라
왼손잡이	mancino	만치노
왼쪽	a sinistra	아 시니스트라
요가	yoga	요가
요구	richiesta	리끼에스타
	esigenza	에지젠자
요구하다	esigere	에지제레
요금	tariffa	타리파
	prezzo	프레쪼
요란한	rumoroso	루모로조
	clamoroso	클라모로조

ㄱ ㄴ ㄷ ㄹ ㅁ ㅂ ㅅ ㅇ ㅈ ㅊ ㅋ ㅌ ㅍ ㅎ

요람	**culla**	꿀라
요리	**cucina**	꾸치나
요리법	**ricetta**	리체따
요리사	**cuoco**	꾸오꼬
요리하다	**cucinare**	꾸치나레
요새(要塞)	**fortezza**	포르떼짜
요소	**elemento**	엘레멘토
요약	**riassunto**	리아쑨토
요약하다	**ricapitolare**	리까피톨라레
	riassumere	리아쑤메레
요점	**punto**	뿐토
	necessario	네체싸리오
	essenza	에쎈자
요정	**fata**	파타
요컨대	**insomma**	인솜마
요트	**yacht**	요트
욕	**parolaccia**	빠롤라챠
욕구	**voglia**	보리아
욕망	**desiderio**	데지데리오
욕심	**avidità**	아비디따
욕조	**vasca da bagno**	바스까 다 바뇨
용	**drago**	드라고
용감함	**coraggioso**	꼬라지오조

용기	**coraggio**	꼬라조
	valore	발로레
용기를 주다	**incoraggiare**	인꼬라지아레
용도	**uso**	우조
용량	**capacità**	까파치따
용모	**aspetto**	아스페또
	figura	피구라
용사	**guerriero**	구에리에로
용서	**perdono**	뻬르도노
용서하다	**perdonare**	뻬르도나레
용수철	**molla**	몰라
용암	**lava**	라바
용액	**soluzione**	솔루지오네
용어	**termine**	떼르미네
	parola	빠롤라
용의자	**persona sospetta**	베르소나 소스페따
	sospetto	소스페또
용이하게 하다	**agevolare**	아제볼라레
	facilitare	파칠리따레
용접	**saldatura**	살다뚜라
용접하다	**saldare**	살다레
용해하다	**sciogliere**	쇼리에레
	fondere	폰데레
우기다	**insistere**	인시스떼레

ㄱ
ㄴ
ㄷ
ㄹ
ㅁ
ㅂ
ㅅ
ㅇ
ㅈ
ㅊ
ㅋ
ㅌ
ㅍ
ㅎ

우둔한	**tonto**	똔또
우레	**tuono**	뚜오노
우리	**noi**	노이
우리 (맹수)	**gabbia**	갑비아
우리 (가축)	**recinto**	레친토
우리의, 우리들의	**nostro / a**	노스트로 / 라
	nostri / e	노스트리 / 레
우림, 적도 다우림	**foresta pluviale**	포레스타 프루비아레
우물	**pozzo**	뽀쪼
우박	**grandine**	그란디네
우비	**impermeabile**	임뻬르메아빌레
우산	**ombrello**	옴브렐로
우상	**idolo**	이돌로
우선	**prima di tutto**	프리마 디 뚜또
	intanto	인딴토
우선권	**precedenza**	프레체덴자
	priorità	프리오리따
우수한	**eccellente**	에체렌떼
우스운	**buffo**	부포
우스운 이야기, 농담	**barzelletta**	바르젤레따
우승	**vittoria**	비또리아
우승배, 우승컵	**coppa**	꼬빠
우아	**eleganza**	엘레간자

우아한	**elegante**	엘레간떼
	grazioso	그라지오조
우연	**caso**	까조
우연의 일치	**coincidenza**	코인치덴자
우연히	**per caso**	뻬르 까조
	casualmente	까주알멘떼
우울	**malinconia**	말린코니아
우울증	**depressione**	데프레씨오네
우월	**superiorità**	수페리오리따
우월감	**senso di superiorità**	센소 디 수페리오리따
우유	**latte**	라떼
우유부단한	**indeciso**	인데치조
우정	**amicizia**	아미치치아
우주	**universo**	우니베르소
	spazio	스파지오
우주 비행사	**astronauta**	아스트로나우타
우주선	**astronave**	아스트로나베
우체국	**ufficio postale**	우피초 뽀스탈레
우체부	**postino**	뽀스티노
우편함	**cassetta postale**	까세따 뽀스탈레
우편번호	**casella postale**	까셀라 뽀스탈레
우표	**francobollo**	프란코볼로
우호적인	**amichevole**	아미께보레
우화	**favola**	파볼라

ㄱ
ㄴ
ㄷ
ㄹ
ㅁ
ㅂ
ㅅ
ㅇ
ㅈ
ㅊ
ㅋ
ㅌ
ㅍ
ㅎ

운	**fortuna**	포르투나
운 좋게	**fortunamente**	포르투나멘떼
운 나쁘게	**sfortunamente**	스포르투나멘떼
운동	**movimento**	모비멘토
	esercizio fisico	에제르치지오 피지코
	sport	스포르트
운동의, 스포츠의	**sportivo**	스포르티보
운동복	**abbigliamento sportivo**	아빌리아멘토 스포르티보
	tuta sportiva	뚜따 스포르티바
운동선수	**atleta**	아틀레타
운동장	**campo sportivo**	깜뽀 스포르티보
운동화	**scarpe da ginnastica**	스까르뻬 다 짐나스티까
운명	**destino**	데스티노
	sorte	소르떼
운반하다	**trasportare**	트라스뽀르따레
운송	**trasporto**	트라스뽀르토
운송료	**costo di trasporto**	코스토 디 뜨라스뽀르토
운영위원회	**comitato di direzione**	꼬미따토 디 디레지오네
운영하다	**amministrare**	암미니스트라레
	funzionare	푼지오나레
운전	**guida**	구이다
운전 면허증	**patente di guida**	빠뗀떼 디 구이다
운전사	**autista**	아우띠스타

운전하다	**guidare**	구이다레
운하	**canale**	까날레
울다	**piangere**	삐안제레
울리다	**suonare**	수오나레
울음	**pianto**	삐안토
울타리	**recinto**	레친토
	steccato	스떼까토
움직이다	**muovere**	무오베레
움직임	**movimento**	모비멘토
움켜쥐다	**afferrare**	아페라레
웃기다	**far ridere**	파르 리데레
웃다	**ridere**	리데레
웃음	**risata**	리사따
	riso	리조
웅대한	**magnifico**	마니피코
원	**cerchio**	체르끼오
원고(原稿)	**manoscritto**	마노스크리또
원고(原告)	**accusatore**	아꾸사또레
원고료	**costo di un manoscritto**	꼬스토 디 운 마노스크리또
원금	**capitale iniziale**	까피탈레 이니지알레
원료	**materia prima**	마떼리아 프리마
원반	**disco**	디스코
원수	**nemico**	네미코

ㄱ ㄴ ㄷ ㄹ ㅁ ㅂ ㅅ **ㅇ** ㅈ ㅊ ㅋ ㅌ ㅍ ㅎ

원숙한	**maturo**	마뚜로
원숭이	**scimmia**	쉼미아
원예	**giardinaggio**	자르디나조
원인	**causa**	까우자
	motivo	모티보
원자	**atomo**	아토모
원자폭탄	**bomba atomica**	봄바 아토미까
원장, 지도자, 감독	**direttore**	디레또레
	primario	프리마리오
원점	**punto d'inizio**	뿐토 디니지오
원조	**aiuto**	아이우토
	assistenza	아씨스텐자
원조하다	**aiutare**	아이우따레
	assistere	아씨스떼레
원칙	**regola**	레고라
	principio	쁘린치피오
원탁	**tavola rotonda**	따볼라 로톤다
원통(寃痛), 원한	**rancore**	란꼬레
	risentimento	리센띠멘토
	irritazione	이리따지오네
원통(圓筒), 원기둥	**cilindro**	치린드로
원피스	**abito da donna**	아미토 다 돈나
원하다	**volere**	보레레

원형의	**rotondo**	로톤도
월, 달	**mese**	메제
월간의	**mensile**	멘실레
월계관	**corona d'alloro**	꼬로나 달로로
월계수	**alloro**	알로로
월급	**stipendio**	스티펜디오
월말	**fine del mese**	피네 델 메제
월부(月賦)로	**a rate**	아 라떼
월요일	**lunedì**	루네디
웨딩드레스	**abito da sposa**	아비토 다 스포자
웨이터	**cameriere**	까메리에레
웹사이트	**sito internet**	시토 인떼르넷
위(胃)	**stomaco**	스토마코
위(上)에	**su**	수
	sopra	소프라
위궤양	**ulcera gastrica**	울체라 가스트리까
위급	**emergenza**	에메르젠자
위급 시에	**in caso d'emergenza**	인 까조 데메르젠자
위기	**crisi**	크리지
위대한	**grandioso**	그란디오조
위도	**latitudine**	라띠뚜디네
위독하다	**stare pericolosamente male**	스타레 뻬리꼴로자 멘떼 말레
	essere in condizioni critiche	에쎄레 인 꼰디지오 니 크리띠께

위로	**consolazione**	콘솔라지오네
위로하다	**consolare**	콘솔라레
위반	**violazione**	비오라지오네
	infrazione	인프라지오네
위법의	**illegale**	일레가레
위생	**igiene**	이제네
위생의	**igienico**	이제니코
위선	**ipocrisia**	이포크리시아
위성	**satellite**	사텔리떼
위엄 있는	**dignitoso**	디그니토조
위염	**gastrite**	가스트리데
위원회	**commissione**	꼼미씨오네
위임하다	**affidare**	아피다레
	incaricare	인까리까레
	dare mandato	다레 만다토
위조	**falsificazione**	팔시피까지오네
위조품	**falso**	팔소
위쪽에	**lassù**	라주
	sopra	소프라
위층	**piano superiore**	삐아노 수페리오레
위치	**località**	로깔리따
	posizione	포지지오네
위태로운	**rischioso**	리스끼오조
위하여	**per**	뻬르

위험	**pericolo**	뻬리꼴로
위험한	**pericoloso**	뻬리꼴로조
위협	**minaccia**	미나챠
위협하다	**minacciare**	미나치아레
유가족	**famiglia di un defunto**	파밀리아 디 운 데푼토
유감	**dispiacere**	디스삐아체레
유감스러운	**spiacente**	스피아첸떼
유괴	**rapimento**	라피멘토
	abduzione	아브두지오네
유괴 사건	**caso di abduzione**	까조 디 아브두지오네
	rapimento	라피멘토
유괴범	**rapitore**	라피또레
유괴하다	**rapire**	라피레
	rapinare	라피나레
유기견	**cane abbandonato**	까네 아반도나토
유년기	**infanzia**	인판지아
유능한	**capace**	까파체
유대인	**ebreo**	에브레오
유대인 대학살	**olocausto**	올로카우스토
유도	**judo**	주도
유도하다	**indurre**	인두레
	incitare	인치따레
유독(有毒)하다	**essere tossico**	에쎄레 토씨코
	essere velenoso	에쎄레 베레노조

유독가스	**gas tossico**	가스 토씨코
유동성	**liquidità**	리뀌디따
유동자산	**liquidità**	리뀌디따
	fondi liquidi	폰디 리뀌디
유람	**escursione**	에스쿠르시오네
	turismo	투리즈모
유람선	**nave da turismo**	나베 다 투리즈모
유랑하다	**girovagare**	지로바가레
유래하다	**derivare**	데리바레
유럽	**Europa**	에우로빠
유럽의	**europeo**	에우로뻬오
유령	**fantasma**	판타즈마
유리	**vetro**	베트로
유리한	**vantaggioso**	반타지오조
유망한	**promettente**	프로메뗀떼
유모차	**passeggino**	빠쎄지노
유방암	**tumore al seno**	두모레 알 세노
유별난	**particolare**	빠르띠콜라레
유복한	**benestante**	베네스탄떼
유부녀	**donna sposata**	돈나 스포자따
유사한	**simile**	시밀레
유산(遺産), 상속	**eredità**	에레디따
유산(流産), 임신중절	**aborto**	아보르토

유산균	**fermenti lattici**	페르멘띠 라띠치
유산하다, 중절하다	**abortire**	아보르띠레
유스호스텔	**ostello della gioventù**	오스텔로 델라 조벤뚜
유아	**neonato**	네오나토
유언장	**testamento**	떼스타멘토
유연한	**flessibile**	플레씨빌레
유용한	**utile**	우띨레
유원지	**parco di divertimenti**	빠르코 디 디베르띠멘띠
	luna park	루나 파크
6월	**giugno**	준뇨
유익한	**benefico**	베네피코
유적	**rovine**	로비네
	resti	레스띠
유전	**ereditarietà**	에레디타리에따
유전병	**malattia ereditaria**	말라띠아 에레디따 리아
	malattia genetica	말라띠아 제네띠까
유죄의	**colpevole**	꼴페볼레
유지하다	**mantenere**	만떼네레
유창하게	**correntemente**	꼬렌떼멘떼
	fluentemente	플루엔떼멘떼
유치원	**scuola materna**	스쿠올라 마떼르나
	asilo	아질로
유치한	**infantile**	인판틸레

ㄱ
ㄴ
ㄷ
ㄹ
ㅁ
ㅂ
ㅅ
ㅇ
ㅈ
ㅊ
ㅋ
ㅌ
ㅍ
ㅎ

유쾌한	allegro	알레그로
유토피아	utopia	우토피아
유통	circolazione	치르꼴라지오네
유통기한	data di scadenza	다다 디 스까덴짜
유학생	studente che studia all'estero	스튜덴데 게 스투디아 알에스떼로
유한한	limitato	리미따토
유해한	nocivo	노치보
유행	moda	모다
유행가	canzone popolare	깐조네 뽀뽈라레
유행병	epidemia	에피데미아
유혹	tentazione	텐따지오네
유혹하다	tentare	텐따레
	sedurre	세두레
유화[미술]	pittura a olio	피뚜라 아 올리오
유황	zolfo	졸포
유효	validità	발리디따
유효한	valido	발리도
	efficace	에피까체
육감(六感)	sesto senso	세스토 센소
육감(肉感)	sensibilità sessuale	센시빌리따 세쑤알레
	sensibilità	센시빌리따
육교	cavalcavia	까발까비아
육안으로	a occhio nudo	아 오끼 누도

육지	**terraferma**	떼라페르마
육체	**corpo**	꼬르뽀
육체의	**fisico**	피지코
	corporale	꼬르뽀랄레
윤곽	**profilo**	프로필로
	vista generale	비스따 제네랄레
윤내다	**lucidare**	루치다레
윤리	**etica**	에띠까
	morale	모랄레
윤활유	**lubrificante**	루브리피깐떼
융단	**tappeto**	따뻬토
융자	**finanziamento**	피난지아멘토
	mutuo	무뚜오
융통성 있는	**elastico**	에라스티코
~으로	**a**	아
	per	뻬르
	con	꼰
으르렁거리다	**ringhiare**	린기아레
	ruggire	루지레
은(銀)	**argento**	아르젠토
은닉처	**nascondiglio**	나스콘딜리오
은밀히	**in segreto**	인 세그레토
	segretamente	세그레따멘떼
은박지	**carta stagnola**	까르타 스타뇰라

ㄱ ㄴ ㄷ ㄹ ㅁ ㅂ ㅅ ㅇ ㅈ ㅊ ㅋ ㅌ ㅍ ㅎ

O

은행	**banca**	반까
은행권	**banconota**	반코노따
은행원	**bancario**	반카리오
	impiegato di banca	임피에가토 디 반까
은혜	**grazia**	그라지아
	favore	파보레
음 [음악]	**nota musicale**	노따 무지칼레
음량	**volume**	볼루메
음력	**calendario lunare**	칼렌다리오 루나레
음료	**bevanda**	베반다
음모, 계략	**complotto**	꼼쁠로또
음반, 레코드	**disco**	디스코
음성, 목소리	**voce**	보체
음식	**cibo**	치보
음식점	**ristorante**	리스토란떼
음악	**musica**	무지카
음악회	**concerto**	콘체르토
음절 [언어]	**sillaba**	실라바
음치	**stonato**	스토나토
음향	**acustica**	아쿠스티까
응급실	**pronto soccorso**	프론토 스코르소
응달	**ombra**	옴브라
응시자	**candidato**	칸디다토
응원	**tifo**	티포

응접실	**salotto**	살로또
~의	**di**	디
의견	**opinione**	오피니오네
의논하다	**consultare**	콘술따레
	consultarsi	콘술타르시
의도	**intenzione**	인텐지오네
의료보험	**mutua**	무투아
	assicurazione sanitaria	아씨쿠라지오네 사니따리아
의류	**indumento**	인두멘토
의리	**fedeltà**	페델따
의무	**dovere**	도베레
의문	**dubbio**	두비오
의문의	**interrogativo**	인떼로가띠보
	dubbioso	두비오조
의미	**significato**	시니피까토
	senso	센소
의미 없는	**insignificante**	인시니피깐떼
의미하다, 내포하다	**significare**	시니피까레
의사	**medico**	메디꼬
	dottore	도또레
의상	**costume**	코스투메
의식(意識)	**coscienza**	꼬쉔자
의식, 식, 축제	**cerimonia**	체리모니아

의심, 의혹	**sospetto**	소스페또
	dubbio	두비오
의심하다	**sospettare**	소스페따레
	dubitare	두비따레
의원	**parlamentare**	빠를라멘따레
의자	**sedia**	세디아
의존	**dipendenza**	디펜덴자
의중	**pensieri intimi**	펜시에리 인띠미
의지	**volontà**	볼론따
의지하는	**dipendente**	디펜덴떼
의지하다	**dipendere da**	디펜데레 다
	fare affidamento su	파레 아피다멘토 수
의학	**medicina**	메디치나
의향	**intenzione**	인텐지오네
	inclinazione	인클리나지오네
의향이 있다	**avere l'intenzione di**	아베레 린텐지오네 디
	avere la tendenza a	아베레 라 텐덴짜 아
의회	**assemblea**	아셈블레아
	parlamento	빠를라멘토
이, 치아	**dente**	덴떼
이 (기생충)	**pidocchio**	피도끼오
이를 닦다	**lavarsi i denti**	라바르시 이 덴띠
이갈다	**digrignare i denti**	디그리냐레 이 덴띠

이것	**questo**	꾸에스토
이교도	**pagano**	빠가노
이국적인	**esotico**	에소티코
이기다	**vincere**	빈체레
이기주의자	**egoista**	에고이스타
이끌다	**condurre**	꼰두레
이끼	**muschio**	무스끼오
이내, 곧	**presto**	프레스토
	tra poco	트라 뽀꼬
이내, ~안으로	**entro**	엔트로
이념	**ideologia**	이데올로지아
~이다	**essere**	에쎄레
이단	**eresia**	에레지아
이동	**trasferimento**	트라스페리멘토
	movimento	모비멘토
이동하다	**spostarsi**	스포스따르시
	trasferirsi	트라스페리르시
이득, 이익	**profitto**	프로피또
	utile	우틸레
~이든 ~이든	**sia~ sia**	시아~ 시아
이력서	**curriculum vitae**	꾸리꿀룸 비따에
이례, 예외	**eccezione**	에체지오네
	caso eccezionale	까조 에체지오날레

이론	**teoria**	떼오리아
이루다	**raggiungere**	라준제레
	completare	꼼플레따레
	adempiere	아뎀삐에레
이륙	**decollo**	데꼴로
이륙하다	**decollare**	데꼴라레
이르다	**giungere**	준제레
	arrivare	아리바레
이른, 일찍	**presto**	프레스토
	all'inizio di	알리니지오 디
이름	**nome**	노메
이리, 늑대	**lupo**	루포
이마	**fronte**	프론떼
이모	**zia materna**	지아 마떼르나
이미	**già**	자
이민	**emigrazione**	에미그라지오네
이민하다	**emigrare**	에미그라레
이발사	**barbiere**	바르비에레
이방인	**straniero**	스트라니에로
이별	**addio**	아디오
이불	**coperta**	꼬뻬르따
이사	**trasloco**	트라스로코
	trasferimento	트라스페리멘토
이사하다	**traslocare**	트라스로까레

이상적인	**ideale**	이데알레
이상한	**strano**	스트라노
	anomalo	아노말로
이성	**ragione**	라지오네
	intelletto	인텔레또
이성적인	**ragionevole**	라지오네볼레
이슬	**rugiada**	루지아다
이슬람교	**Islam**	이스람
이슬비	**pioggerella**	삐오제렐라
이식 [의학]	**trapianto**	트라삐안토
20	**venti**	벤띠
이쑤시개	**stuzzicadenti**	스투찌까덴띠
이야기	**conversazione**	콘베르사지오네
	racconto	라꼰토
	storia	스토리아
이와 같이	**così**	꼬지
	allo stesso modo	알로 스떼쏘 모도
이와 반대로	**invece**	인베체
	al contrario	알 콘트라리오
이외에	**eccetto**	에체또
	inoltre	인올트레
이용	**uso**	우조
이용자	**utente**	우뗀떼

ㄱ
ㄴ
ㄷ
ㄹ
ㅁ
ㅂ
ㅅ
ㅇ
ㅈ
ㅊ
ㅋ
ㅌ
ㅍ
ㅎ

이용하다	**utilizzare**	우틸리짜레
	usufruire	우주푸루이레
이웃	**vicino di casa**	비치노 디 까사
2월	**febbraio**	페브라이오
이유	**ragione**	라지오네
	motivo	모티보
이익	**profitto**	프로피또
	vantaggio	반타쬬
	interesse	인떼레쎄
이자	**interesse**	인떼레쎄
이전, 이동	**trasferimento**	트라스페리멘토
이전에	**prima**	프리마
이전의	**precedente**	프레체덴떼
이점, 우위	**vantaggio**	반타쬬
	superiorità	수뻬리오리따
이정표	**cartello stadale**	까르텔로 스타달레
이중의	**doppio**	도삐오
이직하다	**cambiare il proprio lavoro**	깜비아레 일 프로프리오 라보로
2차대전	**la seconda guerra mondiale**	라 세꼰다 구에라 몬디알레
이차적인	**secondario**	세콘다리오
이타주의자	**altruista**	알투리스따

이탈하다	**staccarsi**	스따까르시
	separarsi	세파라르시
이탈리아	**Italia**	이딸리아
이탈리아인, 이탈리아어	**italiano**	이딸리아노
이해	**comprensione**	꼼프렌시오네
이해하다	**comprendere**	꼼프렌데레
	capire	까삐레
이혼	**divorzio**	디보르지오
이혼하다	**divorziare**	디보르지아레
익숙한	**abituato**	아비뚜아토
익은 (과일)	**maturo**	마뚜로
익은 (음식)	**cotto**	꼬또
인가, 허가	**autorizzazione**	아우토리자지오네
	permesso	뻬르메쏘
인간	**essere umano**	에쎄레 우마노
인간미	**umanità**	우마니따
인격	**personalità**	뻬르소날리따
인계하다	**dare le consegne**	다레 레 꼰세녜
	assumere le consegne	아수메레 레 꼰세녜
인구	**popolazione**	뽀뽈라지오네
인권	**diritti umani**	디리띠 우마니
인내	**pazienza**	빠지엔자
인도	**India**	인디아

인도(보도)	**marciapiede**	마르치아삐에데
인디언	**indiano**	인디아노
인력	**forza lavoro**	포르짜 라보로
인력(引力)	**gravitazione**	그라비따지오네
인류	**umanità**	우마니따
	genere umano	제네레 우마노
인물	**persona**	뻬르소나
	uomo	우오모
인사, 경례	**saluto**	살루토
인사하다	**salutare**	살루따레
인삼	**ginseng**	진생
인상(人相)	**aspetto**	아스뻬또
	fisionomia	피지오노미아
인상(印象)	**impressione**	임프레씨오네
	impronta	임프론따
인상(引上)	**aumento**	아우멘토
인상주의	**impressionismo**	임프레씨오니즈모
인색한	**avaro**	아바로
	tirchio	티르끼오
인생	**vita**	비따
	esistenza	에지스텐자
인쇄	**stampa**	스탐빠
인쇄하다	**stampare**	스땀빠레
인어	**sirena**	시레나

인용	**citazione**	치따지오네
	brano citato	브라노 치따토
인용하다	**citare**	치따레
	citare brani	치따레 브라니
인원	**numero delle persone**	누메로 델레 뻬르소네
	staff	스타프
인재	**uomo di talento**	우오모 디 탈렌토
	persona capace	뻬르소나 까파체
인정하다	**ammettere**	아메떼레
	approvare	아프로바레
인조의	**artificiale**	아르띠피치아레
	finto	핀토
인종	**razza umana**	라짜 우마나
인증하다	**certificare**	체르띠피까레
	autenticare	아우덴띠가레
인질	**ostaggio**	오스타조
인질로 잡다	**prendere in ostaggio**	프렌데레 인 오스타조
인체	**corpo umano**	꼬르뽀 우마노
인출	**ritiro**	리띠로
	prelevamento	프렐레바멘토
인출하다	**ritirare**	리띠라레
	prelevare	프렐레바레
인터뷰	**intervista**	인떼르비스따
인터폰	**citofono**	치토포노

인품	**personalità**	뻬르소날리따
	carattere	까라떼레
인플레이션	**inflazione**	인프라지오네
인하	**riduzione**	리두지오네
	diminuzione	디미누지오네
인형	**bambola**	밤볼라
인화하다	**stampare**	스탐빠레
	sviluppare	즈빌루빠레
일	**lavoro**	라보로
	attività	아띠비따
	impiegno	임삐뇨
	opera	오페라
일가족	**tutta la famiglia**	뚜따 라 파밀리아
일간지	**quotidiano**	꿔띠디아노
일기	**diario**	디아리오
일기예보	**previsione del tempo**	프레비지오네 델 뗌뽀
일러두기	**note esplicative**	노떼 에스플리까띠베
	legenda	레젠다
일러주다	**far conoscere**	파르 꼬노쉐레
	far sapere	파르 사뻬레
일렬로	**allineato**	알리네아토
	in riga	인 리가
	in fila	인 필라
일몰	**tramonto**	트라몬토

일반적인	generale	제네랄레
일방통행	senso unico	센소 우니꼬
일본	Giappone	자뽀네
일본의, 일본인	giapponese	자뽀네제
일부러	apposta	아뽀스타
	intenzionalmente	인텐지오날멘떼
일부분	una parte	우나 빠르떼
일상	di tutti i giorni	디 뚜띠 이 조르니
	quotidiano	꿔띠디아노
일생	intera vita	인떼라 비따
	tutta la vita	뚜따 라 비따
일시	un tempo	운 뗌뽀
	una volta	우나 볼따
일시적인	temporaneo	뗌포라네오
일어나다	alzarsi	알자르시
	levarsi	레바르시
일어서다	alzarsi in piedi	알자르시 인 삐에디
일요일	domenica	도메니까
1월	gennaio	젠나이오
일일이	uno alla volta	우노 알라 볼따
	uno a uno	우노 아 우노
일정한	stabile	스타빌레
	fisso	피쏘
1층	pianterreno	삐안떼레노

일치	**accordo**	아꼬르도
	intesa	인떼자
일치하다	**essere d'accordo**	에쎄레 다꼬르도
일탈	**deviazione**	데비아지오네
	divergenza	디베르젠짜
일탈하다	**deviare**	데비아레
	allontanarsi	알론따나르시
일하다	**lavorare**	라보라레
	fare un lavoro	파레 운 라보로
일화	**episodio**	에피소디오
읽다	**leggere**	레제레
잃다	**perdere**	뻬르데레
	smarrire	즈마리레
임금	**paga**	빠가
	retribuzione	레트리부지오네
임기	**periodo di permanenza in carico**	뻬리오도 디 뻬르마넨자 인 까리코
	mandato	만다토
임기를 마치다	**terminare il proprio mandato**	떼르미나레 일 프로프리오 만다토
임기응변	**adattamento alle circostanze**	아다따멘토 알레 치르코스딴제
임대	**affitto**	아피또
	noleggio	노레조

임대하다	**affittare**	아피따레
	noleggiare	노레지아레
임명	**nomina**	노미나
	incarico	인까리코
임명하다	**nominare**	노미나레
	designare	데시나레
임무	**dovere**	도베레
	compito	꼼피토
	missione	미씨오네
임박하다	**avvicinarsi**	아비치나르시
임시의	**temporaneo**	뗌포라네오
	provvisorio	프로비소리오
임신	**stato interessante**	스따토 인떼레쌴떼
	gravidanza	그라비단자
임신중절	**aborto**	아보르토
	interruzione di gravidanza	인떼루지오네 디 그라비단짜
임신하다	**essere incinta**	에쎄레 인친따
	essere in stato interessante	에쎄레 인 스따토 인데레산떼
임야	**terreno boscoso**	떼레노 보스코조
임용하다	**nominare**	노미나레
	designare	데시나레
임차료	**prezzo di noleggio**	프레쬬 디 노레조

임차하다	noleggiare	노레지아레
	prendere in affitto	프렌데레 인 아피또
입	bocca	보까
입구	entrata	엔트라따
	ingresso	인그레쏘
입김	fiato	피아토
	respiro	레스피로
입다	indossare	인도싸레
	vestire	베스티레
입맛을 돋우다	stimolare l'appetito	스티몰라레 라뻬띠토
입맞추다	baciare	바치아레
입맞춤	bacio	바쵸
입법부	assemblea legislativa	아쎔블레아 레지스라띠바
	legislatura	레지스라투라
입상하다	vincere un premio	빈체레 운 프레미오
입소하다	entrare	엔트라레
	essere ammesso	에쎄레 암메쏘
	essere imprigionato	에쎄레 임프리조나토
입수하다	ricevere	리체베레
	raccogliere	라꼴리에레
	ottenere	오떼네레
입양하다	adottare	아도따레
입영하다	entrare nell'esercito	엔트라레 넬레쎄르치토
	andare sotto le armi	안다레 소또 레 아르미

입원하다	ricoverare(-arsi) in ospedale	리꼬베라레(-라르시) 인 오스페달레
입장	ammissione	암미씨오네
	ingresso	인그레쏘
입장 금지	vietato l'ingresso	비에따또 린그레쏘
입장 무료	entrata libera	엔트라따 리베라
입증하다	dimostrare	디모스트라레
	provare	프로바레
입찰	offerta	오페르따
입찰하다	offrire	오프리레
	fare un'offerta	파레 우노페르따
입천장	palato	팔라토
입체적인	tridimensionale	트리디멘지오날레
입춘	l'inzio della primavera	리니지오 델라 프리마베라
입학	ammissione alla scuola	암미씨오네 알라 스쿠올라
입학하다	entrare a scuola	엔트라레 아 스쿠올라
입헌	costituzionalizzazione	코스띠투지오날리짜지오네
잇다	legare	레가레
	unire	우니레
	congiungere	꼰준제레
잇몸	gengiva	젠지바
있다	esserci	에쎄르치
	esistere	에지스떼레

잉어	**carpa**	까르파
잉크	**inchiostro**	인끼오스트로
잊다	**dimenticare**	디멘띠까레
	scordare	스꼬르다레
잊지 못할	**indimenticabile**	인디멘띠까빌레
	memorabile	메모라빌레
잎	**foglia**	폴리아

자	**riga**	리가
	righello	리겔로
자각하다	**rendersi conto di**	렌데르시 꼰또 디
자갈	**ghiaia**	기아이아
자개	**madreperla**	마드레페를라
자격	**qualifica**	퀄리피까
	capacità	까파치따
	requisito	레퀴지토
자격지심	**coscienza della propria colpa**	코쉬엔자 델라 프로프리아 꼴빠
자국	**segno**	세뇨
	traccia	트라챠
	impronta	임프론따
자궁	**utero**	우떼로
자극	**stimolo**	스띠몰로
	pungolo	푼골로
자극적인	**stimolante**	스띠몰란떼
	provocante	프로보깐떼
자극하다	**stimolare**	스띠몰라레
	incitare	인치따레

자금	**fondi**	폰디
	capitale	까피딸레
자금을 대다	**fornire il capitale**	포르니레 일 까피딸레
자금난	**difficoltà finanziarie**	디피꼴따 피난지아리에
자기	**se stesso**	세 스떼쏘
자기의, 자신의	**proprio**	프로프리오
자녀	**figlio**	필리오
자다	**dormire**	도르미레
자동의	**automatico**	아우토마티코
자동차	**automobile**	아우토모빌레
	macchina	마끼나
자동차 번호판	**targa**	따르가
자동차 학원	**scuola guida**	스쿠올라 구이다
자동판매기	**distributore automatico**	디스트리부또레 아우토마티꼬
자두	**susina**	수시나
	prugna	프루냐
자라다	**crescere**	크레쉐레
자랑하다	**vantarsi**	반따르시
	essere orgoglioso	에쎄레 오르골리오조
자력	**propria forza**	프로프리아 뽀르짜
자료	**materiale**	마떼리알레
	dati	다띠
자루	**sacco**	사꼬

자르다	**tagliare**	딸리아레
	segare	세가레
자리	**posto**	뽀스토
자립	**indipendenza**	인디펜덴짜
자립하다	**essere indipendente**	에쎄레 인디펜덴떼
	essere autosufficiente	에쎄레 아우토수피치엔떼
자막	**sottotitolo**	소또띠똘로
자만	**presunzione**	프레순지오네
	superbia	수페르비아
	orgoglio	오르골리오
자만하다	**vantarsi**	반타르시
	essere superbo	에쎄레 수페르보
자매	**sorelle**	소렐레
자매결연	**relazioni fraterne**	렐라지오니 프라떼르네
자멸	**autodistruzione**	아우토디스투르지오네
	suicidio	수이치디오
자멸하다	**andare in rovina**	안다레 인 로비나
	essere distrutto	에쎄레 디스투르토
자명종	**sveglia**	즈벨리아
자모음	**vocali e consonanti**	보칼리 에 꼰소난띠
자문기관	**organo consultivo**	오르가노 꼰술띠보
자문(諮問)하다	**domandare**	도만다레
	consultare	꼰술따레

ㄱ ㄴ ㄷ ㄹ ㅁ ㅂ ㅅ ㅇ ㅈ ㅊ ㅋ ㅌ ㅍ ㅎ

자문(自問)하다	farsi una domanda	파르시 우나 도만다
자물쇠	serratura	세라투라
	lucchetto	루께또
자발적인	spontaneo	스폰따네오
	volontario	볼론따리오
자백하다	confessare	콘페싸레
	ammettere la propria colpa	아메떼레 라 프로프리아 꼴빠
	riconoscersi colpevole	리꼬노쉐르시 꼴뻬볼레
자본	capitale	까피딸레
자본주의	capitalismo	까피딸리즈모
자부심	presunzione	프레순지오네
	autostima	아우토스티마
자비	misericordia	미제리꼬르디아
	carità	까리따
자산	proprietà	프로프리에따
	beni	베니
	possedimenti	뽀쎄디멘띠
자살	suicidio	수이치디오
자살하다	suicidarsi	수이치다르시
자상하다	essere dettagliato	에쎄레 데딸리아토
	essere particolareggiato	에쎄레 빠르띠꼴라레지아토
자서전	autobiografia	아우토비오그라피아
자서전 작가	autobiografo	아우토비오그라포

자석	**magnete**	마그넫떼
	calamita	깔라미따
자선	**beneficenza**	베네피첸자
자세	**posizione**	뽀지지오네
	atteggiamento	아떼지아멘토
자세한	**dettagliato**	데딸리아토
	particolareggiato	빠르띠꼴라레지아토
자세히	**dettagliatamente**	데딸리아따멘떼
자손	**discendente**	디쉔덴떼
	posteri	뽀스떼리
자수(공예)	**ricamo**	리까모
자수(自首)	**arrendevolezza**	아렌데볼레짜
자숙	**autodisciplina**	아우토디쉬플리나
자신하다	**aver fiducia in se stesso**	아베르 피두치아 인 세 스떼쏘
	essere sicuro di sé	에쎄레 시꾸로 디 세
자연	**natura**	나뚜라
자연히	**per natura**	뻬르 나뚜라
	naturalmente	나뚜랄멘떼
자외선	**raggi ultravioletti**	라지 울트라비올렛띠
자원	**risorse**	리소르제
자유	**libertà**	리베르따
자유로운	**libero**	리베로
자유형	**stile libero**	스띨레 리베로

자율	**autocontrollo**	아우토콘트롤로
자음	**consonante**	콘소난떼
자의로	**volontariamente**	볼론따리아멘떼
자의식	**autocoscienza**	아우토코쉬엔자
	autoconsapevolezza	아우토콘사페볼레짜
자전거	**bicicletta**	비치클레따
자전거를 타다	**andare in bicicletta**	안다레 인 비치클레따
자전거 여행	**cicloturismo**	치클로뚜리즈모
	viaggio in bicicletta	비아조 인 비치클레따
자정	**mezzanotte**	메짜노떼
자제력	**potere d'autocontrollo**	뽀떼레 다우토콘트롤로
자제하다	**controllare se stesso**	콘트롤라레 세 스떼쏘
자존심	**orgoglio**	오르골리아
	superbia	수페르비아
자주	**spesso**	스페쏘
자주색	**viola**	비올라
자주성	**indipendenza**	인디펜덴자
자중하다	**rispettare se stesso**	리스페따레 세 스떼쏘
자질	**carattere**	까라떼레
	indole	인도레
	qualità	꽐리따
자책하다	**sentire rimorso**	센띠레 리모르소
자취	**traccia**	뜨라챠
	segno	세뇨

자치권	**autonomia**	아우토노미아
자필	**manoscritto autografo**	마노스크리토 아우토그라포
자학하다	**tormentarsi**	토르멘따르시
자화상	**autoritratto**	아우토리뜨라또
작가	**scrittore**	스크리또레
	autore	아우또레
작곡	**composizione**	꼼포지지오네
작곡가	**compositore**	꼼포지또레
작곡하다	**comporre**	꼼뽀레
작년	**anno passato**	안노 파싸토
	anno scorso	안노 스꼬르소
작다	**essere piccolo**	에쎄레 삐꼴로
작동하다	**funzionare**	푼지오나레
	essere in funzione	에쎄레 인 푼지오네
작문	**composizione**	꼼뽀지지오네
	componimento	꼼뽀니멘토
작성하다	**compilare**	꼼필라레
	stendere	스텐데레
작업하다	**lavorare**	라보라레
	fare un lavoro	파레 운 라보로
작열하다	**essere infocato**	에쎄레 인포까토
작용	**funzione**	푼지오네
	azione	아지오네

작용하다	**funzionare**	푼지오나레
	azionare	아지오나레
작은	**basso**	바쏘
	piccolo	삐꼴로
	poco	뽀코
작전	**operazione**	오페라지오네
	tattica	타띠까
	strategia	스트라떼지아
작품	**opera**	오페라
	lavoro	라보로
	produzione	프로두지오네
잔, 찻잔	**tazza**	따짜
잔, 컵	**coppa**	꼬빠
잔, 유리컵	**bicchiere**	비끼에레
잔금	**rimanenza**	리마넨자
	resto	레스토
	somma restante	솜마 레스딴떼
잔금을 치르다	**pagare il resto**	빠가레 일 레스토
잔돈	**spiccioli**	스피촐리
잔디	**prato**	프라토
	erba	에르바
잔디밭	**campo erboso**	깜뽀 에르보조
잔소리	**sgridata**	즈그리다따

잔액	**rimanenza**	리마넨짜
	resto	레스토
잔인한	**crudele**	크루델레
	brutale	브루딸레
잔잔한	**calmo**	깔모
잔존하다	**sopravvivere**	소프라비베레
	restare in vita	레스타레 인 비따
잔치	**festa**	페스타
	festività	페스띠비따
잔품(殘品)	**merce in magazzino**	메르체 인 마가지노
	scorta	스꼬르따
잔해	**resti**	레스띠
	residui	레지두이
잘, 좋은	**bene**	베네
잘되다	**andare bene**	안다레 베네
잘못	**errore**	에로레
	sbaglio	즈발리오
	colpa	꼴빠
잘못하다	**sbagliarsi**	즈발리아르시
	essere in errore	에쎄레 인 에로레
잠	**sonno**	손노
잠그다, 담그다	**chiudere**	끼우데레
	immergere (물에)	임메르제레

잠긴	chiuso	끼우조
	immerso (물에)	임메르소
잠꼬대	parlare nel sonno	빠를라레 넬 손노
잠꾸러기	dormiglione	도르밀리오네
잠들다	addormentarsi	아도르멘따르시
잠수	tuffo	투포
	immersione	임메르지오네
잠수부	tuffatore	투파또레
잠수함	sommergibile	솜메르지빌레
잠옷	pigiama	피지아마
잠자다	dormire	도르미레
잠자리	libellula	리벨루라
잠재력	potenza latente	뽀뗀자 라뗀떼
	potenzialità	뽀뗀지알리따
잡곡	cereali	체레아리
잡다, 쥐다	prendere	프렌데레
	afferrare	아페라레
잡다, 체포하다	catturare	까뚜라레
잡담	pettegolezzo	뻬떼고레쪼
	chiacchiera	끼아끼에라
잡담하다	chiacchierare	끼아끼에라레
	fare pettegolezzi	파레 뻬떼고레찌
잡동사니	articoli vari	아르띠꼴리 바리

잡아당기다	**trascinare**	트라쉬나레
	tirare	띠라레
잡음	**rumore**	루모레
	chiasso	끼아쏘
	rumore di fondo	루모레 디 폰도
잡종	**ibrido**	이브리도
	incrocio	인크로쵸
잡지	**rivista**	리비스따
잡초	**erbaccia**	에르바치아
잣	**pinolo**	삐놀로
장(長)	**comando**	꼬만도
	capo	까포
	comandante	꼬만단떼
장(章)	**capitolo**	까삐똘로
장(張)	**pagina**	빠지나
	foglio	폴리오
장(腸)	**intestino**	인떼스티노
장갑	**guanto**	구안토
장관, 각료	**ministro**	미니스트로
장교	**ufficiale**	우피치알레
장군	**generale**	제네랄레
장기(長技)	**abilità speciale**	아빌리따 스페치알레
	punto forte	뿐토 포르떼
장기(將棋)	**scacchi coreani**	사끼 꼬레아니

장기판	scacchiera	스까끼에라
장난	scherzo	스께르조
장난감	giocattolo	조까똘로
장남	figlio maggiore	필리오 마조레
	primogenito	프리모제니토
장녀	figlia maggiore	필리아 마조레
장님	cieco	치에코
장담하다	assicurare	아씨꾸라레
	garantire	가란띠레
장래	futuro	푸뚜로
	avvenire	아베니레
장려하다	incoraggiare	인꼬라지아레
	incitare	인치따레
장례	funerale	푸네랄레
장롱	armadio	아르마디오
장마철	stagione delle pioggie	스타지오네 델레 삐오지에
장만하다	preparare	프레빠라레
	allestire	알레스띠레
장면	scena	쉐나
장모	suocera	수오체라
장미	rosa	로사
장벽	barriera	바리에라
장 보다	fare la spesa	파레 라 스페자

장부	**registro**	레지스트로
장부에 기입하다	**registrare**	레지스트라레
	annotare	안노따레
장비	**attrezzatura**	아트레자투라
장사	**commercio**	꼼메르쵸
	affari	아파리
장사하다	**commerciare**	꼼메르치아레
	fare affari	파레 아파리
장소	**luogo**	루오고
	spazio	스파지오
장수(長壽)	**longevità**	룬제비따
	lunga vita	룬가 비따
장수하다	**vivere a lungo**	비베레 아 룬고
장식	**decorazione**	데꼴라지오네
	addobbo	아도보
장식하다	**decorare**	데꼴라레
	addobbare	아도바레
장애	**ostacolo**	오스타꼴로
	disabilità	디사빌리따
장애물 경기	**corsa a ostacoli**	꼬르사 아 오스타꼴리
장엄한	**solenne**	소레네
장인, 시아버지	**suocero**	수오체로
장작	**legna da ardere**	레냐 다 아르데레
장작을 패다	**spaccare legna da ardere**	스빠까레 레냐 다 아르데레

장점	**lato positivo**	라토 포지띠보
	merito	메리토
	pregio	프레조
장차	**in futuro**	인 푸뚜로
	in avvenire	인 아베니레
장치	**attrezzatura**	아뜨레자뚜라
	apparecchiatura	아빠레끼아뚜라
	installazione	인스탈라지오네
장편소설	**romanzo**	로만조
장학금	**borsa di studio**	보르사 디 스투디오
장화	**stivale**	스티발레
잦은	**frequente**	프레꿴떼
재	**cenere**	체네레
재검토하다	**riesaminare**	리에자미나레
	rivalutare	리발루따레
재고	**giacenza**	자첸자
	rimanenza	리마넨자
재기(再記)	**ritorno**	리또르노
	ricupero	리꾸뻬로
재난	**catastrofe**	까따스트로페
재능	**talento**	탈렌토
재다	**misurare**	미주라레
재단(財團)	**fondazione**	폰다지오네
재단(裁斷)	**taglio**	딸리오

재단기	**taglierina**	딸리에리나
재떨이	**portacenere**	포르따체네레
재료	**ingrediente**	인그레디엔떼
재목	**legname**	레냐메
재미	**divertimento**	디베르띠멘토
재미있는	**divertente**	디베르뗀떼
재배	**coltivazione**	꼴띠바지오네
재배하다	**coltivare**	꼴띠바레
재봉사	**sarto**	사르토
재봉틀	**macchina da cucire**	마끼나 다 꾸치레
재산	**proprietà**	프로프리에따
	bene	베네
재수, 운, 행운	**fortuna**	포르뚜나
	buona sorte	부오나 소르떼
재정(財政)	**finanza**	피난자
재주 있는	**dotato di talento**	도다토 디 탈렌토
재채기	**starnuto**	스타르누토
재채기하다	**starnutire**	스타르누띠레
	fare uno starnuto	파레 우노 스타르누토
재촉하다	**sollecitare**	솔레치따레
재치 있는	**spiritoso**	스피리토조
	svelto	즈벨토
재판	**processo**	프로체쏘
	giudizio	주디지오

재판관	**giudice**	주디체
재판소	**tribunale**	트리부날레
재해	**disastro**	디자스트로
재회하다	**rivedersi**	리베데르시
잼	**marmellata**	마르멜라따
쟁반	**vassoio**	바소이오
저것	**quello**	꿸로
	quella cosa	꿸라 꼬자
저금	**risparmio**	리스파르미오
	economia	에코노미아
저금통장	**libretto di deposito**	리브레또 디 데뽀지토
저금하다	**risparmiare**	리스빠르미아레
저기	**là**	라
저기압	**bassa pressione**	바싸 프레씨오네
	depressione	데프레씨오네
저녁	**sera**	세라
저녁 식사	**cena**	체나
저명한	**noto**	노토
	famoso	파모조
저속한	**volgare**	볼가레
저수지	**catino idrico**	까띠노 이드리코
저울	**bilancia**	빌란챠
저자	**scrittore**	스크리또레
	autore	아우또레

저작권	diritto d'autore	디리또 다우또레
저장	provvista	프로비스따
	riserva	리세르바
저장하다	fare provvista	파레 프로비스따
	conservare	꼰세르바레
저주	maledizione	말레디지오네
	imprecazione	임프레까지오네
저지르다	commettere	꼼메떼레
	compiere	꼼삐에레
저지하다	bloccare	블로까레
	ostruire	오스트루이레
저택	villa	빌라
	palazzo	팔라쪼
저항	resistenza	레지스텐자
	opposizione	오뽀지지오네
저항하다	resistere	레지스떼레
	opporsi	오뽀르시
적	nemico	네미코
적개심	ostilità	오스틸리따
	antagonismo	안따가고니즈모
적격의	adatto	아다또
	idoneo	이도네오
적극적인	attivo	아띠보
	positivo	포지띠보

적당한	**decente**	데첸떼
	ragionevole	라지오네볼레
적도	**equatore**	에쿠아또레
적성	**attitudine**	아띠뚜디네
적시다	**bagnare**	바냐레
	inzuppare	인주빠레
적십자	**Croce Rossa**	크로체 로싸
적어도	**almeno**	알메노
적용	**applicazione**	아플리까지오네
적응	**adattamento**	아다따멘토
적응하다	**adattarsi**	아다따르시
적의	**ostilità**	오스틸리따
적의 있는	**ostile**	오스틸레
	antagonistico	안타고니스티코
적자	**deficit**	데피치트
	disavanzo	디자반조
적절한	**opportuno**	오쁘르뚜노
적합한	**adatto**	아다또
~전에	**prima di**	프리마디
전갈	**scorpione**	스코르피오네
전경	**panorama**	파노라마
	vista	비스타
전공	**specializzazione**	스페치알리짜지오네
전구	**lampadina**	람빠디나

전근	**trasferimento**	트라스페리멘토
전기	**elettricità**	엘레뜨리치따
전기의	**elettrico**	엘레뜨리코
전나무	**abete**	아베떼
전념하다	**concentrarsi**	꼰첸트라르시
전능한	**onnipotente**	온니뽀뗀떼
전달하다	**comunicare**	꼬무니까레
	trasmettere	트라스메떼레
전등	**lampada a neon**	람빠다 아 네온
전람회	**mostra**	모스트라
전략	**strategia**	스트라떼지아
전류	**corrente elettrica**	꼬렌떼 엘레뜨리까
전망	**veduta**	베두따
	vista	비스따
	prospettiva	프로스페띠바
전매	**monopolio**	모노폴리오
전문가	**specialista**	스페치알리스따
	professionista	프로페씨오니스따
전보	**telegramma**	텔레그람마
전부	**tutto**	뚜또
전분	**amido**	아미도
전선	**cavo**	까보
전설	**leggenda**	레젠다

ㄱ ㄴ ㄷ ㄹ ㅁ ㅂ ㅅ ㅇ ㅈ ㅊ ㅋ ㅌ ㅍ ㅎ

전시하다	esporre	에스뽀레
	mettere in mostra	메떼레 인 모스트라
전야	vigilia	빌리아
전염	infezione	인페지오네
	contagio	꼰따조
전염병	epidemia	에피데미아
전염성의	infettivo	인페띠보
	contagioso	꼰다지오조
전율	brivido	브리비도
	fremito	프레미토
전자의	elettronico	엘레뜨로니코
전쟁	guerra	구에라
	battaglia	바딸리아
전진하다	procedere	프로체데레
전차	tram	뜨람
전채 요리	antipasto	안티파스토
전철	metropolitana	메트로폴리타나
	metro	메트로
전체의	tutto	뚜또
	intero	인떼로
전치사	preposizione	프레포지지오네
전통	tradizione	트라디지오네
전투	combattimento	꼼바띠멘토
전파하다	diffondere	디폰데레

전하다	**riferire**	리페리레
전혀	**affatto**	아파또
	per niente	뻬르 니엔떼
	assolutamente	아쏠루따멘떼
전형적인	**tipico**	띠피꼬
전화	**telefono**	텔레포노
전화번호	**numero di telefono**	누메로 디 텔레포노
전화번호부	**rubrica telefonica**	루브리까 텔레포니까
	elenco telefonico	엘렌코 텔레포니코
전화하다	**telefonare**	텔레포나레
전환하다	**convertire**	꼰베르띠레
	cambiare	깜비아레
절, 사원	**tempio**	뗌삐오
절, 인사	**inchino**	인끼노
절다	**zoppicare**	조삐까레
절대로	**assolutamente**	아쏠루따멘떼
절름발이	**zoppo**	조뽀
절망	**disperazione**	디스페라지오네
절망하다	**disperare**	디스페라레
	disperarsi	디스페라르시
	perdere la speranza	뻬르데레 라 스페란자
절반	**metà**	메따
절벽	**precipizio**	프레치피지오
	burrone	부로네

절약	**economia**	에코노미아
	parsimonia	파르시모니아
	risparmio	리스파르미오
절정	**apice**	아피체
	culmine	꿀미네
젊은	**giovane**	조바네
	giovanile	조바닐레
젊은이	**giovane**	조바네
젊음	**giovinezza**	조비네짜
점(點)	**punto**	뿐토
	neo	네오
점령	**occupazione**	오꾸빠지오네
점성술	**astrologia**	아스트롤로지아
점수	**punteggio**	뿐떼조
	voto	보토
점심	**pranzo**	쁘란조
점원	**commesso** (남자)	꼼베쏘
	commessa (여자)	꼼베쌰
점쟁이, 예언자	**indovino**	인도비노
점점	**gradualmente**	그라두알멘떼
	a poco a poco	아 뽀코 아 뽀코
점토	**creta**	크레따
	argilla	아르질라
점호	**appello**	아뻴로

점화	accensione	아첸시오네
접근하다	avvicinare(-arsi)	아비치나레(-르시)
접다	piegare	삐에가레
접수	accettazione	아체따지오네
접시	piatto	삐아또
접착제	adesivo	아데시보
접촉	contatto	꼰따또
접촉하다	stabilire un contatto	스타빌리레 운 꼰따또
	contattare	꼰따따레
젓가락	bastoncini	바스톤치니
정글	giungla	준글라
정기구독	abbonamento	아보나멘토
정기권	abbonamento	아보나멘토
	tessera	떼쎄라
정기적인	periodico	뻬리오디코
정년퇴직하다	andare in pensione	안다레 인 뻰시오네
정당	partito	빠르띠토
정당한	giusto	주스토
정당화하다	giustificare	주스띠피까레
정도, 단계	grado	그라도
	livello	리벨로
	rango	란고
정돈하다	riordinare	리오르디나레
정들다	affezionarsi	아페지오나르시

ㄱ ㄴ ㄷ ㄹ ㅁ ㅂ ㅅ ㅇ ㅈ ㅊ ㅋ ㅌ ㅍ ㅎ

정력	**energia**	에네르지아
	vigore	비고레
정류장	**fermata**	페르마따
정리하다	**sistemare**	시스떼마레
정말	**vero**	베로
	davvero	다베로
	veramente	베라멘떼
정맥	**vena**	베나
정면	**fronte**	프론떼
	facciata	파치아따
정문	**ingresso principale**	인그레쏘 프린치빨레
정보	**informazione**	인포르마지오네
정보를 얻다	**informarsi**	인포르마르시
	prendere informazioni	프렌데레 인포르마지오니
정복하다	**conquistare**	콘뀌스따레
	soggiogare	소조가레
정부	**governo**	고베르노
정비	**manutenzione**	마누텐지오네
정사각형	**quadrato**	구아드라토
정상	**normalità**	노르말리따
정상적인	**normale**	노르말레
정서	**sentimento**	센티멘토

정성껏	**con tutto il cuore**	꼰 뚜또 일 꾸오레
	con molta cura	꼰 몰따 꾸라
	attentamente	아뗀따멘떼
정숙	**silenzio**	실렌지오
정신	**mente**	멘떼
	spirito	스피리토
정신을 잃다	**perdere conoscenza**	뻬르데레 꼬노쉔자
	svenire	즈베니레
정신병원	**ospedale psichiatrico**	오스페달레 피시끼아뜨리코
정신분열증	**schizofrenia**	스키조프레니아
정신적인	**mentale**	멘탈레
정어리	**sardina**	사르디나
정열	**entusiasmo**	엔투지아즈모
	passione	빠씨오네
정열적인	**passionale**	빠씨오날레
정오	**mezzogiorno**	메쪼조르노
정원	**giardino**	자르디노
정원사	**giardiniere**	자르디니에레
정육면체	**cubo**	꾸보
정육점	**macelleria**	마첼레리아
정의	**giustizia**	주스티지아
정전기	**scossa**	스코싸

ㄱ ㄴ ㄷ ㄹ ㅁ ㅂ ㅅ ㅇ ㅈ ㅊ ㅋ ㅌ ㅍ ㅎ

정점	**sommità**	솜미따
	cima	치마
정정하다	**correggere**	꼬레제레
정제	**compressa**	꼼프레싸
	pastiglia	빠스티리아
정지	**sospensione**	소스펜시오네
정직한	**onesto**	오네스토
	schietto	스끼에또
정착하다	**stabilirsi**	스타빌리르시
정치	**politica**	폴리띠까
정치가	**politico**	폴리티코
정탐하다	**spiare**	스피아레
정통한	**esperto**	에스페르토
	ben informato	벤 인포르마토
정형외과	**ortopedia**	오르토페디아
정화기	**depuratore**	데푸라또레
정확한	**esatto**	에자또
	preciso	프레치조
젖(우유)	**latte**	라떼
젖을 먹이다	**allattare**	알라타레
젖을 짜다	**mungere il latte**	문제레 일 라떼
젖꼭지	**capezzolo**	까베쫄로
젖다	**bagnarsi**	바냐르시
젖병	**biberon**	비베론

젖소	**mucca**	무까
젖은	**bagnato**	바냐토
제거하다	**rimuovere**	리무오베레
	levare	레바레
제공하다	**offrire**	오프리레
제과점	**pasticceria**	파스티체리아
제국	**impero**	임뻬로
제단	**altare**	알따레
제도	**sistema**	시스떼마
제막식	**inaugurazione**	인아우구라지오네
제목	**titolo**	띠똘로
제물	**sacrificio**	사크리피초
제발	**per favore**	뻬르 파보레
제방	**argine**	아르지네
제복	**divisa**	디비자
제본	**rilegatura**	리레가뚜라
제비	**rondine**	론디네
제비뽑기	**sorteggio**	소르떼조
제설차	**spazzaneve**	스파짜네베
제안	**proposta**	프로뽀스따
제안하다	**proporre**	프로뽀레
제외하다	**escludere**	에스끌루데레
제일	**primo**	프리모

제자	**allievo**	알리에보
	discepolo	디쉐뽀로
제작자	**produttore**	프로두또레
제조하다	**fabbricare**	파브리까레
제지하다	**frenare**	프레나레
제철이 아닌	**fuori stagione**	푸오리 스따지오네
제출하다	**presentare**	프레젠따레
제품	**prodotto**	프로도또
제한	**limitazione**	리미따지오네
조각	**pezzo**	뻬쪼
조각(彫刻)	**scultura**	스쿨투라
조각하다	**scolpire**	스콜삐레
조개	**vongola**	본골라
	conchiglia	꼰낄리아
조건	**condizione**	꼰디지오네
	patto	파또
조국	**patria**	파트리아
조금	**poco**	뽀꼬
조끼	**gilet**	질레
조난	**naufragio**	나우프라조
조달하다	**fornire**	포르니레
조련사	**domatore**	도마또레
조롱하다	**prendere in giro**	프렌데레 인 지로

조립하다	**montare**	몬따레
	comporre	꼼뽀레
조명	**illuminazione**	일루미나지오네
조미료	**condimenti**	꼰디멘띠
조밀(稠密)	**densità**	덴시따
조사	**indagine**	인다지네
	inchiesta	인끼에스따
조사하다	**indagare**	인다가레
조상	**antenato**	안테나토
조선소	**cantiere navale**	깐띠에레 나바레
조수	**assistente**	아씨스텐떼
조숙한	**precoce**	프레고체
조심	**attenzione**	아뗀지오네
조심하다	**fare attenzione**	파레 아뗀지오네
조약	**trattato**	트라따토
	patto	파또
조언하다	**consigliare**	콘실리아레
조용한	**silenzioso**	실렌지오조
	calmo	깔모
조용히 하다	**stare zitto**	스타레 지또
조의(弔儀)	**condoglianza**	꼰돌리안자
조작	**manipolazione**	마니폴라지오네

조절하다	regolare	레고라레
	controllare	꼰트롤라레
	modulare	모둘라레
조종사	pilota	필로타
조준	mira	미라
조직	organizzazione	오르가니자지오네
	struttura	스트루뚜라
	armatura	아르마뚜라
조직하다	organizzare	오르가니자레
조짐	sintomo	신토모
~조차	nemmeno	네메노
조카	nipote	니뽀떼
조타수	timoniere	띠모니에레
조합	associazione	아쏘시아지오네
	unione	우니오네
조항	articolo	아르띠꼴로
	clausola	크라우졸라
조화	armonia	아르모니아
족집게	pinzetta	삔제따
존경	rispetto	레스페또
	stima	스티마
존경하다	rispettare	리스페따레
	stimare	스티마레
존재	esistenza	에지스뗀자

졸다	**sonnecchiare**	손네끼아레
졸도하다	**svenire**	즈베니레
졸업하다	**laurearsi**	라우레아르시
	diplomarsi	디플로마르시
졸음	**assopimento**	아쏘피멘토
	sonnecchiamento	손네끼아멘토
좁은	**stretto**	스트레또
좁히다	**fare stringere**	파레 스트린제레
	restringere	레스트린제레
종(鍾)	**campana**	깜파냐
종교	**religione**	렐리지오네
종교의	**religioso**	렐리지오조
종류	**genere**	제네레
	sorta	소르따
	specie	스페치에
종사하다	**occuparsi di**	오꾸파르시 디
종아리	**polpaccio**	뽈빠쵸
종양	**tumore**	뚜모레
종이	**carta**	까르따
	foglio	폴리오
종점	**capolinea**	까뽈리네아
종합적으로	**sinteticamente**	신떼띠까멘떼
	complessivamente	꼼플레씨바멘떼

종합하다	**sintetizzare**	신떼띠자레
	integrare	인떼그라레
좋아하다	**piacere**	삐아체레
	amare	아마레
	preferire	프레페리레
좋은	**buono**	부오노
좌석	**posto a sedere**	뽀스토 아 세데레
죄	**colpa**	꼴빠
	peccato	뻬까토
	crimine	크리미네
죄 있는	**colpevole**	꼴뻬볼레
죄인	**peccatore**	뻬까또레
죄수	**prigioniero**	프리지오니에로
주(週)	**settimana**	세띠마나
주간	**settimanale**	세띠마날레
주거	**residenza**	레지덴자
	dimora	디모라
주관하다	**sorvegliare**	소르베리아레
	amministrare	암미니스트라레
주교	**vescovo**	베스코보
주권(主權)	**sovranità**	소브라니따
주근깨	**lentiggine**	렌띠지네
주기	**periodo**	뻬리오도
	ciclo	치끌로

주다	**dare**	다레
주도하다	**condurre**	꼰두레
	guidare	구이다레
주둥이	**becco**	베꼬
주름	**ruga**	루가
	piega	삐에가
주말	**fine settimana**	피네 세띠마나
주머니	**tasca**	타스까
주먹	**pugno**	푸뇨
주목	**attenzione**	아뗀지오네
주문	**ordine**	오르디네
주문하다	**ordinare**	오르디나레
주민	**abitante**	아비딴떼
	residente	레지덴떼
주민등록증	**carta d'identità**	까르따 디덴띠따
주방	**cucina**	꾸치나
주부	**casalinga**	까사린가
주사	**iniezione**	이니에지오네
주사를 놓다	**iniettare**	이니에따레
주사기	**iniettore**	이니에또레
	siringa	시린가
주사위	**dado**	다도
주석을 달다	**annotare**	안노따레
	mettere delle notazioni	메떼레 델레 노따지오니

주소	**indirizzo**	인디리쪼
주식(柱式)	**quota in Borsa**	꾸오따인 보르사
	azione	아지오네
주식회사	**società quotata in Borsa**	소치에따 꾸오따따인 보르사
	società per azioni	소치에따 뻬르 아지오니
주요한	**principale**	프린치빨레
주위에	**intorno**	인또르노
	attorno	아또르노
주유소	**distributore di benzina**	디스트리부또레 디 벤지나
주의 깊은	**attento**	아뗀토
	premuroso	프레무로조
주의하다	**fare attenzione**	파레 아뗀지오네
주인	**padrone**	빠드로네
	proprietario	프로프리에따리오
주인공	**protagonista**	프로타고니스타
주장하다	**asserire**	아쎄리레
주저하다	**esitare**	에지따레
주전자	**bollitore**	볼리또레
	teiera	떼이에라
주제	**argomento**	아르고멘토
	soggetto	소제또
주차 금지	**divieto di sosta**	디비에토 디 소스타
주차 미터기	**parchimetro**	빠르끼메트로

주차장	**parcheggio**	빠르께조
	posteggio	포스떼죠
주택	**casa**	까사
주택가	**zona residenziale**	조나 레지덴지알레
주파수	**frequenza**	프레꿴자
주행거리	**distanza**	디스덴자
	percorso	뻬르꼬르소
주황색	**arancione**	아란치오네
죽다	**morire**	모리레
죽은, 죽은 사람	**morto**	모르토
죽음	**morte**	모르떼
죽이다	**ammazzare**	암마짜레
	uccidere	우치데레
준비	**preparazione**	프레빠라지오네
준비된	**pronto**	쁘론토
	preparato	프레빠라토
준비하다	**preparare**	프레빠라레
줄, 선	**corda**	꼬르다
	filo	필로
줄, 열	**fila**	필라
줄거리	**trama**	트라마
줄기 (나무)	**tronco (d'albero)**	뜨론코(달베로)
줄다	**diminuire**	디미누이레
	ridursi	리두르시

줄무늬	**a strisce**	아 스트리쉐
	a righe	아 리게
줄이다	**ridurre**	리두레
	accorciare	아꼬르치아레
중간의	**medio**	메디오
	intermedio	인떼르메디오
중간색	**colore intermedio**	꼴로레 인떼르메디오
중고	**usato**	우자토
	di seconda mano	디 세꼰다 마노
중국	**Cina**	치나
중국인, 중국어	**cinese**	치네제
중단하다	**sospendere**	소스펜데레
	interrompere	인떼롬뻬레
	tralasciare	트라라쉬아레
중대한	**importante**	임뽀르딴떼
	serio	세리오
중동	**Medio Oriente**	메디오 오리엔떼
중력	**gravità**	그라비따
	forza di gravità	포르짜 디 그라비따
중성의	**neutro**	네우트로
중세	**medioevo**	메디오에보
중세의	**medioevale**	메디오발레
중심	**centro**	첸트로

중앙의	**centrale**	첸트랄레
	medio	메디오
중얼거리다	**borbottare**	보르보따레
중요, 중요성	**importanza**	임뽀르딴자
중재인	**mediatore**	메디아또레
	arbitratore	아르비트라또레
중재하다	**arbitrare**	아르비트라레
중지하다	**interrompere**	인떼롬뻬레
중학교	**scuola media**	스쿠올라 메디아
중화하다	**neutralizzare**	네우트랄리자레
쥐	**topo**	토뽀
	ratto	라또
쥐나다	**avere i crampi**	아베레 이 크람삐
즉	**cioè**	초에
즉시	**subito**	수비토
	immediatamente	임메디아따멘떼
즉흥적인	**improvviso**	임쁘로비조
즐거움	**gioia**	조이아
	felicità	펠리치따
즐기다	**divertirsi**	디베르띠르시
증가하다	**aumentare**	아우멘따레
증거, 증명	**testimonianza**	떼스티모니안자
	prova	프로바
증기	**vapore**	바포레

증류수	**acqua distillata**	아꾸아 디스띨라따
증류하다	**distillare**	디스띨라레
증명서	**certificato**	체르띠피까토
증발	**evaporazione**	에바포라지오네
	scomparsa	스꼼파르사
증언하다	**testimoniare**	떼스띠모니아레
증오	**odio**	오디오
증인	**testimone**	떼스티모네
증여하다	**dare**	다레
	donare	도나레
증폭하다	**amplificare**	암플리피까레
증후군	**sindrome**	신드로메
지각(知覺)하다	**percepire**	페르체피레
	sentire	센띠레
지갑	**portafoglio**	뽀르따폴리오
지겨운	**noioso**	노이오조
지구	**Terra**	떼라
지구의	**terrestre**	떼레스트레
지금	**adesso**	아데쏘
	ora	오라
지금의	**attuale**	아투아레
지나다	**passare**	빠싸레
	trascorrere	뜨라스꼬레레

지난	**passato**	빠싸토
	scorso	스꼬르소
지네	**millepiedi**	밀레삐에디
지느러미	**pinna**	피나
지능	**intelligenza**	인텔리젠자
지니다	**portare**	뽀르타레
	mantenere	만떼네레
	tenere	떼네레
지다 (잎, 꽃)	**cadere**	까데레
지다 (해, 달)	**tramontare**	트라몬따레
지대(地帶)	**zona**	조나
	regione	레지오네
지도	**carta geografica**	까르타 제오그라피까
지도자	**comandante**	꼬만단떼
	capo	까포
지루함	**noia**	노이아
지름	**diametro**	디아메트로
지름길	**scorciatoia**	스꼬르치아토이아
지리학	**geografia**	제오그라피아
지문	**impronta digitale**	임프론타 디지탈레
지방(地方)	**regione**	레지오네
지방(脂肪)	**grasso**	그라쏘
지배하다	**dominare**	도미나레
지불	**pagamento**	빠가멘토

지불기일	scadenza di pagamento	스까덴자 디 빠가멘토
지붕	tetto	떼토
지성(知性)	intelletto	인텔레토
	intelligenza	인텔리젠자
지성인	intellettuale	인텔레투아레
지속하다	continuare	꼰띠누아레
	mantenere	만떼레네
지시	istruzione	이스투루지오네
	indicazione	인디까지오네
지식	conoscenza	꼬노쉔자
지역	area	아레아
	zona	조나
지연하다	ritardare	리따르다레
	essere in ritardo	에쎄레 인 리따르도
지옥	inferno	인페르노
지우개	gomma da cancellare	곰마 다 깐첼라레
지우다	cancellare	깐첼라레
지원(志願)하다	applicare	아플리까레
	offrire	오프리레
지원(支援)하다	sostenere	소스떼네레
	appoggiare	아포지아레
지위	posizione	포지지오네
	condizione	꼰디지오네
	stato	스타토

지점(地點)	**luogo**	루오고
	posto	포스토
지중해	**Mar Mediterraneo**	마르 메디떼라네오
지지자	**sostenitore**	소스테니토레
지진	**terremoto**	테레모토
지질학	**geologia**	제오로지아
지출	**spesa**	스페자
	uscita	우쉬타
지치다	**essere esaurito**	에쎄레 에자우리토
	essere stanco	에쎄레 스탄코
지켜보다	**osservare**	오쎄르바레
	fissare	피싸레
	stare a guardare	스타레 아 구아르다레
지키다	**difendere**	디펜데레
	custodire	구스토디레
	proteggere	프로테제레
지탱하다	**reggere**	레제레
	sostenere	소스테네레
지팡이	**bastone**	바스토네
지퍼	**cerniera lampo**	체르니에라 람포
	chiusura lampo	끼우주라 람포
지평선	**orizzonte**	오리존테
지폐	**banconota**	반코노타
지하의	**sotterraneo**	소떼라네요

ㄱ
ㄴ
ㄷ
ㄹ
ㅁ
ㅂ
ㅅ
ㅇ
ㅈ
ㅊ
ㅋ
ㅌ
ㅍ
ㅎ

지하도	**sottopassaggio**	소또빠싸조
지하실	**seminterrato**	세민떼라토
	scantinato	스칸띠나토
	piano interrato	피아노 인떼라토
지하 저장창고	**cantina**	칸티나
지하철	**metro(politana)**	메트로(폴리타나)
지혜	**saggezza**	사제짜
지휘자	**direttore d'orchestra**	디레토레 도르케스트라
지휘하다	**comandare**	코만다레
	dirigere	디리제레
직각의	**rettangolare**	레탄고라레
직감	**intuito**	인뚜이토
직공	**operaio**	오페라이오
직면하다	**affrontare**	아프론타레
직무	**mansione**	만시오네
	compito	콤피토
직물	**tessuto**	떼쑤토
	stoffa	스토파
직사각형	**forma rettangolare**	포르마 레탄고라레
	rettangolo	레탄고로
직업	**occupazione**	오꾸파지오네
	mestiere	메스티에레
	professione	프로페씨오네
직접적으로	**direttamente**	디레따멘떼

직진하다	**andare diritto**	안다레 디리토
진공청소기	**aspirapolvere**	아스피라폴베레
진공포장	**confezione sottovuoto**	콘페지오네 소또부오토
진귀한	**raro**	라로
진급	**promozione**	프로모지오네
진단서	**certificato medico**	체르티피까토 메디코
진단하다	**diagnosticare**	디아뇨스띠까레
	fare una diagnosi	파레 우나 디아뇨지
진동	**vibrazione**	비브라지오네
진리	**verità**	베리따
진보적인	**progressivo**	프로그레씨보
진실성	**sincerità**	신체리따
진열장	**vetrina**	베트리나
진정제	**tranquillante**	트란퀼란떼
	calmante	깔만떼
진정하다	**calmarsi**	깔마르시
	tranquillizzarsi	트란퀼리자르시
진주	**perla**	뻬를라
진지하게	**seriamente**	세리아멘떼
	sul serio	술 세리오
진짜의	**autentico**	아우텐티코
	vero	베로
진찰	**visita medica**	비지타 메디까

ㄱ ㄴ ㄷ ㄹ ㅁ ㅂ ㅅ ㅇ ㅈ ㅊ ㅋ ㅌ ㅍ ㅎ

진찰하다	**esaminare**	에자미나레
	visitare	비지타레
진통제	**antidolorifico**	안티돌로리피코
	analgesico	아나제시코
진행하다	**procedere**	프로체데레
	avanzare	아반자레
진화	**evoluzione**	에볼루지오네
진흙	**fango**	판고
질(膣)	**vagina**	바지나
질기다	**essere duro**	에쎄레 두로
질리다	**stufarsi**	스투파르시
	essere stufo di	에쎄레 스투포 디
질문	**domanda**	도만다
	questione	꿰스티오네
질문하다	**domandare**	도만다레
	chiedere	끼에데레
질병	**malattia**	말라띠아
질서	**ordine**	오르디네
	metodo	메토도
	regolarità	레고라리따
질식	**soffocazione**	소포까지오네
질투	**gelosia**	젤로지아

짐	carico	까리코
	peso	뻬소
	bagaglio	바가리오
짐꾼	facchino	파끼노
짐승	bestia	베스띠아
집	casa	까사
집게	pinze	삔제
	pinzette	삔제떼
집단	gruppo	구루뽀
집시	zingaro	진가로
집중	concentrazione	콘첸드라지오네
집중하다	concentrarsi	콘첸트라르시
집회	assemblea	아쎔브레아
	riunione	리우니오네
짓다(만들다)	fare	파레
	fabbricare	파브리까레
	costruire	코스트루이레
징계하다	punire	뿌니레
	rimbrottare	림브로따레
징조(徵兆)	sintomo	신토모
	indicazione	인디까지오네
	presagio	프레자조
짖다	abbaiare	아바이아레

짙은	fitto	피또
	denso	덴소
짚	paglia	빠리아
짜다	spremere	스프레메레
짝, 한쌍	paio	빠이오
짝(친구, 동료)	compagno	꼼빠뇨
짝수	numero pari	누메로 빠리
짠	salato	살라토
짧은	corto	꼬르토
	breve	브레베
쪼개다	spaccare	스빠까레
	rompere	롬뻬레
(새가) 쪼다	beccare	베까레
쫓다	inseguire	인세구이레
	perseguire	뻬르세구이레
찌르다	pungere	뿐제레
	pugnalare	뿐냐라레
찍다	timbrare	띰브라레
	stampare	스탐빠레
찜질	fomentazione	포멘타지오네
찜질하다	fomentare	포멘타레
	applicare un impiastro	아쁠리까레 운 임삐아스트로
찢다	stracciare	스트라치아레
	strappare	스트라빠레

차(茶)	**tè**	떼
차(車)	**veicolo**	베이콜로
	automobile	아우토모빌레
	macchina	마끼나
차가운	**freddo**	프레도
차고	**garage**	가라제
	autorimessa	아우토리메싸
차단기	**interruttore**	인떼루뚜오레
차단하다	**interrompere**	인떼롬뻬레
차라리	**piuttosto**	삐우토스토
차례	**turno**	투르노
차별	**discriminazione**	디스크리미나지오네
차분하다	**essere calmo**	에쎄레 깔모
차이	**differenza**	디페렌자
	diversità	디베르시따
차지하다	**tenere**	떼네레
	occupare	오꾸파레
차차	**gradualmente**	그라두알멘떼
차표	**biglietto**	비리에또
착각	**malinteso**	말인떼소
	capire male	까삐레 마레

착륙	**atterraggio**	아떼라조
착륙하다	**atterrare**	아떼라레
착색하다	**colorare**	꼴로라레
착석하다	**prendere un posto**	프렌데레 운 뽀스토
	sedersi	세데르시
착수하다	**iniziare**	이니지아레
	cominciare	꼬민치아레
착취	**sfruttamento**	스프루타멘토
착한	**buono**	부오노
찬란한	**brillante**	브릴란떼
	splendido	스프렌디도
찬미하다	**lodare**	로다레
찬사	**complimento**	꼼플리멘토
찬성	**approvazione**	아프로바지오네
찬양하다	**adorare**	아도라레
	lodare	로다레
참가자	**partecipante**	빠르떼치판테
참가하다	**partecipare**	빠르떼치파레
	presenziare	프레젠지아레
참견하다	**interferire**	인떼르페리레
참나무	**quercia**	쿼르챠
참다	**sopportare**	소뽀르따레
	tollerare	톨레라레

참담	**sofferenza**	소페렌자
	miseria	미제리아
참된	**vero**	베로
	sincero	신체로
참새	**passero**	파쎄로
참석하다	**essere presente**	에쎄레 프레젠떼
	assistere	아씨스떼레
참을성	**pazienza**	파지엔자
참혹	**crudeltà**	크루델따
찻숟가락	**cucchiaino**	쿠끼아이노
찻잔	**tazza**	따짜
창고	**magazzino**	마가지노
창구	**sportello**	스포르텔로
창립하다	**fondare**	폰다레
창문	**finestra**	피네스트라
창백한	**pallido**	팔리도
창시자	**fondatore**	폰다토레
창자	**intestino**	인떼스티노
창작	**creazione**	크레아지오네
창조하다	**creare**	크레아레
창피	**vergogna**	베르고냐
찾다	**cercare**	체르까레
	trovare	트로바레

채널	**canale**	까날레
채무자	**debitore**	데비토레
채소	**verdura**	베르두라
채소 가게	**negozio di verdure**	네고지오 디 베르두레
채소밭	**orto**	오르토
채식주의자	**vegetariano**	베제타리아노
채용하다	**assumere**	아쑤메레
채우다	**riempire**	리엠피레
책	**libro**	리브로
책상	**scrivania**	스크리바니아
	banco	반코
책임	**responsabilità**	레스폰사빌리따
챔피언	**campione**	깜피오네
~처럼	**come**	꼬메
처리하다	**disbrigare**	디스브리가레
	condurre a conclusione	꼰두레 아 꼰끌루지오네
처방전	**ricetta**	리체타
	prescrizione	프레스크리지오네
처벌하다	**punire**	푸니레
	dare una punizione	다레 우나 푸니오네
처음에	**all'inizio**	알니이니지오
	prima	프리마
	per la prima volta	뻬르 라 프리마 볼타

척도	**misura**	미주라
척주(脊柱)	**spina dorsale**	스피나 도르사레
천	**stoffa**	스토파
	tessuto	떼수토
천(千)	**mille**	밀레
천국	**paradiso**	파라디조
천둥	**tuono**	뚜오노
천막	**tenda**	뗀다
천문학	**astronomia**	아스트로노미아
천사	**angelo**	안젤로
천성	**indole**	인도레
	natura	나뚜라
천장	**soffitto**	소피토
천재	**genio**	제니오
천재적인	**geniale**	제니아레
천재지변	**calamità naturale**	까라미따 나뚜라레
천천히	**lentamente**	렌타멘떼
	adagio	아다지오
	piano piano	삐아노 삐아노
천한, 저속한	**volgare**	볼가레
철	**ferro**	페로
철도	**ferrovia**	페로비아
	binario	비나리오

철물상, 철물점	**negozio di ferramenta**	네고지오 디 페라멘타
철사	**filo metallico**	필로 메탈리코
철야	**veglia notturna**	베리아 노투르나
철자	**compitazione**	콤피타지오네
	ortografia	오르토그라피아
철학	**filosofia**	필로소피아
첨가하다	**aggiungere**	아준제레
첨부서류	**documento allegato**	도쿠멘토 알레가토
청각	**udito**	우디토
청구서	**bolletta**	볼레타
청구하다	**richiedere**	리끼에데레
청년	**giovane**	조바네
	giovanotto	조바노또
청동	**bronzo**	브론조
청바지	**jeans**	진스
청소	**pulizia**	뿔리지아
청소년	**adolescente**	아도레쉔떼
청소하다	**pulire**	뿔리레
청중	**pubblico**	뿌블리코
체계화	**sistemazione**	시스떼마지오네
체력	**forza fisica**	포르자 피지까
체류	**soggiorno**	소조르노
체류 허가증	**permesso di soggiorno**	페르메쏘 디 소조르노

체육	educazione fisica	에두까지오네 피지까
	ginnastica	진나스티까
체육관	palestra	팔레스트라
체인	catena	까떼나
체인점	catena di negozi	까떼나 디 네고지
체조	ginnastica	진나스티까
체중	peso	페조
체포하다	arrestare	아레스타레
체하다	fare indigestione	파레 인디제스티오네
체험	esperienza	에스페리엔자
첼로	violoncello	비오론첼로
초(秒)	secondo	세콘도
초과하다	eccedere	에체데레
초대하다	invitare	인비타레
초등학교	scuola elementare	스쿠올라 엘레멘타레
초록색	verde	베르데
초보자	principiante	프린치판떼
초상화	ritratto	리트라또
초원	prateria	프라떼리아
초인종	campanello	깜파넬로
	citofono	치토포노
초조한	agitato	아지타토
초콜릿	cioccolata	초콜라타

ㄱ
ㄴ
ㄷ
ㄹ
ㅁ
ㅂ
ㅅ
ㅇ
ㅈ
ㅊ
ㅋ
ㅌ
ㅍ
ㅎ

촉각	**tatto**	따또
총을 쏘다	**sparare**	스파라레
촬영하다	**filmare**	필마레
	riprendere	리프렌데레
	fare una ripresa	파레 우나 리프레자
최고의	**massimo**	마씨모
	ottimo	오띠모
최근의	**recente**	레첸떼
최상의	**migliore**	밀리오레
최선을 다하다	**fare del proprio meglio**	파레 델 프로프리오 멜리오
최소의	**minimo**	미니모
최소한	**almeno**	알메노
	al minimo	알 미니모
최신 유행	**all'ultima moda**	알룰티마 모다
최악	**peggiore**	뻬조레
최저의	**più basso**	삐우 바쏘
	minimo	미니모
최종의	**ultimo**	울티모
추가	**aggiunta**	아준따
추기경	**cardinale**	까르디날레
추락하다	**cadere**	까데레
	precipitare	쁘레치피따레
추리소설	**romanzo giallo**	로만조 잘로

추방하다	**esiliare**	에실리아레
추상적인	**astratto**	아스트라또
추수하다	**mietere**	미에테레
추억	**ricordo**	리꼬르도
추월하다	**superare**	수페라레
	sorpassare	소르파싸레
추위	**freddo**	프레도
추정하다	**presumere**	프레수메레
추천하다	**proporre**	프로뽀레
	presentare	프레젠타레
추출하다	**estrarre**	에스트라레
추측하다	**supporre**	수뽀레
	immaginare	이마지나레
추한	**brutto**	브루또
축구	**calcio**	깔쵸
축구공	**pallone da calcio**	빨로네 다 깔쵸
축구장	**campo di calcio**	깜포 디 깔쵸
	stadio	스타디오
축배	**brindisi**	브린디시
축복하다	**benedire**	베네디레
축소	**riduzione**	리두지오네
축적하다	**accumulare**	아꾸무라레
축제	**festa**	페스타
	festival	페스티발

축축한	**umido**	우미도
축하	**congratulazione**	콘그라투라지오네
	augurio	아우구리오
출간하다	**pubblicare**	푸블리카레
출구	**uscita**	우쉬타
출발	**partenza**	빠르텐자
출발하다	**partire**	빠르띠레
출산	**parto**	빠르토
출생	**nascita**	나시타
출생지	**luogo di nascita**	루오고 디 나시타
출석	**presenza**	프레젠자
출석하다	**essere presente**	에쎄레 프레젠테
출신	**origine**	오리지네
출입금지	**divieto d'ingresso**	이비에토 딘그레쏘
출판사	**editore**	에디토레
	casa editrice	까사 에디트리체
출혈	**emorragia**	에모라지아
춤	**ballo**	발로
	danza	단자
춤추다	**ballare**	발라레
	danzare	단자레
충격	**impatto**	임파또
	shock	쇼크

충고	**consiglio**	콘실리오
충돌	**collisione**	콜리지오네
	scontro	스콘트로
충분한	**sufficiente**	수피치엔떼
충전하다	**caricare**	까리까레
	ricaricare	리까리까레
충치	**carie**	까리에
취미	**hobby**	호비
	passatempo	빠싸뗌포
취소하다	**annullare**	안누라레
취직하다	**trovare lavoro**	트로바레 라보로
취하다	**ubriacarsi**	우브리아까르시
측량하다	**misurare**	미주라레
	pesare	페사레
측면	**lato**	라토
측정	**misurazione**	미주라지오네
층 (건물)	**piano**	삐아노
층 (계급)	**classe**	클라쎄
치과 의사	**dentista**	덴띠스타
치다	**colpire**	꼴피레
	battere	바떼레
치료	**cura**	꾸라
치료하다	**curare**	꾸라레

ㄱ ㄴ ㄷ ㄹ ㅁ ㅂ ㅅ ㅇ ㅈ **ㅊ** ㅋ ㅌ ㅍ ㅎ

치마	**gonna**	곤나
치명적인	**mortale**	모르탈레
치석	**tartaro**	타르타로
치수	**misura**	미주라
	taglia	딸리아
치약	**dentifricio**	덴티프리쵸
치우다	**mettere via**	메떼레 비아
치즈	**formaggio**	포르마쬬
치통	**mal di denti**	말 디 덴띠
친구	**amico**	아미꼬
친숙한	**familiare**	파미리아레
	intimo	인티모
친절한	**gentile**	젠틸레
친척	**parente**	빠렌떼
친한	**amichevole**	아미께보레
	intimo	인티모
칠면조	**tacchino**	따끼노
7월	**luglio**	룰리오
칠판	**lavagna**	라바냐
칠하다	**dipingere**	디핀제레
침	**ago**	아고
침 뱉다	**sputare**	스푼따레
침대	**letto**	레또

침대보	**lenzuolo**	렌주올로
침대칸	**vagone letto**	바고네 레또
침략하다	**invadere**	인바데레
침몰시키다	**affondare**	아폰다레
	fare affondare	파레 아폰다레
침묵하다	**tacere**	따체레
침실	**camera da letto**	까메라 다 레또
침술	**agopuntura**	아고푼투라
침입	**invasione**	인바지오네
칫솔	**spazzolino da denti**	스파졸리노 다 덴띠
칭찬	**lode**	로데
	elogio	에로조

ㅋ

카네이션	**garofano**	가로파노
카누	**canoa**	카노아
카메라	**macchina fotografica**	마끼나 포토그라피까
카운터	**cassa**	까싸
	bancone	반코네
	banco	반코
칼	**coltello**	꼴뗄레
칼슘	**calcio**	깔쵸
캡슐	**capsula**	캅술라
커튼	**tenda**	텐다
커피	**caffè**	까페
컵	**coppa**	꼬빠
	bicchiere	비끼에레
케이크	**torta**	또르타
켜다	**accendere**	아첸데레
코	**naso**	나조
코 골다	**russare**	루싸레
코끼리	**elefante**	엘레판떼
코끼리 코	**proboscide**	프로보쉬데
코코아	**cacao**	카카오

콘돔	**preservativo**	프레세르바띠보
콘센트	**presa di corrente**	프레자 디 꼬렌떼
콘크리트	**calcestruzzo**	깔체스투르쪼
콘택트렌즈	**lente a contatto**	렌떼 아 꼰따또
콧구멍	**narice**	나리체
콧수염	**baffi**	바피
콩	**fagiolo**	파졸로
	soia	소이아
쾌락	**piacere**	삐아체레
	godimento	고디멘토
쾌적한	**confortevole**	꼰포르떼보레
쾌활한	**allegro**	알레그로
크기	**dimensione**	디멘시오네
	grandezza	그란데짜
	misura	미주라
크리스마스	**Natale**	나탈레
크림	**crema**	크레마
	panna	판나
큰	**grande**	그란데
클립	**fermaglio**	페르마리오
	graffetta	그라페따
키스	**bacio**	바쵸
키스하다	**baciare**	바치아레

ㄱ
ㄴ
ㄷ
ㄹ
ㅁ
ㅂ
ㅅ
ㅇ
ㅈ
ㅊ
ㅋ
ㅌ
ㅍ
ㅎ

키우다	**allevare**	알레바레
	coltivare	꼴띠바레
킬로그램	**chilo(grammo)**	킬로(그람모)
킬로미터	**chilometro**	킬로메트로

E

타격	**colpo**	꼴뽀
	botta	보따
타고난	**nato**	나토
타국의	**estero**	에스떼로
타다 (불에)	**bruciare**	브루치아레
타다 (탈것에)	**prendere**	프렌데레
타락	**depravazione**	데프라바지오네
	pervertimento	페르베르띠멘토
타악기	**strumento a percussione**	스투르멘토 아 페르 쿠시오네
타원형	**ovale**	오발레
타월, 수건	**asciugamano**	아슈가마노
타이어	**pneumatico**	프네우마띠코
	gomma	곰마
	ruota	루오타
타이츠	**calzamaglia**	깔자말리아
타인의	**estraneo**	에스트라네오
타일	**piastrella**	삐아스트렐라
타자기	**macchina per scrivere**	마끼나 뻬르 스크리 베레
타조	**struzzo**	스트루쪼
타협하다	**compromettere**	꼼프로메떼레

탁구	**ping-pong**	핑그-퐁그
	tennis da tavolo	테니스 다 따볼로
탁상시계	**orologio da tavola**	오롤로죠 다 따볼라
탁자	**tavola**	따볼라
탁한	**torbido**	토르비도
	impuro	임뿌로
탄광	**miniera di carbone**	미니에라 디 까르보네
탄력 있는	**elastico**	엘라스티코
탄생하다	**nascere**	나쉐레
탄식하다	**sospirare**	소스피라레
	lamentarsi	라멘따르시
	dolersi	돌레르시
탄약	**munizioni**	무니지오니
탄환	**proiettile**	프로이에틸레
	pallottola	팔로톨라
탈것	**veicolo**	베이꼴로
탈수	**centrifuga**	첸드리푸가
탈의실	**spogliatoio**	스포리아토이오
	camerino	까메리노
탈출하다	**fuggire**	푸지레
	scappare	스까빠레
탐구하다	**ricercare**	리체르까레
	indagare	인다가레

탐정	**investigatore**	인베스티가또레
탐정소설	**romanzo poliziesco**	로만조 뽈리지에스코
탐험	**esplorazione**	에스플로라지오네
탑	**torre**	또레
탓으로 돌리다	**attribuire la colpa a**	아트리부이레 라 꼴빠 아
탓하다	**incolpare**	인꼴빠레
태도	**atteggiamento**	아떼쟈멘또
태만한	**ozioso**	오지오조
태양	**sole**	솔레
태양의	**solare**	솔라레
태어나다	**nascere**	나쉐레
태풍	**ciclone**	치클로네
	tifone	띠포네
택시	**taxi**	딱시
택시 기사	**tassista**	따씨스타
택하다	**scegliere**	쉘리에레
탱크, 물탱크	**serbatoio**	세르바토이오
탱크, 전차	**carro armato**	까로 아르마또
터널	**galleria**	갈레리아
	tunnel	뚜넬
터뜨리다	**far esplodere**	파르 에스플로데레
	fare scoppiare	파레 스꼬삐아레
터무니없는	**assurdo**	아쑤르도

터지다	esplodere	에스프로데레
	scoppiare	스꼬삐아레
턱	mento	멘토
턱받이	bavaglino	바발리노
턱수염	barba	바르바
털	pelo	뻴로
	pelame	뻴라메
털다	spolverare	스폴베라레
	scuotere la polvere	스쿠오떼레 라 뽈레레
테니스	tennis	떼니스
테라스	terrazza	떼라짜
테이프	nastro	나스트로
텐트	tenda	텐다
텔레비전	televisore	텔레비소레
	televisione	텔레비지오네
텔레비전 뉴스	telegiornale	델레조르날레
토끼	coniglio	꼬닐리오
토론	dibattito	디바띠토
	discussione	디스꾸씨오네
토마토	pomodoro	뽀모도로
토요일	sabato	사바토
토의하다	discutere	디스꾸떼레
토지	terreno	떼레노

토하다	**vomitare**	보미따레
톤	**tonnellata**	똔넬라따
톱	**sega**	세가
톱질하다	**segare**	세가레
통계	**statistica**	스타띠스띠까
통과하다	**passare**	빠싸레
	attraversare	아트라베르사레
통로, 통행	**passaggio**	빠싸조
통로	**corridoio**	꼬리도이오
통역사	**interprete**	인떼르프레떼
통일	**unificazione**	우니피까지오네
통치하다	**dominare**	도미나레
	governare	고베르나레
통화하다	**telefonare**	텔레포나레
퇴비	**letame**	레따메
	concime organico	콘치메 오르가니꼬
투덜거리다	**brontolare**	브론톨라레
투명한	**trasparente**	트라스빠렌떼
투자하다	**investire**	인베스띠레
투쟁하다	**combattere**	꼼바떼레
투표	**elezione**	에레지오네
	votazione	보따지오네
투표인, 유권자	**elettore**	엘레또레

퉁명스러운	**burbero**	부르베로
	brusco	브루스코
튀기다	**friggere**	프리제레
튀김	**frittura**	프리뚜라
	fritto	프리또
튜브	**tubo**	투보
튤립	**tulipano**	투리파노
트럭	**autocarro**	아우토까로
	camion	까미온
트럼펫	**tromba**	트롬바
트럼프, 카드게임	**carte**	까르떼
트렁크	**baule**	바울레
트림	**rutto**	루또
트림하다	**ruttare**	루따레
특별한	**speciale**	스페치아레
특색 있는	**caratteristico**	까라떼리스띠코
특수한	**particolare**	빠르띠꼴라레
특징	**caratteristica**	까라떼리스띠까
특허	**brevetto**	브레베또
특히	**specialmente**	스페치알멘떼
	in particolare	인 빠르띠꼴라레

틀	**telaio**	텔아이오
	forma	포르마
	cornice	꼬르니체
틀니	**dentiera**	덴티에라
틀리다	**sbagliare**	즈발리아레
	errare	에라레
	essere errato	에쎄레 에라또
틀림	**sbaglio**	즈발리오
	errore	에로레
틈	**crepa**	크레파
	fessura	페쑤라
티눈	**callo**	깔로
팀	**squadra**	스쿠아드라
팁	**mancia**	만치아

ㄱ
ㄴ
ㄷ
ㄹ
ㅁ
ㅂ
ㅅ
ㅇ
ㅈ
ㅊ
ㅋ
ㅌ
ㅍ
ㅎ

파격적인	**eccezionale**	에체지오나레
파견하다	**mandare**	만다레
	delegare	데레가레
	inviare	인비아레
파괴	**distruzione**	디스트루지오네
파괴하다	**distruggere**	디스트루제레
	rompere	롬뻬레
	demolire	데모리레
파다, 뚫다	**scavare**	스까바레
파도	**onda**	온다
파란색	**azzurro**	아주로
파렴치한	**spudorato**	스푸도라토
	impudente	임푸덴떼
파리	**mosca**	모스까
파마	**permanente**	페르마넨떼
파묻다	**sotterrare**	소떼라레
	seppellire	세뻴리레
파산	**bancarotta**	반까로따
파산하다	**fallire**	팔리레
	fare bancarotta	파레 반까로따

파손하다	danneggiare	단네쟈레
	guastare	구아스타레
파슬리	prezzemolo	프레쩨몰로
파티	festa	페스타
	banchetto	반께또
파업	sciopero	쇼페로
파열	esplosione	에스프로시오네
	scoppio	스코삐오
파이	crostata	크로스따따
파인애플	ananas	아나나스
파장	lunghezza d'onda	룬게짜 돈다
판결	giudizio	주디지오
	sentenza	센텐자
판단하다	giudicare	주디까레
판매	vendita	벤디따
판사	giudice	주디체
판화	xilografia	실로그라피아
팔	braccio	브라쵸
팔꿈치	gomito	고미토
팔다	vendere	벤데레
8월	agosto	아고스토
팔찌	bracciale(tto)	브라치알레(또)
패배	sconfitta	스콘피따

패배하다	**sconfiggere**	스콘피제레
패션	**moda**	모다
패션모델	**modella**	모델라
패션쇼	**sfilata di moda**	스필라따 디 모다
팬, 애호가	**ammiratore**	암미라또레
팬티	**mutande**	무딴데
팽이	**trottola**	트로똘라
팽창	**espansione**	에스판시오네
	dilatazione	디라따지오네
팽창하다	**espandersi**	에스판데르시
	dilatarsi	디라타르시
팽팽한	**teso**	떼소
퍼붓다	**versare**	베르사레
퍼센트	**percento**	페르첸토
퍼지다	**diffondersi**	디폰데르시
	spargersi	스파르제르시
페이지	**pagina**	빠지나
페인트	**vernice**	베르니체
펜	**penna**	뺀나
펜싱	**scherma**	스케르마
펭귄	**pinguino**	핀귀노
펴다, 펼치다	**stendere**	스텐데레
	spiegare	스피에가레

편견	**pregiudizio**	프레주디지오
편도선	**tonsille**	톤실레
편리	**comodità**	꼬모디따
편리한	**comodo**	꼬모도
편지	**lettera**	레떼라
편집하다	**curare un'edizione**	꾸라레 우네지오네
편파적인	**parziale**	빠르지알레
평가하다	**valutare**	발루따레
평균	**media**	메디아
평등	**uguaglianza**	우구알리안자
평론가	**critico**	크리티코
평범한	**banale**	바날레
평상시의	**ordinario**	오르디나리오
평야	**pianura**	삐아누라
평온	**calma**	깔마
	tranquillità	트란퀼리따
평일	**giorno feriale**	조르노 페리알레
평판	**reputazione**	레푸타지오네
평화	**pace**	빠체
폐	**polmone**	폴모네
폐쇄적인	**chiuso**	끼우조
폐지하다	**abolire**	아보리레
	abrogare	아보르가레

폐허	**rovine**	로비네
포기하다	**rinunciare**	리눈치아레
포도	**uva**	우바
포도나무	**vite**	비떼
포도주	**vino**	비노
포로	**prigioniero**	프리조니에로
포스터	**cartellone**	까르텔로네
	manifesto	마니페스토
포옹	**abbraccio**	아브라쵸
포옹하다	**abbracciare**	아브라치아레
포장	**impacchettamento**	임바께따멘토
	imballaggio	임발라조
포장하다	**impacchettare**	임바께따레
	imballare	임발라레
포크	**forchetta**	포르께따
포함하다	**includere**	인클루데레
	comprendere	꼼프렌데레
폭	**larghezza**	라르게짜
	ampiezza	암피에짜
폭동	**rivolta**	리볼따
폭력	**violenza**	비오렌자
폭로하다	**rivelare**	리베라레
폭발	**esplosione**	에스프로시오네

폭발하다	esplodere	에스프로데레
	scoppiare	스꼬삐아레
폭소	risata	리사따
폭포	cascata	까스까따
폭풍	tempesta	뗌페스따
표(票), 입장권	biglietto	빌리에또
표, 투표	voto	보토
표(表), 명부, 목록	lista	리스따
표면	superficie	수페르피체
	esterno	에스떼르노
표범	leopardo	레오파르도
표본	campione	깜피오네
	esemplare	에젬플라레
표시	segno	세뇨
	indicazione	인디까지오네
표적(標的)	bersaglio	베르사리오
표적(表迹)	traccia	트라치아
	segno	세뇨
표지	copertina	꼬뻬르티나
표현하다	esprimere	에스프리메레
푸딩	budino	부디노
푸른	blu	브루
풀, 초목	erba	에르바

ㄱ
ㄴ
ㄷ
ㄹ
ㅁ
ㅂ
ㅅ
ㅇ
ㅈ
ㅊ
ㅋ
ㅌ
ㅍ
ㅎ

풀, 접착제	**colla**	꼴라
풀다, 끄르다	**slegare**	즈레가레
	sciogliere	숄리에레
품목	**articolo**	아르띠꼴로
품질	**qualità**	꽐리따
품행	**condotta**	콘도따
풍경	**paesaggio**	빠에사조
풍미 있는	**squisito**	스퀴지토
풍부한	**abbondante**	아본단떼
풍선	**palloncino**	빨론치노
풍자	**satira**	사따라
풍차	**mulino a vento**	무리노 아 벤토
풍토병	**endemia**	엔데미아
프라이팬	**padella**	빠델라
프랑스	**Francia**	프란챠
프랑스인, 프랑스어	**francese**	프란체제
피	**sangue**	산궤
피곤	**stanchezza**	스탄께짜
피곤한	**stanco**	스탄코
(꽃이) 피다	**fiorire**	피오리레
피라미드	**piramide**	피라미데
피망	**peperone**	페페로네
피부	**pelle**	뻴레

피부과 의사	**dermatologo**	데르마톨로고
피아노	**pianoforte**	삐아노포르떼
피자	**pizza**	피짜
피자 전문점	**pizzeria**	피쩨리아
피하다	**evitare**	에비따레
피할 수 없는	**inevitabile**	인에비따빌레
피해	**danno**	단노
핀	**spillo**	스필로
핀 (헤어핀)	**forcina**	포르치나
핀 (브로치)	**spilla**	스필라
필기시험	**esame scritto**	에자메 스크리토
필수의	**necessario**	네체싸리오
	essenziale	에쎈지아레
	obbligatorio	오블리카토리오
필요	**necessità**	네체시따
필요하다	**occorrere**	오꼬레레
	avere bisogno di	아베레 비조뇨 디
	essere necessario	에쎄레 네체싸리오
필터	**filtro**	필트로
핑계	**pretesto**	프레떼스토
	scusa	스쿠자

ㄱ ㄴ ㄷ ㄹ ㅁ ㅂ ㅅ ㅇ ㅈ ㅊ ㅋ ㅌ ㅍ ㅎ

하강	**discesa**	디쉐자
하강하다	**scendere**	쉔데레
	discendere	디쉔데레
~하게 하다	**permettere**	뻬르메떼레
~하고 싶다	**desiderare**	데지데라레
	volere	볼레레
하느님	**Dio**	디오
~하는 동안	**mentre**	멘트레
하늘	**cielo**	치엘로
하늘의	**celeste**	첼레스떼
하늘색	**azzurro**	아쭈로
하다	**fare**	파레
하마	**ippopotamo**	이뽀포따모
하얀	**bianco**	비안코
하천	**corso d'acqua**	꼬르소 다꾸아
하품	**sbadiglio**	즈바디릴오
하품하다	**sbadigliare**	즈바딜리아레
학	**gru**	그루
학교	**scuola**	스쿠올라
학기	**semestre**	세메스트레

학대하다	maltrattare	말뜨라따레
학부	facoltà	파꼴따
학살	massacro	마싸크로
학생	studente	스투덴떼
학원	istituto	이스띠투토
	accademia	아까데미아
학위	diploma universitario	디플로마 우니베르시따리오
	laurea	라우레아
학자	studioso	스투디오조
한계	limite	리메떼
한국	Corea del Sud	꼬레아델 수드
한국인, 한국어	coreano	꼬레아노
한밤중, 자정	mezzanotte	메짜노떼
	piena notte	삐에나 노떼
한숨	sospiro	소스피로
한숨 쉬다	sospirare	소스피라레
한쌍	paio	빠이오
	coppia	꼬삐아
한입	boccone	보꼬네
한정하다	limitare	리미따레
한탄하다	lamentarsi	라멘따르시
할 수 없는	impossibile	임뽀씨빌레
할 수 있는	possibile	뽀씨빌레

ㄱ
ㄴ
ㄷ
ㄹ
ㅁ
ㅂ
ㅅ
ㅇ
ㅈ
ㅊ
ㅋ
ㅌ
ㅍ
ㅎ

할머니	**nonna**	논나
할아버지	**nonno**	논노
할인	**sconto**	스콘토
할퀴다	**graffiare**	그라피아레
할퀸 상처	**graffio**	그라피오
핥다	**leccare**	레까레
	leccarsi	레까르시
함께	**insieme**	인시에메
	con	꼰
함성	**grido**	그리도
	urlo	우를로
함유하다	**contenere**	콘떼네레
함정	**trappola**	뜨라뽈라
합격하다 (시험에)	**passare l'esame**	빠사레 레자메
	superare l'esame	수페라레 레자메
합계	**totale**	토탈레
합리적인	**razionale**	라지오날레
합법적인	**legittimo**	레지띠모
	legalitario	레가리따리오
	legale	레갈레
합의	**accordo**	아꼬르도
합작	**collaborazione**	꼴라보라지오네
합창	**coro**	꼬로

항공학	aviazione	아비아지오네
	aeronautica	아에로나우띠까
항구	porto	뽀르토
항복하다	arrendersi	아렌데르시
항상	sempre	쎔쁘레
항의하다	protestare	프로떼스따레
	reclamare	레클라마레
항해	navigazione	나비가지오네
항해술	nautica	나우띠까
해결하다	risolvere	리솔베레
해고하다	licenziare	리첸지아레
해골	teschio	떼스끼오
해군	marina militare	마리나 밀리따레
해로운	nocivo	노치보
해바라기	girasole	지라솔레
해방	liberazione	리베라지오네
해변	spiaggia	스피아쟈
해병	marinaio	마리나리오
해안	costa	코스타
해적	pirata	삐라따
해치다	danneggiare	단네쟈레
	ferire	페리레
해학	umorismo	우모리즈모

해협	**canale**	까날레
핵	**nucleo**	누끌레오
	nucleare	누끌레아레
핸들	**volante**	볼란떼
	manubrio	마누브리오
행동	**azione**	아지오네
	atto	아또
행동하다	**agire**	아지레
행복	**felicità**	펠리치따
행복한	**felice**	펠리체
행운	**fortuna**	포르뚜노
행인	**passante**	빠싼떼
	pedone	뻬도네
행진하다	**marciare**	마르치아레
향	**incenso**	인첸소
향기	**fragranza**	프라그란자
향수(香水)	**profumo**	프로푸모
향수(鄕愁)	**nostalgia**	노스탈지아
허가	**permesso**	뻬르메쏘
허락하다	**consentire**	꼰센띠레
	dare il permesso	다레 일 뻬르메쏘
	permettere	뻬르메떼레
허리	**vita**	비따

허리띠	**cintura**	친뚜라
허벅지	**coscia**	꼬샤
허영심	**vanità**	바니따
허파	**polmone**	뽈모네
헌법	**costituzione**	코스띠뚜지오네
헌혈	**donazione del sangue**	도나지오네 델 산궤
험담하다	**sparlare**	스파라레
헤드라이트	**faro**	파로
	fanale	파날레
헤어지다	**lasciarsi**	라쉬아르시
	separarsi	세파라르시
헤엄치다	**nuotare**	누오따레
헬리콥터	**elicottero**	에리코떼로
헬멧	**casco**	까스코
혀	**lingua**	린구아
혁명	**rivoluzione**	리볼루지오네
혁신	**innovazione**	인노바지오네
현금	**contante**	꼰딴떼
현기증	**vertigine**	베르띠지네
현대의	**moderno**	모데르노
	contemporaneo	꼰뗌뽀라네오
현명한	**saggio**	사쬬
현실	**realtà**	레알따

ㄱ ㄴ ㄷ ㄹ ㅁ ㅂ ㅅ ㅇ ㅈ ㅊ ㅋ ㅌ ㅍ ㅎ

현재	**presente**	프레젠떼
	adesso	아데쏘
	ora	오라
혈압	**pressione**	프레씨오네
혈액	**sangue**	산궤
혐의	**sospetto**	소스뻬또
협동하다	**cooperare**	꼬뻬라레
협박	**minaccia**	미나챠
협상하다	**negoziare**	네고지아레
형사, 탐정	**investigatore**	인베스티가또레
형사상의	**criminale**	크리미날레
	penale	페날레
형성하다	**formare**	포르마레
형용사	**aggettivo**	아제띠보
형제	**fratello**	프라텔로
혜택	**beneficio**	베네피쵸
호감	**simpatia**	심파띠아
호기심	**curiosità**	쿠리오시따
호두	**noce**	노체
호랑이	**tigre**	띠그레
호르몬	**ormone**	오르모네
호박	**zucca**	주까
호수	**lago**	라고

호의	**favore**	파보레
	gentilezza	젠틸레짜
호주	**Australia**	아우스트랄리아
호출	**chiamata**	끼아마따
호텔	**hotel**	오뗄
	albergo	알베르고
호화로운	**lussuoso**	루수오조
호흡하다	**respirare**	레스피라레
혼돈	**caos**	까오스
혼자	**da solo / a**	다 솔로/라
혼합하다	**mescolare**	메스콜라레
홍수	**alluvione**	아루비오네
화	**ira**	이라
	rabbia	라비아
화가	**pittore**	삐또레
화나게 하다	**provocare**	프로보까레
	fare arrabbiare	파레 아라비아레
	offendere	오펜데레
화려한	**splendente**	스쁠렌덴떼
화물	**merce**	메르체
	carico	까리코
화물선	**nave da carico**	나베 다 까리코
화산	**vulcano**	불까노

화상	**scottatura**	스꼬따뚜라
	bruciatura	브루차뚜라
화상 입다	**scottarsi**	스꼬따르시
	bruciarsi	브루치아르시
화염	**fiamma**	피아마
화요일	**martedì**	마르떼디
화장실	**toilette**	투알렛
	bagno	바뇨
화장품	**cosmetico**	코스메띠코
화장하다	**truccarsi**	투르까르시
화재	**incendio**	인첸디오
화제	**argomento**	아르고멘토
화학	**chimica**	끼미까
화해	**riconciliazione**	리꼰칠리아지오네
확대하다	**ingrandire**	인그란디레
확률	**probabilità**	프로바빌리따
확립하다	**stabilire**	스타빌리레
	fondare	폰다레
확신	**convinzione**	콘빈지오네
확실성	**certezza**	체르떼짜
확인하다	**confermare**	꼰페르마레
환각	**allucinazione**	알루치나지오네
환경	**ambiente**	암비엔떼

환상	**fantasia**	판타시아
환영하다	**accogliere**	아꼴리에레
환율	**quotazione**	꿔따지오네
	cambio	깜비오
환자	**paziente**	빠지엔떼
	malato	말라토
활동	**attività**	아띠비따
활용하다	**utilizzare**	우띨리자레
황당한	**assurdo**	아쑤르도
황량한	**desolato**	데솔라토
	squallido	스꾸알리도
황제	**imperatore**	임뻬라또레
회계	**contabilità**	꼰따빌리따
회담	**conferenza**	꼰페렌짜
회복하다	**guarire**	구아리레
	ristabilirsi	리스타빌리르시
회사	**società**	소치에따
	ditta	디따
	azienda	아지엔다
회사원	**impiegato**	임피에가토
회색	**grigio**	그리조
회의	**riunione**	리우니오네
회전하다	**girare**	지라레

ㄱ ㄴ ㄷ ㄹ ㅁ ㅂ ㅅ ㅇ ㅈ ㅊ ㅋ ㅌ ㅍ ㅎ

획득하다	**acquistare**	아뀌스따레
	ottenere	오떼네레
효과	**effetto**	에페또
효과적인	**efficace**	에피까체
후보	**candidato**	칸디다토
후회하다	**pentirsi**	뻰띠르시
훈련하다	**allenarsi**	알렌나르시
훔치다	**rubare**	루바레
휴가	**vacanza**	바깐자
휴식	**riposo**	리뽀조
휴지	**carta igienica**	까르다 이지에니까
흉터	**cicatrice**	치까트리체
흐르다	**scorrere**	스꼬레레
흐린	**nuvoloso**	루볼로조
	scuro	스쿠로
흡수하다	**assorbire**	아쏘르비레
흡연하다	**fumare**	푸마레
흥미	**interesse**	인떼레쎄
	curiosità	꾸리오시따
흥미 있는	**interessante**	인떼레쌴떼
희귀한	**raro**	라로
	poco comune	뽀코 꼬무네
희망	**speranza**	스페란자

희망하다	**sperare**	스페라레
희생	**sacrificio**	사크리피쵸
희생하다	**sacrificarsi**	사크리피까르시
	sacrificare	사크리피까레
흰	**bianco**	비안코

기본용어

0	zero 제로
1	uno 우노
2	due 두에
3	tre 뜨레
4	quattro 꽈뜨로
5	cinque 친꿰
6	sei 세이
7	sette 세떼
8	otto 오또
9	nove 노베
10	dieci 디에치
11	undici 운디치
12	dodici 도디치
13	tredici 뜨레디치
14	quattordici 꽈또르디치
15	quindici 꿘디치
16	sedici 세디치
17	diciassette 디치아세떼
18	diciotto 디치오또
19	diciannove 디치아노베
20	venti 벤띠

30	trenta 뜨렌따
40	quaranta 꽈란따
50	cinquanta 친꽌따
60	sessanta 세싼따
70	settanta 쎄딴따
80	ottanta 오딴따
90	novanta 노반따
100	cento 첸토
1000	mile 밀레
10000	diecimila 디에치밀라 (1만)
100,000	centomila 첸토밀라 (10만)
1,000,000	un milione 운 밀리오네 (백만)
10,000,000	dieci milioni 디에이치 밀리오니 (천만)
0.3	zero virgola tre 제로 비르골라 뜨레
70%	settanta per cento 세딴따 페르 첸토

단위

□ distanza

디스딴자 f. 거리

□ altezza

알떼짜 f. 높이

□ dimensione

디멘시오네 f. 넓이, 면적

□ profondità

프로폰디따 f. 깊이

□ peso

페소 m. 무게

□ spessore

스페쏘레 m. 두께

□ volume

볼루메 m. 부피

□ **metro** 메트로 m. 미터 (m)

□ **millimetro** 밀리메트로 m. 밀리미터 (mm)

□ **centimetro** 첸띠메트로 m. 센티미터 (cm)

□ **chilometro** 킬로메트로 m. 킬로미터 (km)

□ **grammo** 그람모 m. 그램 (g)

□ **litro** 리트로 m. 리터 (ℓ)

□ **tonnellata** 돈넬라따 f. 톤 (t)

방향·위치

□ est 에스트 m. 동쪽
□ ovest 오베스트 m. 서쪽
□ sud 수드 m. 남쪽
□ nord 노르드 m. 북쪽

□ sopra 소프라 f. 위 ↔ sotto 소또 m. 아래
□ tra 뜨라, fra 프라 사이
□ dentro 덴트로 m. 안 ↔ fuori 푸오리 m. 밖

□ davanti
다반띠 f. 앞

□ dietro
디에트로 m. 뒤

□ accanto
아깐토 m. 옆

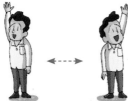

□ sinistra
시니스트라 f. 왼쪽

□ destra
데스트라 f. 오른쪽

□ centro
첸뜨로 m. 가운데

계절·월·요일

□ **primavera** 프리마베라 f. 봄

□ **estate** 에스따떼 f. 여름

□ **autunno** 아우뚠노 m. 가을

□ **inverno** 인베르노 m. 겨울

□ **gennaio** 젠나이오 m. 1월	□ **luglio** 룰리오 m. 7월
□ **febbraio** 페브라이오 m. 2월	□ **agosto** 아고스토 m. 8월
□ **marzo** 마르조 m. 3월	□ **settembre** 세뗌브레 f. 9월
□ **aprile** 아프릴레 f. 4월	□ **ottobre** 오또브레 f. 10월
□ **maggio** 마죠 m. 5월	□ **novembre** 노벰브레 f. 11월
□ **giugno** 쥬노 m. 6월	□ **dicembre** 디쳄브레 f. 12월

□ **domenica** 도메니카 f. 일요일
□ **lunedì** 루네디 m. 월요일
□ **martedì** 마르떼디 m. 화요일
□ **mercoledì** 메르콜레디 m. 수요일
□ **giovedì** 죠베디 m. 목요일
□ **venerdì** 베네르디 m. 금요일
□ **sabato** 사바토 m. 토요일

□ mattina
마띠나 f. 아침

□ alba
알바 f. 새벽

□ mezzogiorno
메조조르노 m. 정오

□ giorno
조르노 m. 낮

□ notte
노떼 f. 한밤중, 심야

□ pomeriggio
뽀메리조 m. 오후

□ sera
세라 f. 저녁

□ ieri 이에리 어제
□ oggi 오지 m. 오늘
□ domani 도마니 m. 내일
□ dopodomani 도뽀도마니 모레
□ l'altro ieri 랄트로 이에리 그저께
□ settimana scorsa 세띠마나 스꼬르사 f. 지난주
□ questa settimana 꾸에스타 셋띠마나 f. 이번 주
□ settimana prossima 세띠마나 프로씨마 f. 다음 주
□ ogni giorno 온니 조르노 매일
□ ogni settimana 온니 세띠마나 매주
□ ogni mese 온니 메제 매월
□ ogni anno 온니 안노 매년

초보자를 위한 **컴팩트** 이탈리아어 단어

초판 5쇄 발행 | 2023년 9월 25일

지은이 | 황정은
편　집 | 이말숙
디자인 | 박민희, 윤누리

제　작 | 선경프린테크
펴낸곳 | Vitamin Book
펴낸이 | 박영진

등　록 | 제318-2004-00072호
주　소 | 07251 서울특별시 영등포구 영신로 40길 18 윤성빌딩 405호
전　화 | 02) 2677-1064
팩　스 | 02) 2677-1026
이메일 | vitaminbooks@naver.com

잘못 만들어진 책은 바꿔 드립니다.